Langenbeck/Wolf · Buchführung und Jahresabschluß

NWB-Studienbücher · Wirtschaftswissenschaften

Buchführung und Jahresabschluß

Von
Diplom-Betriebswirt Jochen Langenbeck
Professor Jakob Wolf

Verlag Neue Wirtschafts-Briefe · Herne/Berlin

Bearbeitungsvermerk:

Es haben bearbeitet

Diplom-Betriebswirt Jochen Langenbeck	die Teile I, III und IV
Professor Jakob Wolf	den Teil II

CIP-Titelaufnahme der Deutschen Bibliothek

Buchführung und Jahresabschluß / von Jochen Langenbeck ; Jakob Wolf. – Herne ; Berlin : Verl. Neue Wirtschafts-Briefe, 1991

(NWB-Studienbücher Wirtschaftswissenschaften)

ISBN 3-482-45121-4

NE: Langenbeck, Jochen; Wolf, Jakob

ISBN 3-482-**45121**-4 — 1991

Druck: Rheinische Druckwerkstätte, Alzey

Satz und Umbruch: Satz+Layout Werkstatt Kluth GmbH, Erftstadt

Vorwort

Buchführung und Jahresabschluß bilden nach wie vor die Grundlage für ein entscheidungsorientiertes Rechnungswesen im Unternehmen. Der Jahresabschluß bietet in einer Gesamtschau einen Überblick über alle Unternehmensbereiche und ist Objekt einer umfassenden Jahresabschlußanalyse.

Der vorliegende Titel führt in das komplexe Gebiet von Buchführung und Jahresabschluß ein. Die Neuerungen aufgrund des Bilanzrichtlinien-Gesetzes und der Abrechnung nach dem IKR 1986 werden ebenso dargestellt wie die Anforderungen an eine EDV-Buchführung. Dabei werden von dem Leser keine Vorkenntnisse erwartet. Er kann sich den Stoff selbst erarbeiten und wird nach Durcharbeitung des Buches in der Lage sein, einfache und komplizierte Buchungssätze zu beherrschen und in den Grundzügen einen Jahresabschluß aufzustellen.

Die Autoren bieten den umfassenden Stoff in vier Teilen dar und legen folgendes didaktisches Konzept zugrunde:

- In dem Buchführungsteil wird der Leser unmittelbar und praxisnah in die Technik der Buchführung eingeführt. Dabei wird von einfachen zu komplizierten Buchungssätzen übergeleitet.
- In dem Jahresabschlußteil werden die wesentlichen Fragen des Jahresabschlusses, insbesondere der großen Kapitalgesellschaft, mit Bilanz, Gewinn- und Verlustrechnung und Anhang behandelt. Dabei werden die Handels- und Steuerbilanz in ihrer Verzahnung (Maßgeblichkeitsprinzip) dargestellt.
- In einem dritten Teil werden die Grundlagen der Finanzbuchhaltung und der internen Abrechnung anschaulich dargeboten.
- Der Übungsteil am Ende des Buches umfaßt eine Vielzahl von Aufgaben und Musterlösungen, die gleichzeitig die Beispiele ergänzen.
- Komplizierte Sachverhalte werden anhand von Beispielen erläutert; Querverweise sollen die Zusammenhänge von Buchführung und Jahresabschluß aufdecken.

Dieses Werk eignet sich für alle Studierenden an den Universitäten und Fachhochschulen, die sich ohne spezielle Vorkenntnisse Buchführung und Jahresabschluß erschließen müssen. Es ist darüber hinaus auch für Praktiker und Auszubildende in dem betriebswirtschaftlichen Bereich (z. B. angehende Bilanzbuchhalter) geeignet, die eine kompakte, praxisorientierte Einführung in die Gebiete Buchführung und Jahresabschluß suchen.

Bochum/Regensburg, im April 1991 Die Autoren

Inhaltsverzeichnis

Teil II: Der Jahresabschluß

Teil III: Finanzbuchhaltung und interne Abrechnung

Teil IV: Aufgaben und Lösungen

Abkürzungsverzeichnis

AB	Anfangsbestand
Abb.	Abbildung
Abs.	Absatz
Abschn.	Abschnitt
Abschr.	Abschreibung
ADS	Adler-Düring-Schmalz
ADV	Automatische Datenverarbeitung
a.F.	alte Fassung
AfA	Absetzung für Abnutzung
AfaA	Absetzung für außergewöhnliche Abnutzung
AG	Aktiengesellschaft
AIG	Auslandsinvestitionsgesetz
AktG	Aktiengesetz
AO	Abgabenordnung
A/O	April/Oktober
Art.	Artikel
Aufl.	Auflage
AV	Anlagevermögen
AWV	Ausschuß für wirtschaftliche Verwaltung in Wirtschaft und öffentlicher Hand e. V.
BB	Betriebsberater (Zeitschrift)
BdF	Bundesminister der Finanzen
BDI	Bundesverband der Deutschen Industrie e. V.
BerlinFG	Berlinförderungsgesetz
BewG	Bewertungsgesetz
bez./bezügl.	bezüglich
BFH	Bundesfinanzhof
BGB	Bürgerliches Gesetzbuch
BGHZ	Entscheidungen des BGH in Zivilsachen
BMF	Bundesministerium der Finanzen
BStBl.	Bundessteuerblatt
BuGA	Betriebs- und Geschäftsausstattung
BV	Bestandsveränderungen
BWL	Betriebswirtschaftslehre
bzw.	beziehungsweise

DB	Der Betieb (Zeitschrift)
dgl.	dergleichen
d. h.	das heißt
DM	Deutsche Mark
EB	Endbestand
EBK	Eröffnungsbilanzkonto
EDV	Elektronische Datenverarbeitung
EGHGB	Einführungsgesetz zum Handelsgesetzbuch
Eink.	Einkommen
EK	Eigenkapital
Ertr.	Ertrag
ESt	Einkommensteuer
EStG	Einkommensteuergesetz
EStR	Einkommensteuer-Richtlinien
EntwLStG	Entwicklungsländer-Steuergesetz
e. V.	eingetragener Verein
EVA	Eingabe – Verarbeitung – Ausgabe
evtl.	eventuell
EW	Einheitswert
f.	die folgende Seite
FA	Finanzamt
FAMA	Fachverband für moderne Abrechnungssysteme
FE	Fertige Erzeugnisse
ff.	die folgenden Seiten
FG	Finanzgericht
FiBu	Finanzbuchhaltung
Fifo	first in – first out (Bewertungsverfahren)
Ford.	Forderungen
GA	Geschäftsausstattung
GB	Geschäftsbuchführung
gem.	gemäß
GenG	Genossenschaftsgesetz
GmbH	Gesellschaft mit beschränkter Haftung
GmbHG	Gesetz betreffend die Gesellschaften mit beschränkter Haftung
GewSt	Gewerbesteuer
GewStG	Gewerbesteuergesetz
GewO	Gewerbesteuerordnung
ggf.	gegebenenfalls
GKR	Gemeinschafts-Kontenrahmen der Deutschen Industrie
GoB	Grundsätze ordnungsmäßiger Buchführung
GoS	Grundsätze ordnungsmäßiger Speicherbuchführung
GuV	Gewinn- und Verlustrechnung

H	Habenseite des T-Kontos
HGB	Handelsgesetzbuch
Hifo	highest in – first out (Bewertungsverfahren)
IdW	Institut der Wirtschaftsprüfer
IC	Intercity
IKR	Industriekontenrahmen
ital	italienisch
i. V. m.	in Verbindung mit
Jan	Januar
kaufm.	kaufmännisch
KB	Kilobyte
Kfz	Kraftfahrzeug
KG	Kommanditgesellschaft
KLR	Kosten- und Leistungsrechnung
km	Kilometer
KSt	Körperschaftsteuer
KStG	Körperschaftsteuergesetz
Kto	Konto
lat.	lateinisch
Lifo	last in – first out (Bewertungsverfahren)
Lkw	Lastkraftwagen
LStDV	Lohnsteuer-Durchführungsverordnung
LStR	Lohnsteuer-Richtlinien
lt.	laut
L.u.L.	Lieferung und Leistung
m	Meter
MB	Megabyte
Mio.	Millionen
MwSt	Mehrwertsteuer
Nr.	Nummer
OHG	offene Handelsgesellschaft
OP	offene Posten
PC	Personalcomputer
Pkw	Personenkraftwagen
Pos.	Position
PublG	Publizitätsgesetz
RHB	Roh-, Hilfs- und Betriebsstoffe
Rohst.	Rohstoffe

S	Sollseite des T-Kontos
S.	Seite
s.	siehe
SB	Schlußbilanz
SBK	Schlußbilanzkonto
sonst.	sonstige
SOPO	Sonderposten mit Rücklageanteil
Sozialvers.	Sozialversicherung
StGB	Strafgesetzbuch
stpfl.	steuerpflichtig
SV	Sozialversicherungsträger
TDM	Tausend Deutsche Mark
techn.	technisch
Tz.	Teilziffer
u.	und
u. a.	unter anderem
u. ä.	und ähnliches
unübl.	unüblich
USt	Umsatzsteuer
UStDV	Umsatzsteuer-Durchführungsverordnung
UStG	Umsatzsteuergesetz
UStR	Umsatzsteuer-Richtlinien
u. s. w.	und so weiter
UV	Umlaufvermögen
Verb.	Verbindlichkeiten
vermögensw.	vermögenswirksam
VG	Vermögensgegenstände
vgl.	vergleiche
v. H.	von Hundert
WPg	Wirtschaftsprüfung (Zeitschrift)
z. B.	zum Beispiel
Ziff.	Ziffer
ZRFG	Zonenrandförderungsgesetz

Literaturverzeichnis

Blödtner, W./Bilke, K./Heining, R., Fallsammlung Buchführung, Bilanzen, Berichtigungstechnik, Herne/Berlin 1989.

Blödtner, W./Bilke, K./Weiss, M., Lehrbuch der Buchführung und des Bilanzsteuerrechts, Herne/Berlin 1986.

Buchner, R., Buchführung und Jahresabschluß, München 1988.

Eisele, W., Technik des betrieblichen Rechnungswesens, 3. Aufl., München 1988.

Harms, J. E., Fälle mit Lösungen zum Bilanzrecht, 4. Aufl., Herne/Berlin 1988.

Heinhold, M., Buchführung in Fallbeispielen, Stuttgart 1987.

Koltermann, J., Fallsammlung Bilanzsteuerrecht, 6. Aufl., Herne/Berlin 1988.

Olfert, K./Körner, W./Langenbeck, J., Bilanzen, 5. Aufl., Ludwigshafen (Rhein) 1989.

Wedell, H., Grundlagen des betriebswirtschaftlichen Rechnungswesens, 5. Aufl., Herne/Berlin 1988.

Wöhe, G., Bilanzierung und Bilanzpolitik, 7. Aufl., München 1987.

Wolf, J./Cyron, H./Schaffer, H., Praktisches Lehrbuch Steuern, 2. Aufl., Landsberg a. L. 1990.

Teil I:

Buchführung

1 Notwendigkeit der Buchführung

1.1 Wesen und Aufgaben der Buchführung

Handelsbetriebe kaufen Waren, die sie meist unverändert weiterverkaufen. Dabei fallen Aufwendungen an für den Einkauf, die Lagerung, die Verwaltung und den Verkauf. Die Aufwendungen setzen sich zusammen aus dem Warenwert (Einstandspreis), Löhnen und Gehältern, Sozialkosten, Instandhaltungskosten, Steuern, Gebühren, Beiträgen, Versicherungsprämien, Mieten, Verkehrs-, Büro-, Werbekosten, Abschreibungen auf Gebäude und Geschäftsausstattung, Frachtkosten, Vertreterprovision und vielen mehr. Die Einstandspreise und alle Aufwendungen müssen dem Betrieb über die Verkaufserlöse wieder erstattet werden. Im Normalfall wird gegen Rechnung eingekauft. Die Zahlung an den Lieferanten erfolgt bis zu vier Wochen später. Auch die Verkäufe werden oft gegen Ausstellung einer Rechnung abgewickelt, und die Kunden zahlen erst nach Tagen oder Wochen durch Scheck oder Überweisung auf das Bankkonto des Betriebes. Die noch nicht beglichenen Forderungen gegenüber Kunden und die Verbindlichkeiten gegenüber den Lieferern, die Bankeingänge und die Abbuchungen vom Bankkonto müssen überwacht werden.

Industriebetriebe kaufen Werkstoffe ein, die Bestandteil ihrer Erzeugnisse werden. Die Mitarbeiter be- und verarbeiten die Werkstoffe mit Hilfe von Maschinen und Werkzeugen zu neuen Erzeugnissen. Dabei fallen neben erheblichen Material-, Lohn- und Ernergiekosten immense Beträge für Abschreibungen an. Nicht selten werden über viele Monate große Beträge für Löhne, Materialkosten und Gemeinkosten aufgewendet, die der Produktionsbetrieb zunächst verauslagen muß. Nach einer Fertigungszeit von mehreren Monaten wird das Produkt fertiggestellt und ausgeliefert. Erst Wochen nach der Auslieferung geht die Zahlung des Kunden auf dem Bankkonto ein. Der Kostenanfall und die Erträge aus Verkäufen, die Forderungen, die Guthaben bei den Banken und damit die Zahlungsfähigkeit des Unternehmens, der Stand und die Veränderungen der Schulden aus Hypotheken und Darlehen sowie die Höhe der Verbindlichkeiten gegenüber Lieferanten müssen laufend kontrolliert werden.

Diese Überwachungsfunktion sowohl für die Handels- als auch für die Industriebetriebe übernimmt die Buchführung. Hier schlagen sich alle Vorkommnisse in einem Unternehmen wertmäßig nieder und lassen sich deshalb auch später noch aufgrund der Aufzeichnung auf Belegen und in Büchern nachvollziehen.

Die **Buchführung dient** der planmäßigen, lückenlosen und ordnungsgemäßen Aufzeichnung aller Geschäftsvorfälle eines Unternehmens. Ihre **Hauptauf-**

gabe besteht darin, daß sie dem Kaufmann jederzeit einen Übrerblick über den Stand und alle Veränderungen der Vermögensteile und der Schulden gewährt.

Weitere Aufgaben sind:

- Die Erfolgsermittlung (Gewinn oder Verlust);
- Die Lieferung von Zahlen für die Kostenrechnung und die Kalkulation der angestrebten Verkaufspreise;
- Ermittlung und Nachweis der Grundlagen für die Besteuerung;
- Überwachung und Sicherung der Zahlungsfähigkeit;
- Sammlung, Ordnung und Gruppierung der Vermögenswerte und der Schulden, der Aufwendungen und der Verkaufserlöse zum Zwecke innerbetrieblicher Kontrollen und für Vergleiche mit konkurrierenden Unternehmen;
- Beleg- und Nachweisfunktion gegenüber Kunden, Lieferanten, Banken, Finanzbehörden usw. aufgrund von Rechnungen, Bankauszügen, Quittungen, Schriftverkehr und ordnungsmäßiger Erfassung in Büchern;
- Lieferung von Zahlenmaterial für die Unternehmensplanung und als Grundlage für die Entscheidungen der Unternehmensleitung.

1.2 Überblick über die Buchführungspflichten

Die Buchführung erfüllt wichtige Aufgaben für die Unternehmensleitung und die Kapitalgeber, aber auch für die Finanzbehörden im Interesse einer richtigen Ermittlung der Steuern. Aus diesen Gründen gibt es sowohl handelsrechtliche als auch steuerrechtliche Vorschriften zur Buchführung.

1.2.1 Handelsrechtliche Buchführungspflichten

Grundsätzlich ist nach § 238 bis 263 HGB jeder Kaufmann zur Buchführung verpflichtet. Minderkaufleute sind jedoch gemäß § 4 Abs. 1 HGB von der handelsrechtlichen Buchführungspflicht befreit. Die handelsrechtlichen Buchführungspflichten dienen dem Schutz der Gläubiger und damit dem Schutz der Volkswirtschaft vor den Folgen einer unsoliden Geschäftsführung. Die grundlegenden handelsrechtlichen Vorschriften zur Buchführung enthält das HGB:

- §§ 238 bis 263 HGB Vorschriften für alle Kaufleute;
- §§ 264 bis 335 HGB Ergänzende Vorschriften für Kapitalgesellschaften einschließlich des Gliederungsschemas der Bilanz (§ 266 HGB) und der Gewinn- und Verlustrechnung (§ 275 HGB);

- §§ 336 bis 339 HGB Ergänzende Vorschriften für eingetragene Genossenschaften.

Das Aktiengesetz (AktG), das GmbH-Gesetz (GmbHG), das Genossenschaftsgesetz (GenG) und das Publizitätsgesetz (PublG) enthalten zusätzliche spezielle Vorschriften.

1.2.2 Steuerrechtliche Buchführungspflichten

Die grundlegenden steuerrechtlichen Buchführungspflichten ergeben sich aus der Abgabenordnung (§§ 140 ff). Nach § 140 AO hat, wer nach anderen Gesetzen als den Steuergesetzen Bücher und Aufzeichnungen zu führen hat, die für die Besteuerung von Bedeutung sind, diese Verpflichtung gleichzeitig auch für die Besteuerung zu erfüllen. Das gilt z. B. für das Faßlagerbuch eines Weinhändlers nach dem Weingesetz, das Munitionshandelsbuch der Munitionshändler nach dem Bundeswaffengesetz, das Trödelbuch der Trödelhändler, das Lagerbuch der Lagerhalter, die Fremdenbücher im Hotel-, Gaststätten- und Pensionsgewerbe, das Gebrauchtwagenbuch nach § 38 Gewerbeordnung (GewO) für die Gebrauchtwagenhändler usw. Damit wird die Buchführungspflicht außerhalb des Steuerrechts zu einer steuerrechtlichen Pflicht erklärt.

Neben der Abgabenordnung begründen einzelne Steuergesetze und Richtlinien zu diesen Gesetzen die Pflicht zur Buchführung. Dazu gehören die Aufzeichnungspflichten des § 22 Umsatzsteuergesetz (UStG), die Vorschriften zur Gewinnermittlung der §§ 4 und 5 Einkommensteuergesetz (EStG) und die Vorschriften zur Ordnungsmäßigkeit der Buchführung des Abschn. 29 Einkommensteuer-Richtlinien (EStR).

Da die handelsrechtliche Buchführung maßgeblich ist für die Besteuerung, achten auch die Finanzbehörden auf die Einhaltung der handelsrechtlichen Vorschriften (§ 5 Abs. 1 EStG).

Vorschriften zur Buchführung

- nach Handelsrecht
  - HGB
  - AktG
  - GmbHG
  - GenG
  - PublG
- nach Steuerrecht
  - AO
  - EStG mit EStR
  - UStG mit UStR

Die folgenden Kapitel werden jeweils mit einem Hinweis auf die Rechtsquellen eingeleitet. Bitte schlagen Sie regelmäßig dort nach, und ergänzen Sie so Ihre Informationen.

2 Ordnungsmäßigkeit der Buchführung

2.1 Begriff der Ordnungsmäßigkeit

Die Grundsätze ordnungsmäßiger Buchführung (GoB) sind ein unbestimmter Rechtsbegriff. Ihr Inhalt richtet sich nach dem, was die ordentliche Kaufmannschaft allgemein unter ordnungsmäßig versteht (Handelsbrauch). Was ordnungsmäßig ist, ist teilweise einem ständigen Wandel unterworfen. Besonders die Entwicklung von den Geschäftsbüchern in gebundener Form über Karteikarten, EDV-Listen bis hin zur Speicherbuchführung (siehe Punkt 11.6.6 »Grundsätze ordnungsmäßiger Speicherbuchführung«) und die Mikroverfilmung der Originalbelege haben in den letzten Jahren zu umwälzenden Veränderungen geführt.

Eine ordnungsmäßige Buchführung entspricht

- den gesetzlichen Vorschriften des HGB und des Steuerrechts,
- der Rechtsprechung,
- dem Handelsbrauch,
- den Richtlinien und Empfehlungen der Wirtschaftsverbände.

Auf die grundlegenden handelsrechtlichen und steuerrechtlichen Buchführungspflichten ist bereits in der Einleitung unter Punkt 1.2 »Überblick über die Buchführungspflichten« eingegangen worden. In diesem Abschnitt werden weitere Einzelheiten, insbesondere bezüglich der Ordnungsmäßigkeit der Buchführung, behandelt.

2.2 Handelsrechtliche Vorschriften

Die handelsrechtliche Buchführungspflicht nach §§ 238 ff HGB gilt nur für Vollkaufleute im Sinne der §§ 1 bis 3 und 6 HGB, Minderkaufleute nach § 4 HGB unterliegen nicht den Vorschriften des Dritten Buches des HGB. Minderkaufleute sind Personen, deren Gewerbebetrieb nach Art und Umfang einen in kaufmännischer Weise eingerichteten Geschäftsbetrieb nicht erfordert.

2.3 Steuerrechtliche Vorschriften

Die steuerrechtlichen Buchführungspflichten gelten für einen weiteren Kreis als die handelsrechtlichen. Sie ergeben sich aus §§ 140 und 141 AO und aus Abschn. 30 EStR.

Buchführungspflicht nach Steuerrecht

§ 140 AO

Wer nach anderen Gesetzen als den Steuergesetzen (z. B. HGB) Bücher führen muß, hat diese Verpflichtung auch für die Besteuerung zu erfüllen.

§ 141 AO

Gewerbetreibende, Land- und Forstwirte sind buchführungspflichtig, wenn eine der folgenden Grenzen überschritten ist:

– Umsätze	über 500 TDM
– Betriebsvermögen	über 125 TDM
– Wirtschaftswert	über 40 TDM
– Gewinn aus Gewerbebetrieb	über 36 TDM
– Gewinn aus Land- und Forstwirtschaft	über 36 TDM

2.4 Grundsätze ordnungsmäßiger Buchführung

Wichtige Grundsätze der Buchführung sind:

1. Die Buchführung muß so **klar und übersichtlich** sein, daß sich der Kaufmann und ein sachverständiger Dritter, z. B. der Buchhalter, Wirtschaftsprüfer, Steuerberater, ohne fremde Hilfe in angemessener Zeit darin zurechtfinden kann und sich Informationen über die Geschäftsvorfälle, die Liquidität, Vermögenslage, die Schulden und den Erfolg des Unternehmens verschaffen kann (§ 238 Abs. 1 HGB).
2. Die Geschäftsvorfälle müssen sich in ihrer **Entstehung und Abwicklung** verfolgen lassen (§ 238 Abs. 1 HGB). Daraus ergibt sich eine Beweissicherungs- und Ordnungsfunktion der Buchführung. Oberster Grundsatz der ordnungsmäßigen Buchführung: **Keine Buchung ohne Beleg.**
3. Buchungen und Aufzeichnungen sind in einer **lebenden Sprache** vorzunehmen. Bei Prüfungen muß jederzeit ein Übersetzer zur Verfügung stehen. Die lateinische und altgriechische Sprache, sowie Kunstsprachen (Esperanto) sind keine lebenden Sprachen. Werden **Abkürzungen, Ziffern, Konten-**

nummern, Buchstaben oder **Symbole** verwendet, muß im Einzelfall deren Bedeutung eindeutig festliegen (§ 239 Abs. 1 HGB).

4. Die Buchungen und sonstigen Aufzeichnungen sind **fortlaufend, vollständig** (lückenlose Erfassung), **richtig** (zutreffende Bezeichnung und Verbot der Verbuchung fiktiver Geschäftsvorfälle), **zeitgerecht** (bezüglich des zeitlichen Zusammenhangs zwischen Geschäftsvorfall und dessen Erfassung im Grundbuch) und **sachlich geordnet** (sachgerechte Kontierung, Belegnumerierung, Datum, sinnvoll und planmäßig gegliedertes Kontensystem) vorzunehmen (§ 239 Abs. 2 HGB). **Kasseneinnahmen und -ausgaben** müssen **täglich** aufgezeichnet werden.
5. Der ursprüngliche Inhalt einer Eintragung darf **nicht** durch **Überschreiben oder Radieren** unleserlich gemacht werden. Fehlerhafte Buchungen sind durch belegemäßig nachgewiesene Stornobuchungen zu berichtigen. **Bleistifteintragungen sind unzulässig. Leerräume** sind (durch Winkelstriche, Buchhalternasen) zu **entwerten.**
6. Handelsbücher und Aufzeichnungen können auch in Form einer **geordneten Ablage von Belegen** (Offene-Posten-Buchführung) geführt werden. Mit Ausnahme der Bilanz können alle Unterlagen der Buchführung (Belege, Bücher, Inventare) auf **Mikrofilm** oder auf **elektronisch lesbaren Datenträgern** (Magnetband, Magnetplatte, Diskette) aufbewahrt werden. Die gespeicherten Daten müssen allerdings jederzeit auf einem Bildschirm lesbar und auf Papier ausgedruckt werden können (§§ 239 Abs. 4, 257 Abs. 3, 261 HGB).
7. Bücher, Inventare, Eröffnungsbilanzen und Jahresabschlüsse sind **10 Jahre,** Geschäftspapiere und Belege, empfangene Handelsbriefe und Kopien abgesandter Handelsbriefe sind **6 Jahre** lang geordnet **aufzubewahren** (§§ 238 Abs. 2 und 257 Abs. 1 HGB).

3 Eröffnung der Buchführung

3.1 Inventur

Rechtsquellen: HGB §§ 240, 241
AO §§ 140, 141 Abs. 1
EStR Abschn. 30, 31

3.1.1 Anlässe der Inventur und Aufnahmearten

Die Buchführung dient der wertmäßigen Fortschreibung der einzelnen Vermögensteile und Schulden. Bevor der Kaufmann mit der Buchführung beginnen kann, müssen die Anfangsbestände durch Inventur (lat. invenire) ermittelt werden. Zunächst erfolgt eine **mengenmäßige** Aufnahme. In einem zweiten Schritt werden die vorgefundenen Vermögensgegenstände und Schulden bewertet (Zuordnung von Geldbeträgen), da sie in der Buchführung nur **wertmäßig** in Deutscher Mark fortgeschrieben werden können.

Je nach Art des Vermögensgegenstandes erfolgt die Inventur körperlich oder buchmäßig.

Körperlich werden die Vorräte an Waren, unfertigen und fertigen Erzeugnissen und der Kassenbestand durch Zählen, Messen, Wiegen aufgenommen. Die körperliche Aufnahme findet dort ihre Grenze, wo die damit verbundene Arbeit unter dem Gesichtspunkt der Wirtschaftlichkeit nicht mehr sinnvoll ist. In diesem Fall darf geschätzt werden.

Durch **buchmäßige** Inventur werden beispielsweise Forderungen gegenüber Kunden, Verbindlichkeiten gegenüber Lieferanten, Bankguthaben und Darlehensschulden aufgenommen. Von den Banken erhalten die Unternehmen Kontoauszüge zur Abstimmung. Viele Unternehmen lassen sich auch von ihren Kunden und Lieferanten zum Jahresende den Kontenstand bestätigen.

Die Verpflichtung zur Bestandsaufnahme ergibt sich aus § 240 HGB in Verbindung mit § 140 AO und auch aus § 141 Abs. 1 AO. Sie ist durchzuführen bei der **Gründung oder Übernahme** eines Unternehmens, am **Schluß eines jeden Geschäftsjahres** und bei der **Auflösung oder Veräußerung** des Unternehmens.

3.1.2 Vorbereitung der Inventur

Die Aufnahme der Vorräte bildet den Schwerpunkt der Inventur. Zu den Vorräten gehören (§ 266 Abs. 2 HGB):

1. Roh-, Hilfs- und Betriebsstoffe

2. unfertige Erzeugnisse, unfertige Leistungen
3. fertige Erzeugnisse und Waren
4. geleistete Anzahlungen

Die Positionen 1 bis 3 werden grundsätzlich durch körperliche Inventur aufgenommen, die geleisteten Anzahlungen durch Buchinventur.

Die Vorräte der **Industriebetriebe** setzen sich zusammen aus

- **Rohstoffen,** nämlich den Werkstoffen, die wesentlicher Bestandteil der Erzeugnisse werden, wie Bleche im Behälterbau, Kanthölzer und Bretter bei der Fertigung von Paletten usw.;
- **Hilfsstoffen,** die als Nebenbestandteile in die Erzeugnisse eingehen, wie Schweißmaterial, Nägel, Schrauben, Leim;
- **Betriebsstoffen,** die nicht Bestandteil der Erzeugnisse werden, sondern im Produktionsprozeß verbraucht werden, wie Schmier-, Kühl- und Reinigungsmittel, Brenn-, Treibstoffe, Gas und Elektrizität;
- **unfertigen Erzeugnissen** und **unfertigen Leistungen,** hierbei ist die Herstellung oder Erstellung noch nicht abgeschlossen, sie sind deshalb noch nicht verkauft oder abgerechnet;
- **fertigen Erzeugnissen,** die verkaufsfähig am Lager liegen, ihre Herstellung ist abgeschlossen;
- **Waren** oder Handelswaren, die bezogen und unverändert weiterverkauft werden.

Die Vorräte der **Handelsbetriebe** setzen sich lediglich aus Waren und in Einzelfällen auch aus geleisteten Anzahlungen zusammen.

Die Verantwortung für die Inventur trägt der **Inventurleiter,** meist der Leiter der Abteilung Rechnungswesen. Er erstellt als Arbeitsanweisung für die mit der Inventur betrauten Mitarbeiter die **Inventuranweisung.** Darin werden festgelegt:

- Der **Zeitpunkt der Aufnahme;** an welchen Kalendertagen die Vorräte aufzunehmen sind. Während der Aufnahme dürfen keine Lagerbewegungen stattfinden.
- Die **Aufnahmebereiche** und die **Aufnahmepersonen;** welche Mitarbeiter nach einem Lageplan welche Lagerbereiche aufnehmen sollen.
- Die **Inventurprüfer,** die durch Stichproben die Richtigkeit der Aufnahme überprüfen.
- Die **Aufnahmevordrucke,** die heute meist aufgrund der in der EDV gespeicherten Stammdaten, wie Artikelnummer, Artikelbezeichnung, Lagerort,

Mengeneinheit usw. erstellt werden. Die Aufnahmepersonen ergänzen bei der Aufnahme von Hand die vorgefundene Menge und bei nicht mehr vollwertigen Vorräten den Wertigkeitsgrad in Prozent vom vollen Wert. Die Aufnahmevordrucke sind Belege, die von den Aufnahmepersonen und den Inventurprüfern unter Angabe des Aufnahmedatums abgezeichnet werden. Sie sind 6 Jahre lang aufzubewahren (§ 257 Abs. 1 Nr. 4 HGB, § 147 Abs. 1 Nr. 4, Abs. 3 und 4 AO).

3.1.3 Aufnahmemethoden

Handels- und Steuerrecht gestatten, abhängig von den jeweiligen betrieblichen Verhältnissen, unterschiedliche Vorgehensweisen bei der Aufnahme. Einige Aufnahmemöglichkeiten führen zu erheblichen Arbeitsvereinfachungen.

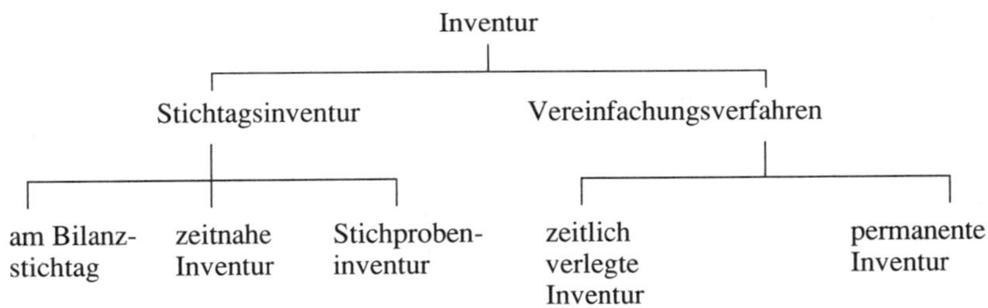

3.1.3.1 Stichtagsinventur

Der Gesetzgeber fordert grundsätzlich eine Inventur zum Abschlußstichtag, z. B. zum 31.12., wenn das Geschäftsjahr mit dem Kalenderjahr übereinstimmt (§ 240 Abs. 2, § 242 Abs. 1 und 2 HGB, Abschn. 30 Abs. 1 EStR). Dieses Verfahren ist zeitraubend und fehleranfällig. Es führt zu **Produktions- und Umsatzausfällen** durch Unterbrechungen des Betriebsablaufes während der Aufnahme, zu **Aufnahmefehlern,** weil die mit der körperlichen Aufnahme beauftragten Mitarbeiter aus den verschiedensten Abteilungen freigestellt werden und nur unzureichend mit den Verhältnissen im Lager vertraut sind. Da der Jahresabschluß kurzfristig und unter Zeitdruck zu Beginn des neuen Geschäftsjahres erstellt werden muß, bleibt selten Zeit zur Klärung der Aufnahmefehler. Dazu kommt, daß **Bestandsverluste,** die schon während des Geschäftsjahres eingetreten sind, erst am Ende des Jahres erkannt werden.

Die Stichtagsinventur muß nicht am Bilanzstichtag, z. B. 31.12., selbst vorgenommen werden. Sie soll aber zeitnah, d. h. innerhalb einer Frist von 10 Tagen vor oder nach dem Bilanzstichtag, erfolgen. Dabei muß sichergestellt werden, daß Veränderungen des Bestandes zwischen dem Bilanzstichtag und dem Tag der Bestandsaufnahme nach Art und Menge an Hand von Belegen oder Aufzeichnungen ordnungsgemäß berücksichtigt werden (**zeitnahe Inventur** gemäß Abschn. 30 Abs. 1 Satz 3 bis 5 EStR).

Ein besonderes Verfahren der Stichtagsinventur ist die **Stichprobeninventur** (§ 241 Abs. 1 HGB). Danach darf der Bestand der Vermögensgegenstände nach Art, Menge und Wert auch mit Hilfe anerkannter mathematisch-statistischer Methoden aufgrund von Stichproben ermittelt werden. Aus Zeit- und Kostengründen wird auf die Erfassung jeder einzelnen Bestandsposition verzichtet. Aus dem Gesamtbestand wird eine zufällige Anzahl von Positionen ausgewählt, körperlich aufgenommen und bewertet. Das Ergebnis der Stichproben wird dann auf das Gesamtergebnis hochgerechnet.

3.1.3.2 Permanente Inventur

Als permanente Inventur wird die körperliche Bestandsaufnahme der Vorräte zu verschiedenen Zeitpunkten während des Geschäftsjahres nach einem Aufnahmeplan bezeichnet (§ 241 Abs. 2 HGB, Abschn. 30 Abs. 2 EStR). Die permanente Inventur ist nur in solchen Betrieben zulässig, die die Zu- und Abgänge der Vorräte im Rahmen einer ordnungsmäßigen Lagerbuchführung lückenlos nach Tag, Art und Menge erfassen und die die sich aus der Fortschreibung ergebenden Bestände ausweisen. Eine wertmäßige Fortschreibung ist nicht erforderlich.

Die körperliche Bestandsaufnahme muß mindestens einmal im Jahr durch Mitarbeiter erfolgen, die nicht mit der Lagerung oder der Lagerbuchführung betraut sind. Die Aufnahmetage sind auf den Artikelkarten zu vermerken. Weichen die Ergebnisse der Bestandsaufnahme von den Soll-Beständen der Lagerkarten ab, ist der Buchbestand zu berichtigen.

Über die Durchführung der körperlichen Bestandsaufnahme sind Protokolle anzufertigen, die unter Angabe des Zeitpunktes der Aufnahme von den aufnehmenden Personen zu unterzeichnen sind. Die Aufzeichnungen sind 10 Jahre lang aufzubewahren.

3.1.3.3 Zeitlich verlegte Inventur

Die zeitlich verlegte Inventur erlaubt die mengenmäßige Erfassung der Vorräte ganz oder teilweise innerhalb der ersten **drei Monate vor** oder der ersten **zwei Monate nach dem Bilanzstichtag** (§ 241 Abs. 3 HGB, Abschn. 30 Abs. 3 EStR). Der dabei festgestellte Bestand ist in einem besonderen Verzeichnis (Block oder Kladde usw.) festzuhalten und dann wertmäßig auf den Bilanzstichtag fortzuschreiben oder zurückzurechnen.

Eine Besonderheit der zeitlich verlegten Inventur liegt darin, daß der Bestand nicht nach Art und Menge festgestellt und fortgeschrieben oder zurückgerechnet werden muß. Es genügt die Feststellung des Gesamtwertes und die wertmäßige Fortschreibung bzw. Rückrechnung.

3.1.3.4 Ausschluß der Vereinfachungsverfahren

Die Erleichterungen der permanenten und der zeitlich verlegten Inventur dürfen nicht in Anspruch genommen werden für Vorräte, bei denen durch Schwund, Verdunsten, Verderb, leichte Zerbrechlichkeit oder ähnliche ins Gewicht fallende unkontrollierbare Abgänge die Fortschreibung auf den Bilanzstichtag nicht sichergestellt ist.

Die Vereinfachungsmethoden dürfen außerdem nicht eingesetzt werden bei der Aufnahme von Vorräten, die – abgestellt auf die Verhältnisse des jeweiligen Betriebes – besonders wertvoll sind (Abschn. 30 Abs. 4 EStR).

3.2 Inventar

Rechtsquellen: HGB § 240; AO § 140; EStR Abschn. 31

Die in der Inventur ermittelten Vermögensteile und Schulden werden nach Art, Menge und Wert in Listen zusammengestellt. So wird z. B. ein Verzeichnis aller Maschinen, ein Verzeichnis der Rohstoffe, ein Verzeichnis der unfertigen Erzeugnisse, ein Verzeichnis der Verbindlichkeiten gegenüber den einzelnen Lieferern usw. erstellt. Die Summen dieser Verzeichnisse werden in das Inventar aufgenommen. Die Verzeichnisse mit den Einzelaufzeichnungen werden dem Inventar als Anlagen beigefügt. Sie weisen nach, wie sich der im Inventar angeführte Betrag zusammensetzt.

Das Inventar mit seinen Anlagen ist ein ausführliches Verzeichnis aller Vermögensteile und Schulden nach Art, Menge und Wert.

Das Inventar ist gegliedert in Vermögensteile, Schulden und Reinvermögen. Die Vermögensteile umfassen das Anlagevermögen und das Umlaufvermögen.

Dem **Anlagevermögen** werden alle Vermögensgegenstände zugeordnet, die dem Betrieb langfristig dienen sollen (vgl. Teil II, Punkt 5).

Zum **Umlaufvermögen** zählen alle Vermögensgegenstände, die dem Betrieb nur vorübergehend dienen sollen. Sie werden im Betrieb umgesetzt, laufen um und verändern sich ständig in ihrer Zusammensetzung (vgl. Teil II, Punkt 7).

Entscheidend für die Einbeziehung in das Anlage- oder in das Umlaufvermögen ist die jeweilige **Zweckbestimmung am Bilanzstichtag.** So zählten die von

Olaf Lange, Apparatebau, Bochum
Inventar zum 31.12.01

A. Vermögensteile

I. Anlagevermögen

1. Grundstücke und Bauten		450 000 DM
2. Maschinen (Anlage 1)		550 000 DM
3. Betriebs- und Geschäftsausstattung (Anlage 2)		200 000 DM

II. Umlaufvermögen

1. Rohstoffe (Anlage 3)		70 000 DM
2. Hilfsstoffe (Anlage 4)		15 000 DM
3. Betriebsstoffe (Anlage 5)		10 000 DM
4. Unfertige Erzeugnisse (Anlage 6)		20 000 DM
5. Fertige Erzeugnisse (Anlage 7)		25 000 DM
6. Forderungen aus Lieferungen und Leistungen (Anlage 8)		40 000 DM
7. Sonstige Forderungen (Anlage 9)		10 000 DM
8. Kassenbestand		5 000 DM
9. Bankguthaben		
Sparkasse Bochum	18 000 DM	
Commerzbank Bochum	34 000 DM	52 000 DM
		1 447 000 DM

B. Schulden

1. Verbindlichkeiten gegenüber Kreditinstituten (Anlage 10)	410 000 DM
2. Verbindlichkeiten aus Lieferungen und Leistungen (Anlage 11)	55 000 DM
3. Sonstige Verbindlichkeiten (Anlage 12)	15 000 DM
	480 000 DM

C. Ermittlung des Reinvermögens

Summe der Vermögensteile	1 447 000 DM
– Summe der Schulden	480 000 DM
= Reinvermögen	967 000 DM

einem Werkzeugmaschinenhersteller fertiggestellten Maschinen zum Umlaufvermögen. Wird jedoch eine Werkzeugmaschine für den Einsatz in der eigenen Produktion des Herstellers entnommen, dann ist diese Maschine dem Anlagevermögen zuzurechnen.

Eine bisher in der Produktion verwendete, zum Ende des Geschäftsjahres aber aus der Werkhalle entfernte und zur Verschrottung abgestellte Maschine gehört dagegen zum Umlaufvermögen.

Vermögensteile und Schulden werden in einer bestimmten Reihenfolge im Inventar aufgeführt. Die **Vermögensteile** sind nach ihrer **Flüssigkeit** oder Liquidierbarkeit in aufsteigender Reihenfolge geordnet. Am längsten werden die Grundstücke und Bauten im Unternehmen verbleiben, Kassenbestand und Bankguthaben verändern sich in der Regel täglich.

Die **Schulden** werden grundsätzlich nach ihrer **Fälligkeit,** der Dringlichkeit ihrer Begleichung, gegliedert.

Die Summe der Vermögensteile, abzüglich der Summe der Schulden, ergibt das Reinvermögen.

Das Inventar muß mit allen Anlagen 10 Jahre lang aufbewahrt werden. Die Aufbewahrungszeit für die Aufnahmebelege der Inventur beträgt 6 Jahre.

3.3 Gewinnermittlung durch Betriebsvermögensvergleich

Rechtsquellen: EStG § 4 Abs. 1, § 5 Abs. 1; EStR Abschn. 12

Unternehmer setzen in ihren Unternehmen Vermögen ein. Sie wirtschaften mit diesem Vermögen, um es durch Gewinne zu mehren. Der wertmäßige Anteil an einem Betrieb, der nach Abzug aller Schulden dem Unternehmer gehört, ist das Reinvermögen. Ist dieses am Ende des Geschäftsjahres höher als am Anfang des Geschäftsjahres, so hat der Kaufmann in der Regel mit Gewinn gearbeitet. Diese Veränderung des Reinvermögens unterliegt der Besteuerung nach dem Einkommen.

Die Veränderung des Betriebsvermögens zwischen dem Beginn und dem Ende eines Geschäftsjahres muß nicht immer Gewinn oder Verlust sein. Die Entwicklung des Reinvermögens wird auf zwei Wegen beeinflußt:

- Durch die **unternehmerische Tätigkeit:** Gewinne erhöhen und Verluste mindern das Reinvermögen.
- Durch **Einlagen** von außerhalb des Unternehmens, z. B. aus dem Privatvermögen des Unternehmers, oder durch **Entnahmen** des Unternehmers für private Zwecke. Entnahmen mindern das Reinvermögen, Einlagen erhöhen den Eigentumsanteil des Kaufmanns an seinem Unternehmen.

Entnahmen und Einlagen können in Form von Geld oder Vermögensgegenständen des Anlagevermögens, z. B. des betrieblichen Pkws, oder des Umlaufvermögens, wie Erzeugnisse oder Waren, getätigt werden. Die Entnahmen haben während des abgelaufenen Geschäftsjahres das Reinvermögen gekürzt. Am Jahresende müssen sie deshalb wieder hinzugezählt werden, um auf den zu versteuernden Gewinn zu kommen. Aus dem gleichen Grunde sind Einlagen, die das Reinvermögen erhöht haben, ohne daß sie im Unternehmen erwirtschaftet worden sind, wieder abzuziehen.

Beispiele:

Betrieb	A	B	C
	DM	**DM**	**DM**
Reinvermögen am Ende des Jahres	90 000	80 000	80 000
– Reinvermögen am Anfang des Jahres	80 000	60 000	90 000
= Mehrung/Minderung des Reinvermögens	+ 10 000	+ 20 000	– 10 000
+ Entnahmen	+ 5 000	+ 3 000	–
– Einlagen	– 2 000	– 25 000	– 4 000
Gewinn (+) bzw. Verlust (–)	+ 13 000	– 2 000	– 14 000

3.4 Die Bilanz

Rechtsquellen: HGB §§ 242 bis 251, 257 Abs. 4, 266,
AktG § 152,
GmbHG § 42a,
AO §§ 140, 147

Bei Gründung und Übernahme eines Unternehmens, am Ende eines jeden Geschäftsjahres und bei Auflösung oder Veräußerung eines Unternehmens muß zunächst ein Inventar erstellt werden. Aus dem Inventar und den Aufzeichnungen in den Büchern der Buchführung ist dann die Bilanz zu entwickeln (vgl. Teil II, Punkt 1).

Aus dem unter 2.2 dargestellten Inventar leitet Olaf Lange die folgende Bilanz ab:

Olaf Lange, Apparatebau, Bochum
Bilanz zum 31.12.01

Aktiva	DM	Passiva	DM
A. Anlagevermögen		**A. Eigenkapital**	967 000
1. Grundstücke und Bauten	450 000	**B. Verbindlichkeiten**	
2. Maschinen	550 000	1. gegenüber Kreditinstituten	410 000
3. Betriebs- und Geschäftsausstattung	200 000	2. aus Lieferungen und Leistungen	55 000
		3. sonstige Verbindlichkeiten	15 000
B. Umlaufvermögen			
1. Roh-, Hilfs- und Betriebsstoffe	95 000		
2. Unfertige Erzeugnisse	20 000		
3. Fertige Erzeugnisse	25 000		
4. Forderungen aus Lieferungen und Leistungen	40 000		
5. Sonstige Forderungen	10 000		
6. Kassenbestand und Guthaben bei Kreditinstituten	57 000		
	1 447 000		1 447 000

Bochum, den 15. März 02
Olaf Lange

Die Bilanz ist kürzer und übersichtlicher als das Inventar. Verschiedene Positionen des Inventars werden zu einer Bilanzposition zusammengefaßt. Die Bilanz enthält keine Mengen und Werte. Das Reinvermögen wird in der Bilanz als Eigenkapital bezeichnet. Das Vermögen wird den Schulden und dem Eigenkapital in Kontenform gegenübergestellt.

Die beiden Seiten der Bilanz haben die gleiche Summe. Die Bilanz (ital. Waage) ist ausgewogen. Der Grund liegt darin, daß auf der Aktivseite die gleichen Werte ausgewiesen werden wie auf der Passivseite. Lediglich die Betrachtungsweise ist eine andere:

- Die **Passivseite** zeigt, wer die Mittel zur Finanzierung des Vermögens (Aktiva) gegeben hat, wem das Unternehmen wieviel schuldet, wieviel Eigenkapital es dem Unternehmer schuldet, wieviel Fremdkapital es den Banken und Lieferanten schuldet.
- Die **Aktivseite** legt die Verwendung des Eigen- und Fremdkapitals offen. Sie zeigt, in welchen Vermögensformen die auf der Passivseite ausgewiesenen Mittel angelegt worden sind, wie mit dem Kapital gearbeitet wird.

Aktiva	Bilanz		Passiva
Auskunft über die Verwendung		Auskunft über die Herkunft	
Vermögensformen		Vermögensquellen	
Investierung		Finanzierung	
Kapitalverwendung		Kapitalgeber	
Anlagevermögen	1 200 TDM	Eigenkapital	967 TDM
+ Umlaufvermögen	247 TDM	+ Fremdkapital	480 TDM
	1 447 TDM		1 447 TDM

Die Vorschriften für alle Kaufleute im ersten Abschnitt des dritten Buches im HGB schreiben in § 242 HGB lediglich einen das Verhältnis des Vermögens und der Schulden darstellenden Abschluß vor. In den §§ 247 bis 250 HGB folgen Vorschriften zum Ausweis des Anlagevermögens, des Umlaufvermögens, des Eigenkapitals, der Rückstellungen und des Rechnungsabgrenzungspostens sowie Bilanzierungsverbote. Der § 266 HGB (im zweiten Abschnitt des dritten Buches) enthält dagegen eine zwingende Gliederungsvorschrift für die Bilanzen der Kapitalgesellschaften.

Die Bilanz ist in deutscher Sprache und in Deutscher Mark aufzustellen (§ 244 HGB) und vom Kaufmann persönlich mit Ort und Datum zu unterschreiben (§ 245 HGB). Bei Aktiengesellschaften müssen alle Vorstandsmitglieder unterschreiben, bei der GmbH alle Geschäftsführer, bei der OHG alle Gesellschafter und bei der KG alle Vollhafter. Die Unterschrift kann nicht von einem Prokuristen geleistet werden, da der Unternehmer bzw. die Vorstandsmitglieder oder Geschäftsführer sich selbst das Verhältnis von Schulden und Vermögen ansehen sollen.

Wie im Inventar werden die Vermögenswerte in der Bilanz nach der Flüssigkeit und die Schulden nach der Dringlichkeit (Fälligkeit) geordnet. Wie das Inventar ist auch die Bilanz bei der Gründung und Übernahme eines Unternehmens

(Eröffnungs- oder Gründungsbilanz) am Schluß eines jeden Geschäftsjahres (Schlußbilanz) und bei der Auflösung oder Veräußerung eines Unternehmens zu erstellen.

Auch zu Beginn eines jeden Geschäftsjahres könnte eine Eröffnungsbilanz erstellt werden. Da aber § 252 Abs. 1 Nr.1 HGB die formelle Bilanzkontinuität oder Bilanzidentität der Bilanzen per Ende eines Geschäftsjahres mit denen per Anfang des folgenden Geschäftsjahres verlangt, dient die Schlußbilanz des Vorjahres normalerweise gleichzeitig als Eröffnungsbilanz des Folgejahres. Dieser Grundsatz der formellen Kontinuität der Bilanzen stellt sicher, daß die Summe der Gewinne über die Lebensdauer eines Unternehmens (Periodengewinne) dem Totalgewinn des Unternehmens, von seiner Gründung bis zur Einstellung, entspricht.

Die Bilanzen sind 10 Jahre lang im Inventar- und Bilanzbuch geordnet aufzubewahren (§ 257 Abs. 1 u. 5 HGB).

4 Laufende Buchungen im Hauptbuch

4.1 Buchungen im Bereich der Bestandskonten

4.1.1 Wertveränderungen in der Bilanz

Die Bilanz zeigt die Vermögens- und Schuldenverhältnisse des Unternehmens zu einem bestimmten Zeitpunkt, dem Bilanzstichtag. Jeder Einkaufs-, Verkaufs-, Zahlungsvorgang usw. ändert bei Aufnahme der Tätigkeiten im neuen Geschäftsjahr mindestens die Werte zweier Bilanzpositionen. Nach der Auswirkung auf das Bilanzbild können vier **Bilanzveränderungen** unterschieden werden, die ausgehend von der folgenden Bilanz demonstriert werden sollen.

Aktiva	Bilanz zum	31.12.01	Passiva
	DM		**DM**
Geschäftsausstattung	200	Eigenkapital	250
Waren	100	Darlehen	150
Forderungen	150	Verbindlichkeiten	100
Kassenbestand	50		
	500		500

4.1.1.1 Aktivtausch

Wenn zu Beginn des neuen Geschäftsjahres ein Kunde unsere Forderung in Höhe von 30 DM bar begleicht, nimmt die Position Kassenbestand um 30 DM zu und die Position Forderungen um 30 DM ab. Der Betrag wurde zwischen zwei Positionen auf der Aktivseite getauscht und hat deshalb keinen Einfluß auf die Bilanzsumme.

Aktiva	Bilanz nach	Aktivtausch	Passiva
	DM		**DM**
Geschäftsausstattung	200	Eigenkapital	250
Waren	100	Darlehen	150
Forderungen	120	Verbindlichkeiten	100
Kassenbestand	80		
	500		500

4.1.1.2 Passivtausch

Eine Verbindlichkeit gegenüber dem Lieferer in Höhe von 50 DM kann nicht innerhalb des Zahlungszieles beglichen werden. Der Lieferer stimmt einer Umwandlung der unverzinslichen Verbindlichkeit aus Lieferungen und Leistungen in ein zu verzinsendes Darlehen zu. Der Wert wurde zwischen zwei Positionen der Passivseite getauscht. Die Bilanzsumme bleibt unverändert.

Aktiva	Bilanz nach	Passivtausch	Passiva
	DM		**DM**
Geschäftsausstattung	200	Eigenkapital	250
Waren	100	Darlehen	200
Forderungen	120	Verbindlichkeiten	50
Kassenbestand	80		
	500		500

4.1.1.3 Aktiv-Passiv-Mehrung (Bilanzverlängerung)

Waren im Wert von 100 DM wurden auf Ziel gekauft. Auf der Aktivseite nimmt die Position Waren zu, auf der Passivseite die Position Verbindlichkeiten. Die Bilanzsumme nimmt ebenfalls zu.

Aktiva	Bilanz nach	Verlängerung	Passiva
	DM		**DM**
Geschäftsausstattung	200	Eigenkapital	250
Waren	200	Darlehen	200
Forderungen	120	Verbindlichkeiten	150
Kassenbestand	80		
	600		600

4.1.1.4 Aktiv-Passiv-Minderung (Bilanzverkürzung)

Eine Verbindlichkeit aus Lieferungen und Leistungen in Höhe von 50 DM wurde bar bezahlt. Auf der Aktivseite nimmt der Kassenbestand ab, auf der Passivseite um den gleichen Betrag die Verbindlichkeiten. Die Bilanzsumme wird um den gleichen Betrag verringert.

Aktiva — Bilanz nach Verkürzung — Passiva

	DM		DM
Geschäftsausstattung	200	Eigenkapital	250
Waren	200	Darlehen	200
Forderungen	120	Verbindlichkeiten	100
Kassenbestand	30		
	550		550

4.1.2 Auflösung der Bilanz in Konten

Die Darstellung der Wertveränderungen in der Bilanz läßt erkennen, daß die Menge der laufenden Geschäftsvorfälle nicht in der Bilanz fortgeschrieben werden kann. Deshalb wird die Bilanz in Konten (ital. conto = Rechnung) aufgelöst. Die Konten sind Einzelabrechnungen für die verschiedenen Bilanzposten. Die Konten zu den Posten der Aktivseite der Bilanz heißen **Aktivkonten,** die zur Passivseite heißen **Passivkonten.**

Aktiva — Bilanz zum 31.12.01 — Passiva

	DM		DM
Geschäftsausstattung	200	Eigenkapital	250
Waren	100	Darlehen	150
Forderungen	150	Verbindlichkeiten	100
Kassenbestand	50		
	500		500

S	Geschäftsausstattung	H
AB 200		

S	Eigenkapital	H
		AB 250

S	Waren	H
AB 100		

S	Darlehen	H
		AB 150

S	Forderungen	H
AB 150		

S	Verbindlichkeiten	H
		AB 100

S	Kassenbestand	H
AB 50		

AB = Anfangsbestand

Wie die Bilanz, so haben auch die Konten zwei Seiten. Die linke Seite ist die **Soll-Seite,** die rechte Seite heißt **Haben-Seite.** Die Bezeichnungen Soll und Haben werden mit den Buchstaben S und H abgekürzt.

Bei den **Aktivkonten** wird der **Anfangsbestand** auf der linken Seite, der Soll-Seite, gebucht. Aktivkonten übernehmen ihre Anfangsbestände von der linken Seite der Bilanz. Bei den **Passivkonten** wird der Anfangsbestand auf der rechten Seite, der Haben-Seite, gebucht. Der Anfangsbestand der Passivkonten wird von der rechten Seite der Bilanz übernommen.

Die **Zugänge** stehen auf der gleichen Seite, auf der auch die Anfangsbestände stehen. Die **Abgänge** stehen zusammen mit den **Schlußbeständen** auf der den Zugängen und Anfangsbeständen gegenüberliegenden Seite.

4.1.3 Buchungssätze

Die Erfassung der Geschäftsvorfälle auf den Konten wird in der Form des Buchungssatzes ausgedrückt. Der Buchungssatz hat eine bestimmte Ordnung:

Sollkonto **an** **Habenkonto**

Zuerst werden die Konten genannt, die Eintragungen auf der Sollseite erhalten. Es folgt das Wort »an«, dann schließen sich die Konten an, die Eintragungen auf der Habenseite erhalten.

Beispiel 1 – Aktivtausch:

Eine Forderung in Höhe von 30 DM wird bar beglichen.

1. Welche Konten werden berührt?
   - Forderungen und Kasse
2. Sind diese Konten Aktiv- oder Passivkonten?
   - Forderungen = Aktivkonto, Kasse = Aktivkonto
3. Nehmen die Konten zu oder ab?
   - Kasse nimmt zu, Forderungen nehmen ab.
4. Auf welcher Seite nehmen die Konten zu oder ab?
   - Die Kasse nimmt auf der Sollseite zu, die Forderungen nehmen auf der Habenseite ab.
5. Wie lautet der Buchungssatz?
   - Kasse 30 DM an Forderungen 30 DM
(Sollkonto an Habenkonto)

S	Kasse		H
AB	50		
Zugang	30		

S	Forderungen		H
AB	150	Abgang	30

Beispiel 2 – Passivtausch:

Eine Verbindlichkeit von 50 DM wird in eine Darlehensschuld umgewandelt.

Buchungssatz:

Verbindlichkeiten	50 DM	an	Darlehen	50 DM

S	Verbindlichkeiten		H	S	Darlehen		H
Abgang	50	AB	100			AB	150
						Zugang	50

Beispiel 3 – Aktiv-Passiv-Mehrung:

Waren im Wert von 100 DM werden auf Ziel gekauft.

Buchungssatz:

Waren	100 DM	an	Verbindlichkeiten	100 DM

(Die Konten aus Beispiel 1 und 2 werden fortgeführt)

S	Waren		H	S	Verbindlichkeiten		H
AB	100			Abgang	50	AB	100
Zugang	100					Zugang	100

Beispiel 4 – Aktiv-Passiv-Minderung:

Verbindlichkeiten in Höhe von 50 DM werden bar bezahlt.

Buchungssatz:

Verbindlichkeiten	50 DM	an	Kasse	50 DM

S	Kasse		H	S	Verbindlichkeiten		H
AB	50	Abgang	50	Abgang	50	AB	100
Zugang	30					Zugang	100

Eine Buchung im Soll wird auch **Lastschrift** genannt. Eine Buchung im Haben heißt **Gutschrift.** Hier: Lastschrift auf dem Konto Verbindlichkeiten, Gutschrift auf dem Konto Kasse.

In den Beispielen 1 bis 4 handelt es sich um »einfache Buchungssätze«, die jeweils nur ein Konto im Soll und ein Konto im Haben berühren. Wird ein Geschäftsvorfall gleichzeitig auf mehreren Konten im Soll und/oder im Haben gebucht, liegt ein »zusammengesetzter Buchungssatz« vor.

Beispiel:

Kauf von Rohstoffen für 500 DM und Hilfsstoffen für 400 DM für 300 DM in bar, der Rest ist in 30 Tagen zahlbar.

Rohstoffe	500 DM			
Hilfsstoffe	400 DM	an	Kasse	300 DM
		an	Verbindlichkeiten	600 DM

Die Summe der auf der Soll-Seite gebuchten Beträge muß der Summe der auf der Haben-Seite gebuchten Beträge entsprechen.

4.1.4 Abschluß der Bestandskonten

Beim Abschluß der Bestandskonten wird zunächst die wertmäßig größere Seite addiert. Die Summe (Verkehrsziffer) wird unter die wertmäßig kleinere Seite geschrieben und dann die Differenz ermittelt. Der so ermittelte »Saldo« ist der Schlußbestand (= SB), der am Ende des Geschäftsjahres in die Schlußbilanz übernommen wird.

S	Kasse		H
AB	50	Abgang	50
Zugang	30	SB	30
	80		80

S	Verbindlichkeiten		H
Abgang	50	AB	100
SB	150	Zugang	100
	200		200

Aktiva	Bilanz zum 31.12.02		Passiva
.		.	
.		.	
.		.	
Kassenbestand	30	Verbindlichkeiten	150

4.1.5 Eröffnungs- und Schlußbilanzkonto

4.1.5.1 Eröffnungsbilanzkonto

Bestandskonten können eröffnet werden, indem der Anfangsbestand mit einem entsprechenden Hinweis, z. B. AB, ohne Gegenbuchung aus der Eröffnungsbilanz vorgetragen wird. Daneben besteht die Möglichkeit, den Anfangsbestand mit einer Gegenbuchung auf dem Eröffnungsbilanzkonto (EBK) vorzutragen.

Die **aktiven Bestandskonten** werden eröffnet mit der Buchung

aktives Bestandskonto an Eröffnungsbilanzkonto

Beispiel:

Kasse 1000 DM an Eröffnungsbilanzkonto 1000 DM

Die **passiven Bestandskonten** werden eröffnet mit der Buchung

Eröffnungsbilanzkonto an passives Bestandskonto

Beispiel:

Eröffnungsbilanzkonto 1000 DM an Verbindlichkeiten 1000 DM

S	Verbindlichkeiten		H
		EBK	1 000

S	Kasse		H
EBK	1 000		

S	Eröffnungsbilanzkonto		H
Verb.	1 000	Kasse	1 000

Das Eröffnungsbilanzkonto verhält sich spiegelbildlich zum Schlußbilanzkonto des Vorjahres. Es dient allein der Konteneröffnung und ist nach den Grundsätzen ordnungsmäßiger Buchführung (GoB) nicht unbedingt erforderlich. Stimmen die Summen des EBK überein, kann davon ausgegangen werden, daß alle Anfangsbestände mit den richtigen Werten vorgetragen worden sind.

4.1.5.2 Schlußbilanzkonto

Das Schlußbilanzkonto (SBK) dient dem buchtechnischen Abschluß der Konten. Dabei werden die Schlußbestände (Salden) der Bestandskonten auf das Schlußbilanzkonto übertragen.

Alle **aktiven Bestandskonten** werden abgeschlossen mit der Buchung

Schlußbilanzkonto an aktives Bestandskonto

Beispiel:

Schlußbilanzkonto 1000 DM an Kasse 1000 DM

Die **passiven Bestandskonten** werden abgeschlossen mit der Buchung

passives Bestandskonto an Schlußbilanzkonto

Beispiel:

Verbindlichkeiten 1000 DM an Schlußbilanzkonto 1000 DM

S	Kasse	H
	SBK	1 000

S	Verbindlichkeiten	H
SBK	1 000	

S	Schlußbilanzkonto		H
Kasse	1 000	Verb.	1 000

Der Inhalt des Schlußbilanzkontos entspricht dem der Schlußbilanz. Jedoch werden in der Praxis die Schlußbestände mehrerer Bestandskonten in einer Bilanzposition zusammengefaßt, um die Übersichtlichkeit der Schlußbilanz zu erhöhen. Die Ordnungsvorschriften für die Bilanz, wie Gliederung der Aktivseite nach der Flüssigkeit und Gliederung der Passivseite nach der Dringlichkeit oder die Gliederungsvorschriften des § 266 HGB, gelten nicht für das Schlußbilanzkonto. Nach den Grundsätzen ordnungsmäßiger Buchführung müssen die Bestandskonten immer dergestalt zum Schlußbilanzkonto abgeschlossen werden, daß sich die Entwicklung der Bilanz aus dem Schlußbilanzkonto »statistisch« nachvollziehen läßt.

4.2 Die Erfolgskonten

4.2.1 Aufwendungen und Erträge

Handelsbetriebe haben die Funktion eines **Verteilers.** Sie kaufen meist in großen Mengen Waren und verkaufen diese in kleineren Mengen weiter. **Industriebetriebe stellen Erzeugnisse her und verkaufen** diese am Markt. Beim Einkauf, in der Produktion, in der Verwaltung und beim Verkauf der Handelswaren und der Erzeugnisse fallen Aufwendungen an.

Aufwand ist der Verzehr von Gütern und Leistungen innerhalb einer Abrechnungsperiode (ein Monat bei der kurzfristigen Erfolgsrechnung oder ein Geschäftsjahr). Dieser Aufwand schlägt sich wertmäßig in der Buchführung nieder. **Erträge** verursachen Wertzuflüsse.

4.2.1.1 Aufwendungen und Erträge in Handelsbetrieben

Die Aufwendungen und Erträge der Handelsbetriebe können in die folgenden Gruppen eingeteilt werden:

1. Aufwendungen

Aufwand ist der Geldwert aller Güter und Leistungen, die in einer Abrechnungsperiode (Monat, Jahr) bei der Erfüllung der Aufgaben in einem Unternehmen verbraucht werden (Werteverzehr im Unternehmen). Aufwendungen führen zu einer Abnahme von Vermögenswerten, z. B. Fuhrpark, Kassenbestand oder Bankguthaben, bzw. zu einer Zunahme der Schulden, z. B. der Verbindlichkeiten aus Lieferungen und Leistungen. Aufwendungen mindern damit immer das Reinvermögen oder das Eigenkapital des Unternehmens.

Aufwendungen für Löhne, Gehälter und soziale Abgaben:

Löhne und Gehälter für die Mitarbeiter sind ebenfalls Aufwendungen. Sie werden bar oder durch Banküberweisung gebucht und mindern damit den Bestand an Zahlungsmitteln:

z. B. Überweisung der Löhne vom Bankkonto

Löhne	20 000 DM	an	Bank	20 000 DM

Aufwendungen für Abschreibungen auf Anlagevermögen:

Gebäude, Fuhrpark, Betriebs- und Geschäftsausstattung werden durch die betriebliche Nutzung nach und nach verbraucht. Dadurch werden ebenfalls Bestände zu Aufwendungen:

z. B. Abschreibungen		75 000 DM	
an	Gebäude		20 000 DM
an	Fuhrpark		40 000 DM
an	Betriebs- und Geschäftsausstattung		15 000 DM

Aufwendungen für Miete, Büromaterial, Postgebühren, Reisekosten, Werbung und Betriebssteuern:

Mieten werden meist vom Bankkonto überwiesen mit der Buchung:

Mieten	12 000 DM	an	Bank	12 000 DM

Büromaterial wird normalerweise sofort verbraucht. Soweit Büromaterial eingelagert wird, sind die Bestände vom Wert her unwesentlich. Deshalb wird sofort auf ein Aufwandskonto gebucht

Büromaterial	8000 DM	an	Kasse	8000 DM

(Bei dieser Buchung wurde die auf der Rechnung ausgewiesene Umsatzsteuer nicht berücksichtigt. Vgl. 4.4 Die Umsatzsteuer beim Ein- und Verkauf)

Bei den übrigen Aufwendungen lautet die Buchung ebenfalls immer Aufwandskonto an Bank, an Kasse oder an Verbindlichkeiten.

2. Erträge

Den Aufwendungen stehen in jedem Handelsbetrieb Erträge gegenüber. Erträge erhöhen die Bestände an Forderungen oder an Zahlungsmitteln, und damit gleichzeitig das Eigenkapital.

Verkaufserlöse:

Die wichtigste Ertragsposition eines Handelsbetriebes sind die Verkaufserlöse. Die Buchung bei einem Verkauf von Handelswaren auf Ziel lautet:

Forderungen	6000 DM	an	Verkaufserlöse	6000 DM

(Bei dieser Buchung wurde die auf der Rechnung ausgewiesene Umsatzsteuer nicht berücksichtigt. Vgl. 4.4 Die Umsatzsteuer beim Ein- und Verkauf)

Mieterträge, Zinserträge, Erträge aus Wertpapieren usw.

sind weitere Ertragsposten. Der Bankeingang von Zinsen des Darlehensnehmers wird abgebucht:

Bank	2000 DM	an	Zinserträge	3000 DM

4.2.1.2 Aufwendungen und Erträge in Industriebetrieben

In Industriebetrieben fallen als wesentliche Aufwandsposten neben den Löhnen und Gehältern **Aufwendungen für Roh-, Hilfs- und Betriebsstoffe**

(Abkürzung: RHB) an. Beim Einkauf werden die RHB normalerweise zunächst auf Bestandskonten erfaßt. Buchungsbeleg ist die Eingangsrechnung:

Rohstoffe	10 000 DM			
Hilfsstoffe	3 000 DM			
		an	Verbindlichkeiten	13 000 DM

(Bei dieser Buchung wurde die auf der Rechnung ausgewiesene Umsatzsteuer nicht berücksichtigt. Vgl. 4.4 Die Umsatzsteuer beim Ein- und Verkauf)

Die Bestandskonten zeigen in diesem Fall den Wert der Bestände am Lager.

Werden Stoffe für die Fertigung vom Lager genommen, so werden sie nach der Art des Aufwands auf die Soll-Seite entsprechender Aufwandskonten gebucht. Gleichzeitig wird ein Abgang auf der Haben-Seite des jeweiligen Bestandskontos gebucht. Buchungsbeleg ist eine Meldung des Lagers an die Buchhaltung. Beispiel:

Rohstoffaufwendungen	10 000 DM	an	Rohstoffe	10 000 DM
Hilfsstoffaufwendungen	6 000 DM	an	Hilfsstoffe	6 000 DM

Die übrigen Aufwandsposten entsprechen denen der Handelsbetriebe.

Die Buchung bei einem Verkauf von fertigen Erzeugnissen auf Ziel lautet:

Forderungen	30 000 DM	an	Verkaufserlöse	30 000 DM

(Bei dieser Buchung wurde die auf der Rechnung ausgewiesene Umsatzsteuer nicht berücksichtigt. Vgl. 4.4 Die Umsatzsteuer beim Ein- und Verkauf)

4.2.2 Erfolgskonten als Unterkonten des Eigenkapitalkontos

Im Abschnitt über die Gewinnermittlung durch Kapitalvergleich wurde darauf hingewiesen, daß privatwirtschaftliche Unternehmen Eigenkapital einsetzen, um es durch Gewinn zu mehren:

Eigenkapital am Anfang des Jahres
\+ Gewinn aus dem laufenden Geschäftsjahr
bzw. – Verlust aus dem laufenden Geschäftsjahr
= Eigenkapital am Ende des Geschäftsjahres

Aufwendungen mindern das Eigenkapital

Wenn ein Industriebetrieb Rohstoffe (z. B. Bleche) aus dem Lagerbestand verbraucht, nimmt der Bestand an Rohstoffen auf der Aktivseite der Bilanz ab. Da sich sonst kein Vermögens- oder Fremdkapitalposten in der Bilanz verändert, nimmt gleichzeitig auch die Differenz zwischen Vermögen und Schulden, nämlich das Eigenkapital, ab:

	Bestände vor der Entnahme	Entnahme von Rohstoffen	Bestände nach der Entnahme
Vermögen	210 000	10 000	200 000
— Schulden	100 000	–	100 000
Eigenkapital	110 000	10 000	100 000

Die Buchung »Eigenkapital 10 000 DM an Rohstoffe 10 000 DM« würde zu der entsprechenden Bilanzminderung führen. Im vorhergehenden Abschnitt wurde die Entnahme mit dem Buchungssatz »Rohstoffaufwendungen 10 000 DM an Rohstoffe 10 000 DM« gebucht.

Erträge mehren das Eigenkapital

Bei einem Verkauf auf Ziel nehmen die Forderungen auf der Aktivseite der Bilanz zu. Da sich auch hier kein weiterer Posten des Vermögens oder der Schulden verändert, nimmt das Eigenkapital als Differenz zwischen Vermögen und Schulden ebenfalls zu.

	Bestände vor dem Verkauf	Verkauf von Erzeugnissen	Bestände nach dem Verkauf
Vermögen	210 000	30 000	240 000
— Schulden	100 000	–	100 000
Eigenkapital	110 000	30 000	140 000

Die Buchung »Forderungen 30 000 DM an Eigenkapital 30 000 DM« würde zu der entsprechenden Bilanzmehrung führen. Dieser Geschäftsvorfall wurde im vorhergehenden Abschnitt mit dem Buchungssatz »Forderungen 30 000 DM an Verkaufserlöse 30 000« gebucht.

SOLL	Eigenkapital		HABEN
S Abschreibungen H		Anfangsbestand	2000
200			
S Rohstoff-aufwendungen H			
4 000			
S Löhne H		S Verkaufs-erlöse H	
9 000			15 000
3 800	Schlußbestand		
17 000			17 000

Statt eines Aufwandskontos oder eines Ertragskontos könnte also auch das Eigenkapitalkonto angesprochen werden. Das würde zu dem gleichen Bilanzausweis führen. Das Eigenkapitalkonto würde jedoch wegen der vielen Buchungen unübersichtlich. Ein Einblick in die Gründe für die Veränderung des Eigenkapitals und damit des Zustandekommens des Gewinns oder Verlustes würde erschwert. Deshalb wird, ähnlich wie aus Gründen der Übersicht die Bilanz in Bestandskonten aufgelöst wurde, das Eigenkapital in Erfolgskonten aufgelöst.

Die Aufwands- und Ertragskonten (Erfolgskonten) sind Unterkonten des Kontos Eigenkapital. Erträge führen zu Kapitalmehrungen, Aufwendungen führen zu Kapitalminderungen. Erfolgskonten zeigen die Quellen des Erfolgs. Sie bewegen sich wie das übergeordnete Eigenkapitalkonto.

4.2.3 Das Gewinn- und Verlustkonto

Die Salden der Aufwandskonten und der Ertragskonten werden nicht unmittelbar auf das Eigenkapitalkonto übertragen, sondern zunächst zu einem Sammelkonto, dem »Gewinn- und Verlustkonto«, abgeschlossen. Auf diesem Konto werden die Aufwendungen den Erträgen gegenübergestellt. Der Saldo ist der Gewinn oder der Verlust. Nur dieser Saldo wird zum Eigenkapitalkonto abgeschlossen. Auf diese Weise bleibt das Eigenkapitalkonto übersichtlich, und auf dem Gewinn- und Verlustkonto (GuV-Konto) sind die Quellen des Erfolgs ablesbar.

So wie das Schlußbilanzkonto die Salden der Bestandskonten sammelt, dient das Gewinn- und Verlustkonto dem Abschluß der Erfolgskonten. GuV-Konto und Schlußbilanzkonto sind **Abschlußkonten.** Sie werden wie die Erfolgskonten und die Bestandskonten im Hauptbuch geführt.

Alle Aufwandskonten werden abgeschlossen mit dem Buchungssatz:

Gewinn- und Verlustkonto an Aufwandskonto

Alle Ertragskonten werden abgeschlossen mit dem Buchungssatz:

Ertragskonto an Gewinn- und Verlustkonto

Beispiel:

S	Rohstoffaufwendungen	H
Rohstoffe 800		GuV 800

S	Löhne	H
Bank 900		GuV 900

S	Mieten	H
Bank 400		GuV 400

S	Betriebssteuern	H
Bank 300		GuV 300

S	Abschreibungen	H
Maschinen 350		GuV 350

S	Gewinn- und Verlustkonto		H
Rohstoffaufw.	800	Umsatzerlöse	3 000
Löhne	900		
Mieten	400		
Betriebssteuern	300		
Abschreibungen	350		
Gewinn	250		
	3 000		3 000

S	Umsatzerlöse	H
GuV 3000		Forderungen 3000

S	Eigenkapital		H
SB	70 250	AB	70 000
		Gewinn	250
	70 250		70 250

Übersicht über die Konten:

			Soll	Haben
laufende Konten	Bestandskonten	aktive	Anfangsbestand Zugänge	Abgänge Endbestand
		passive	Abgänge Endbestand	Anfangsbestand Zugänge
	Erfolgskonten	Aufwandskonten	Aufwendungen	Salden
		Ertragskonten	Salden	Erträge
Abschlußkonten	Schlußbilanzkonto		Salden der aktiven Bestandskonten	Salden der passiven Bestandskonten
	Gewinn- und Verlustkonto		Salden der Aufwandskonten Gewinn	Salden der Ertragskonten Verlust

4.2.4 Buchen der Abschreibungen

Das Anlagevermögen wird laufend im Betrieb genutzt. Dabei werden die Gebäude, die technischen Anlagen, die Maschinen und die Betriebs- und Geschäftsausstattung abgenutzt. Durch die Abnutzung sinkt der Wert dieser Wirtschaftsgüter. Die Wertminderung muß bei der Bilanzierung am Ende des Geschäftsjahres berücksichtigt werden. Die Gegenstände des Anlagevermögens werden abgeschrieben (vgl. Teil II, Punkt 6.2).

(Hinweis: Der steuerrechtliche Begriff »Wirtschaftsgut« entspricht dem handelsrechtlichen Begriff »Vermögensgegenstand«.)

Im Einkommensteuergesetz wird die Abschreibung als »AfA« bezeichnet. »AfA« steht für »Absetzung für Abnutzung«. Grundstücke unterliegen nicht der Abnutzung. Sie werden deshalb grundsätzlich auch nicht abgeschrieben.

Mit der AfA oder Abschreibung werden die Anschaffungskosten der Wirtschaftsgüter planmäßig über ihre betriebsgewöhnliche Nutzungsdauer verteilt. Die **betriebsgewöhnliche Nutzungsdauer** entspricht nicht dem Zeitraum, in dem die Nutzung tatsächlich möglich ist. Bei der Ermittlung der betriebsgewöhnlichen Nutzungsdauer sind die besonderen Verhältnisse des Betriebes und die erwartete technische Entwicklung zu berücksichtigen. Die betriebsgewöhnliche Nutzungsdauer ist deshalb der Zeitraum, in dem das Wirtschaftsgut mit einiger Sicherheit bei üblicher Nutzung wirtschaftlich einsetzbar sein sollte. Dieser Zeitraum muß deshalb für jedes einzelne Wirtschaftsgut des Anlagevermögens geschätzt werden.

Beispiel:

Ein Unternehmen schafft am 3.01.01 eine Maschine zum Anschaffungspreis von 200 000 DM an. Die betriebsgewöhnliche Nutzungsdauer wird auf 10 Jahre geschätzt. Auf jedes Nutzungsjahr entfallen somit 20 000 DM oder 10% der Anschaffungskosten.

Buchung: Abschreibungen 20 000 DM an Maschinen 20 000 DM

Am Ende des Anschaffungsjahres steht die Maschine mit einem Restwert von 180 000 DM zu Buch.

S	Abschreibungen		H
Ma	20 000		

S	Maschinen		H
AB	200 000	AfA	20 000
		SB	180 000

Bevor das Konto Maschinen zum Schlußbilanzkonto abgeschlossen werden kann, muß die Abschreibung gebucht werden. Die Buchung der Abschreibung bereitet das Bestandskonto auf den Abschluß vor. Sie ist deshalb eine **vorbereitende Abschlußbuchung.**

Die Arbeiten in der Buchhaltung sind in der folgenden Reihenfolge zu erledigen:

Zu Beginn des Geschäftsjahres:

1. Anfangsbestände auf den Bestandskonten vortragen.

Während des Geschäftsjahres:

2. Die laufenden Geschäftsvorfälle buchen.

Am Ende des Geschäftsjahres (neben der Inventur):

3. Die Abschreibungen ermitteln und buchen.
4. Die Erfolgskonten zum GuV-Konto abschließen.
5. Das GuV-Konto zum Eigenkapitalkonto abschließen.
6. Alle Bestandskonten zum Schlußbilanzkonto abschließen.

4.2.5 Buchen der Bestandsveränderungen

4.2.5.1 Buchen auf den Warenkonten der Handelsbetriebe

Handelsbetriebe richten für die buchmäßige Erfassung der Handelswaren das aktive Bestandskonto »Wareneinkauf« ein. Zu Beginn des Geschäftsjahres wird der Anfangsbestand auf das Wareneinkaufskonto übertragen. Während des laufenden Geschäftsjahres werden diesem Konto in der Regel nur die Zugänge aufgrund der Eingangsrechnungen belastet. Am Jahresende ermittelt der Handelsbetrieb durch Inventur den Schlußbestand. Der Saldo aus Anfangsbestand plus Zugängen abzüglich Schlußbestand auf dem Wareneinkaufskonto ergibt den Verbrauch, den Umsatz zu Einstandspreisen. In der Gewinn- und Verlustrechnung wird der Umsatz zu Einstandspreisen dem Saldo des Erfolgskontos »Verkaufserlöse« gegenübergestellt.

Beispiel:

1) Anfangsbestand an Waren	10 000 DM
2) Zielkauf von Waren für	20 000 DM
3) Zielverkauf von Waren für	23 000 DM
4) Schlußbestand lt. Inventur	12 000 DM

Buchungen:	1)	Wareneinkauf	an	Eröffnungsbilanz	10 000 DM
	2)	Wareneinkauf	an	Verbindlichkeiten	20 000 DM
	3)	Forderungen	an	Warenverkauf	23 000 DM
	4)	Schlußbilanzkonto	an	Wareneinkauf	12 000 DM

Ermittlung des Rohgewinns (ohne Berücksichtigung der übrigen Aufwendungen aus dem Geschäftsbetrieb):

5)	GuV-Konto	an	Wareneinkauf	18 000 DM
6)	Warenverkauf	an	GuV-Konto	23 000 DM

Wareneinkauf

S		H	
1)	10 000	4)	12 000
2)	20 000	5)	18 000
	30 000		30 000

Warenverkauf

S		H	
6)	23 000	3)	23 000
	23 000		23 000

Gewinn- und Verlustkonto

S		H	
5)	18 000	6)	23 000
Rohgewinn	5 000		

4.2.5.2 Bestandsveränderungen bei Roh-, Hilfs- und Betriebsstoffen in Industriebetrieben

Laufende Verbuchung der Bestandsveränderungen aufgrund von Materialentnahmescheinen

Die **Anfangsbestände** an Roh-, Hilfs- und Betriebsstoffen (RHB) entsprechen den Endbeständen laut Inventur des Vorjahres. Sie werden als Anfangsbestände auf die Sollseite der Konten übernommen oder gegen ein Eröffnungsbilanzkonto gebucht, z. B.

Rohstoffe 20 000 DM an Eröffnungsbilanzkonto 20 000 DM

Aufgrund der Eingangsrechnungen werden die **Zugänge** gebucht, z. B.

Rohstoffe 30 000 DM an Verbindlichkeiten 30 000 DM

Abgänge werden zunächst in der Lagerbuchhaltung auf den verschiedenen Artikel- oder Materialkonten erfaßt. Belege für die Abgänge vom Lager sind die Materialentnahmescheine. Am Monatsende werden in der Lagerbuchhaltung die Abgänge je Bestandskonto addiert. Die Summen werden der Hauptbuchhaltung mitgeteilt. Die Mitteilung ist der Buchungsbeleg für die Buchungen, z. B.

Rohstoffaufwendungen 35 000 DM an Rohstoffe 35 000 DM.

Der auf den Konten im Hauptbuch verbleibende Saldo aus Anfangsbestand plus Zugänge minus Abgänge ist der **Schlußbestand.** Die Konten werden abgeschlossen:

Schlußbilanzkonto 15 000 DM an Rohstoffe 15 000 DM

Buchung der Bestandsveränderungen am Jahresende aufgrund der Inventurergebnisse

Kleine Unternehmen verzichten oft auf die Ausstellung von Materialentnahmescheinen. Auch in der Buchhaltung dieser Betriebe werden die **Anfangsbestände** vorgetragen. Die **Zugänge** werden ebenfalls aufgrund der Eingangsrechnungen gebucht. Da keine Belege über die **Abgänge** vorliegen, ist eine

Buchung der Bestandsminderungen während des Geschäftsjahres nicht möglich.

Am Jahresende wird der **Schlußbestand** durch Inventur ermittelt und gebucht:

Schlußbilanzkonto	15 000 DM	an	Rohstoffe	15 000 DM

Nach der Buchung des Schlußbestandes verbleibt der Abgang oder Verbrauch als Saldo auf den Vorrätekonten (Anfangsbestand + Zugänge – Schlußbestand = Abgänge). Der Abgang oder Verbrauch wird nun gebucht:

Rohstoffaufwendungen	35 000 DM	an	Rohstoffe	35 000 DM

4.2.5.3 Bestandsveränderungen bei unfertigen und bei fertigen Erzeugnissen in Industriebetrieben

In den bisherigen Ausführungen wurde unterstellt, daß alle Erzeugnisse, die in einem Geschäftsjahr hergestellt wurden, in der gleichen Abrechnungsperiode verkauft wurden. Bei der Inventur wurden keine Bestände vorgefunden, es lagen weder Anfangs- noch Schlußbestände an unfertigen oder fertigen Erzeugnissen vor.

Beispiel:

Ein Industriebetrieb hat in einer Abrechnungsperiode 100 Erzeugnisse hergestellt und verkauft. Die Aufwendungen je Erzeugnis sollen 100 DM, die Erlöse je Erzeugnis sollen 110 DM betragen.

S	Gewinn- und Verlustkonto		H
Aufwendungen		Umsatzerlöse	
100 x 100 =	10 000 DM	100 x 110 =	11 000 DM
Gewinn	1 000 DM		
	11 000 DM		11 000 DM

Die Menge der hergestellten Erzeugnisse stimmt in diesem Fall mit der Menge der verkauften Erzeugnisse überein. Der ausgewiesene Gewinn entspricht dem Erfolg aus der Verkaufsleistung der Abrechnungsperiode.

Nur in wenigen Industriebetrieben, wie Elektrizitätswerken, Kraftwerken und ähnlichen, stimmt die Menge der in einer Abrechnungsperiode hergestellten Erzeugnisse mit der Menge der verkauften Erzeugnisse überein. In Betrieben, in denen lagerfähige Erzeugnisse produziert werden, liegen zum Bilanzstichtag allgemein Vorräte an unfertigen und fertigen Erzeugnissen vor. Viele Betriebe fertigen gezielt Erzeugnisse für das Lager, um eine gleichmäßige Beschäftigung ihrer Mitarbeiter und der Anlagen zu sichern, durch Serienfertigung Kosten einzusparen und um jederzeit lieferbereit zu sein.

4.2.5.3.1 Bestandsmehrungen

Die Konten unfertige Erzeugnisse und fertige Erzeugnisse übernehmen die Anfangsbestände aus der Inventur (Schlußbilanz) des Vorjahres. Am Jahresende werden die Schlußbestände mengenmäßig durch Inventur ermittelt, mit ihren Herstellungskosten bewertet und aktiviert. Die Herstellungskosten sind die Kosten der Produktion, dazu gehören beispielsweise nicht die Kosten des Vertriebs.

Nachdem die Konten durch Übertragung des Schlußbestandes zum Schlußbilanzkonto abgeschlossen wurden, verbleibt ein Saldo in Höhe der Differenz zwischen Anfangsbestand und Schlußbestand. Diese Differenz wird auf das Erfolgskonto Bestandsveränderungen übertragen.

Beispiel:

Der Anfangsbestand setzt sich aus 90 Erzeugniseinheiten zu je 1000 DM Aufwand zusammen. Die Inventur am Jahresende ergibt 110 Erzeugniseinheiten zu je 1000 DM Aufwand.

Fertige Erzeugnisse	90 000 DM	an	Eröffnungsbilanzkonto	90 000 DM
Schlußbilanzkonto	110 000 DM	an	Fertige Erzeugnisse	110 000 DM

Buchung der Differenz:

Fertige Erzeugnisse	20 000 DM	an	Bestandsveränderungen	20 000 DM
Bestandsveränderungen	20 000 DM	an	GuV-Konto	20 000 DM

S Fertige Erzeugnisse H

S		H	
EBK	90 000	SBK	110 000
BV	20 000		
	110 000		110 000

S Bestandsveränderungen H

S		H	
GuV	20 000	FE	20 000

S SBK H

S		H	
FE	110 000		

S GuV-Konto H

S		H	
		BV	20 000

Das Beispiel gilt entsprechend für die Bestandsveränderungen bei unfertigen Erzeugnissen. Das Konto fertige Erzeugnisse ist lediglich umzubenennen in unfertige Erzeugnisse.

Die Bestandsmehrung erscheint auf der Haben-Seite des Bestandsveränderungskontos und auf der Haben-Seite, der Ertragsseite, des GuV-Kontos. Neben den Erträgen aus Umsatzerlösen (Verkaufsleistungen) sind zusätzlich **Erträge aus Bestandsmehrungen** (Lagerleistungen) angefallen.

Beispiel:

S	Gewinn- und Verlustkonto		H
Aufwendungen der Abrechnungsperiode für die Herstellung und den Verkauf von 100 Erzeugniseinheiten zu je 1 000 DM	100 000	Umsatzerlöse der Abrechnungsperiode für 80 Erzeugniseinheiten zu je 1 100 DM	88 000
		Bestandsveränderung von 20 Erzeugniseinheiten zu je 1 000 DM Herstellungskosten	20 000
Gewinn (80 x 100)	8 000		
	108 000		108 000

4.2.5.3.2 Bestandsminderungen

Ist der Lagerbestand an unfertigen Erzeugnissen oder an fertigen Erzeugnissen am Jahresende geringer als am Jahresanfang, liegt eine Bestandsminderung vor.

Beispiel:

Der Anfangsbestand setzt sich aus 90 Erzeugniseinheiten zu je 1000 DM Aufwand zusammen. Die Inventur am Jahresende ergibt 80 Erzeugniseinheiten zu je 1000 DM Aufwand.

Fertige Erzeugnisse	90 000 DM	an	Eröffnungsbilanzkonto	90 000 DM
Schlußbilanzkonto	80 000 DM	an	Fertige Erzeugnisse	80 000 DM

Buchung der Differenz:

Bestandsveränderungen	10 000 DM	an	Fertige Erzeugnisse	10 000 DM
GuV-Konto	10 000 DM	an	Bestandsveränderungen	10 000 DM

S	fertige Erzeugnisse		H
EBK	90 000	SBK	80 000
		BV	10 000
	90 000		90 000

S	Bestandsveränderungen		H
FE	10 000	GuV	10 000

S	SBK		H
FE	80 000		

S	GuV-Konto		H
BV	10 000		

Die Bestandsminderung erscheint auf der Soll-Seite des Kontos Bestandsveränderungen und auf der Soll-Seite des GuV-Kontos. Neben den in der Abrechnungsperiode angefallenen Aufwendungen müssen den Umsatzerlösen der vom Lager verkauften Erzeugnisse die zugehörigen Aufwendungen gegenübergestellt werden, die bisher als fertige Erzeugnisse aktiviert waren. **Bestands-**

minderungen sind Aufwendungen aus Lagerabgängen in Höhe der Herstellungskosten der vom Lager verkauften Erzeugnisse.

Beispiel:

S	Gewinn- und Verlustkonto		H
Aufwendungen der Abrechnungsperiode für die Herstellung und den Verkauf von 100 Erzeugniseinheiten zu je 1 000 DM	100 000	Umsatzerlöse der Abrechnungsperiode für 110 Erzeugniseinheiten zu je 1 100 DM	121 000
in früheren Abrechnungsperioden angefallene Aufwendungen der vom Lager verkauften 10 Erzeugniseinheiten (10 x 1000)	10 000		
Gewinn (110 x 100)	11 000		
	121 000		121 000

4.3 Das Privatkonto

Bei der Gründung einer Einzelunternehmung bringt der Kaufmann in der Regel Bargeld und Sachwerte ein. Die Buchungen der Einlage lauten z. B.

	Kasse	5 000 DM	an	Eigenkapital	5 000 DM
oder	Maschinen	20 000 DM	an	Eigenkapital	20 000 DM

Auf der Passivseite der Eröffnungsbilanz stehen dann das Eigenkapital (Mittelherkunft) und auf der Aktivseite in gleicher Höhe der Kassenbestand und der Bestand an Maschinen (Mittelverwendung).

Bringt der Kaufmann nur Zahlungsmittel in das zu gründende Unternehmen ein, liegt eine Bargründung vor. Bringt er bei der Gründung auch ein Gebäude, Maschinen und Gegenstände der Betriebs- und Geschäftsausstattung oder Vorräte ein, liegt eine Sachgründung vor.

Der Unternehmer erhält kein Gehalt und muß seinen Lebensunterhalt in der Regel aus den Betriebseinnahmen bestreiten. Er entnimmt Geld aus der Kasse oder vom Bankkonto des Unternehmens oder Vorräte für den privaten Bedarf. Oft legt er auch nach der Gründung noch Mittel aus dem privaten Bereich für Erweiterungen oder bei schlechter Geschäftslage zur Verbesserung der Finanzierung in das Unternehmen ein. In einem bereits bestehenden Unternehmen werden diese Privatentnahmen und Privateinlagen zunächst auf dem Privatkonto gebucht und erst im Rahmen der Jahresabschlußarbeiten auf das

Enter to win this magnificent 32 volume Britannica.

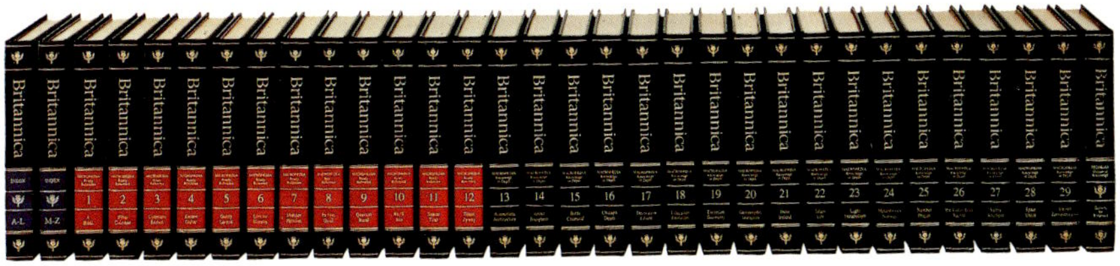

ALL YOU NEED DO IS ANSWER THE FOLLOWING THREE QUESTIONS:

1. WHICH OF THESE WORDS ARE SPELT CORRECTLY? (TICK)

Edducation	Knowledge	Refarence	Britain	Business	Universety
Education	Knowlege	Reference	Brittain	Bussines	University

2. WHY WOULD YOU LIKE TO WIN THE ENCYCLOPAEDIA BRITANNICA? (MAXIMUM 10 WORDS)

3. TICK IF YOU WOULD LIKE TO RECEIVE MORE INFORMATION ON THE ENCYCLOPAEDIA BRITANNICA. ☐

EBG LM2

ONE IN EVERY THOUSAND WILL WIN!

HUNDREDS OF CONSOLATION AWARDS WILL BE PRESENTED!

RULES:

1. This drawing is held without legal prejudice.
2. Only persons over 18 years of age are eligible to win.
3. Entries must be fully completed in order to qualify.
4. Winners will be notified by telephone.

COMPLETE THIS ENTRY AND MAIL POST-FREE TODAY.

Konto Eigenkapital übertragen. Das Privatkonto wird zum Eigenkapitalkonto abgeschlossen, es ist somit wie die Erfolgskonten ein Unterkonto des Eigenkapitals.

Beispiel:

Entnahme von Bargeld für private Zwecke: 1000 DM

Privatkonto	1000 DM	an	Kasse	1000 DM

Der Unternehmer zahlt einen Lottogewinn von 5000 DM auf das betriebliche Bankkonto ein.

Bank	5000 DM	an	Privatkonto	5000 DM

Abschluß des Privatkontos:

Privatkonto	4000 DM	an	Eigenkapital	4000 DM

S Privatkonto H

S			H
1) Kasse	1 000	2) Bank	5 000
3) Eigenkapital	4 000		
	5 000		5 000

S Eigenkapital H

S			H
		AB	30 000
		3)	4 000

Die Buchungen auf dem Privatkonto machen die Buchführung übersichtlicher und erleichtern die Abstimmung der Gewinnermittlung durch Kapitalvergleich mit den Konten.

Beispiel:

S Privatkonto H

S			H
Entnahme	1 000	Einlage	5 000
Eigenkapital	4 000		
	5 000		5 000

S Gewinn- und Verlustkonto H

S			H
Aufwendungen	3 000	Umsatzerlöse	5 000
Eigenkapital	2 000		
	5 000		5 000

S Eigenkapital H

S			H
SBK	36 000	AB	30 000
		Privat	4 000
		GuV	2 000
	36 000		36 000

	Eigenkapital am Ende des Jahres	36 000 DM
–	Eigenkapital am Anfang des Jahres	30 000 DM
=	Kapitalmehrung	6 000 DM
+	Privatentnahmen	1 000 DM
–	Privateinlagen	5 000 DM
	Gewinn	2 000 DM

Das Eigenkapital wird beeinflußt durch

1. das Ergebnis aus der unternehmerischen Tätigkeit,
2. Privatentnahmen und Privateinlagen.

Das Gewinn- und Verlustkonto sammelt die Veränderungen des Eigenkapitals, die durch die betriebliche Tätigkeit verursacht wurden. Das Privatkonto sammelt die Veränderungen des Eigenkapitals, bedingt durch Entnahmen des Inhabers für private Zwecke oder durch Einlagen aus seinem privaten Vermögen.

Eigenkapitalkonto

Minderungen durch	Mehrungen durch
Verluste	Gewinne
Entnahmen	Einlagen

Bei **Einzelunternehmen und Personengesellschaften** führen bestimmte Geschäftsvorfälle einkommensteuerlich zu Privatentnahmen.

Beispiele:

Ergibt sich bei der Abstimmung des Kassenkontos mit dem tatsächlichen Bestand ein Kassenfehlbetrag, so muß der Inhaber eines Einzelunternehmens eine Privatentnahme buchen, wenn er die Kasse selber bedient: Privatkonto an Kasse.

Spenden sind einkommensteuerlich Sonderausgaben und betreffen deshalb bei Einzelunternehmen und Personengesellschaften (OHG, KG) den privaten Bereich. Die Spenden werden als Privatentnahme gebucht. Der Kaufmann kann die Spenden auch zunächst auf einem besonderen Konto erfassen, muß dann aber im Jahresabschluß umbuchen: Privatkonto an Spenden

Kapitalgesellschaften verbuchen die Vorfälle über die Konten »Kassenfehlbeträge« bzw. »Spenden« innerhalb der sonstigen betrieblichen Aufwendungen.

4.4 Die Umsatzsteuer beim Einkauf und Verkauf

4.4.1 Gesetzliche Grundlagen

4.4.1.1 Steuerbare Umsätze

Die Umsatzsteuer ist eine Verkehrssteuer. Sie belastet den Verkehrsvorgang der **Lieferung bzw. Leistung gegen Entgelt.** Rechtsgrundlage ist das Umsatzsteuergesetz. Nach § 1 UStG unterliegen der Umsatzsteuer:

1. die (1) **Lieferungen und sonstige Leistungen,** die (2) ein **Unternehmer** (3) **im Erhebungsgebiet** (Bundesrepublik Deutschland) (4) **gegen Entgelt** (5) **im Rahmen seines Unternehmens** ausführt.

Die Umsätze sind nur dann steuerbar, wenn alle fünf Kriterien gleichzeitig zutreffen. **Sonstige Leistungen** sind Leistungen, die keine Lieferungen sind. Sie können auch in einem Unterlassen oder im Dulden einer Handlung oder eines Zustands bestehen (§ 3 Abs. 9 UStG). Bei einem **Tausch** liegen zwei umsatzsteuerpflichtige Verkehrsvorgänge vor.

Unternehmer ist, wer eine gewerbliche oder berufliche Tätigkeit selbständig ausübt (§ 2 Abs. 1 UStG). Gewerblich oder beruflich ist jede nachhaltige Tätigkeit zur Erzielung von Einnahmen, auch wenn die Absicht, Gewinn zu erzielen, fehlt oder eine Personenvereinigung gegenüber ihren Mitgliedern tätig wird (z. B. Vermietung der Tennisplätze durch den Tennisverein).

2. der **Eigenverbrauch im Erhebungsgebiet.**
3. die **Einfuhr von Gegenständen** in das Zollgebiet.

   Die Rechnungen der ausländischen Lieferer enthalten keine Umsatzsteuer. Dafür wird von den Zollämtern die **Einfuhrumsatzsteuer** erhoben. Diese wird in der Buchführung, wie die Umsatzsteuer, auf Eingangsrechnungen behandelt.

Bemessungsgrundlage für die Umsatzsteuer ist das Entgelt. Entgelt ist grundsätzlich alles, was der Leistungsempfänger für die Lieferung oder Leistung tatsächlich aufwendet, z. B. der Listenpreis für die Ware zuzüglich Frachten, Verpackung, Transportversicherung usw., jedoch ohne die Umsatzsteuer selber.

4.4.1.2 Steuerbefreiungen

Bestimmte steuerbare Umsätze werden gem. § 4 UStG ausdrücklich von der Besteuerung befreit. Die wichtigsten Fälle der Steuerbefreiung sind:

- die Umsätze der Seeschiffahrt und der Luftfahrt,
- die Umsätze der Ärzte, Zahnärzte, Heilpraktiker, Krankengymnasten und Hebammen,
- die Umsätze der Krankenhäuser, Alten- und Pflegeheime,
- die Vermietung von Wohnraum,
- die Umsätze, die der Grunderwerbsteuer unterliegen,
- die Umsätze von Wertpapieren,
- die Ausfuhrlieferungen.

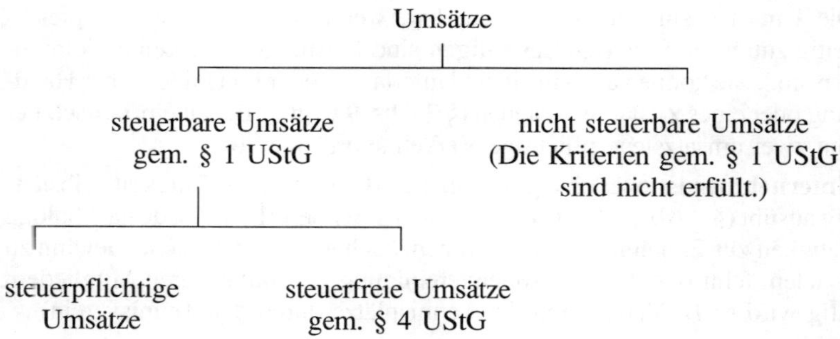

4.4.1.3 Steuersätze

Der allgemeine Steuersatz beträgt z. Z. 14%. Dieser Satz ermäßigt sich z. B. bei den folgenden Lieferungen und Leistungen auf 7% (§ 12 Abs. 2 UStG):

- Personenbeförderung, wenn die Beförderungsstrecke nicht mehr als 50 km beträgt,
- Bücher, wissenschaftliche und künstlerische Lieferungen und Leistungen,
- Lebensmittel,
- unbearbeitete europäische Nutzhölzer.

4.4.2 Buchung der Umsatzsteuer

4.4.2.1 Buchung der Umsatzsteuer beim Einkauf und Verkauf

Für die Buchung der Umsatzsteuer sind mindestens ein Vorsteuer-Konto und ein Umsatzsteuer-Konto einzurichten:

4.4.2.1.1 Vorsteuer

Auf dem Konto **Vorsteuer** wird die auf den Eingangsrechnungen ausgewiesene Steuer gebucht. Die Vorsteuer aus den Eingangsrechnungen wird den Unternehmen vom Finanzamt erstattet (§ 15 i. V. m. § 16 Abs. 2 UStG). Das Konto Vorsteuer enthält also eine Forderung gegenüber dem Finanzamt, die innerhalb der **sonstigen Forderungen** (§ 266 Abs. 2 Pos. B. II. 4.: sonstige Vermögensgegenstände) zu bilanzieren ist.

Beispiel:

Eingangsrechnung über Wareneinkauf für 1000 DM plus 14% Umsatzsteuer.

Lieferer AG				
Kunde GmbH Holzweg 13				
4630 Bochum	Rechnungs-Nr. 4711 Datum: 11.11.11			
20 m^3 Bleche x^3	1 000,– DM			Entgelt
14% USt.	140,– DM		+	Umsatzsteuer
	1 140,– DM		=	Rechnungsbetrag

Wareneinkauf		Vorsteuer		Verbindlichkeiten	
1 000		140			1 140

Buchungssatz:

Wareneinkauf 1 000 DM				
und Vorsteuer 140 DM	an	Verbindlichkeiten	1 140 DM	

4.4.2.1.2 Umsatzsteuer

Das Konto **Umsatzsteuer** nimmt die in den Ausgangsrechnungen ausgewiesene Umsatzsteuer auf. Die den Kunden in Rechnung gestellte Umsatzsteuer muß an das Finanzamt abgeführt werden. Es handelt sich um **sonstige Verbindlichkeiten** (in der Bilanz nach § 266 Abs. 3 HGB: Pos. C.8. sonstige Verbindlichkeiten – davon aus Steuern).

Beispiel:

Ausgangsrechnung über Warenverkauf für 2000 DM plus 14% USt.

Forderungen		Warenverkauf		Umsatzsteuer	
2 280			2 000		280

Buchungssatz:

Forderungen 2 280 DM	an	Warenverkauf	2 000 DM
	an	Umsatzsteuer	280 DM

Außer der Vorsteuer und der Umsatzsteuer müssen auch die vereinbarten Entgelte, auf die die Umsatzsteuer berechnet wurde, aus der Buchführung hervorgehen (§ 22 UStG). Auf der Einkaufsseite müssen somit der Nettoeinkaufspreis und die Vorsteuer, auf der Verkaufsseite die Umsatzerlöse (Nettoverkaufspreis) und die Umsatzsteuer ersichtlich sein.

4.4.2.2 Ermittlung der Zahllast und des Vorsteuerüberhangs

4.4.2.2.1 Zahllast

Der Unternehmer hat grundsätzlich bis zum 10. Tag nach Ablauf eines Kalendermonats (Voranmeldungszeitraum gem. § 13 Abs. 1 UStG) eine Voranmeldung nach amtlich vorgeschriebenem Vordruck abzugeben, in der er die vorauszuzahlende Steuer selbst berechnet (§ 18 Abs.1 UStG). Dazu werden die Konten Vorsteuer und Umsatzsteuer am Ende des Voranmeldungszeitraums gegeneinander aufgerechnet. Im Normalfall ist mehr Umsatzsteuer als Vorsteuer angefallen. Dann wird das Konto Vorsteuer zum Konto Umsatzsteuer abgeschlossen. Der Umsatzsteuerbetrag, der die Vorsteuer übersteigt, ist die **Zahllast.** Die Zahllast (oder Traglast) ist an das Finanzamt zu überweisen.

Außerdem hat der Unternehmer für das ganze Kalenderjahr eine Steuererklärung nach amtlich vorgeschriebenem Vordruck abzugeben (§ 18 Abs. 3 UStG).

Beispiel:

In einem Industriebetrieb sollen innerhalb eines Monats die folgenden Geschäftsvorfälle zuzüglich 14% Umsatzsteuer gebucht worden sein:

1. Kauf von Rohstoffen auf Ziel netto 1000 DM,
2. Kauf einer Maschine auf Ziel, netto 10 000 DM,
3. Rechnung für Reparaturaufwendungen, netto 100 DM,
4. Zielverkauf von Erzeugnissen, netto 20 000 DM.

Die Buchungen haben zu folgenden Eintragungen auf den Konten Vorsteuer und Umsatzsteuer geführt:

Vorsteuer			Umsatzsteuer		
1)	140			4)	2 800
2)	1 400				
3)	14				

Daraus ergibt sich eine Forderung gegenüber dem Finanzamt von 1554 DM und gleichzeitig eine Verbindlichkeit von 2800 DM. Forderung und Verbindlichkeit dürfen in diesem Fall saldiert werden.

Der Vorsteuerabzug erstreckt sich auf alle Vorleistungen, ohne Rücksicht darauf, ob z. B. die gekauften Vorräte bereits in die Erzeugnisse eingegangen und/oder weiterveräußert worden sind, und ohne Rücksicht darauf, ob das steuerpflichtige Unternehmen die Eingangsrechnung schon bezahlt hat oder nicht. Es wird davon ausgegangen, daß die Eingangsrechnungen bezahlt werden sollen (Soll-Versteuerung). Ebenso ist die Umsatzsteuer grundsätzlich unabhängig davon abzuführen, ob die Kunden die Rechnungsbeträge bereits beglichen haben oder nicht.

Buchungen:

5. Ermittlung der Zahllast:

   Umsatzsteuer 1554 DM an Vorsteuer 1554 DM

6. Überweisung der Zahllast an das Finanzamt:

   Umsatzsteuer 1246 DM an Bank 1246 DM

Vorsteuer

1)	140	5)	1 554
2)	1 400		
3)	14		
	1 554		1 554

Umsatzsteuer

5)	1 554	4)	2 800
6)	1 246		
	2 800		2 800

4.4.2.2.2 Vorsteuerüberhang

Übersteigt am Ende des Voranmeldungszeitraums der Saldo des Kontos Vorsteuer den Saldo des Kontos Umsatzsteuer, liegt ein **Vorsteuerüberhang** vor. Es besteht eine Forderung gegenüber dem Finanzamt. Das Finanzamt überweist den Vorsteuerüberhang an das steuerpflichtige Unternehmen.

Beispiel:

In einem Industriebetrieb sollen innerhalb eines Monats die folgenden Geschäftsvorfälle gebucht worden sein:

1. Kauf von Rohstoffen auf Ziel, netto 1000 DM,
2. Kauf einer Maschine auf Ziel, netto 10 000 DM,
3. Rechnung für Reparaturaufwendungen, netto 100 DM,
4. Zielverkauf von Erzeugnissen, netto 10 000 DM.
5. Ermittlung der Zahllast:

   Umsatzsteuer 1400 DM an Vorsteuer 1400 DM

6. Eingang der Überweisung vom Finanzamt:

   Bank 155 DM an Vorsteuer 155 DM

Die Buchungen haben zu folgenden Eintragungen auf den Konten Vorsteuer und Umsatzsteuer geführt:

Vorsteuer

1)	140	5)	1 400
2)	1 400	6)	155
3)	14		
	1 554		1 554

Umsatzsteuer

5)	1 400	4)	1 400
	1 400		1 400

4.4.2.3 Besteuerung des Mehrwertes

In manchen Unternehmen trägt das Konto »Umsatzsteuer« die Bezeichnung **Mehrwertsteuer.** Im Ausland sind entsprechende Bezeichnungen üblich:

deutsch:	Mehrwertsteuer	= MwSt
französisch:	Taxe sur la Valeur Ajoutée	= T. V. A.
englisch:	Value Added Tax	= VAT
niederländisch:	Belasting over de Toegevoegde Waarde	= BTW

Für die Unternehmen ist die Umsatzsteuer ein **durchlaufender Posten.** Das Unternehmen führt jeweils die Vorsteuer an den Lieferer ab und erhält von den Kunden die Umsatzsteuer. Die Differenz zwischen Vorsteuer und Umsatzsteuer wird als Zahllast an das Finanzamt abgeführt.

Beispiel:

In dieser vereinfachten Darstellung soll das Unternehmen Waren für 50 000 DM plus 14% Umsatzsteuer eingekauft haben und die Waren im gleichen Voranmeldungszeitraum für 70 000 DM plus 14% Umsatzsteuer verkauft haben.

Buchungen:

Wareneinkauf	50 000 DM			
und Vorsteuer	7 000 DM	an	Verbindlichkeiten	57 000 DM
Forderungen	79 800 DM	an	Warenverkauf	70 000 DM
		an	Umsatzsteuer	9 800 DM

Der Mehrwert (Wertschöpfung) zwischen dem Einkaufspreis von 50 000 DM und dem Verkaufspreis von 70 000 DM beträgt 20 000 DM. Die Zahllast entspricht mit (9800 – 7000 =) 2800 DM genau 14% auf den Mehrwert von 20 000 DM.

4.4.2.4 Brutto- und Nettoverfahren

In den vorstehenden Beispielen wurde nach dem **Nettoverfahren** gebucht, auf den Einkaufs- und Verkaufskonten wurde der Nettobetrag der Rechnungen erfaßt. Die Umsatzsteuer wurde auf den Konten Vorsteuer bzw. Umsatzsteuer gebucht.

Bei Anwendung des **Bruttoverfahrens** werden die Bruttoerlöse (Entgelt + Umsatzsteuer) zunächst in einer Summe aufgezeichnet, z. B. bei Verkäufen im Einzelhandel. Erst am Ende des Voranmeldungszeitraumes wird die Umsatzsteuer aus den Bruttoerlösen herausgerechnet.

Beispiel:

Bruttobuchung:

Kasse	114 000 DM	an	Warenverkauf	114 000 DM

Berichtigungsbuchung:

Warenverkauf	14 000 DM	an	Umsatzsteuer	14 000 DM

4.4.2.5 Buchen des Eigenverbrauchs

Der Eigenverbrauch ist ein Umsatz des Unternehmens an den Inhaber des Unternehmens. § 1 Abs. 1 UStG führt u. a. die folgenden Vorgänge des Eigenverbrauchs auf:

- Die **Gegenstands-Entnahme** für private Zwecke nach § 1 Abs. 1 Nr.2a UStG. Das ist die Entnahme steuerbarer Gegenstände des Anlage- und des Umlaufvermögens für Zwecke, die außerhalb des Unternehmens liegen. Die Vermögensgegenstände werden aus dem Betriebsvermögen entnommen. Auf die Entnahme von Grundstücken, Wertpapieren und Geldbeträgen wird keine Umsatzsteuer gerechnet, da diese gem. § 4 UStG von der Besteuerung befreit sind.
- Der **Verwendungs-Eigenverbrauch** durch die private Nutzung betrieblicher Gegenstände oder Arbeitskräfte (§ 1 Abs. 1 Nr.2b UStG). Die privat genutzten Gegenstände, meist Fahrzeuge und das Telefon, bleiben dabei im Betriebsvermögen. Die für Arbeiten im privaten Bereich des Unternehmers abgestellten Arbeitskräfte, wie Handwerker, Gärtner oder Reinigungskräfte, werden als Mitarbeiter des Betriebs geführt und vom Betrieb bezahlt.

Auf dem **Entnahmebeleg** müssen der Nettowert der Entnahme und die Umsatzsteuer gesondert ausgewiesen werden.

Beispiele:

Ein Metzgermeister betreibt als Einzelunternehmer eine Großmetzgerei. Die folgenden Geschäftsvorfälle sind zu verbuchen:

1. Der Inhaber hat selbsterzeugte Wurst und Fleischwaren im Wert von netto 400 DM für den privaten Verbrauch entnommen.

   Es handelt sich um eine **Entnahme** gemäß § 1 Abs. 1 Nr. 2a UStG. Die Entnahme erfolgt zum Teilwert (§ 6 Abs. 1 Nr. 4 EStG). Der Teilwert der entnommenen Waren stimmt im allgemeinen mit den Anschaffungskosten überein.

Gemäß § 12 Abs. 2 Nr. 1 UStG ist der ermäßigte USt-Satz zu verrechnen.

Buchungsbeispiel 1:

Privatkonto	428 DM	an	Warenverkauf 7%	400 DM
		an	Umsatzsteuer 7%	28 DM

Diese Buchung ist sachlich richtig, erfüllt aber nicht die nach § 22 Abs. 2 Nr. 4 UStG vorgeschriebene besondere Aufzeichnungspflicht für den Eigenverbrauch. Deshalb ist die folgende Buchung vorzuziehen:

Buchungsbeispiel 2:

Privatkonto	428 DM	an	Eigenverbrauch 7%	400 DM
		an	Umsatzsteuer 7%	28 DM

2. Der im Betrieb der Großmetzgerei beschäftigte **Haushandwerker** hat Reparaturarbeiten im Einfamilienhaus des Inhabers ausgeführt. Für die Arbeiten wurden 20 Arbeitsstunden benötigt, die innerhalb der Betriebsausgaben zu einem Stundensatz von 32,50 DM (einschließlich Lohnnebenkosten) abgerechnet worden sind.

   Die **Arbeitsleistung des Betriebs-Handwerkers** wird im Rahmen des Unternehmens erbracht für Zwecke, die außerhalb des Unternehmens liegen. Der Tatbestand des § 1 Abs. 1 Nr. 2b UStG ist damit erfüllt.

Buchung: Privatkonto		741 DM			
an	Eigenverbrauch	650 DM	an	Umsatzsteuer 14%	91 DM

3. Der Metzgermeister hat ein unbebautes **Grundstück** an seinen Sohn verschenkt. Der Buchwert beträgt 60 000 DM, der Marktwert im Zeitpunkt der Entnahme 180 000 DM.

   Umsätze von Grundstücken sind gemäß § 4 Nr. 9a UStG von der Umsatzsteuer befreit. Das gilt auch für den Eigenverbrauch.

Buchung:	Privatkonto 180 000 DM		
	an	Eigenverbrauch/umsatzsteuerfrei	180 000 DM

   Ausbuchung des Restbuchwertes:

	Aufwend. zu umsatzsteuerfreiem Eigenverbrauch 50 000 DM		
	an	Unbebaute Grundstücke	50 000 DM

4. Der Geschäfts-Pkw wird zu 25% für **Privatfahrten** verwendet. An Kosten für Benzin, Reparaturen, Inspektion, Versicherungen usw. sind 2400 DM angefallen. Außerdem sind 7600 DM Abschreibungen zu berücksichtigen.

   Bei der **privaten Nutzung des betrieblichen Pkw** liegt ein Eigenverbrauch i. S. des § 1 Nr. 2b UStG vor. Die einkommensteuerliche Entnahme und Bemessungsgrundlage für den Eigenverbrauch ergibt sich aus (Abschn. 118 Abs. 3 EStR):

Benzin usw.	2 400 DM
+ Abschreibungen	7 600 DM
	10 000 DM
davon 25%	2 500 DM

   Buchungsbeispiel 1:

Privatkonto	2850 DM	an	Kfz-Kosten	2 500 DM
		an	Umsatzsteuer 14%	350 DM

   Vorzuziehen ist die folgende Buchung:

   Buchungsbeispiel 2:

Privatkonto	2850 DM	an	Eigenverbrauch 14%	2500 DM
		an	Umsatzsteuer 14%	350 DM

5. Der Metzgermeister und seine im Betrieb beschäftigten Familienangehörigen führen regelmäßig während der Arbeitszeit private **Telefongespräche** über den betrieblichen Apparat. Die monatlichen Telefonkosten belaufen sich auf 500 DM. Der private Anteil beträgt 20%.

   Die Nutzungsentnahme ist nach § 1 Abs. 1 Nr. 2b UStG umsatzsteuerpflichtig. Die Leistungen der Post im **Telefonverkehr** sind von der Umsatzsteuer befreit, weil die Post in Ausübung öffentlicher Gewalt und damit nicht als Unternehmer tätig ist (§ 2 Abs. 3 UStG). Die Leistungen des Betriebes an den Inhaber des Betriebes sind dagegen – auch bezüglich der Zurverfügungstellung des Telefonanschlusses – nicht von der Umsatzsteuer befreit.

   Buchungsbeispiel 1:

Privatkonto	114 DM	an	Telefonkosten	100 DM
		an	Umsatzsteuer 14%	14 DM

   Vorzuziehen ist die folgende Buchung:

   Buchungsbeispiel 2:

Privatkonto	114 DM	an	Eigenverbrauch 14%	100 DM
		an	Umsatzsteuer 14%	14 DM

4.4.3 Ausstellung von Rechnungen

Die Vorsteuer darf grundsätzlich nur abgezogen werden, wenn sie aus der Eingangsrechnung hervorgeht. Damit wird die Rechnung gleichzeitig zu einem Beleg für die Steuergutschrift. Eine Rechnung muß enthalten § 14 Abs. 1 UStG):

1. den Namen und die Anschrift des Rechnungsausstellers,
2. den Namen und die Anschrift des Rechnungsempfängers,
3. die Menge und die handelsübliche Bezeichnung des Gegenstands der Lieferung oder Leistung,
4. den Zeitpunkt der Lieferung oder Leistung,
5. das Entgelt (Nettobetrag),
6. den Betrag der Umsatzsteuer.

Jede Urkunde, mit der ein Unternehmer eine Lieferung oder Leistung abrechnet, ist eine Rechnung. Dabei kann es sich auch um einen Fahrausweis, einen Kontoauszug, einen Miet- oder Pachtvertrag, einen Wartungsvertrag u. ä. handeln (Abschn. 183 UStR).

Rechnungen, die den Gesamtbetrag von 200,– DM nicht übersteigen **(Kleinbetragsrechnungen),** müssen nur die folgenden Angaben enthalten (§ 33 UStDV):

1. den Namen und die Anschrift des Rechungsausstellers,

2. die Menge und die handelsübliche Bezeichnung des Gegenstands der Lieferung oder Leistung,
3. das Entgelt und den Steuerbetrag in **einer** Summe,
4. den Steuersatz.

Bei Kleinbetragsrechnungen darf der Rechnungsempfänger die Vorsteuer aus dem Gesamtbetrag herausrechnen und als **»Steuergutschrift«** verbuchen. Auf Fahrausweisen wird statt des Steuersatzes die Beförderungsstrecke in Kilometern angegeben. Bei Strecken bis 50 km darf der halbe Steuersatz herausgerechnet werden, bei mehr als 50 km der volle Steuersatz (s. § 12 Abs. 2 Nr. 10 UStG).

4.5 Buchen von Skontoaufwendungen und -erträgen

4.5.1 Wesen der Skontoaufwendungen und -erträge

Der Skonto (Mehrzahl: Skonti) ist ein Nachlaß für vorzeitige Zahlung. Bei einer Zahlungsvereinbarung »Ziel 30 Tage, bei einer Zahlung innerhalb von 10 Tagen 2% Skonto« entspricht der Abzug einem Zinssatz von 36%.

Ausrechnung: $$\frac{\text{Zinsen x 100 x 360}}{\text{Kapital x Tage}} = \frac{\text{2 x 100 x 360}}{\text{100 x 20 (Tage früher)}} = 36\%$$

Die Ausrechnung zeigt, daß es sich bei der Gewährung von Skonto nicht allein um eine Verzinsung für vorzeitige Zahlung handeln kann. Der Skonto ist auch eine Prämie für die Einsparung von Verwaltungskosten und die Minderung des Kreditrisikos.

Der Rechnungsbetrag setzt sich aus dem Entgelt und der Umsatzsteuer zusammen. Die Umsatzsteuer wird vom Entgelt berechnet. Wird die Rechnung unter Abzug von Skonto beglichen, nehmen anteilig das Entgelt und die darauf berechnete Umsatzsteuer ab.

Beispiel:

Rechnung		Skontoabzug		verbleiben
Warenwert	10 000 DM – (2% Skonto =)	200 DM Skonto	=	9 800 DM
+ USt	1 400 DM – (2% Skonto =)	28 DM Skonto	=	1 372 DM
Rechnungsbetrag	11 400 DM Bruttoabzug	228 DM zahlbar		11 172 DM

Der Skonto kann netto oder brutto gebucht werden. Bei der **Nettobuchung** wird die Umsatzsteuerberichtigung zu jeder Zahlung sofort auf dem Konto Umsatzsteuer bzw. dem Konto Vorsteuer gebucht. Auf den Konten für Skontoaufwendungen bzw. für Skontoerträge erscheinen nur die reinen Skontobeträge.

Viele Betriebe wenden zur Einsparung von Buchungen das Bruttoverfahren an. Bei der **Bruttobuchung** wird zunächst bei allen Zahlungen der gesamte Abzug (Bruttoabzug) für das Konto für Skontoaufwendungen bzw. das Konto für Skontoerträge gebucht. Die Berichtigung erfolgt am Monatsende durch eine Sammelbuchung.

4.5.2 Skontoaufwendungen

Skontoaufwendungen sind an Kunden gewährte Nachlässe. Sie werden deshalb auch **Kundenskonti** genannt. Kundenskonti sind Erlösschmälerungen beim Verkauf von Erzeugnissen oder Handelswaren. Das Konto **Erlösberichtigungen** (oder **Skontoaufwendungen**) ist ein Unterkonto des Kontos Umsatzerlöse bzw. des Kontos Warenverkauf in der Buchführung der Handelsbetriebe. Es wird deshalb am Ende der Abrechnungsperiode zum Konto Umsatzerlöse abgeschlossen:

Umsatzerlöse	an	Erlösberichtigungen

4.5.2.1 Nettobuchung

Bei der Nettobuchung wird sofort der reine Skontoaufwand (netto) auf dem Konto Erlösberichtigungen erfaßt.

Beispiel:

Die Stahlwerke GmbH hat Stabeisen für netto 10 000 DM an die Maschinenbau AG verkauft. Die Maschinenbau AG überweist den Rechnungsbetrag unter Abzug von 2% Skonto.

Buchung der Zahlung:

	Bank	11 172			
und	Erlösberichtigungen	200			
und	USt	28	an	Forderungen	11 400

4.5.2.2 Bruttobuchung

Bei der Bruttobuchung wird der Abzug zunächst brutto, d. h. einschließlich der anteiligen Umsatzsteuer, auf dem Konto Erlösberichtigungen erfaßt. Am Ende eines Umsatzsteuervoranmeldungszeitraums wird die Umsatzsteuer aus der Summe der während der Periode gebuchten Bruttobeträge herausgerechnet und mit einer einzigen Buchung dem Konto Umsatzsteuer belastet.

Beispiel:

Gleicher Geschäftsvorfall wie bei der Nettobuchung.

Buchung der Zahlung:

Bank	11 172			
Erlösberichtigungen	228	an	Forderungen	11 400

Berichtigung am Monatsende:

Umsatzsteuer	28	an	Erlösberichtigungen	28

Bruttobuchung und Nettobuchung im Vergleich

S	Bank		H	S	Bank		H
Ford.	11 172			Ford.	11 172		
S	**Erlösberichtigungen**		**H**	**S**	**Erlösberichtigungen**		**H**
Ford.	200			Ford.	228	USt	28
S	**Umsatzsteuer**		**H**	**S**	**Umsatzsteuer**		**H**
Ford.	28			Erlösber.	28		
S	**Forderungen**		**H**	**S**	**Forderungen**		**H**
AB	11 400	Bank	11 400	AB	22 400	Bank	11 400

Der Vorteil der Bruttobuchung wird an dem folgenden Beispiel sichtbar.

Beispiel:

S	Erlösberichtigungen		H	S	Umsatzsteuer		H
Ford.	228	USt	105	Erösbericht.	105		
Ford.	114						
Ford.	57						
Ford.	228						
Ford.	114						
Ford.	114						

Aus Bruttobuchungen wurde das Konto Erlösberichtigungen mit insgesamt 855 DM belastet. Die Umsatzsteuer aus dem Bruttobetrag kann errechnet werden mit der Formel

$$\frac{855 \text{ (= Bruttobetrag) x } 14}{114} = 105 \text{ DM}$$

oder durch Anwendung des Divisors 8,1428

$$\frac{855}{8{,}1428} = 105$$

Korrektur der Umsatzsteuer aus sämtlichen Bruttobuchungen der Abrechnungsperiode:

Umsatzsteuer	an	Erlösberichtigungen	105 DM

4.5.3 Skontoerträge

Skontoerträge fallen für den Käufer (Einkaufsseite) an, wenn der Lieferer Skonto gewährt. Deshalb wird auch von **Lieferersskonti** gesprochen. Liefererskonti mindern die Anschaffungskosten.

4.5.3.1 Skontoerträge beim Kauf von Anlagevermögen

Beim Kauf von Wirtschaftsgütern des Anlagevermögens werden Liefererskonti als Minderung der Anschaffungskosten unmittelbar auf den Bestandskonten gegengebucht. Die Abschreibung wird von dem tatsächlich bezahlten Anschaffungspreis (abzüglich Skonto) berechnet.

Beispiel:

Kauf einer Maschine für 10 000 plus 1400 DM USt auf Ziel:

Maschinen	10 000 und Vorsteuer 1400		an	Verbindlichkeiten	11 400

Zahlung nach 30 Tagen unter Abzug von 2% Skonto:

Verbindlichkeiten	11 400	an	Bank	11 172
			Maschinen	200
			Vorsteuer	28

Am Ende des Anschaffungsjahres werden bei einer Jahresabschreibung von 20% von 9800 DM Anschaffungskosten = 1960 DM abgeschrieben.

Abschreibungen	an	Maschinen	1960

der Käufer bucht

S	Maschinen		H
Verb. 10 000		Verb.	200
		AfA	1 960

S	Vorsteuer		H
Verb. 1 400		Verb.	28

S	Verbindlichkeiten		H
Bank 11 400		Ma	11 400

S	Bank		H
		Verb.	11 172

der Verkäufer bucht

S	Umsatzerlöse		H
		Ford.	10 000

S	Erlösberichtigungen		H
Ford. 200			

S	Umsatzsteuer		H
Ford. 28		Ford.	1 400

S	Forderungen		H
Erlöse 11 400		Bank	11 400

S	Bank		H
Ford. 11 172			

4.5.3.2 Skontoerträge beim Kauf von Vorräten

Beim Kauf von Vorräten werden Skontoerträge auf entsprechende Konten für Nachlässe gebucht, z. B. Nachlässe für Rohstoffe, Nachlässe für Fremdbauteile, Nachlässe für Hilfsstoffe, Nachlässe für Betriebsstoffe. Da diese Konten auch andere Nachlässe wie Preisnachlässe für mangelhafte Waren aufnehmen, richten viele Unternehmen besondere Konten Skontoerträge für Rohstoffe, für Fremdbauteile usw. ein. Nachlässe mindern die Anschaffungskosten der Vorräte. Die Konten für Nachlässe werden aus diesem Grunde am Ende der Abrechnungsperiode über die entsprechenden Bestandskonten abgeschlossen, z. B.:

Nachlässe für Waren	an	Wareneinkauf
Nachlässe für Rohstoffe	an	Rohstoffe

4.5.3.2.1 Nettobuchung

Bei der Nettobuchung wird sofort der um die Umsatzsteuer berichtigte Betrag auf dem Konto Nachlässe erfaßt.

Beispiel:

Die Maschinenbau AG hat Rohstoffe für netto 10 000 DM bei der Stahlwerke GmbH gekauft und überweist den Rechnungsbetrag unter Abzug von 2% Skonto.

Buchung der Zahlung:

Verbindlichkeiten	11 400	an	Bank	11 172
			Nachlässe für Rohstoffe	200
			Vorsteuer	28

der Käufer bucht

S	Rohstoffe		H
Verb.	10 000		

S	Nachlässe/Rohstoffe		H
		Verb.	200

S	Vorsteuer		H
Verb.	1 400	Verb.	28

S	Verbindlichkeiten		H
Bank	11 400	Rohst.	11 400

S	Bank		H
		Verb.	11 172

der Verkäufer bucht

S	Umsatzerlöse		H
		Ford.	10 000

S	Erlösberichtigungen		H
Ford.	200		

S	Umsatzsteuer		H
Ford.	28	Ford.	1 400

S	Forderungen		H
Erlöse	11 400	Bank	11 400

S	Bank		H
Ford.	11 172		

4.5.3.2.2 Bruttobuchung

Bei der Bruttobuchung wird dem Konto Nachlässe zunächst der Nachlaß einschließlich Vorsteuer gutgeschrieben. Die Korrektur aller Bruttobeträge erfolgt am Ende der Abrechnungsperiode durch eine einzige Buchung.

Beispiel:

Gleicher Geschäftsvorfall wie bei der Nettobuchung.

Buchung der Zahlung:

Verbindlichkeiten 11 400	an	Bank	11 172
		Nachlässe/Rohstoffe	228

Berichtigung am Monatsende:

Nachlässe/Rohstoffe	an	Vorsteuer	28

der Käufer bucht

S	Maschinen		H
Verb.	10 000		

S	Nachlässe/Rohstoffe		H
Vorsteuer	28	Verb.	228

S	Vorsteuer		H
Verb.	1 400	Nachlässe	28

S	Verbindlichkeiten		H
Bank	11 400	Ma	11 400

S	Bank		H
		Verb.	11 172

der Verkäufer bucht

S	Umsatzerlöse		H
		Ford.	10 000

S	Erlösberichtigungen		H
Ford.	228	USt	28

S	Umsatzsteuer		H
Sk.-Aufw.	28	Ford.	1 400

S	Forderungen		H
Erlöse	11 400	Bank	11 400

S	Bank		H
Ford.	11 172		

4.5.4 Minderung der Anschaffungskosten

Gemäß § 255 Abs. 1 HGB und § 6 Abs. 1 EStG sind alle Vermögensgegenstände mit ihren Anschaffungskosten zu bewerten. Skontoerträge mindern die Anschaffungskosten der Wirtschaftsgüter des Anlagevermögens und auch der Vorräte. Das führt dazu, daß die einzelnen Unternehmen zu unterschiedlichen Anschaffungskosten bilanzieren, je nachdem ob sie in Abhängigkeit von ihrer Liquiditätslage den Skontoabzug in Anspruch genommen haben oder nicht. Aufgrund dieser Tatsache wird oft ein niedrigerer Teilwert vermutet. Der Teilwert ist der Wert, den ein gedachter Erwerber für ein einzelnes Wirtschaftsgut aufzuwenden bereit ist, unter der Voraussetzung, daß dieser gedachte Erwerber den Betrieb fortführt (§ 6 Abs. 1 EStG). Man könnte deshalb vermuten, daß der Erwerber die Vermögensgegenstände mit einem niedrigeren Wert ansetzen würde, da er den Skonto in Anspruch genommen hätte.

Der Teilwertvermutung kann in diesem Zusammenhang jedoch nicht stattgegeben werden, da der gedachte Erwerber durch den Erwerb des gesamten vorhandenen Betriebsvermögens und der Schulden auch die gegebene Finanzierungs- und Liquiditätssituation übernimmt, in der er Skonto in Anspruch nehmen kann oder nicht.

Auch in den Fällen, in denen die Eingangsrechnung noch im alten Jahr gebucht wurde, die Zahlung aber erst im Folgejahr unter Abzug von Skonto erfolgt, müssen die Vorräte zunächst zum höheren Anschaffungswert (einschließlich Skonto) aktiviert werden.

In den folgenden Kapiteln wird mit den Kontennummern des Industriekontenrahmens (IKR) gearbeitet. Der Aufbau dieses Ordnungssystems für die Konten der Buchführung entspricht unmittelbar der Gliederung der Bilanz der Kapitalgesellschaften nach § 266 Abs. 2 und 3 sowie der Gliederung der Gewinn- und Verlustrechnung § 275 HGB. Nur wenige Kontengruppen betreffen ausschließlich die Belange der Industriebuchführung. Damit ist der Industriekontenrahmen für die anderen Wirtschaftszweige gleichermaßen geeignet. Obwohl die Gliederungsvorschriften im HGB nur für Kapitalgesellschaften verbindlich sind, organisieren auch viele Einzelunternehmen und Personengesellschaften ihre Buchführung nach diesem Kontenrahmen.

Das Kontenverzeichnis finden Sie im Anhang. Aufbau, Wesen und Aufgaben des IKR werden in Teil I, Punkt 11, Organisation der Buchführung, erläutert.

5 Buchung des Anlagevermögens

5.1 Anlagenzugänge

5.1.1 Anschaffung von Vermögensgegenständen des Anlagevermögens

Rechtsquellen: §§ 253 Abs. 1 und § 255 Abs. 1 HGB
§ 6 Abs. 1 EStG, Abschn. 32a EStR

Die Vermögensgegenstände des Anlagevermögens sind im Zeitpunkt der Anschaffung auf den Anlagekonten zu aktivieren (§ 253 Abs. 1 HGB). Zum

Zeitpunkt der Anschaffung beginnt grundsätzlich auch die betriebliche Nutzung und damit die Abschreibung (steuerlich »Absetzung für Abnutzung«).

Anschaffungskosten sind alle Aufwendungen, die geleistet werden, um das Anlagegut zu erwerben und in einen betriebsbereiten Zustand zu versetzen (§ 255 Abs. 1 HGB). Dazu zählen der Anschaffungspreis des Anlagegutes (netto ohne USt) und die Anschaffungsnebenkosten (vgl. Teil II, Punkt 6.1.1).

Anschaffungsnebenkosten sind alle mit der Anschaffung im Zusammenhang stehenden Aufwendungen, die bis zur Betriebsbereitschaft des Anlagegegenstandes anfallen, wie Eingangsfrachten, Provisionen für Handelsvertreter, Speditions-, Anfuhr- und Abladekosten, Transportversicherungen, Kosten der Begutachtung, Notariats-, Gerichts- und Registerkosten (Grundbucheintragung), Grunderwerbsteuer, Kosten für Fundamente, Anschlußkosten usw.

Die Anschaffungsnebenkosten müssen zusammen mit dem Anschaffungspreis aktiviert und über die betriebliche Nutzungsdauer abgeschrieben werden.

Rabatte, Boni, Skonti und sonstige Nachlässe führen zu **Anschaffungskostenminderungen.**

Beispiel:

Kauf einer Maschine.

Anschaffungspreis (ohne USt)	80 000,– DM	
– 3% Rabatt	– 2 400,– DM	
	77 600,– DM	
– 2% Skonto	– 1 552,– DM	76 048,– DM
Speditions- und Abladekosten (ohne USt)		708,– DM
Transportversicherung		112,– DM
aktivierungspflichtige Anschaffungskosten		76 868,– DM

Buchungen der drei Eingangsrechnungen:

1)	070 Maschinen	77 600,–				
	260 Vorsteuer	10 864,–	an	440	Verbindlichkeiten	88 464,– DM

Buchung der Zahlung:

Nachlässe für Skonti werden – anders als bei den Roh-, Hilfs- und Betriebsstoffen – auf der Habenseite des Anlagenkontos gebucht.

2)	440 Verbindlichkeiten	88 464,–	an	280	Bank	86 694,72 DM
				070	Maschinen	1 552,– DM
				260	Vorsteuer	217,28 DM
3)	070 Maschinen	708,–				
	260 Vorsteuer	99,12	an	440	Verbindlichkeiten	807,12 DM
4)	070 Maschinen	112,–	an	440	Verbindlichkeiten	112,– DM

Die aktivierungspflichtigen Anschaffungskosten sind die Bemessungsgrundlage für die Abschreibungen. Wird die Maschine bei einer betriebsgewöhnlichen Nutzungsdauer von 10 Jahren mit 10% der Anschaffungskosten abgeschrieben, lautet die Buchung:

5) 653 Abschreibungen auf Sachanlagen an 070 Maschinen 7 686,80 DM

S	070 Maschinen		H
1)	77 600,–	2)	1 552,–
3)	708,–		
4)	112,–		

S	260 Vorsteuer		H
1)	10 864,–	2)	217,28
3)	99,12		

S	440 Verbindlichkeiten		H
2)	88 464,–	1)	88 464,–
		3)	807,12
		4)	112,–

S	653 Abschreibungen		H
5)	7 686,80		

siehe Teil II, 4, 5 und 6

5.1.2 Aktivierte Eigenleistungen

Rechtsquellen: §§ 253 Abs. 1, 255 Abs. 2 HGB
§ 6 Abs. 1 EStG, Abschn. 33 und 33a EStR

Industriebetriebe erstellen auch Leistungen, die nicht für den Absatz, sondern für den Verbleib im Unternehmen selbst bestimmt sind. Die Aktivierung erfolgt zu Herstellungskosten (§§ 253 Abs. 1 und 255 Abs. 2 HGB und § 6 Abs. 1 EStG).

Beispiel 1:

Ein Industriebetrieb kauft eine mechanische Presse und läßt das erforderliche Fundament von eigenen Mitarbeitern erstellen. Dabei fallen aufgrund von Lohnscheinen und Materialentnahmescheinen direkt diesem Vorhaben zurechenbare Löhne und Materialkosten an. Daneben verursacht der Bau des Fundaments Gemeinkosten, die, weil sie sich nicht unmittelbar ausrechnen lassen, in der Kostenrechnung prozentual auf die einzeln zurechenbaren Lohn- und Materialkosten aufgeschlagen werden. Die Gemeinkosten setzen sich aus Abschreibungen, Hilfs- und Betriebsstoffkosten, Sozialkosten, Versicherungsprämien, Steuern usw. zusammen.

	Fertigungsmaterial lt. Materialentnahmescheine	3 000 DM
+	10% Materialgemeinkosten lt. Kostenrechnung	300 DM
	Fertigungslöhne lt. Lohnscheine	10 000 DM
+	300% Fertigungsgemeinkosten lt. Kostenrechnung	30 000 DM
	aktivierungsfähige Herstellungskosten	33 300 DM

Buchung:

070 Maschinen an 530 Aktivierte Eigenleistungen 33 300 DM

Die aktivierten Eigenleistungen werden wie die übrigen Vermögensgegenstände des Anlagevermögens in der Anlagenbuchhaltung erfaßt und über ihre betriebliche Nutzungsdauer abgeschrieben, z. B.

653	Abschreibungen	an	070	Maschinen	3 330 DM

Beispiel 2:

Eine Maschinenfabrik stellt Drehbänke her, die als fertige Erzeugnisse mit 40 000 DM Herstellungskosten je Stück ans Lager genommen werden. Bei der Entnahme einer Drehbank für den Einsatz in der eigenen Dreherei erfolgt die Aktivierung mit dem Buchungssatz:

070	Maschinen	an	530 Aktivierte Eigenleistungen	40 000 DM

Das Konto Aktivierte Eigenleistungen wird wie die Konten 510 Umsatzerlöse (Absatzleistung) und 520 Bestandsveränderungen (Lagerleistung) zum Gewinn- und Verlustkonto abgeschlossen.

Beispiel:

S	530 Aktivierte Eigenleistungen		H
802	33 300	070	33 300
	33 300		33 300

S	820 GuV-Konto		H
600 Fertigungsmaterial	230 000 DM	510 Umsatzerlöse	850 000 DM
620 Fertigungslöhne	300 000 DM	520 Bestandsveränderungen	16 700 DM
6.. verschiedene	200 000 DM	530 Aktivierte Eigenleistungen	33 300 DM
7.. Gemeinkostenarten	100 000 DM		
300 Eigenkapital/Gewinn	70 000 DM		
	900 000 DM		900 000 DM

Auf dem Gewinn- und Verlustkonto werden die gesamten Leistungen einer Abrechnungsperiode (Absatzleistungen + Lagerleistungen + aktivierte Eigenleistungen) den gesamten Kosten gegenübergestellt, die von diesen Leistungen verursacht worden sind.

5.1.3 Planmäßige Abschreibungen

Bei Vermögensgegenständen des Anlagevermögens, deren Nutzung zeitlich begrenzt ist, sind die Anschaffungs- oder Herstellungskosten um planmäßige Abschreibungen zu vermindern. Der Plan muß die Anschaffungs- oder Herstellungskosten auf die Geschäftsjahre verteilen, in denen der Vermögensgegenstand voraussichtlich genutzt werden kann (§ 253 Abs. 2 S.1 und 2 HGB). Das Einkommensteuergesetz unterscheidet verschiedene Abschreibungsmethoden, auf die später (Teil II, Pos. 6.2) näher eingegangen wird:

Abschreibungsmethoden

lineare Abschreibung § 7 Abs. 1 Satz 1 EStG	degressive Abschreibung § 7 Abs. 2 EStG	Abschreibung nach Leistungseinheiten § 7 Abs. 1 Satz 4 EStG	Abschreibung für Substanzverringerung § 7 Abs. 6 EStG

5.1.4 Indirekte Abschreibung auf Anlagen

Bei der **direkten Abschreibung** wird die Wertminderung der Wirtschaftsgüter direkt auf der Habenseite der Anlagekonten als Abgang gebucht. Die **Anlagekonten weisen** dann nur **die Restbuchwerte aus.**

Beispiel:

Eine Maschine, Anschaffungskosten 100 000 DM, wird über 5 Jahre linear abgeschrieben:

653 Abschreibungen an 070 Maschinen 20 000 DM

S	070 Maschinen		H
Verb.	100 000	652	20 000
		801	80 000

S	653 Abschreibungen		H
070	20 000	802	20 000

S	801 Schlußbilanzkonto		H
070	80 000		

Die Anschaffungswerte sind aus der Bilanz der Einzelkaufleute und der Personengesellschaften bereits nach der ersten Abschreibung nicht mehr zu ersehen. Für den externen Bilanzleser haben die Restbuchwerte nur einen begrenzten Aussagewert, da daraus nicht auf den Umfang des Anlagevermögens geschlossen werden kann.

Bei der **indirekten Abschreibung** erfolgt die Gegenbuchung der Abschreibung nicht auf dem Anlagekonto, sondern auf dem Konto **361 Wertberichtigung zu Sachanlagen.**

Beispiel:

Die oben angeführte Maschine wird über 10 Jahre indirekt abgeschrieben:

653 Abschreibungen an 361 Wertberichtigungen 10 000 DM

Ausweis im Anschaffungsjahr

S	070 Maschinen		H
Verb.	100 000	801	100 000

S	653 Abschreibungen		H
070	10 000	802	10 000

S 361 Wertberichtigungen			H
801	10 000	653	10 000

S 801 Schlußbilanzkonto			H
070	100 000	361	10 000

Aktiva	Bilanz		Passiva
Maschinen	100 000 DM	Wertberichtigung	10 000 DM

Ausweis im Folgejahr

S 070 Maschinen			H
Verb.	100 000	801	100 000

S 653 Abschreibungen			H
070	10 000	802	10 000

S 361 Wertberichtigungen			H
801	20 000	AB	10 000
		653	10 000

S 801 Schlußbilanzkonto			H
070	100 000	361	20 000

Aktiva	Bilanz		Passiva
Maschinen	100 000 DM	Wertberichtigung	20 000 DM

Auf dem Anlagekonto wird der **Anschaffungswert** während der Dauer der Betriebszugehörigkeit des Wirtschaftsgutes **unverändert** ausgewiesen. Der zu hohe Wertansatz auf der Aktivseite wird durch den Ansatz der **Wertberichtigung auf der Passivseite** korrigiert. Das Wertberichtigungskonto enthält die Summe der Abschreibungen aus dem Abschlußjahr und aus den Vorjahren.

Kapitalgesellschaften dürfen in der offengelegten Bilanz keine Wertberichtigungen ausweisen. Die AG oder die GmbH würden deshalb die oben abgeschriebene Maschine nur mit 80 000 DM auf der Aktivseite der Bilanz ausweisen. Kapitalgesellschaften müssen jedoch im Jahresabschluß einen Anlagenspiegel veröffentlichen, der die sog. »historischen« – die ursprünglichen – Anschaffungskosten und die »kumulierten« – die aufgelaufenen – Abschreibungen, die den Wertberichtigungen entsprechen, enthält. Aus Punkt 5.2 ist zu ersehen, daß die Wertberichtigungskonten die Aufstellung und Abstimmung des Anlagenspiegels erleichtern.

5.2 Abgang von Vermögensgegenständen des Anlagevermögens

Vermögensgegenstände des Anlagevermögens scheiden durch Verkauf, Verschrottung, Entnahme oder durch Untergang aus dem Betriebsvermögen aus. Der Abgang erfolgt zum Buchwert, bei einer Privatentnahme zum Teilwert. Das Geschäftsjahr des Abgangs wird mit der **zeitanteiligen Abschreibung** für die Zeit vom Beginn des Geschäftsjahres bis zum Monatsende vor dem Abgang belastet.

5.2.1 Abgang durch Verkauf

Ist der Verkaufspreis (ohne USt) **höher** als der Buchwert nach Abzug der zeitanteiligen Abschreibung, liegt ein Ertrag vor, der dem Konto **546 Erträge aus dem Abgang** von Vermögensgegenständen gutgeschrieben wird. Ist der Verkaufspreis **niedriger** als der um die anteilige Abschreibung gekürzte Buchwert, liegt ein Aufwand vor, der dem Konto **696 Verluste aus dem Abgang** von Vermögensgegenständen belastet wird.

Buchungen bei direkter Abschreibung

Beispiel:

Am 5.11. wird eine Maschine für 40 000 DM plus 5600 DM USt bar verkauft. Der ursprüngliche Anschaffungswert betrug 120 000 DM. Der Buchwert auf Konto 070 Maschinen beläuft sich auf 24 000 DM. Dieser Buchwert wurde aus der Eröffnungsbilanz übernommen. Die Maschine wird linear mit 12 000 DM jährlich abgeschrieben.

Berechnung des Erfolgs:

	Buchwert am 1.1.	24 000,– DM
–	AfA für die Zeit vom 1.1. bis 31.10.	10 000,– DM
	Buchwert am 31.10.	14 000,– DM
	Verkaufspreis (netto)	40 000,– DM
	Ertrag aus dem Abgang	26 000,– DM

Buchung:	653 Abschreibungen	an	070 Maschinen	10 000,–
	288 Kasse 45 600,–			
		an	070 Maschinen	14 000,–
			546 Erträge aus dem Abgang von VG	26 000,–
			480 Umsatzsteuer	5 600,–

Würde die Maschine nicht für 40 000 DM netto, sondern für nur 5000,– DM plus 700,–DM USt verkauft, ergäbe sich die Rechnung:

Buchwert am 31.10.	14 000,– DM
Verkaufspreis (netto)	5 000,– DM
Verlust aus dem Abgang	9 000,– DM

Buchung:	653 Abschreibungen	an	070 Maschinen	10 000,–
	288 Kasse 5 700,–			
		an	084 Fuhrpark	5 000,–
			480 Umsatzsteuer	700,–
	696 Verlust aus dem Abgang	an	070 Maschinen	9 000,–

Buchungen bei indirekter Abschreibung

Beispiel:

Die Maschine wird am 5.11. für 40 000 DM plus 5600 DM USt bar verkauft. Das Konto 070 Maschinen enthält den Anschaffungswert von 120 000 DM. Das Konto 361 Wertberichtigungen weist die bis zum 31.12. des Vorjahres aufgelaufenen Abschreibungen in Höhe von 96 000 DM aus. Die Maschine wird linear mit 12 000 DM jährlich abgeschrieben.

Berechnung des Erfolgs:

	Anschaffungswert		120 000,– DM
–	Abschreibung bis zum 31.10.	10 000,–	
–	Wertberichtigung	96 000,–	106 000,– DM
	Buchwert am 31.3.		14 000,– DM
	Verkaufspreis (netto)		40 000,– DM
	Ertrag aus dem Abgang		26 000,– DM

Buchung:

653 Abschreibungen	an	361 Wertberichtigungen	10 000,–
361 Wertberichtigungen	an	070 Maschinen	106 000,–
288 Kasse 45 600,–			
an 070 Maschinen			14 000,–
546 Erträge aus dem Abgang von VG			26 000,–
480 Umsatzsteuer			5 600,–

Würde die Maschine nicht für 40 000 DM netto, sondern für nur 5000,– DM plus 700 DM USt verkauft, ergäbe sich die Buchung:

652 Abschreibungen	an	361 Wertberichtigungen	10 000,–
361 Wertberichtigungen	an	070 Maschinen	106 000,–
288 Kasse 5 700,–			
an 070 Maschinen			5 000,–
480 Umsatzsteuer			700,–
696 Verlust aus dem Abgang	an	070 Maschinen	9 000,–

5.2.2 Abgang durch Inzahlunggabe

Wird bei der Anschaffung eines Vermögensgegenstandes des Anlagevermögens ein anderer Vermögensgegenstand in Zahlung gegeben, wird der Verkaufspreis des in Zahlung gegebenen Gegenstandes auf den Einkaufspreis des neuen Vermögensgegenstandes angerechnet.

Beispiel:

Kauf eines Lieferwagens für 20 000 DM netto plus 2800 DM USt. Ein Pkw, der bis auf 1,– DM Erinnerungswert direkt abgeschrieben ist, wird mit 2000 DM netto plus

280 DM USt in Zahlung gegeben. Die Zahlung des Restkaufpreises erfolgt durch Banküberweisung.

	Einkaufspreis des Lieferwagens brutto	22 800 DM
–	Verkaufspreis des Pkw	2 280 DM
	Restkaufpreis	20 520 DM

Buchung des Kaufs einschließlich Inzahlunggabe:

084	Fuhrpark	20 000,–	
260	Vorsteuer	2 800,–	
	an 084 Fuhrpark		1,–
	546 Erträge aus Vermögensabgang		1 999,–
	480 Umsatzsteuer		280,–
	440 Verbindlichkeiten		20 520,–

Buchung der Überweisung:

440 Verbindlichkeiten	20 520,–	an	280	Bank	20 520,–

5.2.3 Abgang durch Entnahme

Rechtsquellen: § 253 Abs. 2 Satz 3 HGB
§ 6 Abs. 1 Nr. 4 EStG
§§ 1 Abs. 1 Nr. 2a und 10 Abs. 4 Nr. 1 UStG

Entnimmt der Unternehmer ein Anlagegut aus dem Betriebsvermögen in das Privatvermögen, so liegt ein umsatzsteuerpflichtiger **Eigenverbrauch** vor. Die Entnahme erfolgt zum Teilwert (§ 6 Abs. 1 Nr. 4 EStG), der grundsätzlich dem Wert entspricht, der dem Vermögensgegenstand zum Zeitpunkt der Veräußerung beizulegen ist (§ 253 Abs. 2 Satz 3 HGB).

Beispiel:

Der Unternehmer entnimmt am 3.4. einen Schreibtisch, der mit 1200 DM zu Buche steht. Für die Zeit vom 1.1. bis zum 3.4. sind noch 300 DM Abschreibung zu buchen. Der dem Schreibtisch aus Edelholz zum Zeitpunkt der Entnahme beizulegende marktübliche Wert wird auf netto 2000 DM geschätzt.

Buchungen:

653	Abschreibungen	300,–	an	080	BuGA	300,–
3001	Privat	2280,–	an	542	Eigenverbrauch	2000,–
				480	Umsatzsteuer	280,–
693	Aufwendungen zu Eigenverbrauch	900,–				
			an	080	BuGA	900,–

5.3 Großreparaturen und im Bau befindliche Anlagen

Rechtsquellen: § 255 Abs. 2 HGB
Abschn. 33, 33a und 157 EStR

Herstellungskosten fallen nicht nur bei der erstmaligen Erstellung eines Vermögensgegenstandes an, sondern auch bei nachträglichen Veränderungen, Erweiterungen und bei der Grundüberholung großer Maschinen und Anlagen. Aus steuerlichen Gründen und wegen des Ausweises im handelsrechtlichen Jahresabschluß muß zwischen werterhaltenden und werterhöhenden Aufwendungen unterschieden werden.

Werterhaltende Reparaturen dienen der laufenden Instandhaltung, der Werterhaltung und der Erhaltung der Funktionsfähigkeit eines Wirtschaftsgutes. Sie sind in voller Höhe im Jahr des Anfalls als Aufwand zu verrechnen und mindern damit den steuerlichen Gewinn.

Beispiel:

Für die Reparatur einer Produktionsanlage werden Rohstoffe im Wert von 2000 DM vom Lager entnommen. Buchung:

606 Reparaturmaterial 2000,– an 200 Rohstoffe 2000,–

Eingang einer Handwerkerrechnung für die Reparatur einer Maschine, netto 5000 DM plus 700 DM Umsatzsteuer. Buchung:

616 Fremdinstandhaltung 5000,–
260 Vorsteuer 700,–
an 440 Verbindlichkeiten 5700,–

Werterhöhende Reparaturen sind Großreparaturen, die ein Wirtschaftsgut in seiner **Funktion verbessern oder verändern** oder in seiner **Substanz vermehren.** Das trifft in der Regel zu auf:

- Umbauten, Anbauten und Einbauten, wie die Erweiterung einer Fabrikhalle, Aus- und Umbauarbeiten an Verwaltungsgebäuden,
- die Generalüberholung von Maschinen und Fahrzeugen, deren betriebsgewöhnliche Nutzungsdauer durch den Ersatz umfangreicher Ersatzteile erheblich verlängert wird.

Werterhöhende Reparaturen werden zu Herstellungskosten aktiviert und über die Restnutzungsdauer des Wirtschaftsgutes abgeschrieben.

Beispiel:

Für die Großreparatur einer Anlage sind 100 000 DM Herstellungskosten angefallen. Die Anlage hatte zu Beginn der Überholungsarbeiten noch einen Buchwert von 150 000 DM. Nach der werterhöhenden Reparatur, die am 8.1. des Abschlußjahres abgeschlossen wurde, beläuft sich die Restnutzungsdauer der Anlage auf 5 Jahre.

Buchungen:

070	Maschinen und Anlagen	100 000,–	
	an 530 Aktivierte Eigenleistungen		100 000,–
653	Abschreibungen auf Anlagen	25 000,–	
	an 070 Maschinen und Anlagen		25 000,–

Die Herstellungskosten für aktivierungspflichtige Großreparaturen und für im Bau befindliche Anlagen werden während der Durchführung der Arbeiten zunächst auf dem Konto

095 Anlagen im Bau

gesammelt. Nach der Fertigstellung, bzw. nach Abschluß der Reparaturarbeiten, erfolgt die Umbuchung auf die entsprechenden Anlagekonten:

053 Betriebsgebäude
bzw. 070 Maschinen an 095 Anlagen im Bau

Sind die Großreparaturen oder die Anlagen im Bau bis zum Bilanzstichtag noch nicht fertiggestellt, wird das Konto 095 mit der Buchung

801 Schlußbilanzkonto an 095 Anlagen im Bau

abgeschlossen. Dieser gesonderte Ausweis in der Schlußbilanz zeigt, daß die Wirtschaftsgüter noch nicht genutzt und damit noch nicht abgenutzt werden und deshalb auch noch nicht der Abschreibung bzw. Absetzung für Abnutzung unterliegen.

6 Rücksendungen und Nachlässe beim Einkauf und Verkauf

6.1 Bewertung der gekauften Vorräte zu Einstandspreisen

Bei Vorräten an Roh-, Hilfs-, Betriebsstoffen und Waren sind – wie bei allen anderen Vermögensgegenständen – die Anschaffungskosten Ausgangsgrundlage der Bewertung (§ 253 Abs. 1 HGB). Dabei dürfen nur die tatsächlich geleisteten Ausgaben aktiviert werden. Kaufpreisminderungen sind von den Anschaffungskosten abzusetzen. Zu den Minderungsbeträgen gehören Rabatte, Skonti, Boni und sonstige Nachlässe aller Art, gleich ob sie auf Sachmängel oder auf sonstige besondere Verhandlungen zurückgehen.

6.1.1 Rabatte

Handelsübliche Sofortrabatte, die als Mengen-, Sonder- oder Wiederverkäuferrabatte gewährt werden, werden weder beim Einkauf noch beim Verkauf buchmäßig auf einem besonderen Konto erfaßt.

Beispiele:

Kauf von Rohstoffen zum Listenpreis von 20 000 DM abzüglich 10% Mengenrabatt.

	Listenpreis	20 000,– DM
–	10% Rabatt	2 000,– DM
	Zieleinkaufspreis	18 000,– DM
+	14% USt	2 520,– DM
	Rechnungsbetrag	20 520,– DM

Buchung:

200 Rohstoffe	18 000,–			
260 Vorsteuer	2 520,–	an	440 Verbindlichkeiten	20 520,–

Verkauf von Erzeugnissen zum Listenpreis von 30 000 DM abzüglich 20% Wiederverkäuferrabatt.

	Listenpreis	30 000,– DM
–	20% Rabatt	6 000,– DM
	Zieleinkaufspreis	24 000,– DM
+	14% USt	3 360,– DM
	Rechnungsbetrag	27 360,– DM

Buchung:

240 Forderungen	27 360,– DM	an	500 Umsatzerlöse	24 000,–
			480 Umsatzsteuer	3 360,–

6.1.2 Ermittlung der Einstandspreise

Vorräte werden zu Einstandspreisen aktiviert. Der Einstandspreis ergibt sich aus:

	Anschaffungskosten
–	Anschaffungskostenminderungen
+	**Bezugskosten (Anschaffungsnebenkosten)**
=	Einstandswert

Beispiel:

	Listeneinkaufspreis	10 944,– DM
–	10% Rabatt	1 094,40 DM
	Zieleinkaufspreis	9 849,60 DM
–	2% Skonto	196,99 DM
	Barkeinkaufspreis	9 652,61 DM
+	Eingangsfracht (Bezugskosten)	180,00 DM
	Einstandswert	9 832,61 DM

6.2 Buchung der Bezugskosten

6.2.1 Aktivierung der Bezugskosten

Bei der Aktivierung der Anschaffungskosten von Vermögensgegenständen des Anlagevermögens wurden auch die Anschaffungsnebenkosten aktiviert. Bei der Aktivierung gekaufter Vorräte fallen ebenfalls Anschaffungsnebenkosten an, die **Bezugskosten.** Dazu zählen alle Aufwendungen, die getätigt werden müssen, bis die Vorräte am eigenen Lager verfügbar sind.

Bezugskosten sind Rollgelder, Frachtkosten, Verpackungskosten, Transportversicherungen, Einfuhrzölle, Vermittlungsgebühren für Makler und Kommissionäre. Die Kosten der Beschaffungsabteilung, z. B. das Gehalt des Einkäufers, sind keine Bezugskosten.

Die Bezugskosten können direkt auf den Bestandskonten erfaßt werden. Sie können aber auch zunächst auf Unterkonten der Vorrätekonten gebucht werden. Da die Bezugskosten als Anschaffungsnebenkosten zu aktivieren sind, müssen die Bezugskostenkonten spätestens im Rahmen der vorbereitenden Abschlußbuchungen zu den übergeordneten Bestandskonten abgeschlossen werden.

Beispiel 1:

a) Zieleinkauf von Rohstoffen, netto 10 000 DM plus 1400 DM USt.

b) Barzahlung der Eingangsfrachten auf vorstehende Sendung, netto 200 DM plus 28 DM USt.

Buchungssätze:

a)	200 Rohstoffe	10 000,–			
	260 Vorsteuer	1 400,–	an	440 Verbindlichkeiten	11 400,–
b)	200 Rohstoffe	200,–			
	260 Vorsteuer	28,–	an	288 Kasse	228,–

Beispiel 2:

Die Bezugskosten werden auf einem besonderen Konto erfaßt. Die Geschäftsvorfälle entsprechen denen unter Beispiel 1.

Buchungssätze:

a)	200 Rohstoffe	10 000,–			
	260 Vorsteuer	1 400,–	an	440 Verbindlichkeiten	11 400,–
b)	2001 Bezugskosten	200,–			
	260 Vorsteuer	28,–	an	288 Kasse	228,–

Am Jahresende wird das Bezugskostenkonto zum Konto Rohstoffe abgeschlossen:

200 Rohstoffe	200,–	an	2001 Bezugskosten	200,–

S	200 Rohstoffe		H
AB)	5 000,–	SBK)	15 200,–
440)	10 000,–		
2001)	200,–		
	15 200,–		15 200,–

S	2001 Bezugskosten		H
228)	200,–	200)	200,–

Der IKR sieht für jedes Vorrätekonto ein gesondertes Bezugskostenkonto vor:

2001 Bezugskosten für Rohstoffe

2011 Bezugskosten für Vorprodukte/Fremdbauteile

2021 Bezugskosten für Hilfsstoffe

2031 Bezugskosten für Betriebsstoffe

Die Aussagefähigkeit der Buchhaltung und damit die Überwachung der Wirtschaftlichkeit können durch eine Aufteilung nach der Art der Bezugskosten noch einmal erhöht werden:

2003 Eingangsfrachten

2004 Transportversicherungen

2005 Verpackungskosten

usw.

Besonders dann, wenn Verpackungen, wie Paletten, Kisten, Fässer, Flaschen u. ä., gegen teilweise Erstattung der berechneten Kosten vom Lieferanten zurückgenommen werden, ist die Einrichtung eines besonderen Kontos **Verpackungskosten** angebracht. Auf der Habenseite dieses Kontos werden die Gutschriften der Lieferer für zurückgesandte Verpackungen gebucht.

6.2.2 Ermittlung der anteiligen Bezugskosten auf den Schlußbestand

Am Ende des Geschäftsjahres dürfen nur die anteilig auf den Bestand entfallenden Bezugskosten aktiviert werden. Der verbleibende Saldo wird wie die Abgänge von den zugehörigen Bestandskonten in den Aufwand gebucht.

Beispiel:

S	202 Hilfsstoffe		H
AB	1 100	Abgang	8 000
Zugang	5 000	SBK	4 400
Zugang	6 000		
Kto. 2021	300		
	12 400		12 400

S	2021 Bezugskosten für Hilfsst.		H
Zugang	200	Konto 202	300
Zugang	900	Konto 602	800
	1 100		1 100

Im Anfangsbestand waren lt. Umbuchungsbeleg des Vorjahres 100 DM Bezugskosten enthalten. Im Abschlußjahr wurden als Zugänge gebucht:

auf 202 Hilfsstoffe	auf 2021 Bezugskosten
5 000,–	200,–
6 000,–	900,–
11 000,–	1 100,–

Die Bezugskosten machen 10% der Zugänge aus. Auf den Endbestand von 4000,– DM ohne Bezugskosten dürfen nur 10%, das sind 400,– DM, Bezugskosten aktiviert werden. Der Restbetrag von 800,– DM gehört zu den verbrauchten Hilfsstoffen und ist deshalb mit der Buchung 602 an 2021 als Aufwand des abgelaufenen Jahres gebucht worden.

6.3 Buchung der Rücksendungen und Nachlässe

6.3.1 Rücksendungen und Nachlässe auf der Einkaufsseite

Rücksendungen liegen vor, wenn Roh-, Hilfs-, Betriebsstoffe oder Handelswaren an den Lieferanten zurückgeschickt werden. In diesem Falle wird der ursprüngliche Einkauf storniert (zurückgebucht).

Beispiel:

Kauf von Rohstoffen auf Ziel, netto 2000 DM plus 280 DM USt.

Buchung:

200	Rohstoffe	2000,–				
260	Vorsteuer	280,–	an	440	Verbindlichkeiten	2280,–

Die Rohstoffe entsprechen nicht den Anforderungen und werden an den Lieferanten zurückgeschickt. Dieser erteilt eine Gutschrift.

Buchung:

440	Verbindlichkeiten	2280,–	an	200	Rohstoffe	2000,–
				260	Vorsteuer	280,–

Nachlässe werden in Form von Preisnachlässen aufgrund von Mängelrügen, Boni oder Skonti gewährt. Die Buchung der **Skonti** ist bereits in Punkt »4.5.3 Skontoerträge« dargestellt. **Boni** (Einzahl: Bonus) werden halbjährlich oder jährlich als nachträgliche Rabatte gewährt. Die Höhe ist meist prozentual nach dem mit dem Lieferer erreichten Umsatz gestaffelt. Daher wird auch von einem Umsatz- oder Mengenbonus gesprochen.

Nachlässe mindern die Einstandspreise der Vorräte. Die Vorräte werden nicht zurückgeschickt. Zur Wahrung der Übersichtlichkeit werden die Nachlässe zunächst auf Unterkonten der Vorräte-Konten erfaßt. Spätestens am Ende des Geschäftsjahres werden die Unterkonten im Rahmen der vorbereitenden Abschlußbuchungen zum übergeordneten Bestandskonto abgeschlossen. Auf diese Weise werden die Anschaffungskosten noch vor der Bilanzierung berichtigt.

Der IKR sieht vor:

2002 Nachlässe für Rohstoffe
2012 Nachlässe für Vorprodukte/Fremdbauteile
2022 Nachlässe für Hilfsstoffe
2032 Nachlässe für Betriebsstoffe
2282 Nachlässe für Handelswaren

Die Gewährung eines Nachlasses führt zu einer Minderung des Entgelts. Aus diesem Grunde wird die Vorsteuer anteilig berichtigt.

Beispiel:

Kauf von Rohstoffen auf Ziel, netto 2000 DM plus 280 DM USt.

Buchung:

200	Rohstoffe	5000,–			
260	Vorsteuer	700,–	an	440 Verbindlichkeiten	5700,–

Wegen eines Materialfehlers gewährt der Lieferer einen Preisnachlaß von 20%. Damit wird der Einstandspreis um 1000 DM und die anteilige Vorsteuer um 140 DM gemindert.

Buchung:

440	Verbindlichkeiten	1140,–			
			an	2022 Nachlässe für Rohstoffe	1000,–
			an	260 Vorsteuer	140,–

Am Ende der Abrechnungsperiode wird das Konto Nachlässe für Rohstoffe zum Konto Rohstoffe abgeschlossen.

Buchung:

2002	Nachlässe für Rohstoffe	1000,–			
			an	200 Rohstoffe	1000,–

S	200 Rohstoffe		H
440	5 000,–	2002	1 000,–

S	440 Verbindlichkeiten		H
2002	1 140,–	200	5 700,–

S	2002 Nachlässe für Rohstoffe		H
200	1 000,–	440	1 000,–

S	260 Vorsteuer		H
440	700,–	440	140,–

Roh-, Hilfs- oder Betriebsstoffe werden an den Lieferer **zurückgesendet.** Buchung auf dem **Bestandskonto:**

440 an 202, 202, 203

Roh-, Hilfs- oder Betriebsstoffe werden **nicht zurückgesendet.**

Der Lieferer gewährt lediglich einen Preisnachlaß. Buchung auf einem **Unterkonto** für Nachlässe:

440 an 2002, 2022, 2032

6.3.2 Rücksendungen und Nachlässe auf der Verkaufsseite

Rücksendungen liegen vor, wenn der Kunde Erzeugnisse zurückschickt. In diesem Falle wird der ursprüngliche Geschäftsvorfall des Verkaufs storniert.

Beispiel:

Verkauf von Erzeugnissen auf Ziel, netto 4000 DM plus 560 DM USt. Buchung:

240	Forderungen	4560,–	an	500	Umsatzerlöse	4000,–
				480	Umsatzsteuer	560,–

Der Kunde sendet die Erzeugnisse zurück und erhält eine Gutschrift über 4560 DM. Buchung:

500	Umsatzerlöse	4000,–				
480	Umsatzsteuer	560,–	an	240	Forderungen	4560,–

Nachlässe werden auch auf der Verkaufsseite in Form von Preisnachlässen aufgrund von Mängelrügen, Boni oder Skonto gewährt.

Die Buchung der **Skonti** ist bereits aus Punkt 4.5.2 Skontoaufwendungen bekannt.

Auch auf der Verkaufsseite werden die Nachlässe zunächst auf besonderen Konten erfaßt. Der IKR sieht die Konten

5001 Erlösberichtigungen für Erzeugnisse

und 5101 Erlösberichtigungen für Waren

vor. Nachlässe **schmälern die Umsatzerlöse.** Am Ende einer Abrechnungsperiode werden die Konten für Nachlässe deshalb zum jeweiligen übergeordneten Erlöskonto abgeschlossen.

Die Gewährung eines Nachlasses führt zu einer Minderung des Entgelts. Aus diesem Grunde wird die Umsatzsteuer anteilig berichtigt.

Beispiel:

Verkauf von Erzeugnissen, netto 8000 DM, Umsatzsteuer 1120 DM. Buchung:

240	Forderungen	9120,–	an	500	Umsatzerlöse	8000,–
				480	Umsatzsteuer	1120,–

Wegen einer Mängelrüge wird dem Kunden ein Preisnachlaß von netto 500 DM gewährt. Buchung:

5001	Erlösberichtigungen für Erzeugnisse	500,–	
480	Umsatzsteuer	70,–	
	an 240 Forderungen		570,–

Am Ende der Abrechnungsperiode wird das Konto Erlösberichtigungen zum Konto Umsatzerlöse abgeschlossen. Buchung:

500	Umsatzerlöse	500,–	
	an 5001 Erlösberichtigungen für Erzeugnisse		500,–

S	240 Forderungen		H
500	9 120,–	5001	570,–

S	500 Umsatzerlöse		H
5001	500,–	240	8 000,–

S	5001 Erlösberichtigungen		H
240	500,–	500	500,–

S	480 Umsatzsteuer		H
240	70,–	240	1 120,–

Sendet der Kunde die Erzeugnisse **zurück,** wird der Umsatzerlös berichtigt. Buchung auf dem Konto **Umsatzerlöse:**

500 an 240

Bleiben die Erzeugnisse beim Kunden und wird lediglich ein Preisnachlaß gewährt, so erfolgt die Buchung auf einem **Unterkonto** für Erlösberichtigungen:

5001 an 240

6.4 Rücksendungen und Nachlässe beim Kauf von Handelswaren

Die Bewertung und Buchung der Handelswaren zu Einstandspreisen erfolgt entsprechend dem Verfahren bei den Roh-, Hilfs- und Betriebsstoffen. Der IKR gibt die folgenden Konten vor:

228	Handelswaren
2281	Bezugskosten für Handelswaren
2282	Nachlässe für Handelswaren
510	Umsatzerlöse für Handelswaren
5101	Erlösberichtigungen für Handelswaren

7 Buchung der Personalaufwendungen

7.1 Buchung der Löhne und Gehälter

Arbeiter erhalten Löhne gemäß den Lohntarifverträgen, Angestellte beziehen Gehälter, die sich meist aus den Gehaltstarifverträgen ergeben. Die dem Tarif entsprechenden Löhne und Gehälter einschließlich tariflicher, vertraglicher oder arbeitsbedingter Zulagen werden als Bruttolöhne bzw. Bruttogehälter bezeichnet. Entsprechend den gesetzlichen Bestimmungen behält der Arbeitgeber von den Bruttobeträgen Abzüge ein, die er an das für den Sitz des Unternehmens zuständige Finanzamt und an die gesetzlichen Krankenkassen weiterleitet. Die Arbeitsvergütungen werden am Monatsende ausgezahlt. Arbeiter erhalten in einigen Betrieben wöchentliche Abschlagszahlungen. Die Erfüllung der arbeitsvertraglichen und arbeitsrechtlichen Ansprüche der Arbeitnehmer ist die Hauptaufgabe der Lohn- und der Gehaltsbuchhaltung.

Im Rahmen der **Bruttolohnrechnung** wird aufgrund der auf Lohnscheinen erfaßten Leistungen der Arbeitnehmer und des Lohntarifs der Bruttolohn je Arbeitnehmer errechnet. In einem zweiten Schritt, der **Nettolohnrechnung,** werden die vom Arbeitgeber einzubehaltenden Beträge für Lohn- und Kirchensteuer sowie die Beiträge zur gesetzlichen Sozialversicherung (Renten-, Kranken- und Arbeitslosenversicherung) ermittelt. Nach Abzug dieser Beträge vom Bruttolohn ergibt sich der Nettolohn.

	Bruttolohn/-gehalt
–	Lohn- und Kirchensteuer
–	Arbeitnehmeranteile zur Sozialversicherung
=	Nettolohn/-gehalt

Aus steuerlichen Gründen (§ 41 EStG und § 7 LStDV) werden die Bruttolöhne bzw. Bruttogehälter, die Abzüge und der Nettobetrag je Arbeitnehmer auf Lohnkonten und in Lohn- und Gehaltslisten erfaßt.

Eine gesonderte Bruttogehaltsrechnung ist meist überflüssig, da sich die Bruttogehälter aus tariflichen Vereinbarungen oder aus Einzelarbeitsverträgen ergeben. Wie der Bruttolohn ist auch das Bruttogehalt um die abzuführenden Beträge für Lohnsteuer, Kirchensteuer und Sozialversicherung zu kürzen.

Die **Lohnsteuer** wird aus Lohnabzugstabellen abgelesen. Sie richtet sich nach der Steuerklasse und der Anzahl der Kinder des Arbeitnehmers.

Die **Kirchensteuer** wird aufgrund eines Prozentsatzes von der Lohnsteuer bemessen. Der Prozentsatz beträgt je nach Bundesland 8% oder 9%. Die Kirchensteuer wird ebenfalls aus Lohnabzugstabellen abgelesen.

Auch die **Sozialversicherungsbeiträge** werden vom Bruttolohn bzw. -gehalt berechnet. Sie ändern sich jährlich.

Die Sozialversicherungsbeiträge, die immer wieder neu angepaßt werden, müssen je zur Hälfte vom Arbeitnehmer und Arbeitgeber getragen werden. Deshalb fallen für den Betrieb zusätzlich Aufwendungen als Arbeitgeberanteil zur Sozialversicherung seiner Arbeitnehmer an.

Sozialversicherungssätze 1991

Rentenversicherung	18,7%	von	höchstens	6500,–	DM	monatlich
Arbeitslosenversicherung	4,3%	von	höchstens	6500,–	DM	monatlich
Krankenversicherung ca.	12,4%	von	höchstens	4875,–	DM	monatlich

(Die verschiedenen Krankenkassen berechnen unterschiedliche Sätze.)

Die Beträge werden zu einem Gesamtversicherungsbeitrag zusammengefaßt. Arbeitgeber und Arbeitnehmer tragen je 50%. Entsprechend wird zwischen Arbeitgeberanteil und Arbeitnehmeranteil unterschieden.

7.2 Buchungen im Hauptbuch

Die Lohn- und Gehaltsbuchhaltung führt den Einzelnachweis je Arbeitnehmer. Auf den Sachkonten des Hauptbuches werden nur die Summen der monatlichen Lohn- und Gehaltslisten verbucht.

Die Bruttolöhne und Bruttogehälter sind betriebliche Aufwendungen. Sie werden in der Kontenklasse 6 gebucht. Der Nettolohn wird meist auf die Bankkonten der Mitarbeiter überwiesen. Die einbehaltenen Beträge für Lohn- und Kirchensteuer sowie die Arbeitnehmeranteile zur Sozialversicherung werden bis zur Überweisung auf den Konten »483 Sonstige Verbindlichkeiten gegenüber Finanzbehörden« und »484 Sonstige Verbindlichkeiten gegenüber Sozialversicherungsträgern« erfaßt.

Der Arbeitnehmer trägt die Hälfte der Sozialversicherungsbeiträge, die andere Hälfte trägt der Arbeitgeber. Der Arbeitgeberanteil zur Sozialversicherung wird auf dem Konto »640 Arbeitgeberanteil zur Sozialversicherung« erfaßt und bis zur Überweisung an die Krankenkassen der Arbeitnehmer auf dem Konto »484 Sonstige Verbindlichkeiten gegenüber Sozialversicherungsträgern« gegengebucht.

Gehaltsliste März 19..

Name	Steuerklasse	Bruttogehalt	Abzüge			Summe Abzüge	Auszahlung	Arbeitgeberanteil
			Lohnsteuer	Kirchenst.	Soz. Vers.			
....	II/1	2752,–	299,80	22,48	508,–	830,28	1921,72	508,–
....	III/2	3500,–	443,50	30,91	647,50	1121,91	2378,09	647,50
....	IV/0	3200,–	600,–	54,00	595,20	1249,20	1950,80	595,20
		9452,–	1343,30	107,39	1750,70	3201,39	6250,61	1750,70

Buchung der Gehälter aufgrund der vorstehenden Gehaltsliste:

630	Gehälter		9452,–	
	an 280	Bank		6250,61
	483	Sonstige Verbindl. gegenüber FA		1450,69
	484	Sonstige Verbindl. gegenüber SV		1750,70
640	Arbeitgeberanteil zur Sozialversicherung		1750,70	
	an 484	Sonstige Verbindl. gegenüber SV		1750,70

Die einbehaltene Lohnsteuer und Kirchensteuer sowie die Sozialversicherungsbeiträge müssen bis zum 10. des Folgemonats überwiesen werden. Die Buchung lautet:

483	Sonstige Verbindl. gegenüber FA		1450,69	
484	Sonstige Verbindl. gegenüber SV		3501,40	
	an 280	Bank		4952,09

Buchung der Löhne aufgrund einer Lohnliste:

620	Löhne		16876,–	
	an 280	Bank		12100,–
	483	Sonstige Verbindl. gegenüber FA		2160,–
	484	Sonstige Verbindl. gegenüber SV		2616,–
640	Arbeitgeberanteil zur Sozialversicherung		2616,–	
	an 484	Sonstige Verbindl. gegenüber SV		2616,–

Auch hier müssen die einbehaltene Lohnsteuer und die Kirchensteuer sowie die Sozialversicherungsbeiträge bis zum 10. des Folgemonats überwiesen werden. Sind die Beträge bis zum Bilanzstichtag noch nicht abgeführt worden, werden sie passiviert. Buchung:

483	Sonstige Verbindl. gegenüber FA		2160,–	
	an 801	Schlußbilanzkonto		2160,–
484	Sonstige Verbindl. gegenüber SV		5232,–	
	an 801	Schlußbilanzkonto		5232,–

7.3 Buchung der vermögenswirksamen Leistungen

Jeder Arbeitnehmer kann auf freiwilliger Basis jährlich bis 936,– DM zulagebegünstigt sparen. Die Förderung der Vermögensbildung ist ab 1990 auf Produktivkapitalbeteiligungen und Bausparanlagen beschränkt. Das Kontensparen und das Versicherungssparen werden nicht begünstigt.

Die vermögenswirksamen Leistungen können ganz oder teilweise vom Arbeitnehmer und vom Arbeitgeber erbracht werden. Die Höhe des Arbeitgeberanteils ist in Tarifverträgen, Betriebsvereinbarungen oder in Einzelarbeitsverträgen geregelt. Der Zuschuß des Arbeitgebers (**Arbeitgeber-Sparzulage**) erhöht die Lohn- und Gehaltsaufwendungen des Betriebes und gleichzeitig das steuer- und sozialversicherungspflichtige Bruttoentgelt des Arbeitnehmers.

Alle Arbeitnehmer, die Einkünfte aus nichtselbständiger Arbeit beziehen, erhalten für ihre Sparleistung eine **Arbeitnehmer-Sparzulage,** wenn das steuerpflichtige Einkommen bei Ledigen 27 000 DM, bei einer Zusammenveranlagung von Ehegatten 54 000 DM nicht übersteigt. Die Höhe der Sparzulage beträgt seit dem 1.1.1990 20% bei einer Vermögenslage in Beteiligungswerten und 10% für Bausparanlagen. Sie wird dem Arbeitnehmer im Rahmen des Lohnsteuerjahresausgleichs vom Finanzamt erstattet.

Beispiel:

Ein Angestellter erhält ein Monatsgehalt von 3000,– DM. Aufgrund des Tarifvertrages zahlt der Arbeitgeber ihm zusätzlich eine vermögenswirksame Leistung in Höhe von 26,– DM. Der Angestellte möchte in den Genuß einer Arbeitnehmersparzulage kommen, die der Staat nach dem »Gesetz zur Förderung der Vermögensbildung der Arbeitnehmer gewährt«. Er hat deshalb seinen Arbeitgeber beauftragt, monatlich 78,– DM auf einen begünstigten Sparvertrag zu überweisen.

Gehaltsabrechnung:

	Tarifgehalt	3000,– DM
+	vermögenswirksame Leistung des Arbeitgebers	26,– DM
	steuer- und sozialversicherungspflichtiges Bruttogehalt	3 026,– DM
–	Lohn- und Kirchensteuer	356,– DM
–	Sozialversicherungsanteil	470,– DM
	Nettogehalt	2200,– DM
–	einbehaltene Sparleistung	78,– DM
	auszuzahlender Betrag	2122,– DM
	Arbeitgeberanteil zur Sozialversicherung	470,– DM

Buchung der Gehaltszahlung:

630 Gehälter				3026,–	
	an	483	Sonstige Verbindl. gegenüber FA		356,–
		484	Sonstige Verbindl. gegenüber SV		470,–
		486	Sonstige Verbindl. aus vermögensw. Leistungen		78,–
		280	Bank		2122,–
640 Arbeitgeberanteil zur Sozialversicherung				470,–	
	an	484	Sonstige Verbindl. gegenüber SV		470,–

Buchung der Überweisungen:

483	Sonstige Verbindl. gegenüber FA	356,–	
484	Sonstige Verbindl. gegenüber SV	940,–	
486	Sonst. Verbindl. aus vermögensw. Leistungen	78,–	
an	280 Bank		1374,–

7.4 Berufsgenossenschaftsbeiträge, Vorschüsse, Sachleistungen und Sonderzuwendungen

Die Beiträge zur **gesetzlichen Unfallversicherung** (gesetzliche Sozialkosten) trägt der Arbeitgeber in voller Höhe. Die Überweisung an die zuständige Berufsgenossenschaft bucht der Arbeitgeber:

642 Beiträge zur Berufsgenossenschaft an 280 Bank

Lohn- und Gehaltsvorschüsse werden als kurzfristige Darlehensforderung gegenüber Mitarbeitern erfaßt.

Beispiel:

Die Angestellte Kunigunde Sülz erhält einen Gehaltsvorschuß von 600,– DM in bar.

Buchung bei der Auszahlung:

265	Forderungen an Mitarbeiter	600,–	
an	288 Kasse		600,–

Bei der Gehaltszahlung im Folgemonat wird der Vorschuß verrechnet:

630 Gehälter		2980,–	
an	265 Forderungen an Mitarbeiter		600,–
	483 Sonstige Verbindl. gegenüber FA		381,–
	484 Sonstige Verbindl. gegenüber SV		520,–
	280 Bank		1479,–

Sachleistungen an die Arbeitnehmer werden ebenfalls mit dem Gehalt verrechnet:

Der Hausmeister Fritz Hitzeblitz hat eine Wohnung im Betriebsgebäude. Die monatliche Miete in Höhe von 500,– DM wird bei der Gehaltszahlung verrechnet. Buchung:

630 Gehälter		2800,–	
an	540 Mieterträge		500,–
	483 Sonstige Verbindl. gegenüber FA		370,–
	484 Sonstige Verbindl. gegenüber SV		518,–
	280 Bank		1412,–

Steuerpflichtige Sonderzuwendungen, wie Urlaubs- und Weihnachtsgeld, werden allgemein als Lohn- oder Gehaltsbestandteil den Konten »620 Löhne« bzw. »630 Gehälter« belastet.

Steuerfreie Sonderzuwendungen, wie Heiratsbeihilfen bis zu 700,– DM, Geburtsbeihilfen bis zu 500,– DM (§ 3 Nr. 15 EStG und Abschn. 9 LStR) und Sonderzahlungen zum Dienstjubiläum bis zu einem bestimmten Betrag, je nach Zugehörigkeit zum Unternehmen (§ 3 Nr. 52 EStG), werden auf dem Konto »649 Aufwendungen für Unterstützung« erfaßt.

Beispiel:

Die Maschinenbau AG gewährt einem Mitarbeiter zum 25jährigen Dienstjubiläum eine Sonderzahlung in Höhe von 1200 DM bar.

649 Aufwendungen für Unterstützung an 288 Kasse 1200 DM

8 Zahlungs- und Finanzbereich

8.1 Anzahlungen

Anzahlungen sind Vorleistungen auf schwebende bzw. noch nicht abgewickelte Geschäfte aus Lieferungs- und Leistungsverträgen. Sie sind ein Mittel der Absatzpolitik und gehören in den Bereich der Zahlungsbedingungen.

8.1.1 Geleistete Anzahlungen

Geleistete Anzahlungen sind bis zum Erhalt der Gegenleistung Forderungen gegenüber dem Auftragnehmer. Sie sind ohne Rücksicht darauf, ob die von dem anderen Vertragspartner zu erbringende Leistung aktivierbar ist oder nicht, als Vermögensposten zu behandeln. Geleistete Anzahlungen auf Anlagen sind aus dem Umlaufvermögen ausgeschieden, da sie durch ihre Zweckbestimmung zur Daueranlage geworden sind. Sie sind die erste Phase der Investition.

Wird die Leistung vom Vertragspartner erbracht und stellt sie einen aktivierbaren Vermögensgegenstand dar, z. B. eine Maschine oder Anlage, dann ist sie unter dem entsprechenden Bilanzposten zu aktivieren. Ist die Lieferung oder Leistung für den Empfänger ein Aufwand, dann ist sie im Zeitpunkt der Lieferung oder Leistung auf einem Aufwandskonto zu verbuchen.

Beispiel 1:

Anzahlung auf eine bestellte Anlage:

090 Anzahlungen auf Anlagen 8000 DM

an 280 Bank 8000 DM

Buchung der Eingangsrechnung bei Lieferung:

070	Maschinen und Anlagen		50 000 DM	
260	Vorsteuer		7 000 DM	
	an	440 Verbindlichkeiten		49 000 DM
		090 Anzahlungen auf Anlagen		8 000 DM

Beispiel 2:

Anzahlung auf Vorräte:

230	Geleistete Anzahlungen auf Vorräte		4 000 DM	
	an	280 Bank		4 000 DM

Buchung der Eingangsrechnung bei Lieferung:

200	Rohstoffe		10 000 DM	
260	Vorsteuer		1 400 DM	
	an	440 Verbindlichkeiten		7 400 DM
	an	230 Geleistete Anzahlungen auf Vorräte		4 000 DM

Beispiel 3:

Anzahlung auf Aufwendungen:

266	andere sonstige Forderungen		5 000 DM	
	an	280 Bank		5 000 DM
687	Werbeaufwendungen		10 000 DM	
260	Vorsteuer		1 400 DM	
	an	440 Verbindlichkeiten		11 400 DM
440	Verbindlichkeiten		5 000 DM	
	an	266 andere sonstige Forderungen		5 000 DM
440	Verbindlichkeiten		6 400 DM	
	an	280 Bank		6 400 DM

8.1.2 Erhaltene Anzahlungen

8.1.2.1 Buchung der erhaltenen Anzahlungen

Erhaltene Anzahlungen sind Verbindlichkeiten und deshalb mit dem Rückzahlungsbetrag zu passivieren (§ 6 Abs. 1 Nr. 3 EStG, § 5 Abs. 1 EStG i. V. m. § 253 Abs. 1 Satz 2 HGB).

Beispiel:

Eingang der Anzahlung auf dem Bankkonto:

280	Bank		8 000 DM	
	an	430 Erhaltene Anzahlungen		8 000 DM

Bei Erteilung der Ausgangsrechnung wird gebucht:

240 Forderungen		57 000 DM	
	an 500 Umsatzerlöse		50 000 DM
	an 480 Umsatzsteuer		7 000 DM
430 Erhaltene Anzahlungen		8 000 DM	
	an 240 Forderungen		8 000 DM

8.1.2.2 Besonderheiten bei erhaltenen Anzahlungen auf Vorräte

Erhaltene Anzahlungen auf Vorräte einschließlich der unfertigen Erzeugnisse, unfertigen Leistungen, fertigen Erzeugnisse und Waren können gemäß § 265 Abs. 5 Satz 2 HGB bis zur Höhe des Wertes der zu diesen Anzahlungen zu aktivierenden Vorräten in einer Vorspalte offen von dem Posten Vorräte abgesetzt werden. Weisen Bauunternehmungen **nicht abgerechnete Leistungen** gesondert aus, können auch die dazugehörigen Anzahlungen offen von diesem Posten abgesetzt werden.

Beispiel 1:

Ein Kunde hat im Dezember eine Anzahlung in Höhe von netto 8000 DM auf einen Fertigungsauftrag geleistet. Die aktivierten Herstellungskosten für unfertige Erzeugnisse enthalten 12 000 DM aus diesem Auftrag. Die Anzahlung kann **wahlweise auf der Aktivseite oder auf der Passivseite** bilanziert werden.

Beispiel 2:

Ein anderer Kunde hat im Dezember eine Anzahlung in Höhe von netto 9000 DM auf Handelswaren geleistet. Die Waren wurden bis zum Bilanzstichtag noch nicht beim Empfänger der Anzahlung angeliefert und sind deshalb nicht in den aktivierten Vorräten enthalten. Die Anzahlung ist deshalb zum Rückzahlungsbetrag innerhalb der Verbindlichkeiten (Position C. 3.) zu passivieren.

8.1.3 Umsatzsteuerpflicht bei Anzahlungen

Die Umsatzsteuer belastet als Verkehrssteuer den Verkehrsvorgang »Lieferung oder Leistung gegen Entgelt«. Da bei Anzahlungen noch keine Lieferung oder Leistung vorliegt, sind diese grundsätzlich nicht umsatzsteuerpflichtig. Das gilt nicht, wenn der in Rechnung gestellte Anzahlungsbetrag (netto) 10 000 DM und mehr beträgt (§ 13 Abs. 1 UStG). Die gesetzliche Definition des Begriffes »Entgelt« ergibt sich aus § 10 Abs. 1 UStG. Die Umsatzsteuer selbst gehört nicht zum Entgelt. Anzahlungen und Vorauszahlungen können daher unversteuert bleiben, wenn sie bei einem Steuersatz von 14 v. H. weniger als 11 400 DM und bei einem Steuersatz von 7 v. H. weniger als 10 700 DM betragen.

8.2 Buchungen im Scheckverkehr

Kleine Unternehmen buchen alle ausgegebenen und alle erhaltenen Schecks erst, wenn diese dem Bankkonto belastet oder gutgeschrieben worden sind. Buchungsbeleg ist der Bankauszug.

Mit **eigenen Schecks** begleicht der Unternehmer seine Verbindlichkeiten. Eigene Schecks werden bei allen Unternehmen erst aufgrund des Kontoauszugs gebucht, mit dem die Bank die Belastung mitteilt.

440 Verbindlichkeiten an 280 Bank

Die von Kunden eingehenden Schecks **(Kundenschecks)** werden von größeren Unternehmen zunächst auf einem besonderen Konto gebucht:

286 Kundenschecks an 240 Forderungen

Nach dieser buchmäßigen Erfassung werden Kundenschecks der Bank eingereicht. Erst wenn der Kontoauszug der Bank mit der entsprechenden Gutschrift eingeht, wird gebucht:

280 Bank an 286 Kundenschecks

Das Konto Kundenschecks ist damit ein **reines Durchgangskonto.**

8.3 Buchungen im Wechselverkehr

8.3.1 Besitzwechsel und Schuldwechsel

Ein **Besitzwechsel** ist eine Urkunde über eine besonders gesicherte Forderung. Wenn der Schuldner sein im Wechsel abgegebenes schriftliches Versprechen zur Zahlung nicht einlöst, kann der Besitzer des Wechselpapiers aufgrund der strengen Bestimmungen des Wechselgesetzes schneller zu seinem Geld kommen. Der Kunde nimmt den Wechsel durch Unterschrift (Querschrift) auf dem Wechselformular an, er akzeptiert den Wechsel. Durch das Akzept geht er eine Wechselschuld ein, für ihn liegt ein **Schuldwechsel** vor. Der Lieferer gewährt dem Kunden für die Laufzeit des Wechsels einen Kredit. Die Zinsen für diesen Wechselkredit heißen »Diskont«. Der Lieferer kann mit dem Wechsel als Zahlungsmittel

- seine eigenen Verbindlichkeiten begleichen,
- den Wechsel bei der Bank diskontieren, die den Wechselbetrag nach Abzug von Diskont und Spesen seinem Konto gutschreibt
- oder den Wechsel bis zum Fälligkeitstag aufbewahren und dann von dem Bezogenen Zahlung verlangen.

Beispiel:

Buchungen beim Lieferer		Buchungen beim Kunden	
1) Verkauf von Erzeugnissen auf Ziel 1 000 DM plus 140 DM USt			
240 Forderungen	1 140	200 Rohstoffe	1 000
an 500 Umsatzerlöse	1 000	260 Vorsteuer	140
an 480 Umsatzsteuer	140	an 440 Verbindlichkeiten	1 140
2) Der Kunde kann zum Fälligkeitstag der Forderung nicht zahlen und bittet den Lieferer, einen Drei-Monats-Wechsel auf ihn zu ziehen.			
245 Besitzwechsel	1 140	440 Verbindlichkeiten	1 140
an 240 Forderungen	1 140	an 450 Schuldwechsel	1 140
3) Der Lieferer belastet den Kunden mit 8% Diskont für die Laufzeit des Wechsels.			
240 Forderungen	25,99	753 Diskontaufwendungen	22,80
an 573 Diskonterträge	22,80	260 Vorsteuer	3,19
an 480 Umsatzsteuer	3,19	an 440 Verbindlichkeiten	25,99
4) Der Wechsel wird dem Bezogenen am Verfalltag vorgelegt und bar eingelöst.			
288 Kasse	1 140	450 Schuldwechsel	1 140
an 245 Besitzwechsel	1 140	an 288 Kasse	1 140

Auf den Konten der Forderungen und Verbindlichkeiten ergibt sich das folgende Bild:

S	240 Forderungen		H
1)	1 140,–	2)	1 140,–
3)	25,99		

S	440 Verbindlichkeiten		H
2)	1 140,–	1)	1 140,–
		3)	25,99

S	245 Besitzwechsel		H
2)	1 140,–	4)	1 140,–

S	450 Schuldwechsel		H
4)	1 140,–	2)	1 140,–

8.3.2 Verwendung des Besitzwechsels

Der Lieferer erhält am Tage der Fälligkeit der Forderung einen Besitzwechsel, der meist erst nach drei Monaten zahlbar ist. Dennoch muß der Lieferer nicht bis zum Verfalltag des Wechsels auf sein Geld warten.

Fall 1: Der Lieferer kann den Wechsel an seinen Lieferer weitergeben.

Lieferer A gibt den Besitzwechsel zur Zahlung an seinen Lieferer B weiter. Buchung:

440 Verbindlichkeiten	1140,–	
an 245 Besitzwechsel		1140,–

B belastet A mit Diskont für die Restlaufzeit des Wechsels. A bucht:

753	Diskontaufwendungen	22,80	
260	Vorsteuer	3,19	
	an 440 Verbindlichkeiten		25,99

Fall 2: Der Lieferer kann den Wechsel bei der Bank diskontieren.

Die Bank schreibt den Wechselbetrag unter Abzug von 22,80 DM Diskont und 10 DM Spesen gut.

Buchung:

280	Bank	1107,20	
753	Diskontaufwendungen	22,80	
675	Kosten des Geldverkehrs	10,–	
	an 245 Besitzwechsel		1140,–

Der **von der Bank berechnete Diskont** führt wie ein Skontoabzug zur **Minderung des Entgelts.** Wegen der Entgeltsminderung könnte der Lieferer die **Umsatzsteuer anteilig kürzen.** Die **Bankspesen** stellen keine Entgeltsminderung dar. Sie dürfen bei der Kürzung nicht berücksichtigt werden. Voraussetzung ist allerdings, daß der Lieferer seinen Kunden, den Bezogenen, von der Kürzung der Umsatzsteuer benachrichtigt, damit dieser seine Vorsteuer um den gleichen Betrag berichtigt.

Die Bank berechnet im Rahmen ihrer Geldgeschäfte keine Vorsteuer. Hier wird die ursprünglich an den Kunden berechnete Umsatzsteuer berichtigt.

Beispiel:

Von dem für Diskontaufwendungen gekürzten Wechselbetrag entfallen 20,– DM auf das Entgelt und 2,80 DM auf die Umsatzsteuer. Der Lieferer will seine Zahllast kürzen und benachrichtigt den Kunden von der Kürzung.

Buchung beim Lieferer:

480	Umsatzsteuer	2,80	an	753 Diskontaufwendungen	2,80

Buchung beim Kunden:

753	Diskontaufwendungen	2,80	an	260 Vorsteuer	2,80

In der Praxis wird die Umsatzsteuerberichtigung nur dann vorgenommen, wenn es sich um erhebliche Beträge handelt.

Fall 3: Der Lieferer kann den Wechsel bis zum Verfalltag aufbewahren.

Lange behält einen Wechsel über 2280 DM und gibt diesen erst kurz vor dem Verfalltag seiner Bank zum Einzug (zum Inkasso). Die Bank schreibt den Wechsel unter Abzug von 20 DM Spesen gut. Buchung:

280	Bank	2260,–	
675	Kosten des Geldverkehrs	20,–	
	an 245 Besitzwechsel		2280,–

8.3.3 Wechselprotest und Wechselrückgriff

Löst der Wechselschuldner den Wechsel bei Vorlage am Verfalltag nicht ein, wird der Inhaber (Besitzer) des Wechsels Protest mangels Zahlung erheben lassen. Der Besitzwechsel verbrieft nun keine einwandfreie Forderung mehr. Die Besonderheit der notleidenden Wechselforderung wird buchhalterisch durch die Umbuchung auf das Konto »**Protestwechsel**« zum Ausdruck gebracht.

Beispiel:

Ein Wechsel über 10 000 DM geht mangels Zahlung zu Protest. Der Notar berechnet für die Protesterhebung 50 DM plus 7 DM USt.

Buchung:

675 Kosten des Geldverkehrs	50,–	
260 Vorsteuer	7,–	
an 440 Verbindlichkeiten		57,–

Der Wechsel wird umgebucht:

248 Protestwechsel 10 000 DM an 245 Besitzwechsel 10 000,–

Der letzte Wechselinhaber kann auf seinen unmittelbaren Vormann, einen beliebigen Vormann oder auf den Aussteller zurückgreifen und von diesem Zahlung verlangen. Im Wege des Rückgriffs kann der Inhaber die Wechselsumme, 6% Zinsen seit dem Verfalltag, die Kosten des Protests und andere Auslagen sowie (⅓% Provision von der Wechselsumme verlangen (Art. 48 Wechselgesetz).

Bei den in Rechnung gestellten Rückgriffskosten handelt es sich um Schadenersatz. Deshalb wird keine Umsatzsteuer berechnet (BMF, BStBl 1986 I S. 149).

Beispiel:

Rückrechnung:

Wechselbetrag	10 000,– DM
Protestkosten	50,– DM
Auslagen (Porti usw.)	10,– DM
⅓% Provision	33,33 DM
6% Zinsen bis zum 30.11.19..	25,– DM
Gesamtbetrag	10 118,33 DM

Der letzte Wechselinhaber bucht:

240 Forderungen	10 118,33	
an 248 Protestwechsel		10 000,–
543 Sonstige Erträge (50,– + 10,– + 33,33)		93,33
571 Zinserträge		25,–

Der in Anspruch genommene Vormann bucht:

248 Protestwechsel	10 000,–	
675 Kosten des Geldverkehrs	93,33	
751 Zinsaufwendungen	25,–	
an 440 Verbindlichkeiten		10 118,33

8.3.4 Wechselprolongation

Es kommt vor, daß der Bezogene aufgrund vorübergehender Liquiditätsschwierigkeiten den Wechsel zum Verfalltag nicht einlösen kann. Ein Protest mangels Zahlung würde den Bezogenen für die Zukunft kreditunwürdig machen und auch den Wechselaussteller mit erheblichen Kosten und Unannehmlichkeiten belasten. Aus diesem Grunde wird der Bezogene den Aussteller um Prolongation (Verlängerung) der Laufzeit des Wechsels bitten. Dabei sind zwei Fälle zu unterscheiden.

Fall 1: Der Aussteller hat den Wechsel nicht weitergegeben.

In diesem Fall wird der Aussteller den Wechsel gegen Unterzeichnung eines **neuen Wechsels** mit einem **späteren Verfalltag** an den Bezogenen zurückgeben. Das Konto Besitzwechsel bleibt unverändert. Lediglich im Wechselkopierbuch ist der neue Verfalltag zu vermerken. Die durch die Prolongation entstandenen Aufwendungen belastet der Aussteller dem Bezogenen in der Regel mit der Bitte um sofortige Überweisung.

Der Bezogene kann einen Wechsel über 10 000 DM nicht einlösen und bittet den Aussteller, einen drei Monate später fälligen Prolongationswechsel auf ihn zu ziehen. Der Aussteller berechnet:

		DM
	8% Diskont für 90 Tage	200,–
+	Bearbeitung/Auslagen	30,–
		230,–
+	Umsatzsteuer	32,20
	Lastschrift	262,20

Der **Aussteller** bucht:

240 Forderungen	262,20	an	573	Diskonterträge	200,–
			543	Sonstige Erträge	30,–
			480	Umsatzsteuer	32,20

Der **Bezogene** bucht:

753	Diskontaufwendungen	200,–	
675	Kosten des Geldverkehrs	30,–	
260	Vorsteuer	32,20	
	an 440 Verbindlichkeiten		262,20

Fall 2: Der Aussteller hat den Wechsel bereits weitergegeben.

Hat der Aussteller den fälligen Wechsel weitergegeben, wird er dem Bezogenen gegen Annahme eines **weiteren Wechsels** auf einen späteren Verfalltag den entsprechenden Betrag zur Verfügung stellen. Der Prolongationswechsel wird in der Regel in Höhe des Betrages des fälligen Wechsels ausgestellt. Diskont und Auslagen werden gesondert berechnet und wie im vorstehenden Fall 1 gebucht. In diesem Fall verfügt der Aussteller über einen neuen Besitzwechsel. In den Büchern des Bezogenen werden zwei Schuldwechsel geführt.

Der **Aussteller** bucht

- bei Eingang des akzeptierten Wechsels vom Bezogenen:
  245 Besitzwechsel 10 000,– an 240 Forderungen 10 000,–
- bei Überweisung des Betrages an den Bezogenen:
  240 Forderungen 10 000,– an 280 Bank 10 000,–
- die Belastung des Bezogenen mit den Aufwendungen aus der Prolongation:

240 Forderungen	262,20	an	573 Diskonterträge	200,–
			543 Sonstige Erträge	30,–
			480 Umsatzsteuer	32,20

Der **Bezogene bucht**

- den Prolongationswechsel:
  440 Verbindlichkeiten 10 000,– an 450 Schuldwechsel 10 000,–
- den Bankeingang:
  280 Bank 10 000,– an 440 Verbindlichkeiten 10 000,–
- die Belastung der Aufwendungen:

753 Diskontaufwendungen	200,–	
675 Kosten des Geldverkehrs	30,–	
260 Vorsteuer	32,20	
an 440 Verbindlichkeiten		262,20

- bei Einlösung des fälligen prolongierten (ersten) Wechsels:
  450 Schuldwechsel 10 000,– an 280 Bank 10 000,–

8.4 Buchung von Wertpapiergeschäften

8.4.1 Arten der Wertpapiere

Unternehmen können Geldanlagen in Dividendenpapieren oder in Zinspapieren vornehmen.

Dividendenpapiere, wie Aktien, Kuxe, Investmentanteile, verbriefen Teilhaberrechte. Der Inhaber dieser Papiere ist am Eigenkapital der Unternehmen beteiligt. Er erhält in Form der Dividende oder Ausschüttung einen Anteil am Gewinn und ist über den Kurswert der Papiere sowohl am Vermögenszuwachs als auch am Vermögensverlust beteiligt. Im Konkursfall haftet der Inhaber mit seiner Einlage für die Schulden des Unternehmens.

Zinspapiere, wie Anleihen, Obligationen, Pfandbriefe, verbriefen Gläubigerrechte. Der Inhaber erhält unabhängig von der Ertragslage des Schuldnerunternehmens einen festen Zins, der meist halbjährlich zu den Terminen A/O = 1.4. und 1.10. bzw. J/J = 2.1. und 1.7. ausgezahlt wird. Weitere Zinstermine sind M/S = 1.3. und 1.7. und bei jährlicher Zahlungsweise der 2.1., 1.7. und der 1.10. In der Regel werden die Zinsen **nachträglich** fällig.

Wertpapiere können im allgemeinen als **gewillkürtes Betriebsvermögen** behandelt werden (Abschn. 14a Abs. 2 EStR). Wurden sie zur **langfristigen Anlage** erworben, erfolgt die Buchung auf dem Konto **150 Wertpapiere des Anlagevermögens.**

Aktien, die mit der Absicht erworben wurden, auf ein anderes Unternehmen **Einfluß auszuüben,** sind auf dem Konto **130 Beteiligungen** im **Anlagevermögen** zu buchen. Eine Beteiligung liegt im Zweifel vor, wenn die Summe der Nennbeträge der von einem Unternehmen gehaltenen Aktien den fünften Teil des Nennkapitals der Aktiengesellschaft überschreitet (§ 271 Abs. 1 HGB).

Wertpapiere, die lediglich als Liquiditätsreserve zur **vorübergehenden Anlage** (kurzfristigen Anlage) erworben wurden, sind auf dem Konto **270 Wertpapiere des Umlaufvermögens** zu erfassen (vgl. Teil II Punkt 7.5).

8.4.2 An- und Verkauf von Wertpapieren

Wertpapiere sind mit ihren Anschaffungskosten zu aktivieren. Beim Kauf und beim Verkauf fallen als aktivierungspflichtige Anschaffungsnebenkosten an (§ 255 Abs. 1 HGB i. V. m. § 253 Abs. 1 HGB):

	für Aktien und Bezugsrechte	für Industrie-obligationen
Bankprovision		
bei Kursen über pari	1% vom Kurswert	0,5% vom Kurswert
bei Kursen unter pari	1% vom Nennwert	0,5% vom Nennwert
Mindestprovision	5,– DM	5,– bis 7,– DM
Maklergebühr	1‰ vom Kurswert	0,75‰ vom Nennwert (bis 50 000 DM) bzw. 0,5‰ vom Nennwert (bis 100 000 DM)

Bei den Prozentsätzen für Provision und Courtage handelt es sich um Richtsätze. Einzelne Banken können abweichende Prozentsätze und weitere Kosten verrechnen, z. B. für Auslagen und limitierte Aufträge.

Für sonstige Rentenpapiere gelten andere Gebühren. Bei Investmentpapieren wird ein Pauschalsatz berechnet, der sich aus der Differenz zwischen Ankaufs- und Verkaufspreis ergibt.

Der **Nennwert** ist der auf dem Papier angegebene Wert.

Der **Kurswert** ist der Preis, zu dem das Wertpapier an der Börse notiert wird.

Dividendenpapiere haben einen **Stückkurs** = DM je Stück.

Zinspapiere haben einen **Prozentkurs** = Prozent des Nennwerts.

8.4.2.1 An- und Verkauf von Dividendenpapieren

Bei einem Kauf von Wertpapieren erfolgt ein **Zugang** in Höhe des Kurswertes **zuzüglich Anschaffungsnebenkosten.** Beim Verkauf wird ein **Abgang** zum Kurswert **abzüglich** der von der Bank einbehaltenen **Verkaufskosten** gebucht. Die **Anschaffungsnebenkosten werden aktiviert. Die Verkaufskosten werden buchhalterisch nicht erfaßt.**

Beispiel 1:

Kauf von 30 Stück Maschinenbau-AG-Aktien, Nennwert 100,– DM, Stückkurs 250,– DM durch die Bank zur kurzfristigen Anlage.

Kurswert	(30 x 250,– DM)		7500,– DM
+ 1%	Bankprovision	75,–	
+ 1‰	Maklergebühr	7,50	82,50 DM
Banklastschrift			7582,50 DM

Buchung:

270 Wertpapiere des Umlaufvermögens an 280 Bank 7601,25 DM

Beispiel 2:

Verkauf von 25 Stück Maschinenbau-AG-Aktien zum Stückkurs von 280,– DM durch die Bank.

Kurswert (25 x 280,– DM)			7000,– DM
– 1%	Bankprovision	70,–	
– 1‰0	Maklergebühr	7,–	77,– DM
Bankgutschrift			6923,– DM

Buchung:

280 Bank an 270 Wertpapiere des Umlaufvermögens 6923,– DM

Eine beschlossene Dividende zahlt die Aktiengesellschaft gegen Einreichung des entsprechenden Dividendenscheins aus. Anders als der Erwerber festverzinslicher Wertpapiere zahlt der Käufer einer Aktie dem Veräußerer nur einen Kaufpreis für die Aktie selbst. Der erwartete Dividendenertrag schlägt sich im Kurswert nieder.

8.4.2.2 An- und Verkauf von Zinspapieren

Beim Kauf von festverzinslichen Wertpapieren innerhalb eines Zinszahlungszeitraums erhält der Käufer in der Regel auch den laufenden Zinsschein und bekommt am Ende der Zinsperiode die gesamten Zinsen – auch die für die Zeit ab dem letzten Zinstermin bis zum Tag des Kaufes – gutgeschrieben. Deshalb muß er dem Verkäufer die Zinsen für die Zeit vor dem Kauftermin erstatten. Für den Käufer entstehen Zinsaufwendungen, für den Verkäufer Zinserträge (vgl. Abschn. 155 EStR).

Beispiel 1:

Kauf von 100 Stück 6-%-Anleihen A/O am 31.7. zum Kurswert von 9700,– DM, Nennwert 10 000,– DM.

Zinsen, die dem Verkäufer zustehen — Zinsen, die dem Käufer zustehen

1.44	31.7.	1.10.
Zinstermin	Verkaufstag	Zinstermin

Kurswert (97 x 100,– DM)		9 700,– DM
+ 0,5 % Bankprovision (von 10 000)	50,00	
+ 0,75‰ Maklergebühr (von 10 000)	7,50	57,50 DM
Anschaffungskosten		9 757,50 DM
+ 6% Stückzinsen für April bis Juli		200,– DM
Banklastschrift		9 957,50 DM

Buchung:

270 Wertpapiere des Umlaufvermögens	9 757,50	
751 Zinsaufwendungen	200,–	
	an Bank	9 957,50

Beispiel 2:

Verkauf von 100 Stück 6-%-Anleihen A/O am 31.7. zum Kurswert von 9 900,– DM, Nennwert 10 000,– DM.

Kurswert (99 x 100,– DM)		9 900,– DM
– 0,5 % Bankprovision (von 10 000)	50,00	
– 0,75‰ Maklergebühr (von 10 000)	7,50	57,50 DM
Anschaffungskosten		9 842,50 DM
+ 6% Stückzinsen für April bis Juli		200,– DM
Banklastschrift		10 042,50 DM

Buchung:

280	Bank	10 042,50	
	an 270	Wertpapiere des Umlaufvermögens	9 842,50
	578	Erträge aus Wertpapieren des UV	200,–

8.4.3 Bewertung

Der am Bilanzstichtag vorhandene Wertpapierbestand wird durch Inventur erfaßt und im Inventar schriftlich niedergelegt. Die **Wertpapiere des Umlaufvermögens** werden zum **Niederstwert** bilanziert. Der Niederstwert wird ermittelt durch Vergleich des Anschaffungswertes mit dem Kurswert am Bilanzstichtag. Bei der Bilanzierung muß der niedrigere der beiden Werte zugrunde gelegt werden. Es gilt das **strenge Niederstwertprinzip** (Vorsichtsprinzip) des § 253 Abs. 3 HGB.

Bei **Wertpapieren des Anlagevermögens** darf ebenfalls der Niederstwert zugrunde gelegt werden. Er muß angesetzt werden, wenn die Wertminderung voraussichtlich von Dauer ist. Dieses **gemilderte Niederstwertprinzip** wird in § 253 Abs. 2 HGB vorgeschrieben.

Die Anschaffungskosten setzen sich aus dem Kurswert zuzüglich der anteiligen Anschaffungsnebenkosten zusammen (vgl. Teil I, Punkt 5.1). Da die Wertpapiere höchstens zu dem Betrag anzusetzen sind, der für sie am Bilanzstichtag erlöst werden könnte, ist es – wenn eine Veräußerung der Wertpapiere unmittelbar bevorsteht – auch zulässig, den um die Verkaufskosten verminderten Kurswert anzusetzen (ADS, § 155 Tz. 227 und Tz. 162).

Beispiele für die Ermittlung des Niederstwertes:

Anschaffungswert	Börsenkurs am Bilanzstichtag	Bilanzwert
150	200	150
180	170	170
220	230	220
210	200	200
160	160	160

Daneben ist eine niedrigere Bewertung nach § 253 Abs. 3 Satz 3 HGB möglich, wenn in der nächsten Zukunft nach vernünftiger kaufmännischer Beurteilung mit Verlusten zu rechnen ist.

8.5 Gemischte Konten

Wertpapierkonten sind gemischte Konten, da sie Bestände **und** Erfolge aus Kursgewinnen und Kursverlusten aus dem An- und Verkauf enthalten. Dieser Erfolg wird in den Unternehmen meist erst im Jahresabschluß ermittelt. Diese Verluste aus Kursveränderungen und Kauf- bzw. Verkaufsspesen werden auf den Konten **578 Erträge aus Wertpapieren des Umlaufvermögens** bzw. **746 Verluste aus Wertpapieren des Umlaufvermögens** erfaßt.

Beispiel:

Die Inventur ergibt folgende Schlußbestände:

a) 5 Maschinenbau-AG-Aktien, Anschaffungskurs 250,–,
Kurswert am Bilanzstichtag 260,– ,

Bewertung: 5 Stück x 250,–	1250,–	
+ 1,1% Anschaffungsnebenkosten	13,75	1263,75

b) 7%-Obligationen zum Nennwert von 8000,– DM.
Der Kauf erfolgte zum Kurs von 101%. Kurs am Bilanzstichtag 98%.

Bewertung: 8000,– x 98%	7 840,–	
+ Anschaffungsnebenkosten	64,80	7 904,80
Wert am Bilanzstichtag insgesamt (aus a und b)		9 168,55

S	270 Wertpapiere des Umlaufvermögens		H
800 Anfangsbestand	9 660,–	280 Verkauf	9 869,–
280 Kauf	9 780,25	801 Schlußbestand	9 168,55
		746 Kursverlust	402,70
	19 440,25		19 440,25

8.6 Buchung von Wertpapiererträgen

Dividenden und Zinsen aus Wertpapieren, die zum Betriebsvermögen gehören, sind Erträge des Betriebes (§ 20 Abs. 3 EStG). Erträge aus Wertpapieren, die zum Privatvermögen gehören, sind Einkünfte aus Kapitalvermögen (§ 20 Abs. 1 und 2 EStG).

8.6.1 Anrechnung der Kapitalertragsteuer und der Körperschaftsteuer

Bei bestimmten inländischen Kapitalerträgen wird die Einkommensteuer als **Kapitalertragsteuer** durch Abzug vom Kapitalertrag erhoben. Bei der Kapitalertragsteuer handelt es sich um eine besondere Erhebungsform der Einkommensteuer. Sie kann auf die Einkommensteuerschuld angerechnet werden (§ 36 Abs. 2 Nr. 2 EStG). Die Kapitalertragsteuer beträgt 25% in Fällen des § 43 Abs. 1 Nr. 1 bis 4 und Nr. 6 EStG bzw. 30% in Fällen des § 43 a Abs. 1 Nr. 5 EStG (§ 43 a EStG).

Neben der Kapitalertragsteuer wird auch die **Körperschaftsteuer** unbeschränkt körperschaftsteuerpflichtiger Unternehmen in Höhe von 9/16 auf die Einkommensteuer angerechnet (§ 36 Abs. 2 Nr. 3 EStG). Die Höhe der anzurechnenden Körperschaftsteuer muß im Rahmen der Einkommensteuererklärung durch eine Bescheinigung nachgewiesen werden (§ 44 ff. KStG).

8.6.2 Gutschriften für Zinsen und Dividenden

Stammen die Zinsen und Dividenden aus Wertpapieren des **Betriebsvermögens,** sind sie einschließlich der Kapitalertragsteuer (§ 20 Abs. 1 Nr. 1 EStG Abschn. 154 Abs. 4 EStR) und der anzurechnenden Körperschaftsteuer (§ 20 Abs. 1 Nr. 3 EStG) als Einkünfte aus Gewerbebetrieb den Konten

- 560 Erträge von verbundenen Unternehmen aus anderen Wertpapieren und Ausleihungen des Anlagevermögens,
- 565 Erträge von nicht verbundenen Unternehmen aus anderen Wertpapieren und Ausleihungen des Anlagevermögens oder
- 578 Erträge aus Wertpapieren des Umlaufvermögens

gutzuschreiben.

8.6.2.1 Gutschrift von Zinsen aus festverzinslichen Wertpapieren

Die Banken übersenden kurz vor dem jeweiligen Zinstermin die Zinsscheine an die (Schuldner-)Gesellschaften und ziehen die Zinsen für die Inhaber der Papiere ein. Festverzinsliche Wertpapiere unterliegen grundsätzlich nicht der Kapitalertragsteuer (Ausnahmen siehe § 43 Abs. 1 EStG).

280 Bank an 578 Erträge aus Wertpapieren des Umlaufvermögens

Liegt der Bilanzstichtag innerhalb einer Zinsperiode, z. B. bei den Zinsterminen A/O, werden die Zinsen für die Zeit vor dem Bilanzstichtag erst im Folgejahr fällig. Da die Zinsen jedoch anteilig Ertrag des abgelaufenen Geschäftsjahres sind, müssen sie zum Bilanzstichtag abgegrenzt werden. In Höhe des aufgelaufenen Guthabens ist eine **Sonstige Forderung** zu buchen (vgl. Abschn. 31 a Abs. 4 EStR).

Beispiel:

Das Unternehmen besitzt am 31.12. 6-%-Anleihen A/O zum Nennwert von 100 000 DM. Zum Bilanzstichtag 31.12. erfolgt eine zeitliche Abgrenzung mit der Buchung:

269 Sonstige Forderungen		3000,– DM	
an	578 Erträge aus Wertpapieren		3000,– DM

Bei der Zinsgutschrift 1.4. des Folgejahres erfolgt die Auflösung:

280 Bankguthaben		6000,– DM	
an	578 Erträge aus Wertpapieren		3 000,– DM
an	269 Sonstige Forderungen		3000,– DM

8.6.2.2 Gutschrift von Dividenden

Im Gegensatz zu den Einkünften aus Kapitalvermögen sind die Dividenden nicht erst im Jahr des Zuflusses, sondern bereits im Jahr des Ausschüttungsbeschlusses als Ertrag zu erfassen. Bei Umwandlung in eine Kapitaleinlage ist eine Übernahme auf das Konto Beteiligungen zulässig. Die Saldierung von Beteiligungserträgen mit Verlusten aus anderen Beteiligungen ist nicht zulässig.

In bestimmten Fällen hat eine **Aktivierung** des Dividendenanspruchs noch **vor dem Vorliegen eines Gewinnverwendungsbeschlusses** zu erfolgen. Nach dem BdF-Schreiben vom 3.1.1976 (BStBl I S. 679) hat eine mit Mehrheit an einer Untergesellschaft beteiligte **Konzern- oder Holdinggesellschaft,** deren Wirtschaftsjahr nicht früher endet als das Wirtschaftsjahr der Untergesellschaft, den Gewinnanspruch gegenüber der Untergesellschaft bereits dann einzubuchen, wenn der Jahresabschluß der Untergesellschaft noch vor Abschluß der Prüfung bei der Obergesellschaft festgestellt worden ist und mindestens ein entsprechender **Gewinnverwendungsvorschlag vorliegt.** Das nach dem BGH-Urteil vom 3.11.1965 (BGHZ 1965, 230) insoweit bestehende Aktivierungswahlrecht ist **steuerlich als Aktivierungsgebot** aufzufassen (BFH-Beschluß vom 3.2.1969, BStBl II S. 291).

Das ausschüttende Unternehmen kürzt die Dividende um 36% Körperschaftsteuer und um 25% Kapitalertragsteuer. Das Unternehmen führt die Steuern an das Finanzamt ab.

Beispiel:

Aktiengesellschaften buchen nach der Hauptversammlung:

3300 Gewinnverwendungskonto	an	4854 Vorstandstantieme
		4856 Aufsichtsratstantieme
		4858 Dividenden
		3390 Gewinnvortrag
4858 Dividenden	an	4830 noch abzuführende Kapitalertragsteuer

Dividende und Steuergutschrift gehören beim Empfänger nach § 20 Abs. 3 EStG zu den Einkünften aus Gewerbebetrieb, wenn die Wertpapiere zum Betriebsvermögen gehören. Der Empfänger bucht aus steuerlichen Gründen den Bruttobetrag der Dividende als Ertrag (§ 20 Abs. 1 Nr. 1 Nr. 3 EStG) und die in Abzug gebrachte Körperschaft- und Kapitalertragsteuer als Vorauszahlung auf seine eigene Einkommensteuer auf dem Konto »3001 Privat«. Bei der Buchung des Ertrages kann der Steueranteil aber auch einem besonderen Konto gutgeschrieben werden.

Beispiel:

Der Einzelhändler Olaf Lange hält Aktien der Maschinenbau AG zum Nennwert von 60 000 DM in seinem Betriebsvermögen. Noch im Dezember des Jahres hat die AG beschlossen, **für das abgelaufene Geschäftsjahr** eine Dividende von 10% zu zahlen.

Lange bucht für das laufende Geschäftsjahr:

260 Sonstige Forderungen		6000 DM	
an	578 Erträge aus Wertpapieren des UV		6000 DM

Wenn der Anteil der Steuergutschrift einem besonderen Konto gutgeschrieben werden soll, ergibt sich die Buchung:

260	Sonstige Forderungen		6 000 DM	
	an	5780 Erträge aus Wertpapieren des UV		2 880 DM
		5781 Erträge aus Wertpap./Steueranteil		3 120 DM

Im Folgejahr stellt die Maschinenbau AG dem Einzelhändler Olaf Lange die folgende Abrechnung zu und überweist die Nettodividende:

	Bruttodividende	6 000 DM
–	36% Körperschaftsteuer	2 160 DM
	Zwischensumme	3 840 DM
–	25% Kapitalertragsteuer	960 DM
	(Netto-) oder Bardividende	2 880 DM

Der Einzelhändler Olaf Lange bucht als Empfänger der Dividende:

280	Bank	2 880,– DM	
3001	Privat	3 120,– DM	
	an 260 Sonstige Forderungen		6 000,– DM

Kapitalgesellschaften buchen bei Gutschrift der Dividenden:

280	Bank	2 880,– DM	
263	Sonstige Forderungen an Finanzbehörden	3 120,– DM	
	an 260 Sonstige Forderungen		6 000,– DM

Gehören die Wertpapiere zum Privatvermögen des Olaf Lange, sind sie als Einkünfte aus Kapitalvermögen (Überschußeinkünfte) erst im Jahr der Ausschüttung in der Anlage KSO zur Einkommensteuererklärung anzugeben (§ 11 EStG).

9 Behandlung der Steuern in der Buchführung

Steuern schlagen sich in der Buchführung nieder als Aufwendungen, Anschaffungsnebenkosten, durchlaufende Posten und Privatentnahmen. Außerdem sind Steuernachzahlungen, Steuererstattungen, Säumnis- und Verspätungszuschläge zu verbuchen.

Einteilung nach der Steuerbelastung	Aufwand-steuern	Aktivierungs-pfltg. Steuern	durch-laufende Posten	Privat-steuern
Direkte Steuern				
a) Personensteuern				
• Einkommensteuer				x
als Lohnsteuer			x	
• Körperschaftsteuer				x
• Vermögensteuer				x
• Erbschaftsteuer				x
• Kirchensteuer			x	bzw. x
b) Objektsteuern				
• Gewerbesteuer	x			
• Grundsteuer	x			
Indirekte Steuern				
a) Verkehrsteuern				
• Grunderwerbsteuer		x		
• Kraftfahrzeugsteuer	x			
• Umsatzsteuer			x	
• Versicherungssteuer	x			
b) Verbrauchsteuern				
• Salzsteuer	x			
• Süßstoffsteuer	x			
• Zuckersteuer	x			
• Biersteuer	x			
• Branntweinsteuer	x			
• Kaffeesteuer	x			
• Schaumweinsteuer	x			
• Tabaksteuer	x			
• Mineralölsteuer	x			
• Spielkartensteuer	x			

9.1 Aufwandsteuern

Soweit Steuern durch die Betriebsführung verursacht werden, mindern sie als Betriebsausgaben den Gewinn. Mit Ausnahme der Grundsteuer werden alle Aufwandsteuern auch in die Kostenrechnung übernommen.

Eine Besonderheit liegt bei der **Gewerbesteuer** insofern vor, als sie zwei Besteuerungsgrundlagen hat, den Gewerbeertrag und das Gewerbekapital. **Gewerbeertrag** ist der nach den Vorschriften des EStG oder des KStG zu versteuernde Gewinn, vermehrt um bestimmte Hinzurechnungen und vermindert um bestimmte Kürzungen (§ 7 GewStG). **Gewerbekapital** ist der um Hinzurechnungen und Kürzungen berichtigte Einheitswert des gewerblichen Betriebes im Sinne des BewG (§ 12 Abs. 1 GewStG).

Der Einheitswert (EW) ist ein einheitlicher Wert nach dem Bewertungsgesetz (BewG). Dieser Einheitswert dient bei mehreren Steuerarten als Bemessungsgrundlage. Der Einheitswert von Grundstücken und Gebäuden ist niedriger als der in der Handels- und Steuerbilanz ausgewiesene Wert, der zur Ermittlung der Steuern vom Einkommen herangezogen wird.

Ermittlung der Gewerbesteuer:

Gewinn lt. EStG (KStG)	2 576 160 DM	
+ Hinzurechnungen (§ 8 GewStG)	51 050 DM	
– Kürzungen (§ 9 GewStG)	68 040 DM	
Gewerbeertrag	2 559 170 DM	
abgerundet (§ 11 Abs. 1 GewStG)	2 559 100 DM	
davon 5% Meßbetrag auf den Gewerbeertrag		127 955 DM
Gewerbekapital	9 901 600 DM	
+ Hinzurechnungen (§ 12 Abs. 2 GewStG)	1 021 200 DM	
– Kürzungen (§ 12 Abs. 3 GewStG)	1 620 000 DM	
Gewerbekapital	9 302 800 DM	
abgerundet (§ 13 Abs. 1 GewStG)	9 302 000 DM	
davon 0,2% Meßbetrag auf das Gewerbekapital		18 364 DM
einheitlicher Steuermeßbetrag (§ 14 GewStG)		146 319 DM
einheitlicher Steuermeßbetrag x 300% Hebesatz		
= zu zahlende Gewerbesteuer		438 957 DM

Beispiele:

Überweisung der vierteljährlich fälligen Grundsteuer in Höhe von 260 DM:

Grundsteuer (oder Haus- und Grundstücksaufwendungen) 260 DM

an 280 Bank 260 DM

Überweisung der Gewerbesteuervorauszahlung:

770 Gewerbesteuer (oder Betriebssteuern) 100 000 DM
an 280 Bank 100 000 DM

Überweisung der Kraftfahrzeugsteuer:

703 Kraftfahrzeugsteuer 300 DM an 280 Bank 300 DM

9.2 Aktivierungspflichtige Steuern

Beim Kauf von Grundstücken fällt Grunderwerbsteuer an, die zu den aktivierungspflichtigen Anschaffungsnebenkosten des Gebäudes zählt.

Beispiel:

Für den Kauf eines Grundstücks, Kaufpreis 200 000 DM, werden 2% Grunderwerbssteuer an das Finanzamt überwiesen:

050 Grundstücke und Bauten 4000 DM an 280 Bank 4000 DM

9.3 Steuern als durchlaufende Posten

Die Unternehmen sind verpflichtet, bestimmte Steuern einzubehalten und an das Finanzamt abzuführen. Die einbehaltenen Steuern sind bis zu ihrer Überweisung an das Finanzamt **Sonstige Verbindlichkeiten gegenüber Finanzbehörden.**

Beispiele:

Einbehaltung der Umsatzsteuer:

200 Rohstoffe	2000 DM				
260 Vorsteuer	280 DM	an	440 Verbindlichkeiten		2280 DM
240 Forderungen	3420 DM	an	500 Umsatzerlöse		3000 DM
			480 Umsatzsteuer		420 DM
480 Umsatzsteuer	280 DM	an	260 Vorsteuer	280 DM	
480 Umsatzsteuer	140 DM	an	280 Bank	140 DM	

Einbehaltung der Lohn- und Kirchensteuer:

620/630 Löhne und Gehälter	100 000 DM	
an 483 Sonst. Verbindl. gegenüber Sozialvers.		12 000 DM
484 Sonst. Verbindl. gegenüber Finanzbehörden		11 000 DM
280 Bank		77 000 DM

9.4 Privat- oder Personensteuern

Personensteuern sind keine Betriebsausgaben, sie dürfen den Gewinn nicht mindern. Personensteuern besteuern die Person des Unternehmers. Bei Einzelunternehmungen und Personengesellschaften (OHG, KG) wird das Privatkonto belastet.

Die **Einkommensteuer** wird nach dem Einkommen berechnet, das der Steuerpflichtige innerhalb eines Kalenderjahres bezogen hat. Einkommensteuerpflichtig sind alle natürlichen Personen.

Die **Kirchensteuer** ist an die Einkommensteuer (bzw. Lohnsteuer) gekoppelt. Sie beträgt je nach Bundesland 8% bzw. 9% der Einkommensteuer. Bei Steuerpflichtigen, die Anspruch auf Kindergeld haben, wird die Bemessungsgrundlage vor Anwendung der Prozentsätze gekürzt.

Die **Vermögensteuer** ist wie die Einkommensteuer eine Personensteuer. Bemessungsgrundlage ist das Gesamtvermögen einer Person. Die Bewertung des Vermögens erfolgt grundsätzlich zum Einheitswert.

Beispiele:

Überweisung der Lohn- und Kirchensteuer für den Inhaber:

3001 Privatkonto an 280 Bank 4200 DM

Überweisung der Vermögensteuer des Einzelunternehmers:

3001 Privatkonto an 280 Bank 2200 DM

Überweisung der Vermögensteuer einer Kapitalgesellschaft:

701 Vermögensteuer
(oder das Gesamtergebnis betreffende Aufwendungen)
an 280 Bank 2200 DM

Überweisung der Körperschaftsteuer einer Kapitalgesellschaft:

771 Körperschaftsteuer
(oder das Gesamtergebnis betreffende Aufwendungen)
an 280 Bank 27 000 DM

9.5 Steuernachzahlungen, Steuererstattungen, Säumnis- und Verspätungszuschläge, Steuerstrafen, Steuerberatungskosten

9.5.1 Steuernachzahlungen

Steuernachzahlungen werden grundsätzlich auf den gleichen Konten gebucht, denen auch die regelmäßigen Zahlungen belastet werden.

Beispiele:

Nachzahlung für Einkommen- und Kirchensteuer des Inhabers:

3001 Privat an 280 Bank

Nachzahlung für Körperschaftsteuer:

771 Körperschaftsteuer
(oder das Gesamtergebnis betreffende Aufwendungen)
an 280 Bank

Nachzahlung für Gewerbesteuer:

770 Gewerbesteuer (oder Betriebssteuern) an 280 Bank

9.5.2 Steuererstattungen

Einzelunternehmungen und Personengesellschaften schreiben Steuererstattungen für frühere Jahre den gleichen Konten gut, denen im Vorjahr die gezahlte Steuer belastet worden ist. Bei Aufwandsteuern erfolgt die Gutschrift auf einem Konto »sonstige betriebliche Erträge« oder auf einem Konto »außerordentliche bzw. periodenfremde Erträge«.

Kapitalgesellschaften werden ebenfalls Steuererstattungen für frühere Jahre grundsätzlich den gleichen Konten gutgeschrieben, denen im Vorjahr die gezahlte Steuer belastet worden ist. Bei den Aufwandsteuern – mit Ausnahme der Gewerbeertragsteuer (Anteil der Gewerbesteuer auf den Gewerbeertrag) – kann die Gutschrift auf einem Konto »sonstige betriebliche Erträge« oder auf einem Konto »außerordentliche bzw. periodenfremde Erträge« erfolgen (Konto 549).

9.5.3 Säumnis- und Verspätungszuschläge, Steuerstrafen

Einzelunternehmen und Personengesellschaften buchen Steuerstrafen, Säumnis- und Verspätungszuschläge als Privatentnahmen. Kapitalgesellschaften buchen Steuerstrafen, Bußgelder, Säumniszuschläge und Stundungszinsen auf dem Konto »Gebühren«.

9.5.4 Steuerberatungskosten

Steuerberatungskosten sind Rechts- und Beratungskosten. Buchung:

677 Rechts- und Beratungskosten an 280 Bank

10 Der Abschluß in der Betriebsübersicht

10.1 Vorbereitung des Abschlusses

Im Rahmen der Jahresabschlußarbeiten werden die Salden der Bestandskonten auf das SBK und die Salden der Erfolgskonten auf das GuV-Konto übertragen.

Nach diesen (formellen) **Abschlußbuchungen** können keine weiteren Eintragungen auf den Konten erfolgen. Bevor die Konten auf diese Weise abgeschlossen werden, müssen sie auf den Abschluß vorbereitet werden. Die **vorbereitenden Abschlußbuchungen** (materielle Abschlußbuchungen) werden zunächst außerhalb der Konten in einer Betriebsübersicht vollzogen. Sie wird auch Hauptabschlußübersicht, Abschlußtabelle, Abschlußtableau, Abschlußblatt oder Abschlußbogen genannt.

10.2 Aufbau der Betriebsübersicht

Die Betriebsübersicht besteht aus folgenden Doppelspalten, deren Summen jeweils ausgeglichen sein müssen. Deshalb heißen die Doppelspalten jeweils »Bilanz«.

10.2.1 Summenbilanz

Die erste Doppelspalte in der Betriebsübersicht ist in der Regel die Summenbilanz. Nachdem alle **laufenden Geschäftsvorfälle** eines Geschäftsjahres im Hauptbuch verbucht worden sind, werden die Eintragungen auf den Soll- und Habenseiten je Konto addiert und in die entsprechenden Spalten der Summenbilanz übertragen.

Beispiel:

Soll	Forderungen		Haben
AB	22 800	Bank	12 280
Erlöse	21 140	Bank	31 400
Erlöse	35 700	Bank	25 700
Erlöse	11 400		
	91 040		69 380

	Summenbilanz		Saldenbilanz I	
Konto	Soll	Haben	Soll	Haben
Forderungen	91 040	69 380		

Die Summenbilanz wird oft auch **Probebilanz** genannt. Sie belegt die rechnerische Richtigkeit der Buchungen. Aus der Summenbilanz gehen bereits wichtige Salden und Umschlagszahlen hervor.

Eine ausgeglichene Summenbilanz ist allerdings keine Garantie für die fehlerfreie Erfassung der Geschäftsvorfälle. Nicht erfaßt werden beispielsweise Fehler, die dadurch entstanden sind, daß

- Buchungen sich im Soll und Haben ausgleichen, auf den jeweiligen Konten aber auf der falschen Seite erfaßt worden sind,
- Fehler sich kompensieren,
- Buchungen unterlassen worden sind.

10.2.2 Saldenbilanz I

Aus der Summenbilanz wird die Saldenbilanz I oder Überschußbilanz entwikkelt. Dabei werden je Konto die Soll- und Habenseite der Summenbilanz saldiert und der Saldo in die Saldenbilanz I übertragen. Auf den Konten im Hauptbuch wird der Saldo jeweils als Ausgleichsposten auf der kleineren Seite eingetragen, z. B. auf dem Konto Forderungen auf der Habenseite. Das ist in der Betriebsübersicht anders. Überwiegt der Wert der Soll-Seite, so wird der Saldo auch auf der Sollseite der Saldenbilanz I vorgetragen.

Beispiel:

	Summenbilanz		Saldenbilanz I	
Konto	Soll	Haben	Soll	Haben
Geschäftsausstattung	90 400		90 400	
Rohstoffe	29 200	21 200	8 000	
Forderungen	91 040	69 380	21 660	
Bank	67 300	48 340	18 960	
Eigenkapital		109 520		109 520
Privat	12 000		12 000	
Verbindlichkeiten	22 490	47 590		25 100
Erlöse		71 000		71 000
Rohstoffaufwand	21 200		21 200	
Löhne	33 400		33 400	
Summe	367 030	367 030	205 620	205 620

Im Beispiel liegt bei den Forderungen ein Soll-Saldo von 21 660 DM, bei den Verbindlichkeiten ein Haben-Saldo von 25 100 DM vor.

10.2.3 Umbuchungen

Die Spalte Umbuchungen oder Korrekturbuchungen nimmt die vorbereitenden Abschlußbuchungen auf. Dazu gehören:

- bei Einzelunternehmungen und Personengesellschaften die Korrektur von Erfolgskonten zur Abgrenzung zwischen Betriebs- und Privatsphäre, wie z. B. Umbuchung der Spenden, des Eigenverbrauchs aus Entnahmen, der Kosten aus privater Nutzung des betrieblichen Pkws oder des betrieblichen Telefons auf das Privatkonto;
- Die Buchung einer Privatentnahme für Miete, wenn der Inhaber im Betriebsgebäude wohnt;
- die Angleichung der Buch-Bestände auf den Konten an die Ist-Bestände laut Inventur einschließlich der Abwertung auf den niedrigeren Markt-, Börsen- oder Zeitwert am Bilanzstichtag;
- die Buchung der Mehrbestände, z. B. »unfertige Erzeugnisse an Bestandsveränderungen«, oder der Minderbestände mit der Buchung »Bestandsveränderungen an fertige Erzeugnisse«;
- die Buchung der Abschreibungen auf Sachanlagen, auf immaterielle Vermögensgegenstände und auf Forderungen.
- die periodengerechte Abgrenzung der Aufwendungen und Erträge durch die Buchung von Rückstellungen, sonstigen Forderungen, sonstigen Verbindlichkeiten, aktiven und passiven Rechnungsabgrenzungsposten;
- die Korrektur von Buchungsfehlern, die bei der Erstellung der Betriebsübersicht erkannt worden sind;
- die Ermittlung der Zahllast oder des Vorsteuerüberhangs durch die Buchung »Umsatzsteuer an Vorsteuer«;
- der Abschluß der Salden auf den Konten für Bezugskosten, Skontoerträge und auf den sonstigen Nachlässe-Konten zu den Konten Wareneinkauf bzw. Roh-, Hilfs- und Betriebsstoffe;
- die Buchung des Umsatzes zu Einstandspreisen;
- die Umbuchung der Erlösberichtigungen auf das Konto Umsatzerlöse;
- der Abschluß des Privatkontos zum Eigenkapitalkonto.

Beispiel:

Erfassung der vorbereitenden Abschlußbuchungen »Abschreibungen auf Geschäftsausstattung« und »Abschluß des Privatkontos«.

Buchung:

Abschreibungen	9 400 DM	an	Geschäftsausstattung	9 400 DM
Eigenkapital	12 000 DM	an	Privat	12 000 DM

	Summenbilanz		Saldenbilanz I		Umbuchungen	
Konto	Soll	Haben	Soll	Haben	Soll	Haben
Geschäfts-ausstattung	90 400		90 400			9 400
Eigenkapital		109 520		109 520	12 000	
Privat	12 000		12 000			12 000
Abschreibungen					9 400	

10.2.4 Saldenbilanz II

In die Saldenbilanz II werden die Salden der Soll- und Habenseiten aus der Saldenbilanz I und den Umbuchungen saldiert.

	Saldenbilanz I		Umbuchungen		Saldenbilanz II	
Konto	Soll	Haben	Soll	Haben	Soll	Haben
Geschäfts-ausstattung	90 400			9 400	81 000	
Eigenkapital		109 520	12 000			97 520
Privat	12 000			12 000		
Abschreibungen			9 400		9 400	

Der Sollsaldo für Geschäftsausstattung von 90 400 DM in der Saldenbilanz I abzüglich des Habensaldos von 9400 DM bei den Umbuchungen ergibt einen Sollsaldo von 81 000 DM in der Saldenbilanz II.

10.2.5 Schlußbilanz und Erfolgsbilanz

Die Salden der Saldenbilanz II werden in die Schlußbilanz und in die Erfolgsbilanz übertragen. Die Spalten der Schlußbilanz und der Erfolgsbilanz enden zunächst mit unterschiedlichen Summen. Die Differenz entspricht dem Gewinn oder Verlust der Abrechnungsperiode, der noch nicht vom GuV-Konto auf das Eigenkapitalkonto übertragen worden ist.

Die Schlußbilanz wird auch Inventurbilanz oder Beständebilanz genannt. Die Erfolgsbilanz heißt oft Gewinn- und Verlustrechnung.

	Saldenbilanz II		Schlußbilanz		Erfolgsbilanz	
Konto	Soll	Haben	Soll	Haben	Aufw.	Erträge
Geschäfts-ausstattung	81 000		81 000			
Rohstoffe	8 000		8 000			
Forderungen	21 660		21 660			
Bank	18 960		18 960			
Eigenkapital		97 520		97 520		
Privat						
Verbindlich-keiten		25 100		25 100		
Erlöse		71 000				71 000
Rohstoff-aufwand	21 200				21 200	
Löhne	33 400				33 400	
Abschreibungen	9 400				9 400	
Summe	193 620	193 620	129 620	122 620	64 000	71 000
Gewinn				7 000	7 000	
			129 620	129 620	71 000	71 000

Wenn die Aktiva die Passiva überwiegen, liegt ein Verlust vor (Vermögensrechnung). Im Falle eines Verlustes wird die Summe der Aufwandsspalte größer sein als die der Ertragsspalte (Erfolgsrechnung).

10.2.6 Zusätzliche Bilanzspalten

Aus einer Betriebsübersicht, die mit der Summenbilanz beginnt, sind wichtige Umschlagszahlen nicht ohne weiteres ablesbar, da die Summen aus den Konten auch die Anfangsbestände enthalten. Aus diesem Grunde werden manchmal vor der Summenbilanz die Doppelspalten **Eröffnungsbilanz** und **Umsatzbilanz** (Verkehrsbilanz oder Umschlagszahlen) eingerichtet.

Beispiel: Hauptabschlußübersicht (Betriebsübersicht)

Kto.-Nr.	Kontenbezeichnung	Summenbilanz Soll	Summenbilanz Haben	Saldenbilanz I Soll	Saldenbilanz I Haben	Umbuchungen Soll	Umbuchungen Haben	Saldenbilanz II Soll	Saldenbilanz II Haben	Inventurbilanz Soll	Inventurbilanz Haben	Erfolgsbilanz Soll	Erfolgsbilanz Haben
070	Maschinen	300 000		300 000			55 000	245 000		245 000			
080	Geschäftsausst.	100 000		100 000			20 000	80 000		80 000			
200	Rohstoffe	380 000	270 000	110 000		7 000		117 000		117 000			
2001	Bezugskosten	7 000		7 000			7 000	0		0			
210	Unfert. Erzeugnisse	20 000		20 000		10 000		30 000		30 000			
220	Fert. Erzeugnisse	50 000		50 000			15 000	35 000		35 000			
240	Forderungen	855 000	800 000	55 000				55 000		55 000			
260	Vorsteuer	56 000	47 000	9 000			9 000	0		0			
288	Kasse	90 000	70 000	20 000				20 000		20 000			
300	Eigenkapital		312 800		312 800	48 000			264 800		264 800		
3001	Privat	48 000		48 000			48 000	0		0			
440	Verbindlichk.	342 000	456 000		114 000				114 000		114 000		
480	Umsatzsteuer	90 000	106 000		16 000	9 000			7 000		7 000		
500	Umsatzerlöse		969 000		969 000	22 800			946 200				946 200
5001	Erlösberichtig.	22 800		22 800			22 800	0				0	
520	Bestandsveränder.					15 000	10 000	5 000				5 000	
540	Sonstige Erträge		40 000		40 000				40 000				40 000
600	Rohstoffaufwend.	270 000		270 000				270 000				270 000	
620	Personalkosten	260 000		260 000				260 000				260 000	
650	Abschreibungen					75 000		75 000				75 000	
670	Mietaufwendungen	180 000		180 000				180 000				180 000	
		3 070 800	3 070 800	1 451 800	1 451 800	186 800	186 800	1 372 000	1 372 000	582 000	385 800	790 000	986 200
											196 200	196 200	
										582 000	582 000	986 200	986 200

Die Summenbilanz übernimmt die Summen der Soll- und Habenseiten aller Sachkonten

Die Saldenbilanz I ergibt sich aus der Saldierung der Summenbilanz.

Vorbereitende Abschluß-buchungen/Umbuchungen:

652	Abschreibungen	75 000	
an	070 Maschinen		55 000
an	080 Geschäftsausst.		20 000
200	Rohstoffe	7 000	
an	2001 Bezugskosten		7 000
210	Unfert. Erzeugnisse	10 000	
an	520 Bestandsver.		10 000
520	Bestandsveränd.	15 000	
an	220 Fert. Erzeugn.		15 000
480	Umsatzsteuer	9 000	
an	260 Vorsteuer		9 000
300	Eigenkapital	48 000	
an	3001 Privat		48 000
500	Umsatzerlöse	22 800	
an	5001 Erlösbericht.		22 800

Durch Saldierung der Saldenbilanz I und der Umbuchungen ergibt sich die Saldenbilanz II.

Aus der Saldenbilanz II werden alle Salden der Bestandkonten in die Inventurbilanz übernommen und alle Salden der Erfolgskonten iin die Erfolgsbilanz.

Inventurbilanz und Erfolgsbilanz sind zunächst unausgeglichen, da der Gewinn noch nicht zum Konto Eigenkapital umgebucht wurde.

Beispiel:

	Eröffnungsbilanz		Umsatzbilanz		Summenbilanz	
Konto	Soll	Haben	Soll	Haben	Soll	Haben
Forderungen	22 800		68 240	69 380	21 660	

Aus dem Beispiel ist ersichtlich, daß die offenen Forderungen gegenüber dem Jahresanfang in der Höhe fast unverändert sind. Während des Jahres wurden für 68 240 DM Rechnungen ausgestellt, die Kunden haben Rechnungsbeträge über 69 380 DM beglichen. Die Forderungen haben eine extrem hohe durchschnittliche Laufzeit von fast 4 Monaten.

10.3 Abschluß der Bücher

Nach Erstellung der endgültigen Betriebsübersicht werden alle Buchungen aus der Spalte Umbuchungen in das Grundbuch und auf die Konten des Hauptbuches übertragen. Anschließend erfolgt der Abschluß der Hauptbuchkonten zum Schlußbilanzkonto bzw. zum GuV-Konto.

Einige Kleinbetriebe betrachten die Betriebsübersicht als Jahresabschluß. Sie ersparen sich die Schreibarbeit aus der Übertragung der vorbereitenden Abschlußbuchungen und dem Abschluß der Konten. Voraussetzungen für diese Vorgehensweise sind:

- Die nicht abgeschlossenen Sachkonten im Hauptbuch werden durch doppeltes Unterstreichen der Summen im Soll und Haben eindeutig abgeschlossen.
- Die endgültigen Betriebsübersichten der einzelnen Geschäftsjahre werden als Bestandteil des Jahresabschlusses zehn Jahre lang geordnet aufbewahrt.

10.4 Vorteile der Betriebsübersicht

Die Betriebsübersicht ermöglicht eine weitgehende Kontrolle der Richtigkeit der Buchführung. Während der Abschlußarbeiten werden Fehler aufgedeckt, die sich berichtigen lassen, bevor die betroffenen Konten abgeschlossen sind. Die Betriebsübersicht bereitet den Abschluß des Hauptbuches vor.

Handels- und Steuerrecht lassen einen Bewertungsspielraum zu, dessen Auswirkungen sich im Probeabschluß der Betriebsübersicht feststellen lassen. Die Betriebsübersicht ermöglicht einen Überblick über die Entwicklung des Vermögens, der Schulden, der Aufwendungen und Erträge im abgelaufenen

Geschäftsjahr. Sie dient als Entscheidungsgrundlage für Korrektur- und Bewertungsmaßnahmen vor der Erstellung des endgültigen Jahresabschlusses.

Während Bilanzen immer nur statisch die Verhältnisse zu einem Zeitpunkt, dem Bilanzstichtag, aufzeigen, läßt die Abschlußtabelle, insbesondere wenn sie auch die Anfangsbestände und die Umschlagszahlen enthält, die Entwicklung während des Geschäftsjahres erkennen.

Darüber hinaus führt die Betriebsübersicht zu einer enormen Arbeitserleichterung beim Abschluß. Sie ist handlich und übersichtlich. Als Sammelbeleg für die vorbereitenden Abschlußbuchungen erspart sie Schreib- und Verwaltungsarbeiten. Bewertungs- und bilanzpolitische Maßnahmen und deren Auswirkungen auf den Erfolg und auf das Bilanzbild können simuliert werden.

11 Organisation der Buchführung

11.1 Kontenrahmen und Kontenplan

11.1.1 Kontenrahmen

Der Kontenrahmen ist ein Organisationsplan für die Buchführung. Die Kontengliederung eines Kontenrahmens muß nicht den Positionen der Bilanz und der Gewinn- und Verlustrechnung entsprechen. Der Inhalt dieser Positionen muß sich jedoch durch Zusammenführung der Salden bestimmter Konten statistisch aus den Konten des Hauptbuches ableiten lassen.

Die klar geordnete Gliederung der Konten ist eine wichtige Voraussetzung für rationelles Buchen und für die in den Grundsätzen ordnungsmäßiger Buchführung geforderte Übersichtlichkeit der Buchführung. Aus diesem Grunde haben die verschiedenen Unternehmensverbände Kontenrahmen erlassen, die

- zu einer systematischen Gliederung und zu einer eindeutigen Bezeichnung aller Konten führen,
- Einheitlichkeit und Übersichtlichkeit der Buchführung gewährleisten,
- einen Vergleich der Entwicklung in den aufeinanderfolgenden Abrechnungsperioden (interner Zeitvergleich) und mit branchengleichen Betrieben (Betriebsvergleich) ermöglichen,
- als Organisations- und Ordnungsinstrument die Entscheidungsgrundlagen der Unternehmensleitung verbessern und damit die Wirtschaftlichkeit steigern.

11.1.1.1 Der Industriekontenrahmen (IKR)

Bereits im Jahre 1970 hat der Bundesverband der Deutschen Industrie e. V. (BDI) den IKR empfohlen, der den GKR (S. 1.1.5.2) ablösen soll. Kurz nach der Verabschiedung des Bilanzrichtlinien-Gesetzes hat der BDI im Jahre 1986 eine Neufassung des IKR veröffentlicht, die nun verstärkt von den Betrieben angenommen wird (s. Anlage).

Die internationale Verflechtung der Märkte und der Unternehmen und die daraus notwendig gewordene Vereinheitlichung der Vorschriften für die Rechnungslegung der Kapitalgesellschaften innerhalb der Europäischen Gemeinschaft führt nach und nach zu einer Harmonisierung des Rechnungswesens auf internationaler Ebene. Der Industriekontenrahmen (IKR), bei dem die Geschäftsbuchführung und das **Abschlußgliederungsprinzip** im Vordergrund stehen, wird diesen Anforderungen eher gerecht als der GKR.

11.1.1.2 Dekadisches System

Der IKR ist wie alle anderen Kontenrahmen nach dem dekadischen System aufgebaut. Dabei wurden die Konten zunächst in 10 **Kontenklassen** mit den Kontenklassennummern 0 bis 9 eingeteilt. Innerhalb jeder Kontenklasse können bis zu **10 Kontengruppen,** innerhalb jeder Kontengruppe bis zu **10 Kontenarten** und innerhalb der Kontenarten bis zu je **10 Kontenunterarten** eingerichtet werden. Dieses Dezimalklassifikationssystem ermöglicht jederzeit die nachträgliche Einfügung neuer Kontennummern.

11.1.1.3 Zweikreissystem

Der IKR sieht zwei Rechnungskreise vor. Der **Rechnungskreis I** mit den Konten der Buchführung in den Klassen 0 bis 8 bildet den Schwerpunkt. In diesem **geschlossenen Buchführungssystem** werden sämtliche Aufwendungen und Erträge des Unternehmens im Gesamtergebnis (GuV-Konto) einander gegenübergestellt.

Die **Geschäfts- oder Finanzbuchführung** des Rechnungskreises I erfaßt sämtliche Geschäftsvorfälle in zeitlicher und sachlicher Ordnung, die das Unternehmen als Ganzes betreffen. Mit der Aufstellung der Bilanz und der Gewinn- und Verlustrechnung legt sie Rechenschaft ab über die Vermögens-, Finanz- und Ertragslage des Unternehmens (§ 264 Abs. 2 HGB). Sie erfaßt die Außenbeziehungen des Unternehmens.

Der **Rechnungskreis II** ist dagegen ein **offenes System,** das jedem Betrieb die Möglichkeit läßt, im Rahmen der **Kontenklasse 9** die Gliederung der **Kosten- und Leistungsrechnung** nach seinen besonderen Bedürfnissen zu gestalten. In der Praxis wird die Kosten- und Leistungsrechnung jedoch grundsätzlich nicht kontenmäßig, sondern statistisch in Tabellen durchgeführt.

Im Rechnungskreis II wird die **Betriebsbuchführung** als eigenes selbständiges Abrechnungssystem der innerbetrieblichen Vorgänge eingerichtet, das den innerbetrieblichen Kombinationsprozeß zahlenmäßig nachvollzieht.

11.1.1.4 Abschlußgliederungsprinzip

Der Rechnungskreis I des IKR ist nach dem Abschlußgliederungsprinzip aufgebaut. Die Reihenfolge der Kontenklassen und innerhalb der Kontenklassen die Reihenfolge und die Bezeichnung der Kontengruppen stimmen weitgehend mit dem für Kapitalgesellschaften verbindlichen Gliederungsschema der Bilanz (§ 266 HGB) und der Gewinn- und Verlustrechnung (§ 275 Abs. 2 HGB) überein.

801 Schlußbilanzkonto

Kontenklasse 0 Immaterielle Vermögens-gegenstände und Sachanlagen	**Kontenklasse 3** Eigenkapital und Rückstellungen
Kontenklasse 1 Finanzanlagen	**Kontenklasse 4** Verbindlichkeiten und passive Rechnungs-abgrenzungsposten
Kontenklasse 2 Umlaufvermögen und aktive Rechnungsabgrenzung	

802 Gewinn- und Verlustrechnung

Kontenklasse 6 Betriebliche Aufwendungen	**Kontenklasse 5** Erträge
Kontenklasse 7 Weitere Aufwendungen	

11.1.1.5 Andere Kontenrahmen

11.1.1.5.1 Gemeinschaftskontenrahmen der Industrie (GKR)

Der GKR ist nach dem Prozeßgliederungsprinzip aufgebaut, d. h., die Kontenklassen sind in der Reihenfolge des Betriebsprozesses und seiner Erfassung in der Buchführung gegliedert. Dieser Kontenrahmen setzt sowohl für den

Abschluß der Geschäftsbuchführung als auch bei der Darstellung der Kosten- und Leistungsrechnung Schwerpunkte.

Für den Einzelhandel und für den Groß- und Außenhandel existieren ähnliche, nach dem Prozeßgliederungsprinzip aufgebaute Kontenrahmen. Es ist jedoch zu erwarten, daß diese nach dem Prozeßgliederungsprinzip gestalteten Kontenrahmen in den kommenden Jahren nach und nach durch das dem IKR zugrundeliegende Abschlußgliederungsprinzip ersetzt werden.

Kontenklasse	IKR	GKR
0	Immaterielle Vermögensgegenstände und Sachanlagen	Anlagevermögen und langfristiges Kapital
1	Finanzanlagen	Finanz-, Umlaufvermögen und kurzfristige Verbindlichkeiten
2	Umlaufvermögen und aktive Rechnungsabgrenzung	Neutrale Aufwendungen und Erträge
3	Eigenkapital und Rückstellungen	Stoffe – Bestände
4	Verbindlichkeiten und passive Rechnungsabgrenzung	Kostenarten
5	Erträge	Kostenstellen
6	Betriebliche Aufwendungen	Herstellungskosten
7	Weitere Aufwendungen	Bestände an unfertigen und fertigen Erzeugnissen
8	Ergebnisrechnungen	Erträge
9	Kosten- und Leistungsrechnung	Abschluß

Der Kontenrahmen ist ein Vorschlag für die Organisation der Konten, aus dem die einzelnen Unternehmen ihren individuellen Kontenplan ableiten.

11.1.1.5.2 Die Gemeinschaftskontenrahmen des Großhandels und des Einzelhandels

Die folgende Übersicht zeigt den Inhalt der Kontenklassen des Gemeinschaftskontenrahmens des Großhandels und des Gemeinschaftskontenrahmens des Einzelhandels. Ein Vergleich mit der Gliederung des Gemeinschaftskontenrahmens der Industrie zeigt, daß beide Kontenrahmen ebenfalls nach dem Prozeßgliederungsprinzip aufgebaut sind.

Konten-klasse	Kontenrahmen des Großhandels	Kontenrahmen des Einzelhandels
0	Anlagevermögen und langfristiges Kapital	Anlagevermögen und langfristiges Kapital
1	Finanz-, Umlaufvermögen und kurzfristige Verbindlichkeiten	Finanz-, Umlaufvermögen und kurzfristige Verbindlichkeiten
2	Neutrale Aufwendungen und Erträge	Neutrale Aufwendungen und Erträge
3	Wareneinkaufskonten	Wareneinkaufskonten
4	Kostenarten	Kostenarten
5	Kostenstellen	frei für verrechnete Kosten
6	Kosten für Nebenbetriebe	Kosten für Nebenbetriebe
7	nicht belegt	nicht belegt
8	Warenverkaufskonten	Warenverkaufskonten
9	Abschlußkonten	Abschlußkonten

11.1.2 Kontenplan

11.1.2.1 Aufstellung des Kontenplans

Entsprechend der Gliederung des Kontenrahmens erstellen die Betriebe ihren individuellen Kontenplan, ein Verzeichnis der Konten, auf denen in dem einzelnen Betrieb tatsächlich gebucht wird. Sie übernehmen aus der Vielzahl der im Kontenrahmen vorgeschlagenen Konten jene, die sie benötigen, und gliedern in Einzelfällen die Konten in ihrem Kontenplan noch tiefer als im Kontenrahmen vorgeschlagen, wenn der Informationsbedarf dies erforderlich macht. Bei Vorliegen eines sinnvollen Kontenplans lassen sich der Jahresabschluß und die gewünschten Informationen zum Betriebsgeschehen verfahrenstechnisch ohne erheblichen Zeitaufwand aus den Sachkonten ermitteln.

Die Kontenplandatei als Stammdatei für die EDV-mäßige Abwicklung ist in die Felder

- Kontonummer,
- Kontenbezeichnung,
- Nummer der Position in der Bilanz, der GuV, im Anhang,
- Zeilennummer im Betriebsabrechnungsbogen (bei Kostenarten),
- Zeilennummer in der Umsatzsteuer-Voranmeldung

aufzuteilen.

11.1.2.2 Die Arbeit mit dem Kontenplan

Der Kontenplan kleinerer Unternehmen kommt mit zweistelligen Kontonummern aus. Großbetriebe haben oft sechs- und mehrstellige Kontennummern. Anstelle der verbalen Kontenbezeichnungen werden bei den Buchungen Kontennummern eingesetzt, das vereinfacht die Arbeit und führt zu einer eindeutigen Kontenbezeichnung.

Beispiel:

statt Forderungen	2280 DM	an	Umsatzerlöse	2000 DM
		an	Umsatzsteuer	280 DM
mit Kontennummern	240/2280 DM	an		500/2000 DM
		an		480/280 DM

11.2 Belegorganisation

Rechtsquellen: HGB § 257 Abs. 1; AO § 147 Abs. 1

11.2.1 Wesen der Belege

Einer der **Grundsätze ordnungsmäßiger Buchführung** lautet: **Keine Buchung ohne Beleg!**

Der Beleg ist das Beweis- oder Kontrollmittel für die sachliche Richtigkeit einer Buchung, das Bindeglied zwischen dem betrieblichen Vorgang und der Eintragung in die Geschäftsbücher. Die Richtigkeit der Buchungen kann nur anhand der Belege geprüft werden.

11.2.2 Arten der Belege

Nach der Herkunft werden die Belege unterschieden nach

- **externen oder Fremdbelegen,** das sind solche, die von außen in das Unternehmen gelangen, wie Eingangsrechnungen, Bankauszüge und
- **internen oder Eigenbelegen,** die im eigenen Unternehmen erstellt werden, wie Durchschriften der Ausgangsrechnungen, Durchschriften von Quittungen, Materialentnahmescheine, Lohnscheine, Belege über Privatentnahmen.

Nach der Zahl der auf dem Beleg festgehaltenen Geschäftsvorfälle werden unterschieden:

- **Einzelbelege,** die nur einen Geschäftsvorfall enthalten, wie die Quittung, der Überweisungsträger der Bank, der Lohnschein

  und
- **Sammelbelege,** auf denen mehrere gleichartige Geschäftsvorfälle erfaßt werden, z. B. Bankauszüge über mehrere Buchungen, Stücklisten für die Materialentnahme, Lohnlisten.

11.2.3 Informationsgehalt eines Buchungsbeleges

Vor der Erfassung im Grundbuch und der dann folgenden Buchung im Hauptbuch und evtl. auch in den Nebenbüchern muß jeder Beleg auf Vollständigkeit und Richtigkeit seines Inhalts überprüft und durch verschiedene Eintragungen ergänzt werden. Die wichtigsten Eintragungen sind die Belegnummer und die Buchungsvermerke. Zum Zweck der übersichtlichen Darstellung der Buchungsvermerke werden Eingangsrechnungen in der Regel mit einem Kontierungsstempel versehen.

Beispiel für einen Kontierungsstempel:

Konto	Soll	Haben
202	2000,00	
260	280,00	
44011		2280,00
gebucht: 3/7/1989		

Neben den Kontennummern, Beträgen, Buchungsdaten, Nummer des Journalblattes und dem Kurzzeichen des Buchhalters kann ein Beleg enthalten:

- die Belegart, z. B. Bankbeleg, Eingangsrechnung, Ausgangsrechnung usw.
- Kostenstellennummern zur Kontierung der Kostenstelle (Abteilung) bei Belegen über Gemeinkosten,
- Kostenträgernummern oder Auftragsnummern, wenn Einzelkosten einem bestimmten Auftrag belastet werden sollen,
- eine Belegnummer, die vom buchenden Unternehmen vergeben wurde,
- einen Buchungstext als verbale Erläuterung zur Buchung.

11.2.4 Belegbearbeitung

Bei der Belegbearbeitung sind drei Schritte zu unterscheiden:

1. Vorbereitung, 2. Buchung, 3. Ablage.

1. Vorbereitung

- Belegsortierung: nach Eingangsrechnungen, Gutschriften, der Lieferer, Ausgangsrechnungen, Gutschriften an Kunden, Bankbelegen usw.
- Numerierung: Vergabe einer laufenden Belegnummer
- Prüfung: auf sachliche und rechnerische Richtigkeit
- Kontierung: Eintragung des Buchungssatzes

2. Buchung im Journal, im Hauptbuch und evtl. in einem Nebenbuch

3. Ablage und Aufbewahrung

- Ablage: je Abrechnungsperiode nach laufender Nummer, für einzelne Sachgebiete zusätzlich nach dem Alphabet
- Aufbewahrung: 6 Jahre, gerechnet vom Ende des Kalenderjahres, in dem der Beleg entstanden ist (§ 257 Abs. 4 und 5 HGB)

Das Ordnen der Belege und die Kontrolle bei der EDV-mäßigen Verbuchung werden durch die Einrichtung von Belegnummernkreisen erleichtert. Wenn ein Unternehmen jährlich nicht mehr als 999 Eingangsrechnungen erwartet, könnten die Belegnummern der Eingangsrechnungen beispielsweise mit der Ziffernfolge 10 ... beginnen und die letzten drei Stellen die laufende Nummer der Eingangsrechnungen aufnehmen, z. B. 10 001 für die erste Eingangsrechnung im Geschäftsjahr.

Weitere Belegnummernkreise könnten eingerichtet werden für:

11 ...	Gutschriften von Lieferanten
20 ...	Ausgangsrechnungen
21 ...	Gutschriften an Kunden
30 ...	Kassenbelege
40 ...	Bankbelege
90 ...	sonstige Belege, z. B. Abschreibungen und andere interne Belege

11.3 Bücher

Rechtsquellen: HGB §§ 238 und 239; AO §§ 140 ff.

11.3.1 Buchführungssysteme

Die gesetzlichen Buchführungspflichten schreiben kein bestimmtes Buchführungssystem vor. Grundsätzlich hat der Kaufmann die Wahl zwischen der **einfachen (kaufmännischen) Buchführung** und der **doppelten Buchführung.**

11.3.1.1 Einfache (kaufmännische) Buchführung

Die einfache Buchführung erfüllt bereits die drei Mindestanforderungen:

- Chronologische Erfassung aller Geschäftsvorfälle in einem Grundbuch.
- Führung von Personenkonten für Kunden und Lieferer.
- Jährliche Bestandsaufnahme und Führung eines Inventar- und Bilanzbuches.

Bei Bedarf werden zusätzlich Nebenbücher geführt.

Dieses Buchführungssystem erfaßt jedoch nur die Geschäftsvorfälle, die aus Kontroll- und Inventargründen unbedingt benötigt werden, nämlich die Kassenein- und -ausgänge und die Abrechnungen mit den Kunden und den Lieferern. Die einfache Buchführung erfaßt also nur Zahlungsvorgänge der Gegenwart und der Zukunft, aber keine Leistungsvorgänge. Ein Hauptbuch mit Konten, auf denen nach sachlichen Gesichtspunkten alle Geschäftsvorfälle nach Bilanz- und Erfolgsposten getrennt gebucht werden, kennt sie nicht. Das Betriebsvermögen kann nur durch Inventur ermittelt werden, der Gewinn nur auf einfache Weise durch Betriebsvermögensvergleich (§ 4 Abs. 1 EStG). Mangels Erfolgskonten kann keine Gewinn- und Verlustrechnung erstellt werden. Damit fehlt die für Kapitalgesellschaften vorgeschriebene Kontrolle durch eine zweite Erfolgsrechnung.

11.3.1.2 Doppelte Buchführung (Doppik)

In der kaufmännischen Buchführung hat sich das System der doppelten Buchführung (Doppik) durchgesetzt. Der Begriff der doppelten Buchführung besagt, daß

- jeder Geschäftsvorfall auf mindestens zwei Konten gebucht wird,
- Zahlungs- und Leistungsvorgänge getrennt auf Bestands- und Erfolgskonten erfaßt werden,
- der Gewinn zweimal, nämlich in der Bilanz und in der Gewinn- und Verlustrechnung, ausgewiesen wird,
- jede Buchung mindestens in zwei Büchern, dem Grundbuch und dem Hauptbuch, erfaßt wird.

Bei den Handelsbüchern sind grundsätzlich zwei Arten zu unterscheiden, die Systembücher und die Nebenbücher. Die **Systembücher** halten den Wertefluß von der Eröffnungsbilanz bis hin zur Schlußbilanz fest. Die **Nebenbücher** enthalten erläuternde Aufzeichnungen zu einzelnen Sachkonten im Hauptbuch. Sie dienen hauptsächlich der laufenden Kontrolle von Beständen.

Bücher

- Systembücher
  - Inventar- und Bilanzbuch
  - Grundbuch (Journal)
  - Hauptbuch
- Nebenbücher
  - Kontokorrentbuch
  - Lagerbuch
  - Anlagenbuch
  - Lohn- und Gehaltsbuch
  - Kassenbuch
  - Wechselbuch

11.3.2 Systembücher

Im Inventar- und Bilanzbuch werden die Inventare und Bilanzen gesammelt.

Das **Grundbuch,** auch Journal oder Prima Nota genannt, hält alle Geschäftsvorfälle in ihrer **zeitlichen (chronologischen) Reihenfolge** fest. Das Grundbuch ist die Grundlage aller Buchungen in den übrigen Büchern. Verlorene Konten und Buchungen müssen sich aus den Aufzeichnungen in diesem Buch rekonstruieren lassen.

Die Geschäftsvorfälle müssen **zeitnah** im Grundbuch erfaßt werden. Kassenzugänge und -abgänge müssen täglich gebucht werden, Ein- und Verkäufe auf Ziel sind bis zum Ende des Folgemonats im Grundbuch zu erfassen.

Das **Hauptbuch** ist das wichtigste Buch innerhalb der Buchführung. Aus dem Hauptbuch lassen sich jederzeit der Stand des Vermögens und der Schulden sowie der Erfolg ermitteln. Unmittelbar aus dem Hauptbuch wird der gesetzlich vorgeschriebene Jahresabschluß, die Bilanz und die Gewinn- und Verlustrechnung entwickelt.

Dazu werden im Hauptbuch alle Eintragungen **sachlich (systematisch) geordnet** vorgenommen, d. h., daß z. B. alle Buchungen, die die Kasse betreffen, auf dem Kassenkonto erscheinen, alle Geschäftsvorfälle, die zu Veränderungen bei den Maschinen führen, auf dem Konto Maschinen, alle Rohstoffentnahmen auf dem Konto Rohstoffaufwendungen und alle Erlöse aus dem Verkauf von Erzeugnissen auf dem Konto Umsatzerlöse.

11.3.3 Nebenbücher

Rechtsquellen: EStG § 41
EStR Abschn. 29, Abs. 2 Nr. 4, 30 Abs. 2 Nr. 1, 31 Abs. 6

Nebenbücher erläutern durch **ergänzende Einzelaufzeichnungen** den Inhalt bestimmter Hauptbuchkonten. Sie werden normalerweise in Kartei- oder Loseblattform geführt. Während im Hauptbuch alle Eintragungen die verschiedenen Konten durch Buchungssätze miteinander verbinden, werden in den Nebenbüchern lediglich Zugänge, Abgänge und Bestände **ohne Gegenbuchungen** eingetragen.

Übliche Nebenbücher bzw. Nebenbuchhaltungen sind

- das **Kassenbuch,** das Einzelaufzeichnungen zum Hauptbuchkonto »Kasse« enthält (§ 146 Abs. 1 Satz 2 AO),
- die **Kontokorrentbuchhaltung,** die Einzelaufzeichnungen zu den Konten »Forderungen aus Lieferungen und Leistungen« und »Verbindlichkeiten aus Lieferungen und Leistungen« enthält (Abschn. 29 Abs. 2 Nr. 4 EStR),
- die **Anlagenbuchhaltung,** die die Zusammensetzung der Bestände auf den Konten des Sachanlagevermögens erläutert (Abschn. 31 Abs. 6 EStR),
- die **Lagerbuchhaltung,** die aufzeigt, welche Artikel in den Salden auf den Vorräte-Konten enthalten sind (Abschn. 30 Abs. 2 Nr. 1 EStR),

- das **Wechselbuch** oder Wechselkopierbuch zur Kontrolle des Bestandes an Wechseln und des Wechselobligos und
- die **Lohn- und Gehaltsbuchhaltung** § 41 EStG, § 4 LStDV).

Merke:

Grundbuch:	zeitliche oder chronologische Ordnung
Hauptbuch:	sachliche oder systematische Ordnung
Nebenbücher:	ergänzende Ordnung

11.4 Kontokorrent

11.4.1 Debitoren- und Kreditorenkontokorrent

Das wichtigste Nebenbuch größerer Unternehmen, die Käufe und Verkäufe auf Ziel tätigen, ist das Kontokorrent (ital.: laufende Rechnung). Der gesamte Geschäftsverkehr mit den Kunden und mit den Lieferanten wird über die Sachkonten **Forderungen** und **Verbindlichkeiten** gebucht. Die Salden dieser Konten zeigen den Gesamtbetrag an Forderungen und den Gesamtbetrag an Verbindlichkeiten. Zum Nachweis der Beträge, die einzelne Kunden zu zahlen haben, und der Beträge, die das Unternehmen einzelnen Lieferanten schuldet, wird im Kontokorrent auf den Namen jedes einzelnen Kunden und jedes einzelnen Lieferanten zusätzlich ein **Personenkonto** geführt. Die Kundenkonten werden auch **Debitoren,** die Lieferantenkonten werden **Kreditoren** genannt. Das Kontokorrent besteht somit aus den Bereichen Debitorenkontokorrent und Kreditorenkontokorrent.

Jede Buchung auf den Konten Forderungen aus L. u. L. und Verbindlichkeiten aus L. u. L. wird gleichzeitig auf einem Personenkonto im Kontokorrent vorgenommen. Die Personenkonten dienen, neben der Überwachungen der Außenstände und der Verbindlichkeiten, auch der Kontrolle der Zahlungstermine und damit der Sicherung der Liquidität.

Beispiel:

Die folgenden Geschäftsvorfälle sollen im Hauptbuch und im Kontokorrent gebucht werden.

1. Verkauf von Fertigerzeugnissen auf Ziel an den Kunden Max Müller, Berlin, netto 3000 DM plus 14% Umsatzsteuer.
2. Zieleinkauf von Rohstoffen bei der Firma Olaf Lange KG, Herne, netto 2000 DM plus 14% Umsatzsteuer.
3. Banküberweisung an den Lieferer Hans Hauser, München, 1140 DM.
4. Der Kunde Knut Knutson, Bremen, überweist 2 280 DM.

Hauptbuch

S Forderungen		H	
AB	6 840	Bank	2 280
Erlöse/USt	3 420	SBK	7 980
	10 260		10 260

S Verbindlichkeiten		H	
Bank	1 140	AB	5 700
SBK	6 840	Rohst/VSt	2 280
	7 980		7 980

S Rohstoffe		H	
AB	7 000		
Verbindl.	2 000		

S Verkaufserlöse		H	
		Forderung	3 420

S Umsatzsteuer		H	
		AB	1 000
		Ford.	420

S Vorsteuer		H	
AB	700		
Verb.	280		

S Bank		H	
AB	4 560	Verb.	1 140
Ford.	2 280		

Kontokorrent

24001 Max Müller, Berlin

Datum	Beleg	Text	Soll DM	Haben DM
01.12.		Saldovortrag	1 140,–	
15.12.	20789	Zielverkauf	3 420,–	
31.12.		Saldo		4 560,–
			4 560,–	4 560,–

24007 Knut Knutson, Bremen

Datum	Beleg	Text	Soll DM	Haben DM
01.12.		Saldovortrag	5 700,–	
17.12.	40318	Banküberweisung		2 280,–
31.12.		Saldo		3 420,–
			5 700,–	5 700,–

44020 Hans Hauser, München

Datum	Beleg	Text	Soll DM	Haben DM
01.12.		Saldovortrag		2 280,–
20.12.	40321	Banküberweisung	1 140,–	
31.12.		Saldo	1 140,–	
			2 280,–	2 280,–

44031 Olaf Lange KG, Herne

Datum	Beleg	Text	Soll DM	Haben DM
01.12.		Saldovortrag		3 420,–
19.12.	10866	Zielkauf		2 280,–
31.12.		Saldo	5 700,–	
			5 700,–	5 700,–

Saldenliste der Verbindlichkeiten		(Kreditoren-Liste)
Konto-Nr.	Lieferer	Saldo DM
44020	Hans Hauser, München	1 140,–
44031	Olaf Lange KG, Herne	5 700,–
Summe der Salden (= Verbindlichkeiten)		6 840,–

Saldenliste der Forderungen		(Debitoren-Liste)
Konto-Nr.	Kunde	Saldo DM
24001	Max Müller, Berlin	4 560,–
24007	Knut Knutson, Bremen	3 420,–
Summe der Salden (= Forderungen)		7 980,–

Beim Kontenabschluß werden die Salden der Personenkonten in der Debitoren-Liste und in der Kreditoren-Liste zusammengestellt. Die Summen der **Saldenlisten** müssen mit den Salden der Konten Forderungen und Verbindlichkeiten im Hauptbuch übereinstimmen. Die Summe der Debitoren-Liste muß dem Saldo des Kontos Forderungen, die Summe der Kreditoren-Liste dem Saldo des Kontos Verbindlichkeiten entsprechen.

Als Anlagen zum Inventar weisen die Saldenlisten in nachprüfbarer Form die Zusammensetzung der Positionen Forderungen aus L. u. L. und Verbindlichkeiten aus L. u. L. im Inventar nach.

11.4.2 Offene-Posten-Buchhaltung

Rechtsquellen: AO § 146 Abs. 5
EStR Abschn. 29 Abs. 2 Nr. 2 und 4
Erlasse der Finanzminister der Länder im BStBl 1963 II S. 93

11.4.2.1 Herkömmliche OP-Buchhaltung

Im Rahmen der Rationalisierung des Rechnungswesens wurde das Kontokorrentbuch mit der kontenmäßigen Darstellung des unbaren Geschäftsverkehrs mit den einzelnen Geschäftsfreunden durch die geordnete Ablage der nicht ausgeglichenen Rechnungen ersetzt. Diese **Beleg-Buchführung** führt als **kontenlose Buchführung** zu wesentlichen Vereinfachungen.

Die **Eingangsrechnungen** werden bis zur Bezahlung nach Lieferanten, und die **Ausgangsrechnungen** werden bis zum Zahlungseingang nach Kunden in der **Offene-Posten-Kartei** abgelegt. Die Ablage ermöglicht es, aufgrund der geordnet abgelegten Belege jederzeit die Forderungen gegenüber einem bestimmten Kunden oder die Verbindlichkeiten gegenüber einem einzelnen Lieferanten festzustellen.

Die Rechnungsbeträge der Eingangsrechnungen eines Tages und entsprechend die Beträge der Ausgangsrechnungen je Tag werden addiert. Die Summen der beiden Additionsstreifen sind die Grundlage für die Sammelbuchungen im Hauptbuch auf den Konten Verbindlichkeiten und Forderungen. Als Sammelbeleg muß der Additionsstreifen die Belegnummern und die Beträge der einzelnen Rechnungen ausweisen, damit die Buchung bis zum Beleg zurückverfolgt werden kann. Auf die Angabe der Belegnummern darf verzichtet werden, wenn die Additionsstreifen fest an den Stapel der Rechnungen geheftet und mit diesen abgelegt werden.

Das Original der **Eingangsrechnungen** wird nach laufender Belegnummer abgestellt. Diese Ablage ersetzt das **Grundbuch.** Eine Kopie wird alphabetisch geordnet nach Lieferanten oder nach Lieferanten-Nummer abgelegt. Diese zweite Ablage ersetzt das **Kreditoren-Kontokorrent.**

Entsprechend wird bei den **Ausgangsrechnungen** verfahren. Da das Original an den Kunden abgeschickt wird, ersetzt die Ablage von Kopien der Ausgangsrechnungen nach laufender Belegnummer das Grundbuch und die alphabetische Ablage einer zweiten Kopie das Debitorenkonto.

Bei **Zahlungsausgleich** werden die alphabetisch als Kontokorrentkonto abgelegten Rechnungen herausgesucht, mit einem »bezahlt«-Stempel versehen und nach Kunden bzw. Lieferanten zeitlich geordnet in der **Ausgeglichene-Posten-Kartei** abgelegt.

Über die Zahlungen wird wiederum täglich je ein Additionsstreifen zu den Zahlungseingängen und zu den Zahlungsausgängen mit Rechnungsnummern und Einzelbeträgen erstellt und als Sammelbeleg im Hauptbuch auf den Konten Forderungen, Verbindlichkeiten und Bank verbucht.

Die abgelegten Rechnungen haben Buchfunktion und müssen deshalb zusammen mit den Additionsstreifen 10 Jahre aufbewahrt werden.

11.4.2.2 EDV-gestützte OP-Buchhaltung

Insbesondere bei dem in der Regel umfangreichen Beleganfall in der Kontokorrentbuchhaltung führt die EDV in dieser Nebenbuchhaltung zu erheblichen Arbeitsvereinfachungen. In einer EDV-gestützten Buchhaltung werden die Einzelnachweise als Offene-Posten-Konten (OP-Konten) geführt.

Die Arbeitsgebiete der Debitorenbuchhaltung sind: Buchen der Ausgangsrechnungen, Buchen der Zahlungseingänge, Ausgleich der offenen Posten und das Mahnwesen.

Die Kundenstammdatei enthält die »personenbezogenen Daten« je Debitorenkonto, wie

- Kundennummer,
- Name oder Firma des Kunden,
- Anschrift des Kunden,
- Schlüssel für Rabattvereinbarungen,
- Schlüssel für Skontovereinbarungen,
- Datum der letzten Rechnung,
- Eröffnungssaldo,
- Umsatz des Vorjahres,
- Anzahl der Mahnungen.

11.4.2.2.1 Buchen der Ausgangsrechnungen und Gutschriften

Die Ausgangsrechnungen werden den Personenkonten belastet (im Soll gebucht), die Gutschriften werden den Personenkonten angerechnet (im Haben gebucht). Die Buchungen führen zur

- Fortschreibung der Offene-Posten-Datei,
- Erstellung des Rechnungsausgangsjournals,
- Übernahme der Buchungen auf die Sachkonten Forderungen, Verkaufserlöse und Umsatzsteuer.

Integrierte Programmpakete erlauben die Übernahme der Ausgangsrechnungen direkt aus dem Programm Fakturierung. Je Rechnung wird ein Offene-Posten-Satz erzeugt. Der Datensatz muß mindestens die folgenden Felder enthalten:

- Kundennummer,
- Rechnungsnummer,
- Entgelt (oder Gutschriftswert) netto,
- Umsatzsteuerbetrag oder Umsatzsteuerkennziffer.

Für spätere Ergänzungen sind erforderlich:

- Datum des Zahlungseingangs,
- Datum der ersten Mahnung,
- Datum der zweiten Mahnung,
- Datum der dritten Mahnung.

Als weitere Felder kann das Datum der Fälligkeit geführt werden.

11.4.2.2.2 Buchen der Zahlungseingänge

Die Zahlungseingänge werden in der Zahlungseingangsdatei gespeichert. Die Datensätze haben allgemein den folgenden Aufbau:

- Nummer des Zahlungsbelegs,
- Rechnungsnummer,
- Betrag der Zahlung,
- Skontobetrag,
- Datum der Zahlung.

Die Buchungen führen

- zum Ausgleich Offener Posten,
- zur Erstellung eines Zahlungseingangsjournals,
- zur Übernahme der Buchungen auf die Sachkonten Forderungen, Bank, Skontoaufwand und Umsatzsteuer.

11.4.2.2.3 Ausgleich der offenen Posten

Beim OP-Ausgleich werden die Zahlungen den offenen Forderungen zugeordnet. **Vollständig ausgeglichene Forderungen** werden je nach Programmsystem

- nach dem Kontenausdruck im Bestand gelöscht oder
- aus der Datei offene Posten in eine Datei **erledigte Posten** abgestellt oder
- lediglich mit einer Kennung versehen und weiter im Bestand geführt.

Der **Ausgleich** kann **programmgesteuert** automatisch erfolgen, wenn eine eindeutige Zuordnung zwischen Ausgangsrechnung und Zahlung, z. B. über die Ausgangsrechnungsnummer, möglich ist und der Zahlungsbetrag unter Berücksichtigung der Zahlungsbedingungen mit dem Forderungsbetrag übereinstimmt. Voraussetzung für die Zuordnung nach Rechnungsnummern ist, daß der Kunde diese auf dem Zahlungsbeleg wiederholt oder daß die Zahlung im Banklastschriftverfahren erfolgt.

Die Zuordnung wird erschwert oder unmöglich, wenn

- die Rechnungsnummer (Referenznummer) bei der Zahlung nicht angegeben wird,
- mehrere Rechnungen durch eine Zahlung beglichen werden,
- entgegen den vereinbarten Zahlungsbedingungen Skonto abgezogen wurde.

Komfortable Programme versuchen dann, bei fehlender Referenznummer die **Zuordnung aufgrund der Beträge** vorzunehmen. Der Saldo-Null-Ausgleich ordnet jeweils gleiche Beträge im Soll und im Haben einander zu. Bei mehreren gleichhohen Beträgen gilt die älteste Rechnung als ausgeglichen.

Wurden mehrere Zahlungen, evtl. ohne Angabe der Referenznummern, mit einer Zahlung beglichen, besteht die Möglichkeit, daß das Programm versucht, durch Addition einzelner offener Posten die betreffenden Forderungen durch Simulation zu ermitteln. Dazu ist jedoch wegen der Laufzeit des Programms eine entsprechend schnelle DV-Anlage erforderlich.

Bei **abweichenden Zahlungsbeträgen,** z. B. wegen unberechtigten Skontoabzugs, wird der Ausgleich vorgenommen, wenn ein bestimmter Fehlbetrag nicht überschritten wird. Die Differenz wird einem besonderen Abschreibungskonto belastet.

Einfache Programme ordnen die Zahlungen jeweils dem **ältesten Offenen Posten** zu.

Dialog-Programme ermöglichen einen **manuellen OP-Ausgleich** am Bildschirm.

Wenn bei der Buchung von Zahlungen, Zuordnungsschwierigkeiten auftreten, ist es manchmal sinnvoll, wenn das Programm die Erfassung solcher Posten zunächst auf einem Durchgangskonto festhält. Die Eintragungen können dann zu einem späteren Zeitpunkt geklärt werden.

11.4.2.2.4 Mahnwesen

Konsequentes Mahnen sichert die Liquidität des Unternehmens. Das Mahnprogramm ermittelt die überfälligen Posten im OP-Bestand und erstellt zunächst eine **Mahnvorschlagsliste,** in der alle anzumahnenden Forderungen aufgelistet werden.

Als weitere zusätzliche Auswertungen des Mahnprogramms kommen eine Liste gesperrter Konten und eine Liste der zweifelhaften Forderungen (Dubiose) in Frage.

11.5 Die Teilgebiete des industriellen Rechnungswesens

Aufgabe des Rechnungswesens ist die mengen- und wertmäßige Erfassung und Auswertung des Kombinationsprozesses der betriebswirtschaftlichen Produktionsfaktoren Arbeit, Betriebsmittel und Werkstoffe. Die Betriebswirtschaftslehre teilt das Rechnungswesen in vier Bereiche ein: (Tabelle siehe nächste Seite).

11.5.1 Buchführung

Die Buchführung (Finanz- oder Geschäftsbuchführung) muß jederzeit Auskunft über den Stand und die Veränderungen des Vermögens und der Schulden sowie über die Höhe und das Zustandekommen des Ergebnisses geben. Die Finanzbuchführung dient der **Abrechnung mit der Außenwelt,** mit Kunden, Lieferern, Banken, Finanzbehörden usw. Dazu erfaßt sie alle Geschäftsvorfälle, ordnet sie nach zeitlichen und sachlichen Gesichtspunkten auf Bestands- und auf Erfolgskonten und erstellt aufgrund dieser Aufzeichnungen periodisch eine Bilanz und eine Gewinn- und Verlustrechnung. Die Ergebnisse der Buchführung beziehen sich auf einen Zeitraum. Die Buchführung ist damit eine **Zeitrechnung.** Sie **dokumentiert** alle Vorfälle der **abgelaufenen Abrechnungsperiode** (Monat, Quartal oder Jahr). Die Buchführung ist **unternehmensbezogen.** Sie hält alle wirtschaftlichen Vorgänge des gesamten Unternehmens fest.

Der Jahresabschluß ist das Ergebnis der Arbeiten in der Finanz- oder Geschäftsbuchführung. Er dient der **Rechenschaftslegung** gegenüber Behörden, Kapitalgebern, Gläubigern, Mitarbeitern und auch gegenüber der Öffentlichkeit. Der

Industrielles Rechnungswesen

Buchführung	Kosten- und Leistungsrechnung	Statistik	Planungsrechnung
Rückschaurechnung	Rückschau- und Vorschaurechnung	Rückschaurechnung	Vorschaurechnung
Abrechnung mit der Außenwelt	Abrechnung des innerbetrieblichen Werteflusses	Vergleichsrechnung	Dispositionsrechnung
Erfassung der Vermögens- und Kapitalteile sowie deren Veränderung	Erfassung und Verrechnung der Kosten und Leistungen	Dokumentation betrieblicher und außerbetrieblicher Zustände	Erfassung betrieblicher und außerbetrieblicher Vorgänge
Überwachung und Rechenschaftslegung	Überwachung und Entscheidungskontrolle	Veranschaulichung der Vorgänge und Zustände	Ermittlung zukünftiger Mengen- und Werte (Soll-Werte)
Ergebnis: Bilanz und GuV-Rechnung	Ergebnis: Kostenarten-, Kostenstellen-, Kostenträgerrechnung	Ergebnis: Kennzahlen, graphische Darstellungen	Ergebnis: a) Teilpläne wie Absatzplan, Finanzplan, Kostenplan usw. b) Gesamtplan

Jahresabschluß der Kapitalgesellschaften unterliegt deshalb der Offenlegungspflicht beim zuständigen Handelsregister und bei großen Kapitalgesellschaften zusätzlich der Pflicht zur Veröffentlichung im Bundesanzeiger. Die Einzelposten der Bilanz und der Gewinn- und Verlustrechnung ermöglichen

- die Bemessung der Steuern,
- die Kontrolle der Finanzierung und
- die Überwachung der Liquidität.

Die Zahlen der Buchführung sind die Basis für weitere Berechnungen in der Kosten- und Leistungsrechnung, Statistik und Planung.

11.5.2 Kosten- und Leistungsrechnung

Die Kosten- und Leistungsrechnung (Betriebsbuchführung, kalkulatorische Buchführung oder kurzfristige Erfolgsrechnung) dient der **innerbetrieblichen Abrechnung.** Sie wird – anders als die kontenmäßige Buchführung – grundsätzlich in Tabellen durchgeführt.

In ihrer Eigenschaft als **Betriebsbuchhaltung** rechnet sie den betriebsinternen Wertefluß ab. Nebenrechnungen der Betriebsbuchführung sind die Material-, die Lohn- und die Anlagenbuchhaltung. Obwohl bei diesen Nebenrechnungen oft von Artikelkonten, Lohnkonten usw. gesprochen wird, werden bei den Eintragungen – anders als im Hauptbuch – keine Gegenbuchungen vorgenommen.

Die Bezeichnung **kalkulatorische Buchführung** sagt aus, daß hier der kalkulatorische Erfolg, das Betriebsergebnis aus Kosten und Leistungen unter Ausschaltung betriebsfremder und betrieblich-außerordentlicher Einflüsse ermittelt wird.

Die **Kosten- und Leistungsrechnung** ist besonders in der Kostenartenrechnung, im Betriebsabrechnungsbogen und in der Kostenträgerzeitrechnung erkennbar. Hier werden die Quellen des Erfolges aus der betrieblichen Tätigkeit sichtbar gemacht.

Als **kurzfristige Erfolgsrechnung** ermittelt die Betriebsbuchführung meist monatlich oder vierteljährlich das Betriebsergebnis und liefert damit wichtige Entscheidungshilfen für die Unternehmensleitung.

Die Kosten- und Leistungsrechnung dient der laufenden Überwachung der Wirtschaftlichkeit des Betriebes. Darüber hinaus stellt sie Zahlenmaterial für den Jahresabschluß in der Geschäftsbuchhaltung, für die Angebotskalkulation, die Statistik und die Planungsrechnung zur Verfügung.

Bei der Kostenartenrechnung, der Kostenstellenrechnung, der Kostenträgerzeitrechnung und der kurzfristigen Erfolgsrechnung handelt es sich um eine **Zeitrechnung.** Die Kostenträger**stückrechnung** rechnet das einzelne Produkt, den einzelnen Auftrag ab.

Buchführung	Kosten- und Leistungsrechnung
Finanz- oder Geschäftsbuchführung Abrechnung mit der Außenwelt kontenmäßig wesentlich ist der jährl. Abschluß	Betriebsbuchführung Abrechn. des internen Werteflusses grundsätzlich tabellarisch wesentlich ist der monatl. Abschluß

11.5.3 Statistik

Die Statistik übernimmt mengen- und wertbezogenes Zahlenmaterial aus der Buchführung, der Kosten- und Leistungsrechnung, aus dem Materialbereich, dem Produktionsbereich, dem Vertriebsbereich und aus dem Personalwesen. Zusätzlich sammelt die Statistik außerbetriebliche Daten. Die Daten werden gegliedert, nach bestimmten Merkmalen zueinander in Beziehung gesetzt und analysiert. Die Statistik ist deshalb eine **Vergleichsrechnung.** Ihre Arbeitsergebnisse informieren in Form von Kennzahlen, Tabellen und Graphiken.

Die Vergleiche werden durchgeführt als

- **Zeitvergleich,** in dem Werte verschiedener Abrechnungsperioden eines einzelnen Betriebes miteinander verglichen werden;
- **Betriebsvergleich,** bei dem eigene Kennzahlen mit den Kennzahlen gleicher oder ähnlich strukturierter Unternehmen verglichen werden;
- **Soll-Ist-Vergleich,** in dem die Abweichungen zwischen den Soll- oder Plan-Werten aus der Planungsrechnung von den Ist-Werten aus der Finanzbuchhaltung und der Betriebsbuchhaltung veranschaulicht werden. Der Soll-Ist-Vergleich und der Zeitvergleich können sowohl als interner als auch als Betriebsvergleich durchgeführt werden;
- **Verfahrensvergleich,** als Vergleich unterschiedlicher Fertigungsverfahren, unterschiedlicher Vertriebswege usw. hinsichtlich ihrer Effektivität und ihrer Wirtschaftlichkeit.

11.5.4 Planungsrechnung

Die Planungsrechnung setzt Ziele für zukünftige Perioden. Sie ist eine **Vorschaurechnung.** Planung ist mehr als eine Prognose oder ein Programm. Durch gedankliche Vorwegnahme des zukünftigen betrieblichen Geschehens versucht sie, Ungewißheiten und Zufall auszuschalten, indem sie inner- und außerbetriebliche Einflußfaktoren der Vergangenheit, der Gegenwart und der Zukunft berücksichtigt.

Große Unternehmen führen jährlich etwa in den Monaten August bis November eine Planungsrechnung durch. Dabei werden die Aktivitäten und die Ergebnisse des laufenden Geschäftsjahres oft so genau geplant, daß die **Planbilanz** mit der tatsächlichen Bilanz am Ende des Geschäftsjahres fast völlig übereinstimmt. Die Aktivitäten und Ergebnisse des Folgejahres werden ebenfalls detailliert geplant, während die Tätigkeiten und Ergebnisse der darauf folgenden drei Geschäftsjahre grober geplant werden. Die meisten Unternehmen haben einen Planungshorizont (in der Planung zu überblickender Zeitraum) von vier bis fünf Jahren. Nur umfangreiche Investitionen werden für einen längeren Zeitraum geplant.

Da die Unternehmensplanung sehr komplex ist, wird sie in Teilpläne aufgelöst. Die Teilpläne sind untereinander abhängig. Ausgangspunkt ist der Umsatzplan, Ziel ist der Erfolgsplan. Der Vertrieb gibt im Umsatzplan vor, welche Produkte er in welcher Menge zu welchen Preisen absetzen kann. Aus dem Umsatzplan werden alle anderen Pläne bis zum Erfolgsplan abgeleitet.

Ist der Beschaffungsplan, der Personalplan oder der Investitionsplan nicht zu erfüllen, weil bereits während der Planung erkannt wird, daß bestimmte Rohstoffe oder Fertigteile, bestimmte Facharbeiter oder Spezialmaschinen

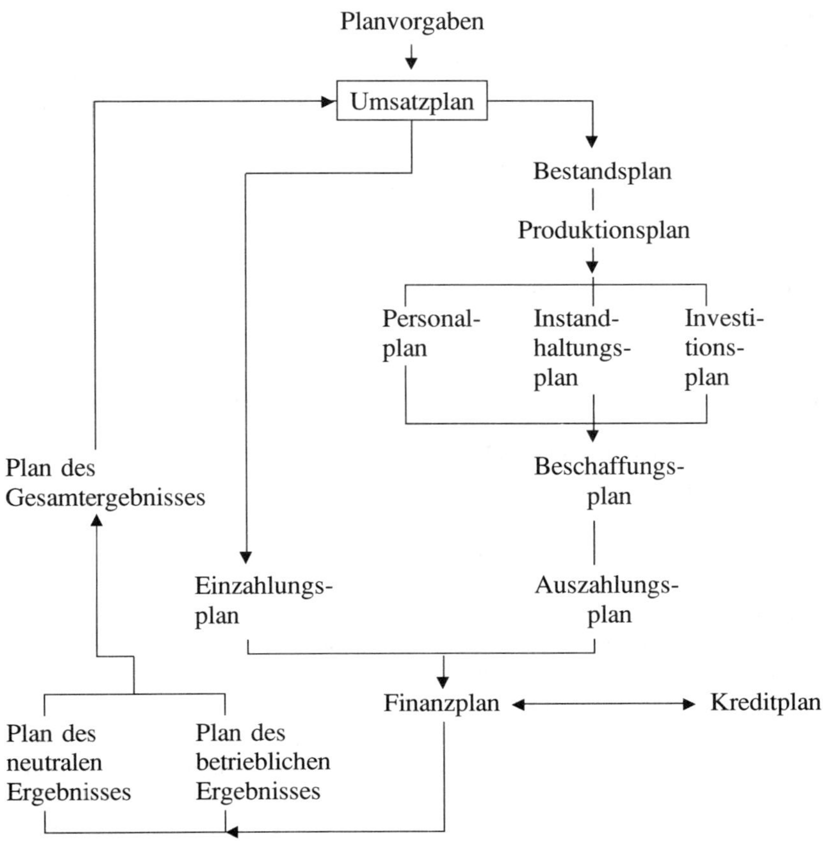

für die Fertigung nicht oder nicht rechtzeitig zu beschaffen sind, oder zeigt die Planung, daß die Liquidität gefährdet ist, oder ergibt sich im Erfolgsplan ein Verlust, dann erfolgt ein *feed back.* Die Planungsarbeiten beginnen von vorn. Der Vertrieb wird gefragt, ob eine andere Zusammensetzung des Umsatzes möglich ist, ob andere Zahlungsbedingungen oder höhere Verkaufspreise oder gar Umsatzsteigerungen durchsetzbar sind. Danach werden alle Teilpläne bis hin zum Erfolgsplan neu erstellt.

Die Unternehmensplanung hat eine ähnliche Bedeutung wie der Fahrplan der Bundesbahn. Hat z. B. ein IC-Zug Verspätung, bedeutet dies für die Bahnverwaltung, daß bestimmte Züge, die auf der gleichen Strecke fahren, gestoppt oder umgeleitet werden müssen. Der Reisende wird entsprechend spätere Anschlußzüge und eine verspätete Ankunft am Zielort einplanen.

Im folgenden Geschäftsjahr werden monatlich die Ist-Werte mit den Plan-Werten verglichen. Bei Abweichungen gegenüber einem Teilplan muß dann oft eine Anpassung der übrigen Teilpläne erfolgen. Wichtig ist dabei weniger, daß ein Einzelplan erfüllt wird, als vielmehr die Kontrolle über die betriebliche Entwicklung insgesamt. Können beispielsweise unerwartet bestimmte Rohstoffe nicht beschafft werden, müssen der Produktionsplan, der Investitionsplan für die Maschinen, auf denen die Rohstoffe bearbeitet werden sollten, der Personalplan und der Erfolgsplan nachträglich angepaßt werden. Dieses laufende Kontroll- und Anpassungsverfahren macht die Planung zu einem wichtigen Führungsinstrument.

11.6 Grundlagen der PC-gestützten Buchführung

11.6.1 Entwicklung der EDV-Buchführungssysteme

11.6.1.1 Konventionelle EDV-Buchführung

Die konventionelle EDV-Buchführung zeichnet sich dadurch aus, daß das **gesamte Buchführungswerk ausgedruckt** wird (Vollausdruck). Wie bei der manuellen Buchführung und beim Einsatz mechanischer Buchungsmaschinen werden alle Daten in zeitlicher Folge und sachlich geordnet aufgezeichnet. Die Verarbeitung der Geschäftsvorfälle steht in einem engen zeitlichen Zusammenhang zu ihrer Erfassung. Jeder einzelne Verarbeitungsschritt läßt sich mit Hilfe der Ausdrucke nachvollziehen.

An die Prüfung werden keine zusätzlichen Anforderungen gestellt. Sie entspricht grundsätzlich der Stichprobenprüfung eines herkömmlichen Buchführungssystems. Jedoch ist das BMF-Schreiben vom 5.7.78, BStBl 1978 I S. 250, zu beachten: »Wenn sich auch die GoS (Grundsätze ordnungsmäßiger Speicherbuchführung) unmittelbar nur auf die Speicherbuchführung beziehen, so schließt dies nicht aus, daß ein Teil dieser Grundsätze auch für andere ADV-Buchführung maßgeblich sein kann.« Die Maßgeblichkeit muß in jedem Einzelfall festgestellt werden. Sie besteht teilweise bereits dann, wenn einzelne Zuordnungen aufgrund **programmgesteuerter Funktionsabläufe** innerhalb der Datenverarbeitungsanlage getroffen werden.

11.6.1.2 Verdichteter Ausdruck

Die Einkommensteuerrichtlinien 1967 haben bereits dem HGB und der AO 1977 vorgegriffen und den verdichteten Ausdruck gestattet. Verdichtete Daten sparen Speicherplatz und Übertragungszeiten, sind übersichtlicher und führen zu einer gezielteren Information, insbesondere auf den oberen Managementebenen. Die Einzeldaten müssen jedoch weiterhin auf Bildträgern oder maschinenlesbaren Datenträgern aufbewahrt werden. Die **Auflistung der Einzeldaten,** die zu einer verdichteten Zahl führt, muß während der Dauer der Aufbewahrungsfrist jederzeit innerhalb angemessener Frist lesbar gemacht werden können. Auch bei dieser weiter automatisierten Abrechnung steht die Verarbeitung der Geschäftsvorfälle in einem engen zeitlichen Zusammenhang mit ihrer Erfassung. Die speziellen Anforderungen hinsichtlich der Mitwirkungspflicht bei Prüfungen, der Art der aufzubewahrenden Unterlagen und der Bild- und Datenträger sind unterschiedlich je nach Automatisierungsgrad der Verarbeitung und Umfang des Ausdrucks.

11.6.1.3 Speicherbuchführung

Bei einer reinen Speicherbuchführung werden die Geschäftsvorfälle **verarbeitungsfähig** auf Magnetspeichern **gespeichert** und – mit Ausnahme der Eröffnungsbilanz und der Jahresabschlüsse – nur im Bedarfsfall am Bildschirm angezeigt oder auf Papier ausgedruckt (§ 257 Abs. 3 HGB, § 147 Abs. 2 AO). Die Speicherbuchführung ist nur eine Art der ADV-Buchführung. Die Verarbeitung der Daten erfolgt durch programmgesteuerte Funktionsabläufe innerhalb der Datenverarbeitungsanlage. Hierdurch entsteht das Buchführungswerk, das entweder sofort oder erst später ganz oder teilweise lesbar gemacht wird. Bei der Speicherbuchführung wird der **Zeitpunkt der Verbuchung und des Abschlusses hinausgeschoben.** Dies stellt erhöhte Anforderungen an die Betriebsbereitschaft der Hard- und Software und der Datenbestände, um die Daten auch später noch, z. B. anläßlich einer Prüfung, verarbeiten und lesbar machen zu können (BMF-Schreiben vom 5.7.78).

Geschäftsvorfälle sind ordnungsgemäß »gebucht«, wenn sie nach einem Ordnungsprinzip **zeitgerecht erfaßt** und mit Identifizierungsmerkmalen (Belegnummer oder ersatzweise Merkmale) und Zuordnungsmerkmalen (Kontonummer oder ähnliche Zuordnungen) verarbeitungsfähig gespeichert sind. Dabei müssen die Vollständigkeit und die formale Richtigkeit der Datenerfassung gewährleistet sein. Der Verzicht auf herkömmliche Belege darf die Möglichkeit der Prüfung eines Buchungsvorgangs weder in formeller noch in sachlicher Hinsicht beeinträchtigen.

Bei früheren Buchführungssystemen war eine zeitnahe Verbuchung der Belege erforderlich, da der Buchführungspflichtige, wenn er einmal im Rückstand war, diese Arbeiten nicht in angemessener Frist hätte aufarbeiten können. Außerdem bestand die Gefahr des Verlustes der Unterlagen. Moderne Datenverarbeitungssysteme erlauben eine räumlich zentralisierte und damit kontrollierbare Sicherung der zu buchenden Geschäftsvorfälle, aus denen jederzeit mit Hilfe entsprechender Programme **kurzfristig entsprechende Bücher und Bilanzen erstellt** werden können, aus denen der Kaufmann den erforderlichen Überblick über den Stand und die Veränderungen seines Vermögens und der Schulden in der gewünschten Detaillierung erhält.

11.6.2 Aufbau eines EDV-Systems

Ein EDV-System besteht im wesentlichen aus Hardware und Software.

EDV-System

Hardware — Software

11.6.2.1 Hardware

Als Hardware werden die technischen Geräte, der Computer, die angeschlossenen Peripheriegeräte, z. B. der Drucker, und die Übertragungsleitungen bezeichnet. Die EDV arbeitet nach dem EVA-Prinzip. EVA steht für Eingabe, Verarbeitung und Ausgabe. Unverzichtbare Hardwarekomponenten sind deshalb:

Hardware für

Eingabe — Verarbeitung — Ausgabe

a) Die **Eingabegeräte,** über die die Daten und die Programme in die EDV-Anlage eingegeben werden, z. B. Tastatur.

b) Die eigentliche **Verarbeitung** erfolgt in der **Zentraleinheit,** von der aus alle rechnerinternen Abläufe gesteuert werden. Die Zentraleinheit enthält:

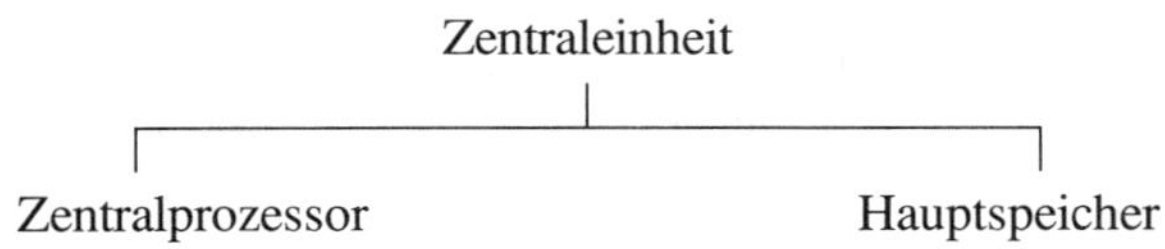

Der Zentralprozessor steuert sämtliche Aktivitäten des Rechners, die Rechen-, Speicher- und die Ein- und Ausgabeoperationen sowie die Verwaltung des Hauptspeichers. Der Zentralprozessor eines PC wird auch als Mikroprozessor bezeichnet. Ein solcher Mikroprozessor ist ein hochintegrierter Baustein (Chip).

Der **Hauptspeicher** besteht aus dem Festwertspeicher und dem Arbeitsspeicher. Der **Festwertspeicher** nimmt solche Informationen auf, die während eines normalen Programmlaufes weder gelöscht noch verändert werden. Der Festwertspeicher ist ein permanenter Speicher, d. h., die Informationen bleiben auch nach Abschalten des Rechners erhalten. Der **Arbeitsspeicher** besteht aus Schreib-, Lese- und Speicherbausteinen. Er speichert die Eingabedaten, Programme, Zwischenergebnisse und Ausgabedaten nur vorüber-

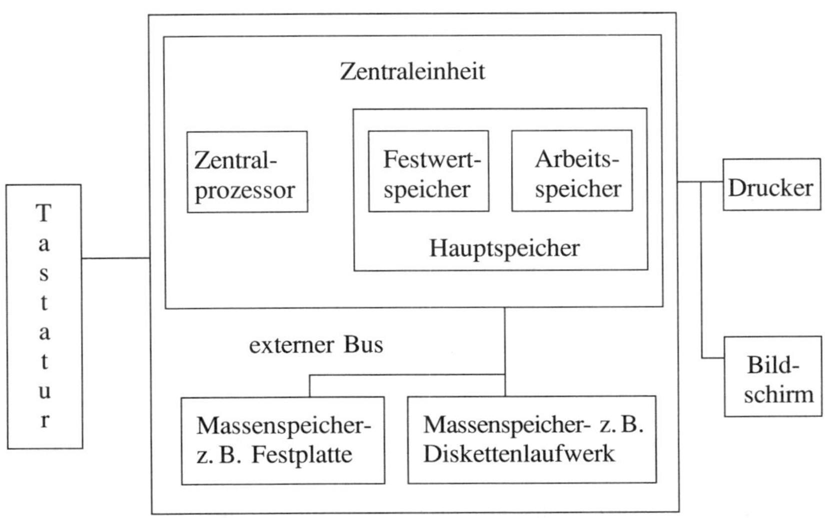

Eingabe Rechnergehäuse mit Speichern: Verarbeitung Ausgabe

gehend. Der Hauptspeicher ist ein flüchtiger Speicher, mit dem Abschalten des Rechners bzw. bei Stromausfall geht der Speicherinhalt verloren.

Der Zentralprozessor liest die Programmanweisungen und Daten aus dem Arbeitsspeicher und legt die Arbeitsergebnisse hier ab, bevor sie ausgegeben oder auf einem Massenspeicher (permanenter Speicher) gesichert werden.

c) Die **Ausgabegeräte** geben die Ergebnisse des Datenverarbeitungsprozesses in einer vom Menschen wahrnehmbaren Form, z. B. auf dem Bildschirm oder als Druckausgabe, wieder. Oft werden auch die Speichereinheiten, das Plattenlaufwerk und das Diskettenlaufwerk zu den Ausgabegeräten gerechnet.

- **Der Massenspeicher** ermöglicht es, die Informationen über einen beliebig langen Zeitraum in maschinenlesbarer Form festzuhalten und bei Bedarf wieder abzurufen. Im Gegensatz zur Diskette ist die Festplatte fest im PC installiert. Die Festplatte verfügt über eine erheblich größere Speicherkapazität (ab 20 MB = ca. 20 Mio. Zeichen) als die Diskette (360 KB bis 1,2 MB = ca. 360 000 Zeichen und mehr/1 Byte = 1 Zeichen, 1 KB = 1 Kilo-Byte = 1024 Byte/1 MB = 1 Mega-Byte = 1 048 576 Bytes) und ermöglicht einen schnelleren Zugriff auf die Daten. Aus diesem Grunde werden dort neben der Systemsoftware die Buchhaltungsprogramme gespeichert und solche Dateien, auf die häufig zugegriffen wird.
- Der **Bus** ist eine Leitung, auf der Informationen übertragen werden. Der interne Bus übernimmt die Übertragung zwischen Zentralprozessor und Hauptspeicher. Der Informationsaustausch zwischen der Zentraleinheit und den Massenspeichern sowie den Ein- und Ausgabegeräten erfolgt jeweils über einen externen Bus.

11.6.2.2 Software

Die Hardware arbeitet nur unter Steuerung von Programmen. Als »Software« wird die Gesamtheit der bei dem Betrieb eines Computers genutzten Programme bezeichnet.

Software

Systemsoftware | Anwendungssoftware

Zur **Systemsoftware** zählen alle Programme, die der internen Steuerung der EDV-Anlage, der Koordination von Eingabe, Verarbeitung und Ausgabe dienen (Betriebssystem). Zur Systemsoftware gehören auch die Übersetzungs- und die Dienstprogramme. **Übersetzungsprogramme** setzen die vom Programmierer geschriebenen Programme in die für den Computer verständliche Maschinensprache um, diese besteht aus Nullen und Einsen, Null für kein Strom, Eins für Strom. **Dienstprogramme** sind Hilfsprogramme, z. B. für die Datenübertragung oder die Ermittlung der Arbeitszeit eines Programmes in der Zentraleinheit.

Anwendungsprogramme werden für die Ausführung einer bestimmten Datenverarbeitungsaufgabe benötigt. Im Rechnungswesen sind sie das Spiegelbild der Buchhaltungsarbeiten, die mit der EDV durchgeführt werden sollen.

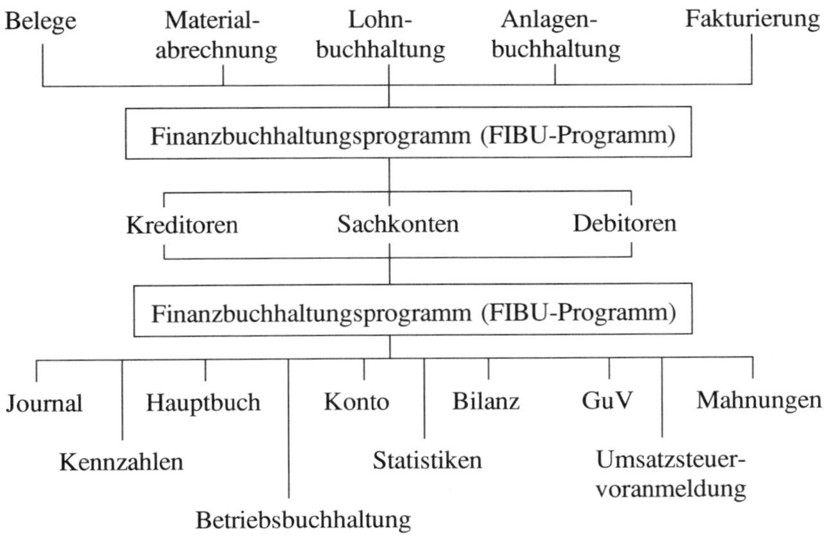

11.6.3 Datenarten

Die wichtigste Unterscheidung der Daten ist die nach Stammdaten, Änderungsdaten, Bestandsdaten, Bewegungsdaten, formatierten und unformatierten Daten.

Stammdaten sind solche, die sich nicht oder nur sehr selten ändern, z. B. Kontonummer und Kontobezeichnung, Bilanz- und GuV-Positionsnummer, Namen und Anschriften.

Änderungsdaten führen zur Veränderung von Stammdaten, z. B. bei einer neuen Anschrift des Kunden.

Bestandsdaten halten Bestände, wie Kontostand, Lagerbestand usw. fest. Sie verändern sich laufend oder periodisch, meist monatlich.

Bewegungsdaten führen zur Veränderung der Bestandsdaten. Dazu gehören beispielsweise die Daten der Eingangs- und Ausgangsrechnungen, der Kontoauszüge und der Warenentnahmescheine.

Die in der Buchführung verwendeten Daten sind grundsätzlich **formatierte Daten,** sie haben eine bestimmte Struktur und Länge, wie wir sie z. B. bei der Kontonummer, der Kontenbezeichnung, den Kundenanschriften finden, und weisen an bestimmten Stellen alphabetische und numerische Zeichen (alphanumerische Daten) oder nur Ziffern (numerische Daten) auf.

Freie Texte, wie sie in Mahnprogrammen zu finden sind, werden als **unformatierte Daten** bezeichnet.

11.6.4 Struktur des Datenbestandes

Für die Betrachtung der logischen Struktur eines Datenbestandes und der darin enthaltenen Daten müssen mindestens die folgenden Begriffe bekannt sein:

Zeichen (Character)

Ein Zeichen ist das kleinste speicherbare Element, auf das während der Datenverarbeitung zugegriffen werden kann. Zeichen können Buchstaben, Ziffern und Sonderzeichen sein. Ein Zeichen wird physisch in einem Byte gespeichert.

Datenelement (Item)

Ein Datenelement besteht aus einem oder mehreren Zeichen, z. B. Betrag, Kontonummer. Die physische Speicherung erfolgt in einem »Datenfeld«.

Datensatz (Set)

Ein Datensatz besteht aus logisch zusammengehörigen Datenelementen, z. B. besteht der Buchungssatz zu einer Eingangsrechnung aus Buchungsdatum, Belegnummer, Sollkonto, Habenkonto, Betrag, Umsatzsteuer-Kennung, Buchungsvermerk, Fälligkeit.

Datei (File)

Logisch zusammengehörige Datensätze werden in einer Datei zusammengefaßt. Alle Datensätze einer Datei haben die gleiche Struktur. In der Regel sind die Dateien nach einem Ordnungsbegriff geordnet, unter dem die Datensätze aufgerufen werden können (z. B. Kundennummer für die Kundenstammdatei,

Artikelnummer für die Lagerdatei usw.). Neben den Daten werden auch Programme als Dateien gespeichert.

Datenbank (Database)

Mehrere Dateien, die in Beziehung zueinander stehen, können zu einer Datenbank zusammengefaßt werden.

11.6.5 Anforderungen an ein Finanzbuchhaltungsprogramm

11.6.5.1 Datenverwaltung

Ein Finanzbuchhaltungsprogramm muß den Anwender unterstützen bei der Verwaltung von Stammdaten wie Adressen und Bankverbindungen, der Pflege des Kontenplans, der Verwaltung unterschiedlicher Umsatzsteuersätze, der Erstellung von Ausdrucken, der Speicherung von Dateien, der Übernahme von Verarbeitungsergebnissen (z. B. aus der Fakturierung) und vor allem bei einer unproblematischen und schnellen Erfassung des Buchungsstoffes.

Zur Datenverwaltung zählen auch die Suche nach Eingabefehlern, die Möglichkeit der Aufteilung in Sach- und Kontokorrentkonten, die automatische Ermittlung der Umsatzsteuer aufgrund von Kennziffern und die automatische Umbuchung entsprechend der hierarchischen Einordnung der Konten in Abhängigkeit von den Kontennummern und Zuordnungskennzeichen (z. B. Abschluß des Privatkontos zum Konto Eigenkapital).

11.6.5.2 Datenverarbeitung und Datenbearbeitung

Komfortable Programme erleichtern die Buchführung am PC durch automatische Folgebuchungen, wie Gegen-, Skonto-, Dauerbuchungen u. a., oder durch Sofortverbuchung (= Dialogverbuchung) im Gegensatz zur Stapelbuchung, bei der die Daten zunächst auf einem Speicher gesammelt und erst später den Konten zugeordnet werden.

Das Fibu-Programm sollte Unterprogramme für die Mahnung, die Liquiditätsplanung, die kurzfristige Erfolgsrechnung und die Ermittlung betriebswirtschaftlicher Kennzahlen enthalten. Es muß die Möglichkeit bieten, gezielt bestimmte einzelne Informationen abzurufen und beispielsweise den Zugriff auf die gespeicherten Zahlungskonditionen und Mahnstufen gestatten. Eine automatische Zahlungsdisposition sollte eine maximale Skontoausnutzung erlauben und eine automatische Begleichung der Eingangsrechnungen unter Berücksichtigung der Liquiditätslage ermöglichen.

11.6.6 Grundsätze ordnungsmäßiger Speicherbuchführung

11.6.6.1 Anforderungen an die Ordnungsmäßigkeit

11.6.6.1.1 Generelle Anforderungen

Steuerrechtlich gelten für alle EDV-Buchführungssysteme die Anforderungen des Abschn. 29 EStR und des § 145 Abs. 1 AO: Die Buchführung muß so beschaffen sein, daß sie einem sachverständigen Dritten innerhalb angemessener Zeit einen Überblick über die Geschäftsvorfälle und über die Vermögenslage des Unternehmens vermitteln kann. Die Geschäftsvorfälle müssen sich in ihrer Entstehung und Abwicklung verfolgen lassen. Besondere Vorschriften zur Speicherbuchführung enthalten die §§ 146 Abs. 5 und 147 Abs. 2 und 5 AO.

Der Ausschuß für wirtschaftliche Verwaltung in Wirtschaft und öffentlicher Hand e. V. (AWV) hat unter Mitwirkung der von den Betriebsprüfungsreferenten der Obersten Finanzbehörden des Bundes und der Länder eingesetzten »Arbeitsgruppe Speicherbuchführung« die **Grundsätze ordnungsmäßiger Speicherbuchführung (GoS)** ausgearbeitet. Die GoS wurden als Anlage zu dem BMF-Schreiben vom 5.7.1978 sowie im Merkblatt für die Prüfung von Rechnungswerken, die mit ADV erstellt sind (ADV-Merkblatt) veröffentlicht. Sie sind als Verwaltungsrichtlinie anzusehen. Die GoS sprechen die folgenden Problembereiche an:

- Belegaufbereitung und Belegfunktion,
- Buchung,
- Kontrolle und Abstimmung,
- Datensicherung,
- Dokumentation und Prüfbarkeit,
- Aufbewahrung und Sicherung der Datenträger,
- Wiedergabe der auf Datenträgern geführten Unterlagen,
- Verantwortlichkeit.

Abgesehen davon, daß bei der Speicherbuchführung der Zeitpunkt des endgültigen Verbuchens und des Abschlusses hinausgeschoben wird, gibt es keine entscheidenden Unterschiede gegenüber anderen EDV-Buchführungen, denn die Verarbeitungsergebnisse werden bei jeder EDV-Buchführung durch programmgesteuerte Funktionsabläufe gewonnen. Da diese neben der Dateneingabe und Datenerfassung zu den wichtigsten Bereichen eines EDV-Abrechnungsverfahrens gehören, ist es sachgerecht, wenn die allgemeinen Grundsätze der Dokumentation und Prüfbarkeit der Speicherbuchführung auch auf andere EDV-Buchführungen angewendet werden (BMF-Schreiben vom 5.7.78).

Gemäß BMF-Schreiben vom 5.7.78 sollen die GoS die allgemeinen GoB insbesondere für den Bereich der Speicherbuchführung ergänzen.

Handelsrechtlich sind hinsichtlich der Speicherbuchführung neben den allgemeinen Grundsätzen ordnungsmäßiger Buchführung der §§ 238 ff. insbesondere die §§ 238 Abs. 2, 239 Abs. 4 und 257 zu beachten. Im Handelsrecht spielen besonders zwei Grundsätze ordnungsmäßiger Buchführung eine Rolle:

1. Der Grundsatz der Wahrheit macht eine vollständige und richtige Erfassung, Verarbeitung und Wiedergabe der Geschäftsvorfälle erforderlich (§ 239 HGB).
2. Der Grundsatz der Klarheit verlangt eine klare, übersichtliche und nachprüfbare Buchführung (§ 243 HGB).

Struktur der GoB

materiell	**formell**
Vollständigkeit	Klarheit
Richtigkeit	Übersichtlichkeit
Wahrheit	Nachprüfbarkeit

Die Grundsätze ordnungsmäßiger Buchführung wurden im Laufe der Jahre an die veränderte Buchführungstechnik angepaßt, z. B. durch Anerkennung der Loseblattbuchführung, der Lochkartensysteme und zuletzt durch Anerkennung der Speicherung auf Bildträgern und anderen Datenträgern (§ 257 Abs. 3 HGB). Dabei wurde der Wortlaut der gesetzlichen Vorschriften oft erst geändert, nachdem modernere Verfahren, z. B. die Loseblattbuchführung, in der Praxis bereits üblich und anerkannt waren. Die GoS sind wie die GoB ein unbestimmter Rechtsbegriff. Sie sind auslegbar und anpassungsfähig an die Weiterentwicklung der modernen Buchführungsorganisation, der Datenverarbeitung und der Speichertechnik. Davon geht auch der Gesetzgeber aus, wenn er z. B. in § 257 Abs. 3 HGB von »anderen Datenträgern« spricht.

Maßgeblich für die Ordnungsmäßigkeit der Speicherbuchführung und weite Bereiche der übrigen EDV-Buchführungssysteme sind neben dem Wortlaut der gesetzlichen Vorschriften, der Praxis ordentlicher Kaufleute und den Stellungnahmen der Finanzverwaltung die Empfehlungen der Wirtschaftsverbände und deren fachlich anerkannten Ausschüsse. Wichtige Ausschüsse sind der »Fachverband für moderne Abrechnungssysteme (FAMA)« am Institut der Wirtschaftsprüfer (IdW) und der »Ausschuß für wirtschaftliche Verwaltung in Wirtschaft und öffentlicher Hand e. V. (AWV)«.

11.6.6.1.2 Jederzeitige Ausdruckbereitschaft

Bei der Führung der Bücher und der sonst erforderlichen Aufzeichnungen muß insbesondere sichergestellt sein, daß die Daten während der Dauer der Aufbewahrungsfrist verfügbar sind und jederzeit innerhalb angemessener Frist lesbar gemacht werden können (§ 146 Abs. 5 Satz 2 AO und § 239 Abs. 4 Satz 2 HGB). Dies bedeutet, daß während der Aufbewahrungsfrist von 10 Jahren für Bücher, Inventare, Bilanzen und von 6 Jahren für Geschäftsbriefe und Buchungsbelege

- die entsprechende maschinelle Ausstattung (Hardware),
- die Daten auf den entsprechenden Datenträgern (z. B. Magnetplatte, Magnetband, Diskette usw.),
- die für die Verarbeitung erforderlichen Anwendungsprogramme und die für ihre Lauffähigkeit erforderlichen Programme des Betriebssystems (Software),
- die erforderlichen Arbeitsanweisungen, Programmdokumentationen, Handbücher und sonstigen Organisationsanweisungen (Orgware),
- die mit dem Umgang der Maschinen, Programme, Datenträger und Organisationsanweisungen vertrauten Mitarbeiter (Manware)

zur Verfügung stehen müssen. Die Aufbewahrungsfristen können sich gemäß § 147 Abs. 3 Satz 2 AO verlängern.

Änderungen im Bereich der Hardware und der Software, Fluktuation im Personalbereich und Entmagnetisierung bei digital gespeicherten Daten innerhalb der Aufbewahrungsfrist können zu erheblichen Nachweisschwierigkeiten führen.

11.6.6.2 Mitwirkungspflicht bei Prüfungen

11.6.6.2.1 Bereithaltung von Hilfsmitteln

Der Buchführungspflichtige hat auf seine Kosten diejenigen Hilfsmittel zur Verfügung zu stellen, die erforderlich sind, um die Unterlagen lesbar zu machen. Auf Verlangen der Finanzbehörde hat er auf seine Kosten die Unterlagen unverzüglich ganz oder teilweise auszudrucken oder ohne Hilfsmittel lesbare Reproduktionen beizubringen (§ 147 Abs. 5 AO und § 261 HGB). Dies bedeutet, daß er im Rahmen von Prüfungen Geräte, Programme, Maschinenlaufzeiten und Bedienungspersonal zur Verfügung stellen muß.

11.6.6.2.2 Prüfung des Buchführungssystems

Primäres Ziel jeder Prüfung sind die Prüfungsziele, die beispielsweise dem Prüfer von seiner Betriebsprüfungsstelle (aufgrund von Erfahrungen) mitgegeben werden. Die Prüfung der Ordnungsmäßigkeit ist sekundäres Ziel, dennoch ist sie Bestandteil jeder Prüfung.

Im allgemeinen werden heute noch sämtliche Geschäftsvorfälle in Journalen und Konten in Form von EDV-Listen ausgedruckt und aufbewahrt. Die Nachweisführung und die Prüfung der Buchführung unterscheidet sich kaum von der bei herkömmlichen Buchführungsorganisationen, bei denen der Schwerpunkt der Prüfung im **Nachvollzug einzelner Geschäftsvorfälle** liegt. Der Prüfer nimmt **Stichproben** vor. Diese Prüfung ermöglicht die Feststellung, daß die geprüften Vorfälle richtig erfaßt und verbucht worden sind. Daraus schließt der Prüfer, daß auch die übrigen Geschäftsvorfälle fehlerfrei aufgezeichnet worden sind. Dennoch kann jeder einzelne Geschäftsvorfall einen individuellen Fehler enthalten.

Auch bei herkömmlichen Buchführungsverfahren beschränkt sich die Prüfung nicht auf Stichproben, Kontrolle der Übertragung, Zuordnung, Abstimm-, Beleg- und rechnerische Prüfung. Das **Buchführungssystem** insgesamt wird geprüft. Der Prüfer wird sich von den für die Buchführung verantwortlichen Personen über den Aufbau und die Besonderheiten der Buchführung des Unternehmens unterrichten lassen. Dann wird er sich die Organisation und das darin enthaltene interne Kontrollsystem ansehen und daraus schließen, ob richtige Ergebnisse vermutet werden können.

11.6.6.2.3 Prüfung der EDV-Buchführung

Bei der **Systemprüfung** im Bereich der EDV-Buchführung hat der **Generalnachweis** eine größere Bedeutung als der Nachweis von Einzelfällen. Geprüft wird das Anwendungsprogrammsystem der Buchhaltung. EDV-Programme für den kaufmännischen Bereich werden in der Regel für gleichartige, sich wiederholende Abläufe geschrieben. Wenn das Programm fehlerfrei ist, müssen auch alle Geschäftsvorfälle, die dieses Programm verarbeitet hat, fehlerfrei aufgezeichnet sein, soweit nicht bereits ein Erfassungsfehler vorliegt. Auch Erfassungsfehler können durch programmierte Kontrollen weitgehend vermieden werden. Der Nachweis dafür, daß das Programm fehlerfrei arbeitet, wird anhand von Testläufen mit normalen und abnormalen Testdaten geführt. Gegenstand der Prüfung sind:

- die Eingliederung in die Gesamtorganisation,
- die Verantwortungsbereiche,
- die Belegaufbereitung und -ablage,
- die Verfahrensdokumentation,
- die Änderungen an bestehenden Programmen hinsichtlich Notwendigkeit, Zielsetzung und Durchführung,

- die Aufbewahrung und Sicherung von Programmen, Dateien und Datenträgern.

Bei der EDV-Buchführung und insbesondere bei einer Speicherbuchführung müssen erhöhte Anforderungen an die Sicherheit und Zuverlässigkeit der Verarbeitung und an die Sicherheit der gespeicherten Daten gestellt werden. Zu einem **internen Kontrollsystem** gehören

- die **Funktionstrennung,** z.B. zwischen Programmierung, Buchführung am PC sowie Zugriffsberechtigungen auf Dateien und Programme,
- sonstige **Kontrollen** in Form programmierter Kontrollen, Schutzwörter, Dateikennsätze einschließlich Wiederbeschriftungsdaten bei der Erfassung, der Verarbeitung und bei der Übertragung von Daten,
- eine schriftliche **Dokumentation** der Ziele, des Aufbaus, der Abwicklung und der Sicherung der Verarbeitung sowie des Datenbestandes.

11.6.6.3 Aufzubewahrende Unterlagen

Die aufzubewahrenden Unterlagen werden in § 147 Abs. 1 AO und § 257 Abs. 1 HGB aufgezählt. Zu den dort angeführten **Arbeitsanweisungen und sontigen Organisationsunterlagen,** die zum Verständnis der Bücher und Abschlüsse erforderlich sind, gehören

- **Bedienerhandbücher** und Handbücher für die Fachabteilung, soweit sie bei einer späteren Zurverfügungstellung (Sichtbarmachung/Ausdruck) der Bücher und Daten erforderlich sind,
- **Arbeitsanweisungen,** die zum Verständnis der Ablauforganisation und des internen Kontrollsystems bei der Verarbeitung in der Buchhaltung und bei der Aufbewahrung der Daten dienen,
- die **Programmdokumentation.**

Mit der Nennung der »sonstigen Organisationsunterlagen« räumt der Gesetzgeber bewußt einen weiten Spielraum ein. Diese Vorschrift ist entsprechend der Entwicklung moderner Informationstechniken auslegbar.

11.6.6.4 Bildträger und andere Datenträger

Die §§ 146 Abs. 5 AO, 147 Abs. 2 AO und 257 Abs. 3 HGB erlauben eine papierlose Buchführung, bei der nur noch die Eröffnungsbilanz und die Jahresabschlüsse auszudrucken sind. Der Jahresabschluß ist vom Kaufmann unter Angabe des Datums zu unterschreiben (§ 245 HGB). Damit erhält er Kenntnis über den Stand seines Vermögens und seiner Schulden.

Die übrigen Unterlagen können auch als Wiedergabe auf einem Bildträger oder auf anderen Datenträgern aufbewahrt werden, wenn dies den Grundsätzen ordnungsmäßiger Buchführung entspricht und sichergestellt ist, daß die Wiedergabe oder die Daten mit den empfangenen Handelsbriefen und den Buchungsbelegen **bildlich** und mit den anderen Unterlagen **inhaltlich** übereinstimmen, wenn sie **lesbar gemacht** werden.

Geeignete **Bildträger** sind Mikrofilmsysteme und Bildplatten sowie weitere in Zukunft mögliche Speicher, die ein genaues Abbild der Belege und deren Reproduktion auf Papier ermöglichen. **Andere Datenträger** sind Magnetbänder, Magnetplatten und Disketten. Die Definition der »anderen Datenträger« ist entsprechend der Entwicklung der Informationstechnik auslegbar.

11.6.6.5 Belegaufbereitung und Belegfunktion

Da bei der ADV-Buchführung durch Programme sichergestellt ist, daß alle Vorgänge vergleichbarer Ausgangslage einheitlich verarbeitet werden, ist es nicht erforderlich, die Verarbeitung jedes einzelnen Vorgangs zu belegen. Es genügt, wenn der Nachweis in der Dokumentation des Programmablaufs erfolgt, damit wird die Dokumentation zum Dauerbeleg.

Dieser Beleg ist u. a. erforderlich bei der automatischen Korrektur von Vorsteuer, bei der Ausbuchung von Restbeträgen im Kontokorrent und bei der Inanspruchnahme von Lieferantenskonti. Die Berechnung von Kursdifferenzen, der Bonusabrechnung auf der Grundlage des Jahresbezugs, die Errechnung von Zinsen, bei automatischer Generierung von Buchungssätzen aufgrund von Belegnummern, die automatische Errechnung und Buchung von Abschreibungen und der Nachweis verdichteter Zahlen auf Sachkonten erfordert ebenfalls Belege.

Belege können auch durch Datenträgeraustausch oder durch Datenfernübertragung empfangen werden. Die Belegfunktion ist erfüllt, wenn die Vollständigkeit der Inhalte durch Kontrollsummen und Protokolle über empfangene und abgesandte Datenträger nachgewiesen werden kann.

Wird eine Buchung verändert, muß ihr ursprünglicher Inhalt durch Protokolle oder Fehlerlisten und Listen über durchgeführte Änderungen feststellbar bleiben. Die Änderungsnachweise sind aufzubewahren. Werden Daten vor dem Abschluß, vor der eigentlichen Verarbeitung, wegen offenbarer Unrichtigkeit geändert (z. B. Kontrolle der im Stapel erfaßten Geschäftsvorfälle vor der Buchung), braucht der ursprüngliche Inhalt nicht feststellbar zu sein.

11.6.6.6 Buchung

Für die Buchung gelten die allgemeinen GoB. Bei einer reinen Speicherbuchführung ist zusätzlich Tz. 3 der GoS zu beachten. Danach ist die verarbeitungsfähige Speicherung eines Geschäftsvorfalls dann gegeben, wenn nach der Organisation und Technik der Buchführung alle Voraussetzungen für eine endgültige Verarbeitung, insbesondere für die sach- und personenkontenmäßige Verbuchung, vorliegen und die Daten gegen eine unbefugte oder unkontrollierbare Veränderung gesichert sind.

Die allgemeinen Grundsätze darüber, bis zu welchem Zeitpunkt eine Buchung bei ordnungsmäßiger Buchführung vorzunehmen ist, gelten auch für die EDV.

11.6.6.7 Schlüsselverzeichnisse

Die Verwendung von Abkürzungen, Ziffern, Buchstaben, Symbolen entspricht den Grundsätzen ordnungsmäßiger Buchführung (§ 239 Abs. 1 Satz 2 HGB). Die Verzeichnisse solcher Abkürzungen sollten aus der Verfahrensdokumentation, aus Arbeitsanweisungen oder aus Organisationsanweisungen eindeutig hervorgehen. Die Buchführung ist auch ohne ein solches Verzeichnis ordnungsmäßig, wenn Abkürzungen aus sich selbst heraus verständlich sind.

11.6.6.8 Dokumentation

Die Dokumentation im Zusammenhang mit der EDV-Buchführung ist eine Sammlung von Unterlagen, die sicherstellen soll, daß die Buchführung innerhalb angemessener Zeit prüfbar ist (§ 145 Abs. 1 AO). Sie muß nach Umfang und Form so gestaltet sein, daß sie es einem sachverständigen Dritten ermöglicht, neben der herkömmlichen Einzelfallprüfung eine Prüfung der Richtigkeit und Vollständigkeit der Buchungen vom Verfahren her vorzunehmen. Deshalb heißt sie in Tz. 6 der GoS »Verfahrensdokumentation«. Sie ist die wichtigste Organisationsunterlage im Sinne der §§ 147 AO und 257 HGB und Kernstück der GoS.

Die Dokumentation ist **Dauerbeleg** für das Abrechnungsverfahren. Sie behandelt benutzerorientiert einen bestimmten EDV-gestützten Arbeitsablauf einschließlich der Beziehungen (Schnittstellen) zu anderen Arbeitsabläufen (Programmen). Sie ist **verbindlicher Nachweis** für die **mit Hilfe der EDV** durchzuführenden Arbeiten und die **außerhalb der EDV** notwendigen aufgabenbezogenen Tätigkeiten. Aus der Verfahrensdokumentation muß die zeitliche und sachliche Abgrenzung der jeweils eingesetzten Programmversion hervorgehen. Sie enthält in der Regel folgende Unterlagen:

- Problembeschreibung,
- Arbeitsanweisungen,
- Datenverzeichnis, Datenbeschreibungen,
- Formularmuster, Listen, Bilder, Bildschirmmasken,

- Schlüsselverzeichnisse,
- Verzeichnisse der organisatorischen Kontrollen,
- Verzeichnis sämtlicher Programme (Teilprogramme) mit Kenndaten,
- Programmbeschreibung,
- Programmprotokolle (Umwandlungslisten),
- Testunterlagen,
- Datensicherung, Archivierung,
- Verfahrens- und Programmänderungen.

Erläuterungen:

Umwandlungsliste:

Die Umwandlungsliste ist ein Protokoll über die Umwandlung des Programms aus dem Quellprogramm in die maschinenlesbare Sprache (Maschinenprogramm).

Der Programmierer codiert anhand eines Programmablaufplans das Programm in einer Programmiersprache, die sich meist englischer Wörter bedient. Das Ergebnis ist ein Quellprogramm, das in den Computer eingegeben wird und mit Hilfe eines Übersetzungsprogramms (Compiler oder Interpreter als Teil der Systemsoftware) in das Maschinenprogramm übersetzt wird. Das Übersetzungsprogramm meldet etwaige Fehler in dem vom Programmierer erstellten Quellprogramm.

Testunterlagen:

Das übersetzte Programm wird mit Testdaten, übersichtlichen und simulierten Buchungssätzen auf seine Funktionsfähigkeit getestet. Dabei werden absichtlich auch fehlerhafte Daten eingegeben, um zu prüfen, ob das Programm die Fehler erkennt und vor einer Verarbeitung solcher Daten warnt. Die Protokolle und Listen darüber sind ebenfalls aufzubewahren. Wichtig: Tests belegen, welche Fehler das Programm nicht macht bzw. erkennt. Grundsätzlich kann auch durch Programmtests nicht festgestellt werden, ob ein Programm in jedem Fall fehlerfrei arbeitet.

Datensicherung:

Daten müssen vor ungewollter und vorsätzlicher Zerstörung durch Feuer, Diebstahl und vor dem Einblick Unberechtigter geschützt werden. Die wichtigste Maßnahme zum Schutze vor Verlusten an Daten ist das Kopieren von Dateien und Programmen auf zusätzliche Disketten und deren sichere Aufbewahrung.

Die Daten müssen überprüfbar sein und sollten deshalb in regelmäßigen Abständen einer Revision unterzogen werden.

Ein wichtiges Dokument für die Prüfung ist das Programmprotokoll mit Umwandlungsliste und Übersetzungsliste (Quellprogramm und Maschinenprogramm) und den Testergebnissen. Zu den grundsätzlichen Bestandteilen einer GoS-gemäßen Dokumentation gehören damit auch Informationen, die zum Know-how des Software-Hauses gehören. Da auch diese Unterlagen bei einer Prüfung der Buchführung benötigt werden, muß der Hersteller im Software-Überlassungsvertrag zusichern, daß eine Programmbeschreibung, Programmprotokolle (Umwandlungslisten) und Programmänderungsprotokolle existieren, und berichten, welche weiteren Unterlagen im Rahmen einer Prüfung auch zusätzlich zur Verfügung gestellt werden können. Er muß sich gegenüber dem Anwender des Programms bereit erklären, einem Prüfer mit weiteren Auskünften zur Verfügung zu stehen. Ferner ist vertraglich zu regeln, daß der Softwarehersteller die nicht ausgelieferten Unterlagen entsprechend den gesetzlichen Forderungen aufbewahrt. Der Anwender kann sich als Buchführungspflichtiger bei einer mangelhaften oder fehlenden Dokumentation nicht auf die Zusicherungen des Herstellers berufen.

Die üblicherweise mit den Programmen ausgelieferten Bedienerhandbücher allein erfüllen in keinem Fall die Anforderungen an eine Verfahrensdokumentation, wie sie die Finanzbehörden in ihrem ADV-Merkblatt stellen.

Fragen zur Ordnungsmäßigkeit der EDV-Buchführung

1. Besteht ein Verzeichnis über die Auswertungen, die (a) als Vollausdruck, (b) regelmäßig nur verdichtet, (c) nur bei Bedarf (Speicherbuchführung) ausgegeben werden?
2. Auf welchen Bildträgern oder anderen Datenträgern werden welche Daten gesammelt? Liegen Datenträger und Dateiverzeichnisse vor?
3. Durch welche Maßnahmen ist sichergestellt, daß die Daten nicht vor Ablauf der Aufbewahrungsfrist verlorengehen?
4. Wer prüft regelmäßig bei Änderungen im Bereich der Hardware, Software, Manware die Auswirkungen auf die Möglichkeit der jederzeitigen Ausdruckbereitschaft des Buchführungswerkes innerhalb der Aufbewahrungsfristen?
5. Enthält die Verfahrensdokumentation die von den Fachverbänden geforderten Angaben?
6. Ist die Abwicklung aller programmgesteuerten Funktionsabläufe innerhalb angemessener Zeit mit Hilfe der Dokumentation darstellbar?

7. Ist eine permanente Kontrolle der ordnungsmäßigen Verarbeitung vorgesehen?
8. Liegt für die eingesetzten Standardprogramme das Zertifikat einer anerkannten Institution vor?

Industriekontenrahmen (IKR) – Neufassung 1986

(Für Ausbildungszwecke gekürzte Fassung)

Kontenklasse 0 – Immaterielle Vermögensgegenstände und Sachanlagen

00	**Ausstehende Einlagen** (auf das gezeichnete Kapital (§ 272 Abs. 1 Satz 2 HGB)
001	noch nicht eingeforderte Einlagen
002	eingeforderte Einlagen (§ 272 Abs. 1 HGB)
01	**Aufwendungen für die Ingangsetzung und Erweiterung des Geschäftsbetriebes** (§ 269 HGB)

Immaterielle Vermögensgegenstände (§ 248 Abs. 2 HGB)

02	**Konzessionen, gewerbliche Schutzrechte und ähnliche Rechte und Werte sowie Lizenzen an solchen Rechten und Werten**
03	**Geschäfts- oder Firmenwert**
031	Geschäfts- oder Firmenwert

Sachanlagen

05	**Grundstücke, grundstücksgleiche Rechte und Bauten einschließlich der Bauten auf Fremden Grundstücken**
050	unbebaute Grundstücke
051	bebaute Grundstücke
052	grundstücksgleiche Rechte
053	Betriebsgebäude
054	Verwaltungsgebäude
055	andere Bauten
056	Grundstückseinrichtungen
057	Gebäudeeinrichtungen
059	Wohngebäude

07 **technische Anlagen und Maschinen**
070 Anlagen und Maschinen der Energieversorgung
072 Anlagen und Maschinen der mechanischen Be- und Verarbeitung
075 Transportanlagen und ähnliche Betriebsvorrichtungen
079 geringwertige Anlagen und Maschinen
08 **andere Anlagen, Betriebs- und Geschäftsausstattung**
080 andere Anlagen
081 Werkstätteneinrichtung
082 Werkzeuge, Werksgeräte und Modelle, Prüf- und Meßmittel
083 Lager- und Transporteinrichtungen
084 Fuhrpark
085 sonstige Betriebsausstattung
086 Büromaschinen, Organisationsmittel und Kommunikationsanlagen
087 Büromöbel und sonstige Geschäftsausstattung
089 geringwerte Vermögensgegenstände der Betriebs- und Geschäftsausstattung
09 **geleistete Anzahlungen und Anlagen im Bau**
090 geleistete Anzahlungen auf Sachanlagen
095 Anlagen im Bau

Kontenklasse 1 – Finanzanlagen

110 Anteile an verbundenen Unternehmen (§ 271 Abs. 2 HGB)
120 Ausleihungen an verbundene Unternehmen
130 Beteiligungen (§ 271 Abs. 1 HGB und § 290 Abs. 1 HGB)
140 Ausleihungen an Unternehmen, mit denen ein Beteiligungsverhältnis besteht
15 **Wertpapiere des Anlagevermögens**
150 Stammaktien
151 Vorzugsaktien
152 Genußscheine
153 Investmentzertifikate
154 Gewinnobligationen
155 Wandelschuldverschreibungen
156 festverzinsliche Wertpapiere
158 Optionsscheine
16 **sonstige Ausleihungen** (Sonstige Finanzanlagen)
160 Genossenschaftsanteile (§ 271 Abs. 1 Satz 5 HGB)

165 Ausleihungen an Mitarbeiter, Organmitglieder und Gesellschafter (§§ 89 und 115 AktG, § 42 Abs. 3 GmbHG, § 285 Nr. 9 c HGB)

Kontenklasse 2 – Umlaufvermögen und aktive Rechnungsabgrenzung

Vorräte

20 **Roh-, Hilfs- und Betriebsstoffe**
200 Rohstoffe/Fertigungsmaterial
2001 Bezugskosten für Rohstoffe
2002 Nachlässe (aufgrund von Mängelrügen, Boni, Skonti)
201 Vorprodukte/Fremdbauteile
202 Hilfsstoffe
203 Betriebsstoffe

21 **unfertige Erzeugnisse, unfertige Leistungen**
210 unfertige Erzeugnisse
219 nicht abgerechnete Leistungen (unfertige Leistungen)

22 **fertige Erzeugnisse und Waren**
220 fertige Erzeugnisse
228 Waren (Handelswaren)

230 **geleistete Anzahlungen** auf Vorräte

Forderungen und sonstige Vermögensgegenstände

24 **Forderungen aus Lieferungen und Leistungen**
240 Forderungen aus Lieferungen und Leistungen
245 Wechselforderungen aus L. u. L. (Besitzwechsel)
248 Zweifelhafte Forderungen
249 Wertberichtigungen zu Forderungen aus L. u. L. (werden in der Bilanz aktivisch abgesetzt)
2491 Einzelwertberichtigungen
2492 Pauschalwertberichtigungen

Forderungen gegen verbundene Unternehmen

250 Forderungen aus L. u. L. gegen verbundene Unternehmen

Forderungen gegen Unternehmen, mit denen ein Beteiligungsverhältnis besteht

255 Forderungen aus L. u. L. (Beteiligungsverhältnis)

26 **sonstige Vermögensgegenstände**
260 anrechenbare Vorsteuer

262 bezahlte Einfuhrumsatzsteuer
263 sonstige Forderungen an Finanzbehörden
264 Forderungen an Sozialversicherungsträger
265 Forderungen an Mitarbeiter, Organmitglieder und Gesellschafter (§§ 89 und 115 AktG, § 42 Abs. 3 GmbHG, § 285 Nr. 9 c HGB)
266 Ansprüche auf Versicherungs- sowie Schadensersatzleistungen
268 eingefordertes, noch nicht eingezahltes Kapital

27 **Wertpapiere**
270 Anteile an verbundenen Unternehmen
271 eigene Anteile (§ 265 Abs. 3 Satz 2 HGB)

Sonstige Wertpapiere

272 Aktien
273 variabel verzinsliche Wertpapiere
274 festverzinsliche Wertpapiere
275 Finanzwechsel
278 Optionsscheine

28 **Flüssige Mittel**
280 Guthaben bei Kreditinstituten
285 Postgiroguthaben
286 Schecks
287 Bundesbank
288 Kasse
289 Nebenkassen

29 **Aktive Rechnungsabgrenzung** (§ 250 Abs. 1 u. 3 HGB)
290 Disagio (§ 268 Abs. 6 HGB)
291 Zölle und Verbrauchsteuern
293 andere aktive Posten der Jahresabgrenzung
295 aktive Steuerabgrenzung (§ 274 Abs. 2 HGB)
299 Nicht durch Eigenkapital gedeckter Fehlbetrag (§ 268 Abs. 3 HGB)

Kontenklasse 3 – Eigenkapital und Rückstellungen
Eigenkapital

300 Kapitalkonto/Gezeichnetes Kapital

Bei Kapitalgesellschaften:
300 Gezeichnetes Kapital (§ 272 Abs. 1 Satz 1 und § 283 HGB)
305 noch nicht eingeforderte Einlagen (§ 272 Abs. 1 HGB), soweit nicht unter Konto 001 bzw. 268 erfaßt

31 **Kapitalrücklage** (§ 272 Abs. 2 HGB)
311 Aufgeld aus der Ausgabe von Anteilen
312 Aufgeld aus der Ausgabe von Wandelschuldverschreibungen
313 Zahlung aus der Gewährung eines Vorzugs für Anteile
314 andere Zuzahlungen von Gesellschaftern in das Eigenkapital
318 eingeforderte Nachschüsse (§ 42 Abs. 2 GmbHG), soweit nicht unter Konto 268 erfaßt

32 **Gewinnrücklagen** (§ 272 Abs. 3 HGB)
321 gesetzliche Rücklagen (§ 150 AktG)
322 Rücklage für eigene Anteile (§ 272 Abs. 4 HGB)
323 satzungsmäßige Rücklagen
324 andere Gewinnrücklagen

33 Ergebnisverwendung (anstelle **Gewinnvortrag/Verlustvortrag** gem. § 266 Abs. 3 HGB – s. auch § 158 AktG)
331 Jahresergebnis (Jahresüberschuß/-fehlbetrag) des Vorjahres
332 Ergebnisvortrag aus früheren Perioden (§ 268 Abs. 1 HGB)
333 Entnahme aus der Kapitalrücklage
334 Veränderungen der Gewinnrücklagen vor Bilanzergebnis
335 Bilanzergebnis (Bilanzgewinn/Bilanzverlust)
336 Ergebnisausschüttung
339 Ergebnisverwendung auf neue Rechnung

34 **Jahresüberschuß/Jahresfehlbetrag**

35 **Sonderposten mit Rücklageanteil** (§§ 247 Abs. 3, 273, 281 HGB)

36 **Wertberichtigungen** (werden bei Kapitalgesellschaften aktivisch abgesetzt)

Rückstellungen

370 Rückstellungen für Pensionen und ähnliche Verpflichtungen
380 Steuerrückstellungen
390 sonstige Rückstellungen

Kontenklasse 4 – Verbindlichkeiten und passive Rechnungsabgrenzung

Verbindlichkeiten

410 Anleihen
420 Verbindlichkeiten gegenüber Kreditinstituten
430 Erhaltene Anzahlungen auf Bestellungen (§ 268 Abs. 5 Satz 2 HGB)
440 Verbindlichkeiten aus Lieferungen und Leistungen
450 Wechselverbindlichkeiten

460 Verbindlichkeiten gegenüber verbundenen Unternehmen

470 Verbindlichkeiten gegenüber Unternehmen, mit denen ein Beteiligungsverhältnis besteht

48 **sonstige Verbindlichkeiten**

480 Umsatzsteuer

483 sonstige Steuer-Verbindlichkeiten

484 Verbindlichkeiten gegenüber Sozialversicherungsträgern

485 Verbindlichkeiten gegenüber Mitarbeitern, Organmitgliedern und Gesellschaftern (§ 42 Abs. 3 GmbHG)

486 andere sonstige Verbindlichkeiten

4861 Verpflichtungen aus Schadensersatzleistungen

4862 erhaltene Kostenvorschüsse (soweit nicht Anzahlungen)

4863 erhaltene Kautionen

489 übrige sonstige Verbindlichkeiten

49 **Passive Rechnungsabgrenzung** (§ 250 Abs. 2 HGB)

Kontenklasse 5 – Erträge

50 **Umsatzerlöse** (§ 277 Abs. 1 HGB)

510 Umsatzerlöse für eigene Erzeugnisse u. Leistungen

515 Umsatzerlöse für Waren

Erlösberichtigungen

516 Skonti

517 Boni

518 andere Erlösberichtigungen

52 **Erhöhung oder Verminderung des Bestandes an unfertigen und fertigen Erzeugnissen**

521 Bestandsveränderungen an unfertigen Erzeugnissen und nicht abgerechneten Leistungen

522 Bestandsveränderungen an fertigen Erzeugnissen

525 zusätzliche Abschreibungen gem. § 253 Abs. 3 Satz 3 HGB (vgl. § 277 Abs. 3 Satz 1 HGB)

53 **andere aktivierte Eigenleistungen**

530 selbsterstellte Anlagen

539 sonstige andere aktivierte Eigenleistungen

54 **sonstige betriebliche Erträge**

540 Nebenerlöse

5401 – aus Vermietung und Verpachtung

5403 – aus Werksküche und Kantine

5404	– aus anderen Sozialeinrichtungen
5405	– aus Abgabe von Energien und Abfällen (soweit nicht Umsatzerlöse)
5406	– aus anderen Nebenbetrieben
541	sonstige Erlöse
5411	– aus Provisionen
5412	– aus Lizenzen
5413	– aus Veräußerung von Patenten
542	Eigenverbrauch (umsatzpfl. Lief. u. Leist. ohne Entgelt) (vergl. Konto 6935)
543	andere sonstige betriebliche Erträge
5431	empfangene Schadensersatzleistungen
5432	Schuldenerlaß
5433	Steuerbelastungen an Organgesellschaften
5434	Investitionszulagen
544	Erträge aus Werterhöhungen im Anlageverm. (§ 280 Abs. 1 HGB)
545	Erträge aus Werterhöhungen im Umlaufvermögen außer Vorräten und Wertpapieren (§ 280 Abs. 1 HGB)
5451	– aus Auflösung oder Herabsetzung der Einzelwertberichtigung
5452	– aus Auflösung oder Herabsetzung der Pauschalwertberichtigung
5454	– aus Kurserhöhungen bei Forderungen in Fremdwährung und Valutabeständen
546	Erträge aus dem Abgang von Vermögensgegenständen
5461	– immaterielle Vermögensgegenstände
5462	– Sachanlagen
5463	– Umlaufvermögen (soweit nicht unter anderen Erlösen)
547	Erträge aus der Auflösung von Sonderposten mit Rücklageanteil (§ 281 Abs. 2 HGB, s. auch Konto 697)
548	Erträge aus der Herabsetzung von Rückstellungen
549	periodenfremde Erträge (soweit nicht bei den betroffenen Ertragsarten zu erfassen)
5495	Zahlungseingänge auf abgeschriebene Forderungen
5496	andere periodenfremde Erträge
550	Erträge aus Beteiligungen
56	**Erträge aus anderen Wertpapieren und Ausleihungen des Finanzanlagevermögens**
560	Erträge von verbundenen Unternehmen aus anderen Wertpapieren und Ausleihungen des Anlagevermögens
5601	Zinsen und ähnliche Erträge
5602	Erträge aus Zuschreibungen zu anderen Wertpapieren

5603 Erträge aus dem Abgang von anderen Wertpapieren
565 Erträge aus nicht verbundenen Unternehmen aus anderen Wertpapieren und Ausleihungen des Anlagevermögens

57 **sonstige Zinsen und ähnliche Erträge**
570 sonstige Zinsen und ähnliche Erträge von verbundenen Unternehmen einschl. Erträgen aus Wertpapieren des Umlaufvermögens
571 Bankzinsen
573 Diskonterträge
575 Bürgschaftsprovisionen
576 Zinsen für Forderungen
577 Aufzinsungserträge
578 Zinsen aus Wertpapieren des Umlaufvermögens (soweit von nicht verbundenen Unternehmen)
5781 Zinsen und Dividenden aus Wertpapieren des UV
5782 zinsähnliche Erträge aus Wertpapieren des UV
5783 Erträge aus der Zuschreibung zu Wertpapieren des UV
5784 Erträge aus dem Abgang von Wertpapieren des UV

58 **außerordentliche Erträge** (§ 277 Abs. 4 HGB)

59 **Erträge aus Verlustübernahme**

Kontenklasse 6 – Betriebliche Aufwendungen
Materialaufwand

60 **Aufwendungen für Roh-, Hilfs- und Betriebsstoffe und für bezogene Waren**
600 Rohstoffe/Fertigungsmaterial
601 Vorprodukte/Fremdbauteile
602 Hilfsstoffe
603 Betriebsstoffe/Verbrauchswerkzeuge
604 Verpackungsmaterial
605 Energie
606 Reparaturmaterial u. Fremdinstandhaltung (s. auch Konto 616)
607 sonstiges Material
6071 Putz- und Pflegematerial
6072 Berufskleidung
6073 Lebensmittel und Kantinenwaren
6074 anderes sonstiges Material
608 Aufwendungen für Waren
609 Sonderabschreibungen auf Roh-, Hilfs- und Betriebsstoffe und auf bezogene Waren

61 **Aufwendungen für bezogene Leistungen**
610 Fremdleistungen für Erzeugnisse und andere Umsatzleistungen
611 Fremdleistungen für Auftragsgewinnung (bei Auftragsfertigung – soweit einzelnen Aufträgen zurechenbar)
612 Entwicklungs-, Versuchs- u. Konstruktionsarbeiten durch Dritte
613 weitere Fremdleistungen
6131 Fremdleistungen für Garantiearbeiten
6132 Leiharbeitskräfte für die Leistungserstellung
614 Frachten und Fremdlager (einschl. Vers. u. anderer Nebenkosten)
615 Vertriebsprovisionen (soweit nicht Konto 676)
616 Fremdinstandhaltung und Reparaturmaterial (sofern die Fremdinstandhaltung überwiegt (s. auch Konto 606)
617 sonstige Aufwendungen für bezogene Leistungen

Personalaufwand

62 **Löhne**
620 Löhne für geleistete Arbeitszeit einschl. tariflicher, vertraglicher oder arbeitsbedingter Zulagen
621 Löhne für andere Zeiten (Urlaub, Feiertage, Krankheit)
622 sonstige tarifliche oder vertragliche Aufwendungen
625 Sachbezüge
626 Vergütungen an gewerbliche Auszubildende

63 **Gehälter**
630 Gehälter einschließlich tariflicher, vertraglicher oder arbeitsbedingter Zulagen
632 sonstige tarifliche oder vertragliche Aufwendungen
633 freiwillige Zuwendungen
635 Sachbezüge
636 Vergütungen an kaufm./techn. Auszubildende

64 **Soziale Abgaben und Aufwendungen für Altersversorgung und für Unterstützung**

Soziale Abgaben

640 Arbeitgeberanteil zur Sozialversicherung (Lohnbereich)
641 Arbeitgeberanteil zur Sozialversicherung (Gehaltsbereich)
642 Beiträge zur Berufsgenossenschaft
643 sonstige soziale Abgaben (z. B. zum Pensionssicherungsverein)

Aufwendungen für Altersversorgung

644 gezahlte Betriebsrenten (einschl. Vorruhestandsgeld)
645 Veränderungen der Pensionsrückstellungen

646 Aufwendungen für Direktversicherungen
647 Zuweisungen an Pensions- und Unterstützungskassen
648 sonstige Aufwendungen für Altersversorgung

Aufwendung für Unterstützung

649 Beihilfen und Unterstützungsleistungen

65 **Abschreibungen**

650 Abschreibungen auf aktivierte Aufwendungen für Ingangsetzung und Erweiterung des Geschäftsbetriebs (§ 282 HGB)

651 Abschreibungen auf immaterielle Vermögensgegenstände des AV

Abschreibungen auf Sachanlagen

652 Abschreibungen auf Grundstücke und Gebäude
653 Abschreibungen auf technische Anlagen und Maschinen
654 Abschr. auf andere Anlagen, Betriebs- u. Geschäftsausstattung

Abschreib. auf UV, soweit diese die in der Kapitalgesellschaft üblichen Abschreibungen überschreiten

657 unübliche Abschreibungen auf Vorräte
658 unübl. Abschreib. auf Ford. und sonst. Vermögensgegenstände

sonstige betriebliche Aufwendungen

66 **sonstige Personalaufwendungen**
660 Aufwendungen für Personaleinstellung
661 Aufwendungen für übernommene Fahrtkosten
662 Aufwendungen für Werksarzt und Arbeitssicherheit
663 personenbezogene Versicherungen
664 Aufwendungen für Fort- und Weiterbildung
665 Aufwendungen für Dienstjubiläen
666 Aufwendungen für Belegschaftsveranstaltungen
667 Aufwendungen für Werksküche und sonstige Sozialeinrichtungen
668 Ausgleichsabgabe nach dem Schwerbehindertengesetz

67 **Aufwendungen für die Inanspruchnahme von Rechten und Diensten**
670 Mieten, Pachten, Erbbauzinsen
671 Leasing
672 Lizenzen und Konzessionen
673 Gebühren
674 Leiharbeitskräfte (soweit nicht unter Konto 6132)

675 Bankspesen, Kosten des Geldverkehrs u. d. Kapitalbeschaffung
676 Provisionen (soweit nicht bezog. Leist. unter 611 und 615)
677 Prüfung, Beratung, Rechtsschutz

68 **Aufwendungen für Kommunikation** (Dokumentation, Informatik, Reisen, Werbung)
680 Büromaterial und Drucksachen (sofern nicht unter 607)
681 Zeitungen und Fachliteratur
682 Post (Porto, Telefon und andere Postnetzdienste)
683 Sonstige Kommunikationsmittel
685 Reisekosten
686 Gästebewirtung und Repräsentation
687 Spenden (falls nicht Privatentnahme in Kontengruppe 30)
688 Werbung

69 **Aufwendungen für Beiträge und Sonstiges sowie Wertkorrekturen und periodenfremde Aufwendungen**
690 Versicherungsaufwendungen
692 Beiträge zu Wirtschaftsverbänden und Berufsvertretungen
693 andere sonstige betriebliche Aufwendungen
6931 Verluste aus Schadensfällen
6932 Forderungsverzicht
6935 Aufwendungen zu Eigenverbrauch (soweit nicht an anderer Stelle als Aufwand zu buchen)
695 Verluste aus Wertminderungen von Gegenständen des Umlaufvermögens (außer Vorräten und Wertpapieren)
6951 Abschreibungen auf Forderungen
6954 Kursverluste bei Ford. in Fremdwährung und Valutabeständen
696 Verluste aus dem Abgang von Vermögensgegenständen
6961 immaterielle Vermögensgegenstände
6962 Sachanlagen
6963 Umlaufvermögen (außer Vorräte und Wertpapiere)
697 Einstellungen in den Sonderposten mit Rücklageanteil
698 Zuführungen zu Rückstellungen
699 periodenfremde Aufwendungen (soweit nicht bei den betreffenden Aufwendungen zu erfassen; vgl. § 277 Abs. 4 Satz 3 HGB)

Kontenklasse 7 – Weitere Aufwendungen

70 Betriebliche Steuern **(sonstige Steuern)**
700 Gewerbekapitalsteuer
701 Vermögensteuer

702 Grundsteuer
703 Kraftfahrzeugsteuer
705 Wechselsteuer (entfällt zum 1. 1. 1992)
706 Gesellschaftssteuer (entfällt zum 1. 1. 1992)
707 Ausfuhrzölle
708 Verbrauchsteuern
709 sonstige betriebliche Steuern

74 **Abschreibungen auf Finanzanlagen und auf Wertpapiere des UV**
740 Abschreibungen auf Finanzanlagen
742 Abschreibungen auf Wertpapiere des Umlaufvermögens
745 Verluste aus dem Abgang von Finanzanlagen
746 Verluste aus dem Abgang von Wertpapieren des Umlaufvermögens

75 **Zinsen und ähnliche Aufwendungen**
750 Zinsen und ähnliche Aufwendungen an verbundene Unternehmen
751 Bankzinsen
752 Kredit- und Überziehungsprovisionen
753 Diskontaufwand
754 Abschreibung auf Disagio
755 Bürgschaftsprovisionen
756 Zinsen für Verbindlichkeiten
757 Abzinsungsbeträge
759 sonstige Zinsen und ähnliche Aufwendungen

76 **außerordentliche Aufwendungen** (vgl. § 277 Abs. 4 HGB)

77 **Steuern vom Einkommen und vom Ertrag**
770 Gewerbeertragsteuer
771 Körperschaftsteuer
772 Kapitalertragsteuer
775 latente Steuern (§ 274 HGB, vgl. Konto 385)

78 **sonstige Steuern** (soweit nicht unter Kontengruppe 70 erfaßt)

Kontenklasse 8 – Ergebnisrechnungen

80 **Eröffnung/Abschluß**
800 Eröffnungsbilanzkonto
801 Schlußbilanzkonto
802 GuV-Konto

Kontenklasse 9 – Kosten- und Leistungsrechnung (KLR)

In der Praxis wird die KLR tabellarisch durchgeführt.

Teil II:

Der Jahresabschluß

1 Begriff, Aufbau und Gliederung des Jahresabschlusses

Die Bilanz bildet den Schlußpunkt der Buchhaltung. Sie stellt am Ende eines Kalenderjahres oder am Ende eines vom Kalenderjahr abweichenden Wirtschaftsjahres (Geschäftsjahres) Vermögen und Kapital bzw. Aktiva und Passiva eines Unternehmens gegenüber (vgl. Teil I Punkt 2.4).

Die Passivseite der Bilanz zeigt die Herkunft des in der Unternehmung investierten Kapitals auf. Die Aktivseite enthält das Vermögen, das heißt die Verwendung des Kapitals, und gibt damit ein Bild der Investierung.

Für die Bilanz gilt stets die Gleichung: Aktiva = Passiva. Die doppelte Buchführung ist auf dieser Bilanzgleichung aufgebaut.

In Verbindung mit der Bilanz ist am Ende des Kalenderjahres oder am Ende eines vom Kalenderjahr abweichenden Wirtschaftsjahres (Geschäftsjahres) die Gewinn- und Verlustrechnung aufzustellen. Diese enthält eine Gegenüberstellung der Aufwendungen und der Erträge des Unternehmens. Der Saldo zwischen den Erträgen und den Aufwendungen gibt den Jahreserfolg (Gewinn oder Verlust) wieder. Dieser Saldo erscheint dann in einer Summe auch in der Bilanz.

Für die Nichtkapitalgesellschaften (Einzelunternehmen, Personenhandelsgesellschaften) bilden Bilanz und Gewinn- und Verlustrechnung alleine bereits den Jahresabschluß (§ 242 Abs. 3 HGB).

Der Jahresabschluß der Kapitalgesellschaften besteht demgegenüber nach § 242 Abs. 3 HGB i. V. m. § 264 Abs. 1 HGB aus:

- Bilanz
- Gewinn- und Verlustrechnung
- Anhang,

die eine Einheit bilden.

Der Jahresabschluß einer Kapitalgesellschaft wird durch einen sog. Lagebericht ergänzt. Während der Anhang einen integralen Bestandteil des Jahresabschlusses einer Kapitalgesellschaft darstellt, bildet der Lagebericht lediglich einen ergänzenden Bestandteil.

Konzerne haben darüber hinaus einen Konzernabschluß zu erstellen, der aus der Konzernbilanz, der Konzernerfolgsrechnung und dem Konzernanhang besteht (§ 297 Abs. 1 HGB). Der Jahresabschluß der Konzerne ist ebenfalls durch einen Konzernlagebericht zu ergänzen.

Der Jahresabschluß (in der Sprache der Praktiker: die Bilanz) ist ein Teilbereich des betrieblichen Rechnungswesens, das als weitere Teilgebiete noch die

- Kostenrechnung
- Betriebsstatistik
- Planungsrechnung

umfaßt. Dabei kommt dem Jahresabschluß als Teil eines entscheidungsorientierten Rechnungswesens in der Unternehmung eine besondere Bedeutung zu, da er, zumindest in einer Momentaufnahme, eine Gesamtschau über sämtliche Unternehmensbereiche (Beschaffung, Lagerung, Fertigung, Absatz, Verwaltung) liefert bzw. zu liefern vermag.

Der Jahresabschluß bildet daher das Objekt für eine Bilanzanalyse, die Grundlagen für die Absicherung bzw. Fundierung von strategischen und taktischen unternehmerischen Entscheidungen schaffen kann.

In der Bundesrepublik Deutschland ist als Gliederungsschema für die Bilanz der Kapitalgesellschaften die Kontoform mit in der Regel mehreren Spalten vorgeschrieben (§ 266 Abs. 1 HGB).

Für die Gewinn- und Verlustrechnung der Kapitalgesellschaften ist die Staffelform als Gliederungsschema gesetzlich zu beachten (§ 275 Abs. 1 HGB).

1.1 Der Jahresabschluß der Kapitalgesellschaften

Zu den Kapitalgesellschaften, die den Jahresabschluß als Trio (Bilanz, Gewinn- und Verlustrechnung, Anhang) nach den Vorschriften der §§ 264 ff. HGB aufstellen müssen, zählen:

- Aktiengesellschaften
- Kommanditgesellschaften auf Aktien
- Gesellschaften mit beschränkter Haftung

Die GmbH & Co KG gilt nicht als Kapitalgesellschaft, sondern als Personengesellschaft. Der Jahresabschluß der GmbH & Co KG besteht demnach nur aus Bilanz und GuV. Allerdings ist die Komplementär-GmbH einer GmbH & Co KG eine Kapitalgesellschaft, für die die spezifischen handelsrechtlichen Vorschriften über die Kapitalgesellschaften ebenfalls gelten.

Es ist davon auszugehen, daß der größte Teil der gegenwärtig 360 500 GmbHs (Stand 1987) künftig zwei Bilanzen, eine Handelsbilanz und eine Steuerbilanz, aufstellen wird.

1.1.1 Handelsbilanz

Der Jahresabschluß der Kapitalgesellschaften, der sich an das Management, die Gesellschafter, die Belegschaft, die Kreditinstitute, die Lieferanten, die Kunden, die interessierte Öffentlichkeit usw. wendet, wird als Handelsbilanz bezeichnet. Die rechtlichen Grundlagen für die Handelsbilanz finden sich im HGB. Das Handelsgesetzbuch enthält ein sogenanntes Rechnungslegungseinheitsgesetz, das zweigeteilt ist:

- Der erste Teil, der sogenannte Kaufmannsteil, der die §§ 238–263 HGB umfaßt, regelt die Minimalanforderungen, die an Buchführung und Bilanz zu stellen sind, für alle Rechtsformen.
- Der zweite Teil, der die §§ 264–335 HGB umfaßt, enthält die ergänzenden Rechnungslegungsvorschriften für alle Kapitalgesellschaften einschließlich der Konzerne.

Darüber hinaus finden sich zum handelsrechtlichen Jahresabschluß der GmbH noch ergänzende Vorschriften in den §§ 29, 33, 40, 41, 42, 42 a, 46, 52, 71, 79 und 82 GmbH-Gesetz.

Für die Aktiengesellschaften und für die Kommanditgesellschaften auf Aktien finden sich Sondervorschriften zur handelsrechtlichen Rechnungslegung in den §§ 150 AktG ff.

Für die eingetragenen Genossenschaften sind in den §§ 336–339 HGB ergänzende Rechnungslegungsvorschriften enthalten.

Nach § 243 Abs. 1 HGB ist der Jahresabschluß eines Unternehmens, unabhängig von der Rechtsform, nach den Grundsätzen ordnungsmäßiger Buchführung und Bilanzierung (GoB) aufzustellen. Diese für alle Kaufleute bestehende Verpflichtung wird durch zahlreiche Bilanzierungsgrundsätze im Kaufmannsteil des dritten Buches des HGB festgeschrieben. Selbstverständlich sind darüber hinaus in der Handelsbilanz, genau wie in der Steuerbilanz, auch die nichtkodifizierten GoB wie Handelsbräuche, Handelsrechtsprechung und ihre Kommentierung, Steuerrechtsprechung und ihre Kommentierung und Erkenntnisse der BWL zu beachten.

1.1.1.1 Bilanz

Für die handelsrechtliche Bilanz der Kapitalgesellschaften ist nach den §§ 246 Abs. 1 HGB und 266 HGB eine detaillierte Aufgliederung vorgesehen. Wie tief die Aufgliederung sein muß, hängt davon ab, welche Betriebsgröße die Kapitalgesellschaft aufweist. § 267 HGB unterscheidet drei Betriebsgrößenklassen, eine kleine, eine mittelgroße und eine große Kapitalgesellschaft. Maßgebend für die Einstufung in eine dieser drei Betriebsgrößenklassen ist, welche der folgenden Betriebsgrößenmerkmale an zwei aufeinanderfolgenden Abschlußstichtagen vorliegen:

Kleine Kapitalgesellschaften

Zwei der drei nachstehenden Betriebsgrößenmerkmale werden nicht überschritten:

Bilanzsumme	DM 3,9 Mio.
Umsatzerlöse (netto ohne Umsatzsteuer)	DM 8,0 Mio.
Beschäftigtenzahl bis (ohne Auszubildende)	50 im Jahresdurchschnitt

Mittelgroße Kapitalgesellschaften

Mindestens zwei der drei nachstehend aufgeführten Betriebsgrößenmerkmale der kleinen Kapitalgesellschaften werden überschritten, und mindestens zwei der drei Betriebsgrößenmerkmale der großen Kapitalgesellschaften werden unterschritten:

Bilanzsumme	DM 3,9 Mio. – DM 15,5 Mio.
Umsatzerlöse (netto ohne Umsatzsteuer)	DM 8,0 Mio. – DM 32,0 Mio.
Beschäftigtenzahl (ohne Auszubildende)	50–250 im Jahresdurchschnitt

Große Kapitalgesellschaften

Mindestens zwei der drei nachstehend aufgeführten Betriebsgrößenmerkmale werden überschritten:

Bilanzsumme	DM 15,5 Mio.
Umsatzerlöse (netto ohne Umsatzsteuer)	DM 32,0 Mio.
Beschäftigtenzahl über (ohne Auszubildende)	250 im Jahresdurchschnitt

Abb. 1 (S. 190 ff.) enthält das Bilanzgliederungsschema der großen Kapitalgesellschaften (§ 266 Abs. 2 und 3 HGB). Für die Bilanz der großen und mittelgroßen Kapitalgesellschaften gilt grundsätzlich eine dreispaltige Tiefengliederung, zum Beispiel:

Großbuchstabe:	A. Anlagevermögen
Römische Ziffer:	I. Immaterielle Vermögensgegenstände
Arabische Ziffer:	1. Konzessionen, gewerbliche Schutzrechte und ähnliche Rechte und Werte sowie Lizenzen an solchen Werten und Rechten

Zu jeder Bilanzposition muß der entsprechende Betrag des Vorjahres angegeben werden (§ 265 Abs. 2 HGB). Dies geschieht zweckmäßigerweise in einer zusätzlichen Zahlenspalte.

Der obligatorische Anlagenspiegel (§ 268 Abs. 2 HGB) kann entweder in der Bilanz oder im Anhang dargestellt werden.

Leerposten, das heißt solche Bilanzpositionen, für die im gesetzlichen Gliederungsschema zwar ein Posten vorgesehen ist, die aber weder im Geschäftsjahr noch im Vorjahr einen Betrag ausweisen, können weggelassen werden. Leerposten müssen hingegen aufgeführt werden (Angabe mit 0 DM bzw. mit – DM), wenn unter dieser Position im Vorjahr ein Betrag ausgewiesen wurde (§ 265 Abs. 8 HGB).

Das Gliederungsschema der kleinen Kapitalgesellschaften (**Abb. 2**) muß nur die Positionen unter den Großbuchstaben und den römischen Ziffern enthalten (§ 266 Abs. 1 Satz 3 HGB). Selbstverständlich kann jedoch auch die kleine Kapitalgesellschaft tiefer gliedern bzw. zum Beispiel das Gliederungsschema der großen Kapitalgesellschaft übernehmen.

Grundsätzlich kann jede Kapitalgesellschaft Gliederungsumfang und Gliederungstiefe des Bilanzgliederungsschemas erweitern, da § 266 HGB nur eine Mindestgliederung vorsieht. § 265 Abs. 5 HGB enthält ausdrücklich die Möglichkeit zur Erweiterung des Bilanzgliederungsschemas. Die Grenzen für eine solche Erweiterung von Gliederungsumfang und Gliederungstiefe sind durch den Bilanzierungsgrundsatz der Bilanzklarheit und Übersichtlichkeit im Rahmen der GoB gezogen.

Einzelunternehmen und Personenhandelsgesellschaften sind grundsätzlich nicht an das Gliederungsschema der Kapitalgesellschaften nach § 266 HGB gebunden. Der Mindestinhalt der Bilanz der Nichtkapitalgesellschaften ergibt sich aus § 247 HGB. Danach muß die Mindestgliederung der Bilanz auf der Aktivseite zwischen Anlagevermögen, Umlaufvermögen und Rechnungsabgrenzungsposten und auf der Passivseite zwischen Eigenkapital, Schulden und Rechnungsabgrenzung trennen. Es bleibt abzuwarten, inwieweit die Mindestgliederungsvorschriften für die Bilanz der Kapitalgesellschaften zu GoB auch für die Nichtkapitalgesellschaften werden.

Für folgende Wirtschaftszweige sind von dem gesetzlichen Gliederungsschema nach § 266 HGB abweichende spezielle Gliederungsschemata vorgeschrieben:

- Kreditinstitute
- Bausparkassen
- Wohnungsunternehmen
- Verkehrsunternehmen
- Versicherungsunternehmen

Abb. 1: Bilanzgliederungsschema § 266 HGB

Aktivseite	Passivseite
A. Ausstehende Einlagen – davon eingefordert: B. Aufwendungen für die Ingangsetzung und Erweiterung des Geschäftsbetriebs C. Anlagevermögen I. Immaterielle Vermögensgegenstände 1. Konzessionen, gewerbliche Schutzrechte und ähnliche Rechte und Werte sowie Lizenzen an solchen Rechten und Werten 2. Geschäfts- oder Firmenwert 3. geleistete Anzahlungen II. Sachanlagen 1. Grundstücke, grundstücksgleiche Rechte und Bauten einschließlich der Bauten auf fremden Grundstücken 2. technische Anlagen und Maschinen 3. andere Anlagen, Betriebs- und Geschäftsausstattung 4. geleistete Anzahlungen und Anlagen im Bau III. Finanzanlagen 1. Anteile an verbundenen Unternehmen 2. Ausleihungen an verbundene Unternehmen 3. Beteiligungen 4. Ausleihungen an Unternehmen, mit denen ein Beteiligungsverhältnis besteht	A. Eigenkapital I. Gezeichnetes Kapital II. Kapitalrücklage III. Gewinnrücklagen 1. gesetzliche Rücklage 2. Rücklage für eigene Anteile 3. satzungsmäßige Rücklagen 4. andere Rücklagen IV. Gewinnvortrag/Verlustvortrag V. Jahresüberschuß/Jahresfehlbetrag B. Sonderposten mit Rücklageanteil C. Rückstellungen 1. Rückstellungen für Pensionen und ähnliche Verpflichtungen 2. Steuerrückstellungen 3. Rückstellung für latente Steuern 4. Sonstige Rückstellungen D. Verbindlichkeiten 1. Anleihen – davon konvertibel: – davon Restlaufzeit bis zu 1 Jahr: 2. Verbindlichkeiten gegenüber Kreditinstituten – davon Restlaufzeit bis zu 1 Jahr: 3. erhaltene Anzahlungen auf Bestellungen 4. Verbindlichkeiten aus Lieferungen und Leistungen – davon Restlaufzeit bis zu 1 Jahr: 5. Verbindlichkeiten aus der Annahme gezogener

Aktivseite	Passivseite
5. Wertpapiere des Anlagevermögens	Wechsel und der Ausstellung eigener Wechsel
6. sonstige Ausleihungen	– davon Restlaufzeit bis zu 1 Jahr:
– Von den Ausleihungen Nummern 2, 4 und 6 sind durch Grundpfandrechte gesichert:	6. Verbindlichkeiten gegenüber verbundenen Unternehmen
	– davon Restlaufzeit bis zu 1 Jahr:
D. Umlaufvermögen	7. Verbindlichkeiten gegenüber Unternehmen, mit denen ein Beteiligungsverhältnis besteht
I. Vorräte	
1. Roh-, Hilfs- und Betriebsstoffe	– davon Restlaufzeit bis zu 1 Jahr:
2. unfertige Erzeugnisse	
3. fertige Erzeugnisse und Waren	8. sonstige Verbindlichkeiten
4. geleistete Anzahlungen	– davon aus Steuern:
II. Forderungen und sonstige Vermögensgegenstände	– davon im Rahmen der sozialen Sicherheit:
1. Forderungen aus Lieferungen und Leistungen	– davon Restlaufzeit bis zu 1 Jahr:
– davon mit einer Restlaufzeit von mehr als 1 Jahr:	E. Rechnungsabgrenzungsposten
2. Forderungen gegen verbundene Unternehmen	
– davon mit einer Restlaufzeit von mehr als 1 Jahr	
3. Forderungen gegen Unternehmen, mit denen ein Beteiligungsverhältnis besteht	
– davon mit einer Restlaufzeit von mehr als 1 Jahr:	
4. sonstige Vermögensgegenstände	
III. Wertpapiere	
1. Anteile an verbundenen Unternehmen	
2. eigene Anteile	
3. sonstige Wertpapiere	

Aktivseite	Passivseite
IV. Flüssige Mittel Schecks, Kassenbestand, Bundesbank- und Postscheckguthaben, Guthaben bei Kreditinstituten	
E. Rechnungsabgrenzungsposten I. Abgrenzungsposten für latente Steuern II. sonstige Rechnungsabgrenzungsposten	

Dieses Gliederungsschema entspricht § 266 Abs. 2 und 3 HGB.

Für das nicht eingezahlte Kapital wurde die aktivische Ausweisform (§ 272 Abs. 1 Satz 2) gewählt.

Kleine Kapitalgesellschaften brauchen nur die mit Buchstaben und römischen Ziffern versehenen Positionen anzugeben, mittelgroße Kapitalgesellschaften darüber hinaus die kursiv gedruckten arabischen Positionen. Die Position C. 3. auf der Passivseite ist jedoch stets separat auszuweisen.

Abb. 2: Gliederung der aufzustellenden und offenzulegenden Bilanz der kleinen Kapitalgesellschaft

Aktivseite	Passivseite
Ausstehende Einlagen – davon eingefordert – Aufwendungen für die Ingangsetzung und Erweiterung des Geschäftsbetriebs	A. Eigenkapital I. Gezeichnetes Kapital II. Kapitalrücklage III. Gewinnrücklage IV. Gewinnvortrag/Verlustvortrag V. Jahresüberschuß/Fehlbetrag
A. Anlagevermögen I. Immaterielle Vermögensgegenstände II. Sachanlagen III. Finanzanlagen	Sonderposten mit Rücklageanteil B. Rückstellungen C. Verbindlichkeiten D. Rechnungsabgrenzungsposten

Aktivseite	Passivseite
B. Umlaufvermögen	
I. Vorräte	
II. Forderungen und sonstige Vermögensgegenstände	
III. Wertpapiere	
IV. Schecks, Kassenbestand, Bundesbank- und Postgiroguthaben, Guthaben bei Kreditinstituten	
C. Rechnungsabgrenzungsposten	
Abgrenzung für latente Steuern	
Nicht durch Eigenkapital gedeckter Fehlbetrag	

1.1.1.2 Gewinn- und Verlustrechnung

Die in der GuV ausgewiesenen Periodenerfolgsveränderungen stellen immer Eigenkapitalveränderungen dar.

Der Jahresüberschuß oder Jahresfehlbetrag wird aus der Gewinn- und Verlustrechnung in die Bilanz übernommen. Falls die Bilanz erst nach vollständiger oder teilweiser Zuführung des Jahresüberschusses in die Rücklagen erstellt wird, erscheint im Gliederungsschema der Bilanz als Erfolgsgröße der Bilanzgewinn bzw. der Bilanzverlust (§ 268 Abs. 1 HGB).

Die detaillierte Unterteilung des Jahresüberschusses oder Jahresfehlbetrages in die Ertrags- und Aufwandsarten ergibt sich aus der Gewinn- und Verlustrechnung. Damit gewinnt der Bilanzleser einen Einblick in die Ertragslage eines Unternehmens.

Für Kapitalgesellschaften ist grundsätzlich die Staffelform als Gliederungsschema vorgeschrieben (§ 275 Abs. 1 HGB). Bei der Staffelform können sachlich zusammengehörige Aufwands- und Ertragspositionen zusammengefaßt und jeweilige Zwischensummen (z. B. Betriebsergebnis, Finanzergebnis, Geschäftsergebnis, außerordentliches Ergebnis) ausgewiesen werden.

Grundsätzlich kann die Kapitalgesellschaft zwischen dem Gliederungsschema nach dem Gesamtkostenverfahren und dem Umsatzkostenverfahren wählen (§ 275 Abs. 1 HGB).

Das **Gesamtkostenverfahren** (Produktionsrechnung) ist dadurch charakterisiert, daß auf der Ertragsseite

die Umsatzerlöse, bewertet zu den Verkaufspreisen
\+ die Bestandsmehrungen, bewertet zu Herstellungskosten
\+ die anderen aktivierten Eigenleistungen, bewertet zu Herstellungskosten
= Gesamtleistung

ausgewiesen werden. Dieser Gesamtleistung auf der Ertragsseite stehen auf der Aufwandsseite sämtliche im Geschäftsjahr entstandenen Aufwendungen, gegliedert nach den Aufwandsarten

- Materialaufwand
- Personalaufwand
- Abschreibungen
- Sonstige betriebliche Aufwendungen

gegenüber **(Abb. 3).**

Abb. 3: Gliederungsschema der Gewinn- und Verlustrechnung bei Anwendung des Gesamtkostenverfahrens (§ 275 Abs. 2 HGB):

1. Umsatzerlöse
2. Erhöhung oder Verminderung des Bestandes an fertigen und unfertigen Erzeugnissen
3. andere aktivierte Eigenleistungen
4. sonstige betriebliche Erträge
5. Materialaufwand:
   a) Aufwendungen für Roh-, Hilfs- und Betriebsstoffe und für bezogene Waren
   b) Aufwendungen für bezogene Leistungen
6. Personalaufwand:
   a) Löhne und Gehälter
   b) soziale Abgaben und Aufwendungen für Altersversorgung und für Unterstützung, davon für Altersversorgung
7. Abschreibungen:
   a) auf immaterielle Vermögensgegenstände **des Anlagevermögens** und Sachanlagen sowie auf aktivierte Aufwendungen für die Ingangsetzung und Erweiterung des Geschäftsbetriebs
   b) auf Vermögensgegenstände des Umlaufvermögens, soweit diese die in der Kapitalgesellschaft üblichen Abschreibungen überschreiten

8. sonstige betriebliche Aufwendungen
9. Erträge aus Beteiligungen
   davon aus verbundenen Unternehmen
10. Erträge aus Wertpapieren, Ausleihungen und sonstigen Finanzanlagen
    davon aus verbundenen Unternehmen
11. sonstige Zinsen und ähnliche Erträge
    davon aus verbundenen Unternehmen
12. Abschreibungen auf Finanzanlagen und auf Wertpapiere des Umlaufvermögens
13. Zinsen und ähnliche Aufwendungen
    davon an verbundene Unternehmen
14. Ergebnis der gewöhnlichen Geschäftstätigkeit
15. außerordentliche Erträge
16. außerordentliche Aufwendungen
17. außerordentliches Ergebnis
18. Steuern vom Einkommen und vom Ertrag
19. sonstige Steuern
20. Jahresüberschuß/Jahresfehlbetrag

Demgegenüber werden bei dem **Umsatzkostenverfahren** (Umsatzrechnung) von den Umsatzerlösen der in dem Geschäftsjahr verkauften Produkte die Herstellungskosten der zur Erzielung der Umsatzerlöse erbrachten Leistungen abgesetzt **(Abb. 4).** Die Bestandsmehrungen bei den unfertigen und fertigen Erzeugnissen sowie die selbsterstellten Anlagen werden in der Gewinn- und Verlustrechnung nach dem Umsatzkostenverfahren ebensowenig ausgewiesen, wie die für sie angefallenen Aufwendungen. Sie erscheinen nur in der Bilanz. Eine Erfolgswirkung, das heißt eine Wirkung auf das Jahresergebnis liegt insoweit nicht vor. Aufwendungen und Leistungen heben sich gegenseitig auf (Buchungsbeispiel: Fertigerzeugnisse (Schlußbilanzkonto) an Personalaufwendungen/Materialaufwendungen).

Während bei dem Gesamtkostenverfahren die Aufwendungen nach Aufwandsarten (ursprüngliche Kostenarten) gegliedert werden, erfolgt bei dem Umsatzkostenverfahren eine Gliederung der Aufwendungen nach Funktionsbereichen:

- Herstellung
- Vertrieb
- Allgemeine Verwaltung
- (Forschung und Entwicklung)

Das Gesamtkostenverfahren zeigt, woher (Aufwandsart) der jeweilige Aufwand stammt, während das Umsatzkostenverfahren deutlich macht, wofür (Funktionsbereiche) ein Unternehmer Kosten aufgewandt hat.

Ab dem Betriebsergebnis sind beide Verfahren identisch. Selbstverständlich ist auch das Jahresergebnis, das heißt der Jahresüberschuß oder Jahresfehlbetrag, bei beiden Verfahren identisch.

Die Wahl zwischen dem Gliederungsschema nach dem Gesamtkostenverfahren und dem Umsatzkostenverfahren stellt für das Management eine **strategische Entscheidung** dar. Hierbei sind unter anderem folgende Gesichtspunkte zu berücksichtigen:

- Die Gewinn- und Verlustrechnung nach dem Gesamtkostenverfahren ist problemlos aus der Finanzbuchhaltung (Kontenpläne) abzuleiten.
- Bei der Gewinn- und Verlustrechnung nach dem Umsatzkostenverfahren sind die betrieblichen Aufwendungen nach den Funktionsbereichen Herstellung, Vertrieb, allgemeine Verwaltung und evtl. Forschung und Entwicklung zu gliedern. Aus diesem Grunde muß bei Durchführung des Umsatzkostenverfahrens eine Kostenstellen- und Kostenträgerrechnung zur Verfügung stehen. Nur wenn die Kapitalgesellschaft eine Kostenstellenrechnung besitzt, kann sie die Aufwandsarten auf die vorgenannten Funktionsbereiche zuordnen.

Abb. 4: Gliederungsschema der Gewinn- und Verlustrechnung bei Anwendung des Umsatzkostenverfahrens (§ 275 Abs. 3 HGB)

1. Umsatzerlöse
2. Herstellungskosten der zur Erzielung der Umsatzerlöse erbrachten Leistungen
3. Bruttoergebnis vom Umsatz
4. Vertriebskosten
5. allgemeine Verwaltungskosten
6. sonstige betriebliche Erträge
7. sonstige betriebliche Aufwendungen
8. Erträge aus Beteiligungen,
   davon aus verbundenen Unternehmen
9. Erträge aus Wertpapieren, Ausleihungen und sonstigen Finanzanlagen,
   davon aus verbundenen Unternehmen
10. sonstige Zinsen und ähnliche Erträge,
    davon aus verbundenen Unternehmen
11. Abschreibungen auf Finanzanlagen und auf Wertpapiere des Umlaufvermögens

12. Zinsen und ähnliche Aufwendungen,
    davon an verbundene Unternehmen
13. Ergebnis der gewöhnlichen Geschäftstätigkeit
14. außerordentliche Erträge
15. außerordentliche Aufwendungen
16. außerordentliches Ergebnis
17. Steuern vom Einkommen und Ertrag
18. sonstige Steuern
19. Jahresüberschuß/Jahresfehlbetrag

- Das Gliederungsschema der Gewinn- und Verlustrechnung nach dem Gesamtkostenverfahren ist einfacher zu handhaben als das Gliederungsschema nach dem Umsatzkostenverfahren, da eine unmittelbare Herleitung aus der Finanzbuchhaltung keine größeren Probleme aufwirft. Bei Anwendung des Umsatzkostenverfahrens hingegen müssen die Betriebsabrechnungen (Kostenstellen- und Kostenträgerrechnung) und die Gewinn- und Verlustrechnung miteinander verzahnt werden. Daraus resultieren zahlreiche Probleme, da die Betriebsabrechnung für andere Zwecke und nach anderen Gesetzmäßigkeiten aufgestellt wird, als sie für die Gewinn- und Verlustrechnung gelten.
- Für Kapitalgesellschaften, die international operieren, bietet das Gliederungsschema nach dem Umsatzkostenverfahren insoweit Vorteile, als zum Beispiel die angloamerikanischen Unternehmen fast ausschließlich das Umsatzkostenverfahren praktizieren.

Selbstverständlich können auch die Einzelunternehmen und Personenhandelsgesellschaften frei zwischen dem Gliederungsschema nach dem Gesamtkostenverfahren oder Umsatzkostenverfahren wählen, da beide Schemata den GoB entsprechen.

In bezug auf die beiden Gliederungsschemata der Gewinn- und Verlustrechnung gelten folgende **allgemeine Grundsätze:**

- Das Gliederungsschema ist zu ergänzen, wenn Erträge und Aufwendungen aus Verlustübernahme bzw. erhaltene oder abgeführte Gewinne aufgrund einer Gewinngemeinschaft, eines Gewinnabführungsvertrages oder eines Teilgewinnabführungsvertrages vorliegen. Diese Beträge sind in dem Gliederungsschema jeweils gesondert unter entsprechender Bezeichnung auszuweisen (§ 277 Abs. 3 HGB). So werden zum Beispiel erhaltene Erträge aufgrund einer Gewinngemeinschaft in dem Gliederungsschema nach dem Gesamtkostenverfahren unmittelbar nach der Position 9. »Erträge aus Beteiligungen«

unter der neu eingefügten Position 10. »Erträge aus Gewinngemeinschaft« ausgewiesen. In dem Gliederungsschema nach dem Umsatzkostenverfahren ist es die neu eingefügte Position 9., unter der solche Erträge ausgewiesen werden.

- Die Aufwendungen aus Verlustübernahme sind in dem Gliederungsschema nach dem Gesamtkostenverfahren unmittelbar nach der Position 12. »Abschreibungen auf Finanzanlagen und Wertpapiere des Umlaufvermögens« unter der neu eingefügten Position 13. »Aufwendungen aus Verlustübernahme« auszuweisen. In dem Gliederungsschema nach dem Umsatzkostenverfahren ist es die neu eingefügte Position 12., unter der solche Verluste ausgewiesen werden.
- Leerpositionen brauchen auch in der Gewinn- und Verlustrechnung nicht ausgewiesen zu werden, es sei denn, daß im Vorjahr unter diesen Posten Beträge ausgewiesen wurden (§ 265 Abs. 8 HGB).
- Zu jeder Position der Gewinn- und Verlustrechnung sind die Vorjahreszahlen anzugeben.
- Die Gliederungsschemata der Gewinn- und Verlustrechnung verlangen die Einhaltung des Bruttoprinzips. Ertrags- und Aufwandsteile dürfen nicht saldiert werden. Alle Größen sind einzeln und in voller Höhe anzugeben (§ 246 Abs. 2 HGB).
- Außerplanmäßige Abschreibungen auf Vermögensgegenstände des Anlagevermögens (§ 253 Abs. 2 Satz 3 HGB) sind in der Gewinn- und Verlustrechnung unter der Position 7. (Gesamtkostenverfahren) entweder unter einem gesonderten Buchstaben nach der Position 7 a. auszuweisen oder im Anhang anzugeben (§ 277 Abs. 3 Satz 1 HGB).
- Ebenso sind außerplanmäßige Abschreibungen auf Vermögensgegenstände des Umlaufvermögens auf den sogenannten nahen Zukunftswert zum Ausgleich von Wertschwankungen in der Gewinn- und Verlustrechnung unter einem besonderen Buchstaben nach der Position 7 b. (oder im Anhang) auszuweisen.

Die Gewinn- und Verlustrechnung hat sowohl nach dem Gesamtkostenverfahren als auch nach dem Umsatzkostenverfahren die Aufgabe, das Jahresergebnis auf Erfolgsquellen bzw. Erfolgsbereiche aufzuteilen. Nach § 275 HGB werden die drei folgenden Erfolgsbereiche unterschieden:

- Betriebsergebnis
- Finanzergebnis
- außerordentliches Ergebnis

Das Betriebsergebnis und das Finanzergebnis werden zu dem Ergebnis der gewöhnlichen Geschäftstätigkeit zusammengefaßt, das von dem außerordentlichen Ergebnis abgegrenzt wird.

Mit der Erfolgsspaltung, das heißt der Abgrenzung des Ergebnisses der gewöhnlichen Geschäftstätigkeit von dem außerordentlichen Ergebnis, folgt man in der Gewinn- und Verlustrechnung dem neuen Handelsrecht angloamerikanischer Bilanzierungspraxis. Aufwendungen und Erträge sind nur dann außerordentlich, wenn sie

- betriebsfremd und
- selten

sind (§ 277 Abs. 4 HGB).

Unter Berücksichtigung dieser Abgrenzungskriterien sind nur noch ganz wenige Geschäftsvorfälle oder Ereignisse vorstellbar, die außerhalb der gewöhnlichen Geschäftstätigkeit liegen und damit dem außerordentlichen Ergebnis zugeordnet werden müssen. Außerordentliche Aufwendungen bzw. Erträge sind zum Beispiel:

- Die Veräußerung von Beteiligungen, von Wertpapieren des Anlagevermögens oder von Grundstücken, die nicht dem wirtschaftlichen Betrieb der Kapitalgesellschaften dienen
- Schenkungen und verlorene Zuschüsse, die die Kapitalgesellschaft gegeben oder erhalten hat, um einen Jahresfehlbetrag auszugleichen
- Geldbußen, wenn sie wesentlich und ungewöhnlich sind (zum Beispiel Geldbußen wegen Kartellbildung)
- Zuschreibungen aufgrund einer Betriebsprüfung
- Aufgabe eines ganzen Geschäftszweiges
- Enteignungen
- Verluste aus nichtgedeckten großen Schadensfällen

In bezug auf die Gewinn- und Verlustrechnung ergeben sich eine Reihe von offenen Zuordnungsfragen: So stellen die sogenannten Kostensteuern (z. B. Gewerbesteuer) eigentlich Sonstige betriebliche Aufwendungen dar (Position 8. oder Position 7. in den Gliederungsschemata). Die Kapitalgesellschaft kann jedoch diese Kostensteuern auch in Position 19. oder 18. »Sonstige Steuern« erfassen.

Unter der Position 5 b. »Aufwendungen für bezogene Leistungen« werden die in die Fertigung eingehenden Fremdleistungen erfaßt. Unter dieser Position 5 b. können jedoch auch solche Fremdleistungen subsumiert werden, die sich an den Herstellungsprozeß bis zum Übergang an den Kunden anschließen, zum Beispiel Fremdlagerkosten, Auslieferungsfrachten, Vertreterprovision.

In der Gewinn- und Verlustrechnung bildet der Jahresüberschuß oder der Jahresfehlbetrag die letzte Position im Gliederungsschema. Die Überleitung vom Jahresergebnis zum Bilanzgewinn oder Bilanzverlust ist für die Aktiengesellschaften in § 158 Abs. 1 AktG wie folgt geregelt:

20. Jahresüberschuß/Jahresfehlbetrag
21. Gewinnvortrag/Verlustvortrag aus dem Vorjahr
22. Entnahmen aus der Kapitalrücklage
23. Entnahmen aus Gewinnrücklagen
    a) aus der gesetzlichen Rücklage
    b) aus der Rücklage für eigene Aktien
    c) aus satzungsmäßigen Rücklagen
    d) aus anderen Gewinnrücklagen
24. Einstellungen in Gewinnrücklagen
    a) in die gesetzliche Rücklage
    b) in die Rücklage für eigene Aktien
    d) in satzungsmäßige Rücklagen
    d) in andere Gewinnrücklagen
25. Bilanzgewinn/Bilanzverlust

Die GmbHs können sich diese gesetzliche Regelung für die Aktiengesellschaften zu eigen machen und in gleicher Weise verfahren. Dadurch wird vermieden, daß die Bilanz und die Gewinn- und Verlustrechnung in bezug auf die Darstellung der Ergebnisverwendung wie zwei unabhängige Rechenwerke nebeneinander stehen.

Grundsätzlich können die GmbHs die Ergebnisverwendung entweder

- in der Bilanz (§ 268 Abs. 1 HGB) oder
- in der Gewinn- und Verlustrechnung (§ 275 Abs. 4 HGB) oder
- im Anhang (§ 325 Abs. 1 HGB)

darstellen und veröffentlichen.

1.1.1.3 Anhang

Der Jahresabschluß umfaßt als dritten integralen Bestandteil, gleichberechtigt neben Bilanz- und Gewinn- und Verlustrechnung, den Anhang (§ 264 Abs. 1 HGB). Aufgabe des Anhangs ist es, die Bilanz und die Gewinn- und Verlustrechnung zu erläutern und ergänzende Informationen über die Vermögens-, Finanz- und Ertragslage einer Kapitalgesellschaft zu liefern. In der angloamerikanischen Bilanzierungspaxis hat der Anhang in etwa den zehnfachen Umfang von Bilanz und Gewinn- und Verlustrechnung zusammengenommen aufzuweisen. Nach HGB sind je nach Betriebsgröße bis zu 70 Einzelangaben notwendig, so daß davon auszugehen ist, daß auch nach deutschem Bilanzrecht der Anhang einen relativ großen Umfang aufweisen wird.

Der spezielle Teil des HGB, der die Rechnungslegungsvorschriften der Kapitalgesellschaft beinhaltet, enthält folgende Vorschriften, die direkt den Anhang betreffen:

- **§ 284 HGB:** Erläuterungen der Bilanz und der Gewinn- und Verlustrechnung
- **§ 285 HGB:** Sonstige Pflichtangaben
- **§ 286 HGB:** Unterlassen von Angaben
- **§ 287 HGB:** Aufstellung des Anteilsbesitzes
- **§ 288 HGB:** Größenabhängige Erleichterungen
- **§ 284 HGB:** Angaben, die wahlweise in der Bilanz bzw. Gewinn- und Verlustrechnung oder im Anhang aufgeführt werden können

Neben diesen speziellen Anhangvorschriften finden sich im Gesetz verstreut zahlreiche Bilanzierungs-, Bewertungs- und Angabevorschriften, die ebenfalls den Anhang betreffen. Hierunter fallen zum Beispiel:

- **§ 265 Abs. 3 HGB:** Mitzugehörigkeit eines Bilanzpostens
- **§ 268 Abs. 1 HGB:** Gewinn- oder Verlustvortrag
- **§ 268 Abs. 2 HGB:** Anlagegitter
- **§ 268 Abs. 7 HGB:** Haftungsverhältnisse
- **§ 273 Satz 2 HGB:** Sonderposten mit Rücklageanteil
- **§ 277 Abs. 3 HGB:** Außerplanmäßige Abschreibungen
- **§ 281 Abs. 1 HGB:** Rechtsvorschriften für Sonderposten mit Rücklageanteil
- **§ 281 Abs. 2 HGB:** Geschäftsjahresabschreibungen

Wie bereits ausgeführt, kommen für eine Kapitalgesellschaft je nach Betriebsgröße unter Umständen 70 Einzelangaben in bezug auf den Anhang in Frage. Für die Kapitalgesellschaft ergibt sich die Notwendigkeit, sämtliche der 70 Anhangangaben zu prüfen, um entscheiden zu können, welche dieser Vorschriften bei der Aufstellung des Anhangs zutreffen.

Es gibt kein verbindliches Gliederungsschema für die Gestaltung des Anhangs. Die Kapitalgesellschaft hat demnach weitgehende freie Hand, wie sie den Anhang gliedert bzw. strukturiert. Es muß allerdings der Grundsatz der Darstellungsstetigkeit eingehalten werden, der auch für den Anhang gilt (§ 252 Abs. 1 Nr. 6 und Abs. 2 HGB).

Der folgende Gliederungsvorschlag ist eine der zahlreichen in der Literatur diskutierten Möglichkeiten, den Anhang zu strukturieren:

A. Allgemeine Erläuterungen
   In diesem Teil des Anhangs werden die Angaben gemacht, die sich mit Änderungen der Darstellung des Jahresabschlusses und mit Fragen von evtl. Störungen der Vergleichbarkeit zweier aufeinanderfolgender Jahresabschlüsse befassen.

B. Angaben zur Aktivseite der Bilanz

C. Angaben zur Passivseite der Bilanz

D. Angaben zur Gewinn- und Verlustrechnung

E. Ergänzende Angaben und Erläuterungen
   In diesem Teil des Anhangs werden die Anhangvorschriften berücksichtigt, die eine Berichtspflicht über Tatbestände auslösen, die über die Bilanz und die Gewinn- und Verlustrechnung hinausgehen.

Die Kapitalgesellschaft kann auf freiwilliger Basis den Anhang zum Beispiel auch noch durch eine Kapitalflußrechnung, eine Wertschöpfungsrechnung oder einen Sozialbericht ergänzen.

Kleine Kapitalgesellschaften brauchen bei der Aufstellung des Anhangs eine Reihe von Anhangangaben nicht zu machen. Bei der Veröffentlichung des Anhangs brauchen die kleinen Kapitalgesellschaften die die Gewinn- und Verlustrechnung betreffenden Angaben nicht aufzuführen.

Kapitalgesellschaften, die in bezug auf den Anhang

- Vorschriften bei der Aufstellung verletzen (§ 334 HGB) oder
- die Verhältnisse der Kapitalgesellschaft unrichtig wiedergeben (§ 331 HGB),

müssen mit Geldbußen bis zu DM 5 000 rechnen.

Auch Genossenschaften sind gesetzlich verpflichtet, einen Anhang aufzustellen (§ 336 HGB).

Unternehmen, die nach dem Publizitätsgesetz zur Rechnungslegung und Veröffentlichung verpflichtet sind (§§ 1 und 9 PublG), müssen einen Anhang dann erstellen, wenn sie nicht in den Rechtsformen der Personenhandelsgesellschaft oder des Einzelkaufmanns geführt werden (§ 5 Abs. 2 PublG). Solche Unternehmen sind zum Beispiel Vereine mit wirtschaftlichem Geschäftsbetrieb, bergrechtliche Gewerkschaftskammern, bestimmte Körperschaften, Stiftungen und Anstalten des öffentlichen Rechts.

1.1.1.4 Lagebericht

Kapitalgesellschaften sind nach § 264 Abs. 1 HGB verpflichtet, einen Lagebericht aufzustellen. Die mittelgroßen und die großen Kapitalgesellschaften müssen den Lagebericht veröffentlichen.

Der Lagebericht ergänzt den handelsrechtlichen Jahresabschluß. Er soll zusätzliche Informationen in allgemeiner Form bieten, indem er einen zusammenfassenden Überblick über die Gesamtlage der Gesellschaft gibt und ergänzende Aufschlüsse darüber liefert, ob sich das Unternehmen behaupten und seinen Verpflichtungen nachkommen kann.

Der Lagebericht umfaßt einen Mindestbericht (§ 289 Abs. 1 HGB):

- Bericht über den Geschäftsverlauf der Kapitalgesellschaft
- Bericht über die Lage der Kapitalgesellschaft

Darüber hinaus sind im Lagebericht Zusatzangaben zu machen (§ 289 Abs. 2 HGB):

- Bericht über Vorgänge von besonderer Bedeutung, die nach dem Schluß des Geschäftsjahres eingetreten sind.
- Bericht über die voraussichtliche Entwicklung einer Kapitalgesellschaft.
- Bericht über den Bereich Forschung und Entwicklung.

Wie die Mehrzahl der bislang veröffentlichten Jahresabschlüsse zeigt, wird schon allein von der Gliederung her dem Lagebericht eine große Bedeutung zugemessen. Im allgemeinen sind die publizierten Jahresabschlüsse wie folgt gegliedert:

- Lagebericht
- Bilanz
- Gewinn- und Verlustrechnung
- Anhang

Der Lagebericht leitet den veröffentlichten Jahresabschluß ein und wird dem Bilanzleser in einer mehr oder minder tiefen Gliederung als erstes präsentiert.

Der Lagebericht läßt sich nicht unmittelbar aus dem Rechenwerk (Buchhaltung, Kostenrechnung) einer Kapitalgesellschaft ableiten. Die in dem Lagebericht erscheinenden Informationen müssen vielmehr aus vielen Quellen innerhalb des Unternehmens zusammengetragen werden. Dabei sind, je nach Größe der Gesellschaft, zahlreiche Mitarbeiter involviert. Dies macht einen Organisationsplan für die Gestaltung des Lageberichts erforderlich.

Der Mindestbericht (§ 289 Abs. 1 HGB) umfaßt als Informationen zum Geschäftsverlauf und zur Lage der Kapitalgesellschaft unter anderem:

- Gesamtwirtschaftliche Entwicklung in der Bundesrepublik Deutschland
- Branchenentwicklung
- Beschaffungspreise für Roh-, Hilfs- und Betriebsstoffe
- Beschäftigungslage des Unternehmens
- Auftragseingangsentwicklung und dgl.

Die Zusatzangaben nach § 289 Abs. 2 HGB umfassen:

- **Vorgänge von besonderer Bedeutung, die nach Schluß des Geschäftsjahres eingetreten sind:**
- Marktänderungen (z. B. Verlust von wichtigen Auslandsmärkten)
- Beschaffungspreise
- Produktionsbereiche (z. B. Produktionsausfälle, technische Probleme)
- Rechtliche Verhältnisse (z. B. Ausgang wichtiger Prozesse)
- Kunden (z. B. Ausfall wichtiger Kunden)
- **Prognosebericht:**

Der Lagebericht muß auch auf die voraussichtliche Entwicklung der Kapitalgesellschaft eingehen. Das Gesetz enthält keinerlei Hinweise darauf, wie eine solche Prognoseberichterstattung aussehen soll. Man ist sich in der Literatur darüber einig, daß eine Prognoseberichterstattung in verbaler Form ausreicht (Stobbe, T., Der Lagebericht, in: BB 1988, S. 301–311; Räuber, D., Der Lagebericht, in: BB 1988, S. 1285–1292). Als Prognosezeitraum werden zwei Jahre genannt.

Prognoseinhalte können sein:

- Produktion (z. B. Produktinnovationen, Verfahrensinnovationen)

- Stillegung von Produktionsanlagen
- Personalentwicklung
- Umsatzentwicklung
- Ertragsentwicklung

- **Bericht über Forschung und Entwicklung:**

Die Berichterstattung im Lagebericht über Forschung und Entwicklung ist nur für solche Kapitalgesellschaften von Bedeutung, die tatsächlich Forschung und Entwicklung betreiben. Dabei ergeben sich unter Umständen Überschneidungen mit den gesetzlichen Erfordernissen zur Prognoseberichterstattung.

Inhalte des Lageberichts über den Bereich Forschung und Entwicklung könnten sein:

- Forschungseinrichtungen
- Mitarbeiter im Bereich Forschung und Entwicklung
- Forschungsaufwendungen
- Forschungsziele
- Patente

Neben den Kapitalgesellschaften müssen auch die Genossenschaften (§ 366 Abs. 1 HGB) und die dem Publizitätsgesetz unterliegenden Unternehmen (Ausnahme: Personenhandelsgesellschaften und Einzelkaufleute) einen Lagebericht erstellen.

Viele Kapitalgesellschaften nutzen die Berichterstattung im Lagebericht für die Verfolgung von Public-Relations- und bilanzpolitischen Zielen.

1.1.2 Steuerbilanz

Die Steuerbilanz ist allein an die Finanzverwaltung gerichtet. Sie dient der periodengerechten Gewinnermittlung nach den Vorschriften des Einkommensteuergesetzes (EStG) und des Körperschaftsteuergesetzes (KStG). Weder im EStG noch im KStG wird jedoch der Begriff Steuerbilanz verwendet.

Das Hauptziel, das der Staat mit der Steuerbilanz verfolgt, ist die periodengerechte Gewinnermittlung. Dadurch sollen die größtmöglichen Einnahmen erzielt werden, um die Staatsausgaben abdecken zu können. Gleichzeitig soll mit der periodengerechten Gewinnermittlung die Gleichmäßigkeit der Besteuerung gewährleistet werden, indem jeder Unternehmer seinen Gewinn in der Periode versteuert, in der er ihn erwirtschaftet hat. Um das Ziel der periodengerechten Gewinnermittlung zu erreichen, bestehen eine Reihe von steuerrechtlichen Bilanzierungs- und Bewertungsvorschriften, die dafür sorgen sollen, daß der Unternehmer seinen Gewinn nicht in spätere Perioden verschieben oder gar endgültig der Besteuerung entziehen kann. Die Einhaltung dieser steuerlichen Bilanzierungs- und Bewertungsvorschriften durch den Unternehmer wird vor allem auch von der steuerlichen Betriebsprüfung kontrolliert.

Die Steuerbilanz wird aus der Handelsbilanz abgeleitet. Die laufende Buchführung und die Ergebnisse der Inventur führen zur Hauptabschlußübersicht (Betriebsübersicht), aus der die Handelsbilanz erstellt wird. Dieser handelsrechtliche Jahresabschluß, der als integralen Bestandteil auch den Anhang umfaßt, bildet die Grundlage für die Aufstellung der Steuerbilanz. Dabei ist das Maßgeblichkeitsprinzip der Handelsbilanz für die Steuerbilanz zu beachten, das sich in vielen Fällen faktisch umkehrt. Die Steuerbilanz ist die nach steuerrechtlichen Grundsätzen korrigierte Handelsbilanz und dient der Ermittlung der steuerlichen Bemessungsgrundlage für die Einkommensteuer (Körperschaftsteuer) und die Gewerbeertragssteuer des Unternehmens. Die Ableitung der Steuerbilanz aus der Handelsbilanz kann nach § 60 Abs. 2 EStDV in der Weise geschehen, daß die Bilanz- und Wertansätze in der Handelsbilanz durch Zusätze oder Anmerkungen den steuerlichen Vorschriften angepaßt werden. Theoretisch könnte jedoch die Steuerbilanz durch eine eigene Steuerbuchführung auf buchhalterischem Wege direkt erstellt werden.

Kapitalgesellschaften haben die Wahl, dem Finanzamt entweder eine getrennte Steuerbilanz oder eine **Einheitsbilanz,** die Handels- und Steuerbilanz zugleich ist, einzureichen. Reicht die Kapitalgesellschaft dem Finanzamt nur eine einheitliche Bilanz ein, läßt sich die Ableitung der Steuerbilanz aus der Handelsbilanz relativ zuverlässig zurückverfolgen, da dem Finanzamt auch der Anhang, der Lagebericht und der Prüfungsbericht als Abschrift vorgelegt werden müssen (§ 60 Abs. 3 EStDV). Darüber hinaus ist das Finanzamt auch ermächtigt, von dem Steuerpflichtigen die Hauptabschlußübersicht (Betriebsübersicht) zu verlangen (§ 60 Abs. 1 EStDV).

Es wird damit gerechnet, daß die Mehrzahl der Kapitalgesellschaften dem Finanzamt künftig zwei eigenständige Bilanzen, eine Handelsbilanz und eine Steuerbilanz, einreichen wird. Dabei wird die Handelsbilanz entsprechend den handelsbilanzpolitischen Zielsetzungen aufgestellt, während die Steuerbilanz durch steuerbilanzpolitische Entscheidungen beeinflußt sein dürfte.

1.1.3 Maßgeblichkeit und umgekehrte Maßgeblichkeit

Bei der Ableitung der Steuerbilanz aus der Handelsbilanz ist das Maßgeblichkeitsprinzip zu beachten. Dieses ist vor allem in § 5 Abs. 1 Satz 1 EStG verankert, wonach Gewerbetreibende, die zur Buchführung verpflichtet sind oder freiwillig Bücher führen und regelmäßig Abschlüsse machen, das Betriebsvermögen anzusetzen haben, das nach den handelsrechtlichen GoB auszuweisen ist.

Das deutsche Bilanzrecht geht demnach von einer uneingeschränkten Maßgeblichkeit der Handelsbilanz für die Steuerbilanz aus (vgl. Lause, B., Sievers, H., Maßgeblichkeit und Steuerreform 1990, in: BB 1990, S. 24–32). Handels- und Steuerbilanz sind über das Maßgeblichkeitsprinzip eng miteinander verzahnt. Bilanzierungs- und Bewertungswahlrechte sind in beiden Rechenwerken grundsätzlich identisch auszuüben. Das Maßgeblichkeitsprinzip bezieht sich demnach sowohl auf die Bilanzierung als auch auf die Bewertung und verlangt die Übereinstimmung der Wertansätze in beiden Bilanzen.

Beispiel:

Sinkt der Wiederbeschaffungspreis für bestimmte Rohstoffe am Bilanzstichtag, muß nach dem Maßgeblichkeitsprinzip sowohl in der Handelsbilanz als auch in der Steuerbilanz der gesunkene Wiederbeschaffungswert angesetzt werden (Niederstwertprinzip).

§ 5 Abs. 6 EStG enthält eine Reihe von Einschränkungen des Maßgeblichkeitsprinzips durch den in dieser Vorschrift verankerten Bewertungsvorbehalt. Der Bewertungsvorbehalt besagt, daß das Maßgeblichkeitsprinzip dann zu durchbrechen ist, wenn zwingende steuerliche Vorschriften bzw. die Steuerrechtsprechung vom Handelsrecht abweichen.

Beispiel:

Wenn die in der Handelsbilanz vorgenommene degressive Abschreibung die in § 7 Abs. 2 Satz 2 EStG festgelegten Grenzen überschreitet, ist in der Steuerbilanz der Wert eines Wirtschaftsgutes höher anzusetzen als in der Handelsbilanz.

Durch das Maßgeblichkeitsprinzip wird der Aktionsraum für steuerbilanzpolitische Entscheidungen nicht eingeengt, da das Handelsrecht im allgemeinen größere Bilanzierungs- und Bewertungsspielräume eröffnet als das Steuerrecht.

Das Maßgeblichkeitsprinzip der Handelsbilanz für die Steuerbilanz kehrt sich in vielen Fällen faktisch um. Die Umkehrung wird vor allem dann ausgelöst, wenn ein Unternehmen Sonderabschreibungen, erhöhte Absetzungen und steuerfreie Rücklagen in Anspruch nehmen möchte. Führt zum Beispiel ein Unternehmen eine Sonderabschreibung nach dem Zonenrandförderungsgesetz durch, oder macht es von der Möglichkeit einer § 6 b-EStG-Rücklage und dgl. Gebrauch, ist dies in der Steuerbilanz nur zulässig, wenn dieselben Wertansätze zuvor auch in der Handelsbilanz vorgenommen wurden. Die Umkehrung des Maßgeblichkeitsprinzips (§ 5 Abs. 1 Satz 2 EStG) bezieht sich vor allem auf die folgenden steuerrechtlichen Wahlrechte:

Aktivseite der Bilanz:

1. Herstellungskosten (§ 255 Abs. 2 und 3 HGB)
   1.1 Verwaltungs- und Sozialkosten (§ 255 Abs. 2 Satz 4 HGB, Abschn. 33 Abs. 5 EStR)
   1.2 Gewebeertragssteuer (Abschn. 33 Abs. 6 EStR)
   1.3 Zinsen für Fremdkapital (§ 255 Abs. 3 Satz 2 HGB, Abschn. 33 Abs. 7 EStR)
2. Abzug von den Anschaffungs- oder Herstellungskosten (§ 255 HGB)
   2.1 Investitionszuschüsse (Abschn. 34 EStR)
   2.2 Stille Reserven bei zwangsweisem Ausscheiden und Ersatzbeschaffung von Wirtschaftsgütern (Abschn. 35 EStR)
   2.3 Veräußerungsgewinne bei Reinvestitionen (§ 6 b EStG)
3. Bewertungsvereinfachung (§§ 256, 240 Abs. 3 und 4 HGB)
   3.1 Festbewertung (§ 240 Abs. 3 HGB, Abschn. 36 Abs. 5 EStR)
   3.2 Durchschnittsbewertung (§ 240 Abs. 4 HGB, Abschn. 36 Abs. 4 EStR)
   3.3 Lifo-Bewertung (§ 256 HGB, § 6 Abs. 1 Nr. 2 a EStG)
4. Abschreibungen (§§ 253, 254, 279 HGB)
   4.1 Sofortabschreibung (§ 6 Abs. 2 EStG)
   4.2 Lineare oder degressive AfA (§ 7 Abs. 1 bis 5 a EStG)
   4.3 Erhöhte AfA (§§ 7 b bis 7 d, 7 h bis 7 k EStG, § 82 a EstDV, §§ 14 bis 14 d, 15 BerlinFG)
   4.4 Sonderabschreibungen (§§ 7 e bis 7 g, §§ 81, 82 d, 82 f EStDV, § 3 ZRFG)
   4.5 Niedrigerer Teilwert (§ 6 Abs. 1 Nr. 1 Satz 2 und Nr. 2 Satz 2 EStG)
   4.6 Importwarenabschlag (§ 80 EStDV)
5. Zuschreibungen
   - Höherer Teilwert als Rückgängigmachung von Abschreibungen (§ 6 Abs. 1 Nr. 1 Satz 4 und Nr. 2 Satz 3 EStG)

Passivseite der Bilanz:

1. Steuerfreie Rücklagen (§§ 247 Abs. 3, 273 HGB)
   1.1 Reinvestition (§ 6 b, Abs. 3 EStG)
   1.2 Zonenrand (§ 3 ZRFG)

1.3 Investitionszuschüsse (Abschn. 34 EStR)
1.4 Ersatzbeschaffung (Abschn. 35 EStR)
1.5 Erwerb gefährdeter Betriebe (§ 6 d EStG)
1.6 Auslandsinvestition (§§ 1 und 3 AIG)
1.7 Entwicklungsländer (§§ 1, 2 und 4 EntwLStG)

2. Rückstellungen (§ 249 HGB)
   - Pensionszusagen aufgrund von Altzusagen (Art.28 Abs. 1 Satz 1 EGHGB, § 6 a EStG)

Diese Umkehrung des Maßgeblichkeitsprinzips zwingt den steuerpflichtigen Unternehmer, der solche Steuervorteile in Anspruch nehmen möchte, dazu, die Handelsbilanz nach der Steuerbilanz auszurichten. Dadurch wird aber die Handelsbilanz deformiert und kann ihre zentrale Aufgabe, entsprechend dem Grundsatz des true and fair view ein den tatsächlichen Verhältnissen entsprechendes Bild der Vermögens-, Finanz- und Ertragslage der Kapitalgesellschaft zu vermitteln (§ 264 Abs. 2 HGB), nicht mehr oder nur unvollkommen erfüllen:

Beispiel:
Macht eine GmbH von der Möglichkeit Gebrauch, eine Umweltschutzanlage (Anschaffungskosten: DM 100 000, Nutzungsdauer: 5 Jahre) im Jahr der Anschaffung nach § 7 d EStG mit 60% (DM 60 000 statt DM 20 000 Normal-AfA) direkt abzuschreiben, dann sind in der Handels- und Steuerbilanz verfälscht:

- die Aktivseite (Ausweis der Umweltschutzanlage mit DM 40 000 statt DM 80 000)
- die Passivseite (kein Ausweis des Eigenkapitals für die überhöhte Minderung des Gewinns durch die Sonderabschreibung in Höhe von DM 20 000 und der aufgeschobenen Steuerschuld (ca. 50% dieser Sonderabschreibung von ebenfalls DM 20 000)
- Die Ertragslage in der Gewinn- und Verlustrechnung (überhöhte Abschreibung von DM 40 000 als Betriebsaufwand)

1.2 Der Jahresabschluß der Personengesellschaften

Zu den Personengesellschaften zählen:

- Offene Handelsgesellschaft
- Kommanditgesellschaft
- GmbH & Co KG
- BGB-Gesellschaft (keine Handelsgesellschaft)
- Stille Gesellschaft

Der Jahresabschluß der Personengesellschaften umfaßt die Bilanz und die Gewinn- und Verlustrechnung. Im Gegensatz zu den Kapitalgesellschaften brauchen von den Personengesellschaften weder ein Anhang noch ein Lagebericht aufgestellt zu werden.

Bei den Personengesellschaften wird das buchmäßige Eigenkapital grundsätzlich durch die Zusammenfassung der Kapitalanteile der Gesellschafter dargestellt (§ 120 Abs. 2 HGB). Diese Kapitalanteile drücken nicht aus, welchen absoluten Wert die Beteiligungen der Gesellschafter haben, sie sagen vielmehr nur, in welchem Verhältnis zueinander die Gesellschafter an dem in der Gesellschaft gebundenen Vermögen (Gesamthandvermögen) beteiligt sind.

Die Kapitalanteile zeigen demnach die verhältnismäßige Beteiligung der einzelnen Gesellschafter.

Beispiel:

Eine OHG hat drei Gesellschafter mit folgenden Kapitalanteilen:

A: DM 30 000

B: DM 20 000

C: DM 10 000

Die Gesellschafter sind im Verhältnis 3 : 2 : 1 an der OHG beteiligt.

In der Praxis werden von den Personengesellschaften häufig feste Kapitalanteile vertraglich vereinbart. Gewinne oder Verluste werden dann nicht automatisch den Kapitalanteilen zugeschlagen. Es werden vielmehr Sonderkonten gebildet (z. B. Darlehenskonten, Reservekonten, Rücklagenkonten und dgl.), die als Gesellschafterdarlehen aufzufassen sind.

Für den Kapitalanteil des Kommanditisten gelten Besonderheiten. Gewinne werden nämlich dem Kapitalanteil des Kommanditisten nur bis zur Höhe der vereinbarten Einlage zugeschrieben (§ 167 Abs. 2 HGB).

Nach § 167 Abs. 3 HGB nimmt der Kommanditist am Verlust der Kommanditgesellschaft nur bis zum Betrag seines Kapitalanteils teil. Übersteigt der Verlust die voll eingezahlte Einlage, entsteht ein negatives Kapitalkonto des Kommanditisten. § 15 a EStG bestimmt, daß der Kommanditist seinen Verlustanteil im Jahr der Entstehung des Verlustes nur bis zur Höhe seines Kapitalkontos mit seinen positiven Einkünften aus anderen Einkunftsarten ausgleichen kann. Der das Kapitalkonto übersteigende und daher nicht ausgleichsfähige Verlust geht dem Kommanditisten nicht endgültig verloren. Vielmehr kann er ihn mit seinen Gewinnanteilen in späteren Jahren verrechnen und dadurch das Einkommen dieser Jahre vermindern.

Personengesellschaften als solche sind weder einkommen- noch körperschaftsteuerpflichtig. Der im Gewerbebetrieb einer Personengesellschaft erwirtschaftete Gewinn wird steuerlich anteilig bei den Gesellschaftern erfaßt. Ist der Gesellschafter der Personengesellschaft eine natürliche Person, unterliegt der anteilige Gewinn der Einkommensteuer, ist er eine Kapitalgesellschaft (z. B. GmbH), unterliegt der anteilige Gewinn der Körperschaftsteuer.

Nach § 15 Abs. 1 Nr. 2 EStG gehören zu den Einkünften aus Gewerbebetrieb die Gewinnanteile der Gesellschafter einer OHG, KG und einer anderen Gesellschaft (z. B. BGB-Gesellschaft, atypische Stille Gesellschaft), bei der der Gesellschafter als Unternehmer (Mitunternehmer) anzusehen ist.

Zu den Einkünften aus Gewerbebetrieb eines Gesellschafters zählen nach § 15 Abs. 1 Nr. 2 EStG auch:

- Vergütungen, die der Gesellschafter für eine Tätigkeit im Dienst der Gesellschaft (z. B. als Arbeitnehmer) erhalten hat
- Vergütungen für die Hingabe von Darlehen
- Vergütungen für die Überlassung von Wirtschaftsgütern (z. B. Mietverhältnis)

Das Steuerrecht unterscheidet zwischen dem Betriebsvermögen der Personengesellschaft und dem Sonderbetriebsvermögen. Wirtschaftsgüter, die nicht Gesamthandvermögen einer Personengesellschaft sind, sondern nur einem oder einigen Gesellschaftern gehören, aber dem Betrieb der Personengesellschaft ausschließlich und unmittelbar dienen, stellen Sonderbetriebsvermögen des Gesellschafters dar (BFH-Urteil vom 23.07.1975 BStBl. 1976 II, S. 180). Das Sonderbetriebsvermögen ergänzt das Gesellschaftsvermögen und wird in einer steuerlichen Ergänzungsbilanz ausgewiesen.

Beispiel:
Eine OHG, an der A und B mit jeweils 50% beteiligt sind, betreibt ihren Geschäftsbetrieb in dem vom Gesellschafter A gemietetem Grundstück. Der Wert des Grundstücks betrug bei der Gründung der Gesellschaft DM 100 000, wovon DM 20 000 auf den Grund und Boden entfallen. Bei Gründung der OHG ist die folgende Ergänzungsbilanz aufzustellen:

Ergänzungsbilanz zum 01.01.01

Grund und Boden	DM 20 000	Mehrkapital	DM 100 000
Gebäude	DM 80 000		
	100 000		100 000

Die Gewinnermittlung bei einer Personengesellschaft mit Sonderbetriebsvermögen erfolgt in zwei Stufen:

- Stufe 1: Ableitung des Gewinns der Personengesellschaft aus der Handelsbilanz (Gesamthandvermögen)
- Stufe 2: Zusammenfassung des Betriebsvermögens der Personengesellschaft mit dem Sonderbetriebsvermögen der Gesellschafter zum Gesamtbetriebsvermögen. Zusammenfassung des korrigierten Handelsbilanzergebnisses mit den Sonderbetriebseinnahmen (abzüglich Sonderbetriebsausgaben) der Gesellschafter zum Gesamtbetriebsergebnis.

Der Gewinn der Personengesellschaft ist einheitlich und gesondert festzustellen (§§ 179 Abs. 2 AO, 180 Abs. 1 Ziff. 2 a AO).

1.3 Handels- und Steuerbilanzpolitik

Sowohl die Handelsbilanz als auch die Steuerbilanz ist durch bilanzpolitische Entscheidungen beeinflußt. Die Ziele der Bilanzpolitik können tendenziell eine negative oder positive Darstellung der

- Vermögenslage
- Kapitalstruktur
- Ertragslage
- Finanzlage

eines Unternehmens zum Inhalt haben.

Da Kapitalgesellschaften ihre Jahresabschlüsse veröffentlichen müssen, werden sie überwiegend eine eigenständige Handelsbilanzpolitik betreiben, da sie in der Regel auch eine eigenständige Handelsbilanz publizieren. Der veröffentlichte handelsrechtliche Jahresabschluß wendet sich an zahlreiche externe und interne Bilanzadressaten. In bezug auf diese Bilanzleser verfolgen die Kapitalgesellschaften unterschiedliche handelsbilanzpolitische Zielsetzungen, die im Wege eines Zielkompromisses bestimmt werden müssen. Dabei sind die Interessenlagen der Kapitalgesellschaft im Hinblick auf die unterschiedlichen Bilanzadressaten abzuwägen.

Will zum Beispiel eine GmbH verhindern, daß die Gesellschafter finanzielle Mittel abziehen und/oder die Mitarbeiter überhöhte Lohn- und Gehaltsforderungen stellen, wird sie mit ihrer Handelsbilanzpolitik darauf abzielen, die Ertrags- und Finanzlage der Gesellschaft eher negativ darzustellen. Sie wird dabei billigend in Kauf nehmen, daß die weiteren externen Bilanzleser, wie die Kunden, Lieferanten usw. durch eine solche Handelsbilanzpolitik ein ungünstiges Bild von der Ertragslage der Gesellschaft gewinnen.

Das Instrumentarium der Bilanzpolitik umfaßt:

Bilanzierungswahlrechte:

- Aktivierungswahlrechte
- Passivierungswahlrechte

Bewertungswahlrechte:

- Bewertung des Anlagevermögens
- Bewertung des Umlaufvermögens
- Bewertung der Rückstellungen und der Verbindlichkeiten

Sonste Wahlrechte:

- Gliederungswahlrechte
- Publizitätswahlrechte
- Gewinnverwendung

Ungefähr 60% der handels- und steuerbilanzpolitischen Entscheidungen müssen vor dem Bilanzstichtag getroffen werden, wenn sie sich noch auf die laufende Bilanzierungsperiode auswirken sollen. Dies bedeutet, daß von den Unternehmen Sachverhalte bis zum Bilanzstichtag mit bilanzpolitischer Wirkung gestaltet werden müssen.

Beispiel:

Ein Unternehmen schafft noch in der ersten Jahreshälfte bestimmte Anlagegenstände an und macht die degressive AfA geltend, wobei der volle Jahres-AfA-Betrag abgesetzt werden kann, da die Vereinfachungsregelung des Abschnitts 44 Abs. 2 EStR gilt.

Zu den restlichen 40% bilanzpolitischen Entscheidungen, die nach dem Bilanzstichtag bis zur Aufstellung getroffen werden können, zählen zum Beispiel die Bildung von Rückstellungen.

Die Entscheidungen der Handels- und Steuerbilanzpolitik wirken sich auf das Eigenkapital eines Unternehmens aus, wobei sich dieser Zusammenhang vereinfacht wie folgt darstellen läßt:

	Aktiva
–	Fremdkapital
=	Eigenkapital

Eine Verminderung der Aktiva und/oder eine Erhöhung des Fremdkapitals sind gleichbedeutend mit einer Eigenkapitalverminderung.

Eine Erhöhung der Aktiva und/oder eine Verminderung des Fremdkapitals sind gleichbedeutend mit einer Eigenkapitalerhöhung.

So vermindern zum Beispiel Sonderabschreibungen das Eigenkapital, während Zuschreibungen zu einer Eigenkapitalerhöhung führen.

Da das Gewinn- und Verlustkonto ein Unterkonto des Eigenkapitalkontos bildet, stellen alle Periodenerfolgsänderungen zugleich Eigenkapitalveränderungen dar.

2 Aufstellung der Jahresabschlüsse

Die Aufstellungspflichten und Aufstellungsfristen sind unterschiedlich, je nachdem ob es sich um den handelsrechtlichen oder steuerrechtlichen Jahresabschluß handelt. Darüber hinaus hängt die Aufstellung der Jahresabschlüsse von der Rechtsform des Unternehmens ab. Für die Kapitalgesellschaften ergeben sich andere Aufstellungspflichten und -fristen als für die Einzelunternehmen und Personengesellschaften.

Grundsätzlich vollzieht sich nach Handelsrecht die Rechnungslegung eines Unternehmens in maximal fünf Schritten:

1. Aufstellung des Jahresabschlusses
2. Prüfung
3. Feststellung
4. Ergebnisverwendung
5. Offenlegung

2.1 Aufstellungspflichten, Aufstellungsfristen

Der handelsrechtliche Jahresabschluß einer Kapitalgesellschaft ist von den gesetzlichen Vertretern aufzustellen (§ 264 Abs. 1 HGB):

- Die gesetzlichen Vertreter einer Aktiengesellschaft sind die Vorstandsmitglieder.
- Die gesetzlichen Vertreter einer Kommanditgesellschaft auf Aktien sind die persönlich haftenden Gesellschafter.
- Die gesetzlichen Vertreter einer GmbH sind die Geschäftsführer.

Die gesetzlichen Vertreter einer großen oder mittelgroßen Kapitalgesellschaft haben den handelsrechtlichen Jahresabschluß und den Lagebericht innerhalb von drei Monaten nach dem Bilanzstichtag aufzustellen.

Die gesetzlichen Vertreter einer kleinen Kapitalgesellschaft dürfen den handelsrechtlichen Jahresabschluß und den Lagebericht auch später aufstellen, wenn dies einem ordnungsgemäßem Geschäftsgang entspricht. Der Jahresabschluß der kleinen Kapitalgesellschaft muß jedoch auf jeden Fall spätestens innerhalb von sechs Monaten nach dem Bilanzstichtag eines Geschäftsjahres aufgestellt sein (§ 264 Abs. 1 Satz 3 HGB).

Einzelunternehmen und Personengesellschaften müssen, wenn sie zur Bilanzierung verpflichtet sind, den handelsrechtlichen Jahresabschluß innerhalb der einem ordnungsgemäßen Geschäftsgang entsprechenden Zeit aufstellen (§ 243 Abs. 1 HGB). Die Sechs-Monats-Frist, wie sie für die Aufstellung des handelsrechtlichen Jahresabschlusses einer kleinen Kapitalgesellschaft besteht, ist auch für die Einzelunternehmen und Personengesellschaften als Mindestaufstellungsfrist anzusehen. Für die Aufstellung des Jahresabschlusses der Personengesellschaften sind in der Regel die persönlich haftenden Gesellschafter verantwortlich.

Die Steuerbilanz ist nach der Steuerrechtsprechung (BFH-Urteil vom 25.04.1978 BStBl. II, S. 525) spätestens innerhalb eines Jahres nach Ablauf eines Wirtschaftsjahres aufzustellen, da sonst keine ordnungsgemäße Buchführung mehr vorliegt.

Das Wirtschaftsjahr ist nach § 4 a Abs. 1 Ziff. 2 EStG bei Gewerbetreibenden, deren Firma in das Handelsregister eingetragen ist, der Zeitraum, für den sie regelmäßig Abschlüsse machen und umfaßt in der Regel zwölf Monate (§ 8 b EStDV). In der Mehrzahl der Fälle entspricht das Wirtschaftsjahr dem Kalenderjahr. Bilanzstichtag ist dann immer der 31.12.

In das Handelsregister eingetragene Unternehmen können jedoch nach § 4 a Abs. 1 Ziff. 2 EStG ihr Wirtschaftsjahr mit Einvernehmen des Finanzamts auf einen vom Kalenderjahr abweichenden Zeitraum umstellen. Die Umstellung des Wirtschaftsjahres ist wirtschaftlich zu begründen (BFH-Urteil vom 09.11.1966 BStBl. 1967 III, S. 111). Für eine Umstellung anzuerkennende Gründe sind nach der Steuerrechtsprechung zum Beispiel die Bestandsaufnahme oder Rationalisierung und Betriebsvergleich mit branchengleichen Unternehmen.

Bei Neugründungen von Unternehmen, die in das Handelsregister eingetragen sind, kann das Wirtschaftsjahr stets frei gewählt werden. Das Einvernehmen des Finanzamtes ist hierzu nicht erforderlich.

Mit dem Bilanzstichtag endet eine wichtige Frist für handels- und steuerbilanzpolitische Entscheidungen. Bis zum Bilanzstichtag müssen diejenigen Bilanzierungs- und Bewertungswahlrechte bereits ausgeübt worden sein, die sich noch in der Bilanz für das abgelaufene Wirtschaftsjahr (Geschäftsjahr) auswirken können (= ca. 60% der möglichen bilanzpolitischen Entscheidungen).

Für die Bewertung in der Handels- und Steuerbilanz gilt, daß diejenigen Wertverhältnisse maßgebend sind, die am Bilanzstichtag objektiv bestanden haben. Wertbeeinflussende Tatsachen, die erst nach Bilanzstichtag eintreten, bleiben unberücksichtigt. Nach der Steuerrechtsprechung ist eine Bilanz stets so aufzustellen, wie sie hätte lauten müssen, wenn sie bei Ablauf des letzten Tages des Geschäftsjahres aufgestellt worden wäre (BFH-Urteil vom 07.08.1952, in: BB 1952, S. 870). Dies bedeutet, daß Umstände, die nach dem Bilanzstichtag, aber vor der tatsächlichen Aufstellung der Bilanz auftreten, den Wert am Bilanzstichtag nicht mehr beeinflussen.

Beispiel:

In der Bilanz eines Unternehmens wird auf der Passivseite eine Leibrentenverpflichtung ausgewiesen. Der Barwert dieser Leibrentenverpflichtung (betriebliche Veräußerungsrente) betrug zum 31.12.01 DM 285 000. Eine juristische Sekunde nach dem Bilanzstichtag stirbt der Rentenberechtigte. Der Wegfall dieser Leibrentenverpflichtung und die dadurch erforderliche gewinnerhöhende Auflösung erfolgt erst im folgenden Wirtschaftsjahr. Am Bilanzstichtag war die Verpflichtung noch gegeben.

Nach der Wertaufhellungstheorie des BFH müssen die besseren Erkenntnisse über die Verhältnisse am Bilanzstichtag, die erst nach dem Bilanzstichtag, aber noch vor der Aufstellung der Bilanz erworben werden, bei der Bewertung der Wirtschaftsgüter am Bilanzstichtag berücksichtigt werden (§ 252 Abs. 1 Nr. 4 HGB).

Beispiel:

Der Schuldner einer Forderung, die von dem Unternehmen am 31.12.01 für einbringlich gehalten wurde, geht im Februar 02 in Konkurs. Bei Aufstellung der Bilanz im März 02 ist die Forderung voll abzuschreiben, da sie bereits am 31.12.01 objektiv wertlos war. Ein Konkurs ist kein Naturereignis, sondern zeichnet sich bereits lange vorher ab. Der Schuldner hat es jedoch verstanden, das Unternehmen über seine tatsächlichen Verhältnisse lange Zeit im unklaren zu lassen.

2.2 Prüfung und Veröffentlichung

Mittelgroße und große Kapitalgesellschaften, Genossenschaften, Konzerne und unter das Publizitätsgesetz fallende Personengesellschaften müssen ihren Jahresabschluß durch einen Abschlußprüfer prüfen lassen.

Die Pflichtprüfung schließt bei den mittelgroßen und großen Kapitalgesellschaften neben dem Jahresabschluß auch noch den Lagebericht ein (§ 316 Abs. 1 HGB). Nach der Pflichtprüfung erteilt der Abschlußprüfer seinen Bestätigungsvermerk (§ 322 HGB). Der Bestätigungsvermerk muß auch den Hinweis enthalten, daß der Lagebericht (Konzernlagebericht) im Einklang mit dem Jahresabschluß (Konzernabschluß) steht.

Zur Prüfung des Jahresabschlusses sind grundsätzlich nur die Wirtschaftsprüfer berechtigt. Der Jahresabschluß einer mittelgroßen GmbH kann jedoch auch von einem vereidigten Buchprüfer geprüft werden.

Damit der Jahresabschluß einer Gesellschaft rechtsverbindlich wird, muß er schließlich noch festgestellt werden. Die Feststellung erfolgt bei der Personengesellschaft (§ 120 ff HGB) und bei der GmbH (§ 42a GmbHG) durch die Gesellschafter. Der Jahresabschluß einer Aktiengesellschaft ist festgestellt, wenn er vom Aufsichtsrat gebilligt wird (§ 172 AktG).

Der Jahresabschluß der Kapitalgesellschaften, der Konzerne und der Genossenschaften ist offenzulegen. Die Offenlegungspflicht wird bei den kleinen und mittelgroßen Kapitalgesellschaften in der Form erfüllt, daß sie ihren Jahresabschluß bei dem zuständigen Registergericht hinterlegen und im Bundesanzeiger lediglich die Tatsache der Hinterlegung bekanntmachen. Die großen Kapitalgesellschaften müssen hingegen ihren gesamten Jahresabschluß im Bundesanzeiger veröffentlichen (§§ 325 bis 327 HGB).

Die kleine Kapitalgesellschaft muß ihren Jahresabschluß bis spätestens zwölf Monate nach dem Bilanzstichtag zum Handelsregister einreichen, während die mittelgroße und die große Kapitalgesellschaft die Veröffentlichung spätestens neun Monate nach Bilanzstichtag vorzunehmen hat.

In welchem Umfang eine Kapitalgesellschaft ihren Jahresabschluß veröffentlichen muß, hängt entscheidend davon ab, welcher Betriebsgrößenklasse (klein, mittelgroß, groß) sie angehört. Nach Betriebsgrößenmerkmalen differenziert stellt sich der Umfang der Offenlegungspflichten der Kapitalgesellschaften wie folgt dar:

Kleine Kapitalgesellschaften:

- Bilanz in verkürzter Form
- Anhang (ohne GuV-spezifische Anhangangaben)
- Ergebnisverwendungsvorschlag
- Ergebnisverwendungsbeschluß unter Angabe des Ergebnisses

Mittelgroße Kapitalgesellschaften:

- Bilanz
- Gewinn- und Verlustrechnung (ohne Umsatzangaben, nur Rohergebnis)

- Anhang
- Lagebericht
- Bericht des Aufsichtsrats, wenn ein solcher existiert
- Bestätigungsvermerk des Abschlußprüfers
- Ergebnisverwendungsvorschlag
- Ergebnisverwendungsbeschluß

Große Kapitalgesellschaften:
- Bilanz
- Gewinn- und Verlustrechnung
- Anhang
- Lagebericht
- Bericht des Aufsichtsrats, wenn ein solcher existiert
- Bestätigungsvermerk des Abschlußprüfers
- Ergebnisverwendungsvorschlag
- Ergebnisverwendungsbeschluß

Nach § 9 HGB hat jedermann das Recht zur Einsichtnahme in den zum Handelsregister eingereichten Jahresabschluß. Dies bedeutet, daß auch die externen Bilanzadressaten wie Lieferanten, Kunden, Konkurrenten, Auskunfteien, Mitarbeiter usw. in die veröffentlichten Jahresabschlüsse einsehen können.

Wenn die gesetzlichen Vertreter einer Kapitalgesellschaft ihrer Pflicht zur Aufstellung und Offenlegung des Jahresabschlusses und des Lageberichts nicht nachkommen, kann sie das Registergericht durch Festsetzung eines Zwangsgeldes, das bis zu DM 10 000 betragen kann, dazu anhalten (§ 335 HGB). Das Registergericht erhebt allerdings nur dann ein Zwangsgeld, wenn ein Gesellschafter, ein Gläubiger oder der Betriebsrat als ganzes (nicht einzelne Betriebsratsmitglieder) dies beantragen (§ 335 Satz 2 HGB).

3 Grundsätze ordnungsmäßiger Bilanzierung

Die Grundsätze ordnungsmäßiger Bilanzierung haben als Quellen, genau wie die Grundsätze ordnungsmäßiger Buchführung im engeren Sinn:
- Rechtsnormen (Handelsrecht, Steuerrecht, Aktienrecht)
- Handelsbräuche (Praktische Übung ordentlicher Kaufleute)

- Handelsrechtsprechung und Steuerrechtsprechung sowie deren Kommentierung
- Erkenntnisse der BWL über die Bilanzierung (Ergebnisse der wissenschaftlichen Diskussion über Probleme der Buchführung und Bilanzierung, die zur Entwicklung neuer Praktikergrundsätze führen (vgl. Wöhe, G., Bilanzierung und Bilanzpolitik, 7. Auflage, München 1987, S. 161)

Sie befassen sich mit Problemen von Ansatz, Ausweis und Bewertung in der Bilanz.

3.1 Allgemeine Grundsätze

Die Grundsätze ordnungsmäßiger Bilanzierung umfassen vor allem die folgenden Einzelgrundsätze:

Grundsatz der Klarheit und Übersichtlichkeit (§ 243 Abs. 2 HGB)

Dieser Bilanzierungsgrundsatz hat vor allem formalen Charakter und betrifft die Gliederungsschemata von Bilanz und Gewinn- und Verlustrechnung. Der Grundsatz der Klarheit und Übersichtlichkeit bezieht sich bei Kapitalgesellschaften auch auf den Anhang.

Spezielle Vorschriften zum Grundsatz der Bilanzklarheit und -übersichtlichkeit enthalten zum Beispiel § 246 Abs. 2 HGB, der das Saldierungsverbot enthält, § 268 Abs. 2 HGB, der sich mit dem Anlagegitter befaßt und § 273 HGB, der auf den Sonderposten mit Rücklageanteil eingeht.

Grundsatz der Vollständigkeit (§ 246 Abs. 1 HGB)

Dieser Bilanzierungsgrundsatz besagt, daß alle Vermögensgegenstände, Schulden, Rechnungsabgrenzungsposten, Aufwendungen und Erträge erfaßt werden müssen. Nach dem Grundsatz der Vollständigkeit müssen beispielsweise in der Handelsbilanz auch sämtliche entgeltlich erworbenen immateriellen Anlagegüter (z. B. Patente, Lizenzen, Know-How) aktiviert und dürfen nicht mehr sofort als Aufwand verrechnet werden.

Grundsatz der Bilanzkontinuität

Dieser Bilanzierungsgrundsatz umfaßt eine Reihe von Untergrundsätzen:

- Nach dem **Grundsatz der Bilanzidentität** (§ 252 Abs. 1 Nr. 1 HGB) müssen die Schlußbilanz des vorhergehenden Geschäftsjahres und die Eröffnungsbilanz des folgenden Geschäftsjahres absolut identisch sein. Der Grundsatz der Bilanzidentität resultiert aus dem System der doppelten Buchhaltung. Er gilt sowohl für die Bilanz als ganzes als auch für die mengen- und wertmäßigen Ansätze der einzelnen Bilanzpositionen. Aus dem Grundsatz der Bilanzidentität ergibt sich die Zweischneidigkeit der Bilanz. Jeder Bilanzierungsvorgang ist unter dem Gesichtspunkt einer Gewinn- und Verlustverlagerung zu beachten. Höhere oder niedrigere Wertansätze von Beständen in einem Geschäftsjahr (Wirtschaftsjahr) wirken sich in dem folgenden Geschäftsjahr (Wirtschaftsjahr) in genau entgegengesetzter Richtung aus.

- Nach dem **Grundsatz der formalen Bilanzkontinuität** sollen Form und Gliederung der Bilanz und Gewinn- und Verlustrechnung beibehalten werden. Auf diese Weise soll vor allem ein innerbetrieblicher Zeitvergleich mit Hilfe von Bilanzen ermöglicht werden. Ein Wechsel der Bilanzgliederung wird nur dann als zulässig angesehen, wenn zwingende Gründe (z. B. Änderung des Fertigungsprogramms eines Unternehmens) vorliegen.
- Nach dem Grundsatz der **materiellen Bilanzkontinuität** soll vor allem eine Gleichmäßigkeit der Bewertungsmethoden und eine Fortführung der Wertansätze gewährleistet werden. Er umfaßt zwei Untergrundsätze:
  - Nach dem Grundsatz der Darstellungsstetigkeit (§ 252 Abs. 1 Nr. 6 HGB) sollen die auf den vorhergehenden Jahresabschluß angewandten Bewertungsmethoden beibehalten werden. »Sollen« bedeutet dabei soviel wie ein abgeschwächtes »müssen«. Von diesem Bilanzierungsgrundsatz darf demnach nur in begründeten Ausnahmefällen abgewichen werden (z. B. durch den Übergang von der Bewertung von Fertigerzeugnissen auf der Basis von Teilkosten auf die Bewertung zu Vollkosten wird ein den tatsächlichen Verhältnissen entsprechendes Bild der Kapitalgesellschaft besser erreicht).
  - Nach dem Grundsatz des Wertzusammenhangs soll ein einmal gewählter Wertansatz in den Folgebilanzen fortgeführt werden. Dabei gilt in bezug auf die abnutzbaren und nicht abnutzbaren Anlagegüter (z. B. Grund und Boden, Beteiligungen) und in bezug auf die Umlaufgüter in der Handels- und Steuerbilanz ein eingeschränkter Wertzusammenhang (§ 6 Abs. 1 Ziff. 1 und 2 EStG).

In der Handelsbilanz ist nach § 280 Abs. 1 HGB eine Zuschreibung sowohl bei den Anlagegütern als auch bei den Umlaufgütern grundsätzlich vorgeschrieben. Das Steuerrecht läßt jedoch ein Beibehaltungswahlrecht zu, das auch für die Handelsbilanz gilt. Man spricht in diesen Fällen von der Relativierung des Wertaufholungsgebots (§ 280 Abs. 2 HGB).

Grundsatz der Periodenabgrenzung (§ 252 Abs. 1 Nr. 5 HGB)

Dieser Bilanzierungsgrundsatz beinhaltet insbesondere die Periodisierung zeitraumbezogener Zahlungen (z. B. Mieten, Versicherungen) im Sinne der transitorischen und antizipativen Rechnungsabgrenzung.

3.2 Grundsatz des true and fair view

Nach dem Grundsatz des true and fair view, der als Generalnorm in § 264 Abs. 2 HGB verankert ist, hat der Jahresabschluß einer Kapitalgesellschaft ein den tatsächlichen Verhältnissen entsprechendes Bild der Vermögenslage, Finanzlage und Ertragslage des Unternehmens zu vermitteln. Dieser Bilanzierungsgrundsatz des true and fair view durchdringt alle anderen Bestimmungen, die bei der Aufstellung des Jahresabschlusses beachtet werden müssen, und ist ihnen übergeordnet. Der Gläubigerschutz wird durch diesen Bilanzierungsgrundsatz des true and fair view um den Preis einer richtigen Darstellung der Vermögens-, Finanz- und Ertragslage in den Hintergrund gedrängt.

Mit dem Grundsatz des true and fair view soll eine wirtschaftlich wahre Bilanz erreicht werden. Zahlreiche Vorschriften im HGB sollen sicherstellen, daß der handelsrechtliche Jahresabschluß ein den tatsächlichen Verhältnissen entsprechendes Bild der Vermögens-, Finanz- und Ertragslage vermittelt. Auch der Anhang hat dazu beizutragen, daß der Grundsatz des true and fair view verwirklicht wird.

3.3 Grundsatz der Wesentlichkeit (materiality principle)

Dieser völlig neu in das Bilanzrecht aufgenommene Bilanzierungsgrundsatz besagt, daß dem Bilanzadressaten alle für die Bewertung der Vermögens-, Finanz- und Ertragslage einer Kapitalgesellschaft wesentlichen Informationen vermittelt werden müssen, zugleich aber unwesentliche Informationen (Tatbestände) vernachlässigt werden können. Das dritte Buch des HGB enthält eine Reihe von Paragraphen, in denen dieser Bilanzierungsgrundsatz zum Ausdruck kommt (z. B. §§ 285, 265, 268, 277 HGB). Der Grundsatz der Wesentlichkeit muß erst im Laufe der Zeit in der Bilanzierungspraxis konkretisiert werden. Entsprechend der angloamerikanischen Bilanzierungspraxis wird häufig das, was als wesentlich oder unwesentlich angesehen wird, an den Auswirkungen auf das auszuweisende Jahresergebnis gemessen. Dabei werden als Orientierungswerte 5% bis 10% des Jahresergebnisses als wesentlich angesehen.

4 Bewertungsgrundsätze

Die Grundsätze ordnungsmäßiger Buchführung und Bilanzierung enthalten auch eine Reihe von Bewertungsgrundsätzen. Darüber hinaus findet sich im HGB eine Reihe von weiteren Bewertungsprinzipien. Dabei werden auch zahlreiche Bewertungswahlrechte eingeräumt. Insgesamt besteht so ein handelsrechtliches Bewertungssystem, das sich dynamisch fortentwickelt. Die Bewertung innerhalb des handelsrechtlichen Jahresabschlusses ist selbstverständlich in erheblichem Umfang von den handelsbilanzpolitischen Zielen des Unternehmens abhängig.

Da die Steuerbilanz aus der Handelsbilanz abgeleitet wird (Maßgeblichkeitsprinzip), wirken sich alle für die Handelsbilanz getroffenen Bewertungsentscheidungen automatisch auf die Steuerbilanz aus; es sei denn, zwingende steuerrechtliche Vorschriften verlangen in der Steuerbilanz von der Handelsbilanz abweichende Wertansätze. Die Bewertung in der Steuerbilanz wird in starkem Maße durch die steuerbilanzpolitischen Ziele bestimmt, wobei das wichtigste Ziel die Minimierung der steuerlichen Belastung darstellt.

4.1 Das Einzelbewertungsprinzip

Der Grundsatz der Einzelbewertung besagt, daß jedes Wirtschaftsgut (Vermögensgegenstand) einzeln in der Bilanz zu erfassen und zu bewerten ist.

Für den handelsrechtlichen Jahresabschluß ist in § 252 Abs. 1 Nr. 3 HGB das Einzelbewertungsprinzip verankert, wonach Vermögensgegenstände und Schulden einzeln zu bewerten sind.

Für die Steuerbilanz ergibt sich der Grundsatz der Einzelbewertung vor allem aus dem Einleitungssatz des § 6 EStG, in dem von der Bewertung der einzelnen Wirtschaftsgüter gesprochen wird.

Der Grundsatz der Einzelbewertung verhindert, daß bei einem Bilanzposten Wertminderungen durch Wertsteigerungen bei anderen Bilanzposten kompensiert werden. Es ist zum Beispiel nicht zulässig, daß notwendige Abschreibungen auf Vorräte wegen gesunkener Wiederbeschaffungskosten mit der Begründung unterlassen werden, daß bei Wertpapieren im Umlaufvermögen Wertsteigerungen eingetreten seien.

Selbstverständlich widerspricht es dem Einzelbewertungsgrundsatz nicht, wenn in der Handels- oder Steuerbilanz gleichartige Wirtschaftsgüter (z. B. Maschinen) zu einem Bilanzposten zusammengefaßt werden.

Die Einzelbewertung findet ihre Grenze dort, wo die damit verbundene Arbeit, insbesondere bei der Inventur, durch die wirtschaftlichen Ziele, die mit diesem Bewertungsprinzip verfolgt werden, nicht mehr gerechtfertigt ist. Der Grundsatz der Einzelbewertung kann daher aus Gründen der Bewertungsvereinfachung in einigen gesetzlich geregelten Fällen durchbrochen werden (Festwertverfahren, Gruppenbewertung, Verbrauchsfolgeverfahren).

4.2 Das Vorsichtsprinzip

Das Vorsichtsprinzip ist in § 252 Abs. 1 Nr. 4 HGB verankert. Es besagt, daß sich das Unternehmen nicht reicher machen darf als es tatsächlich ist. Es besagt nicht, daß grundsätzlich Unterbewertungen mit dem Hinweis auf den Grundsatz der Vorsicht möglich wären. Der Grundsatz der Vorsicht stellt vielmehr einen Bewertungsgrundsatz dar, der nicht über, sondern neben zahlreichen anderen Bewertungsgrundsätzen steht.

Ausfluß des Grundsatzes der Vorsicht sind das Realisationsprinzip, das Imparitätsprinzip und das Niederstwertprinzip.

4.2.1 Realisationsprinzip

Das Realisationsprinzip besagt, daß Gewinne nicht schon dann im Jahresabschluß erfaßt werden dürfen, wenn sie nach Meinung des Unternehmers entstanden sind, sondern erst, wenn sie realisiert sind. Damit stellt sich die Frage nach dem Realisationszeitpunkt, das heißt dem Zeitpunkt, zu dem ein Gewinn als verwirklicht anzusehen ist und damit dem Vermögen des Unternehmens zugeordnet werden kann.

Sowohl für die Handelsbilanz als auch für die Steuerbilanz gilt nach dem Realisationsprinzip als Realisationszeitpunkt der Zeitpunkt, an dem die Lieferung oder Leistung eines Unternehmens erbracht wird. Mit dem Entstehen und dem Verbuchen der Forderung geht auch der Gewinnanteil in den Jahresabschluß über.

Aus diesem Grunde sind zum Beispiel Fertigerzeugnisse, die zwar schon verkauft, aber noch nicht geliefert und abgerechnet sind, zu Herstellungskosten und nicht zu Verkaufspreisen zu bewerten.

Kursgewinne aus Wertpapieren im Anlage- oder Umlaufvermögen sind erst dann als realisiert anzusehen, wenn die Wertpapiere verkauft sind.

Das Realisationsprinzip ist strikte einzuhalten. Eine Durchbrechung ist nur möglich, wenn eine langfristige Fertigung, zum Beispiel in der Bauwirtschaft, im Schiffsbau, im Anlagenbau und dgl. vorliegt und eine Abrechnung nach Teilabschnitten (Teilgewinnrealisierung) vorgenommen wird.

4.2.2 Imparitätsprinzip

Das Imparitätsprinzip besagt, daß noch nicht eingetretene Verluste dann in dem Jahresabschluß ausgewiesen werden müssen, wenn sie vorhersehbar sind oder bestimmte Risiken erkennbar werden. Diese im Vergleich zum Realisationsprinzip ungleiche Behandlung (Imparität = Ungleichheit) wird als Imparitätsprinzip bezeichnet.

Instrumente für die Berücksichtigung solcher Verluste und Risiken sind unter anderem:

- Außerplanmäßige Abschreibungen (Teilwertabschreibungen)
- Wertberichtigungen auf Forderungen
- Bildung von Rückstellungen

4.2.3 Niederstwertprinzip

Aus dem Imparitätsprinzip leitet sich direkt das Niederstwertprinzip her. Das Niederstwertprinzip gilt für die Vermögensbewertung und besagt grundsätzlich, daß bei Vorliegen verschiedener möglicher Werte am Bilanzstichtag der niederste anzusetzen ist.

In bezug auf die Bewertung von Verbindlichkeiten und Rückstellungen wird das Niederstwertprinzip zum Höchstwertprinzip.

Beispiel:

Ein Unternehmen hat eine Verbindlichkeit an ein amerikanisches Unternehmen in Höhe von US $ 100 000 bilanziert. Der Entstehungskurs im Zeitpunkt der Lieferung betrug US $ 1 = DM 1,60; die Verbindlichkeit ist mit DM 160 000 ausgewiesen. Am 31.12.01 beträgt das Umtauschverhältnis US $ 1 = 1,80. Die Verbindlichkeit in ausländischer Währung ist nach dem Höchstwertprinzip mit DM 180 000 zu passivieren. DM 20 000 sind von dem Unternehmen unter der GuV-Position Nr. 8 (Nr. 7) »Sonstige betriebliche Aufwendungen« zu erfassen.

§ 252 Abs. 1 Nr. 4 HGB weist im Zusammenhang mit dem Imparitätsprinzip ausdrücklich auf die Wertaufhellungstheorie hin, wonach noch nicht realisierte Verluste, die dem Bilanzierenden erst zwischen dem Bilanzstichtag und dem Tag der Aufstellung der Bilanz bekannt werden, berücksichtigt werden müssen.

5 Bilanzierung des Anlagevermögens

Die Aktivseite der Bilanz drückt aus, in welchen Vermögensgegenständen (Wirtschaftsgütern) das Kapital der Unternehmen investiert wurde. Dabei wird der gesamte Vermögensbereich auf der Aktivseite der Bilanz in das Anlagevermögen und das Umlaufvermögen gegliedert.

5.1 Begriff und Umfang

Das Anlagevermögen umfaßt nach der Definition des § 247 Abs. 2 HGB nur die Gegenstände, die bestimmt sind, dauernd dem Geschäftsbetrieb zu dienen.

»Dauernd« bedeutet nicht für alle Zeiten. Auch zeitlich begrenzt im Unternehmen eingesetzte Vermögensgegenstände können Anlagevermögen sein. Wird zum Beispiel von einem Unternehmen eine Spezialmaschine zur Durchführung eines einzigen großen Auftrages angeschafft und noch im Jahr der Anschaffung wieder veräußert, gehört sie dennoch zum Anlagevermögen.

Das Anlagevermögen besteht aus drei Gruppen:

- **Materielles Anlagevermögen**

Hierzu zählen das Anlagevermögen mit zeitlich unbegrenzter Nutzung (z. B. Grund und Boden) genauso wie das Anlagevermögen mit zeitlich begrenzter Nutzung (z. B. Gebäude, Maschinen, Werkzeuge).

- **Immaterielles Anlagevermögen**

Hierzu zählen alle gegen Entgelt erworbenen Rechte, die vom Unternehmen für längere Zeit genutzt werden können, wie Patente, Lizenzen, Konzessionen, ein derivativer Firmenwert und dgl.

- **Finanzanlagevermögen**

Hierzu zählen Beteiligungen, Wertpapiere, langfristige Darlehensforderungen und dgl.

Diese Unterscheidung gilt für die Handels- und Steuerbilanz gleichermaßen. Das Steuerrecht unterscheidet noch zwischen abnutzbaren und nicht abnutzbaren sowie zwischen beweglichen und unbeweglichen Anlagegütern. Diese Unterscheidung hat bestimmte steuerrechtliche Konsequenzen.

5.2 Anlagenspiegel

Nach § 268 Abs. 2 HGB ist die Entwicklung der einzelnen Posten des Anlagevermögens in dem sogenannten Anlagenspiegel (Anlagengitter) in detaillierter Form darzustellen. Das Anlagegitter kann entweder in der Bilanz oder im Anhang ausgewiesen werden. Beide Darstellungsvarianten sind in der Bilanzierungspraxis vorzufinden.

Für den Anlagenspiegel ist die direkte Bruttomethode vorgeschrieben, die wie folgt charakterisiert werden kann:

- Während ihrer gesamten Nutzungsdauer sind die ursprünglichen (historischen) Anschaffungs- oder Herstellungskosten der Anlagegegenstände auszuweisen. Die erste Spalte des Anlagegitters enthält demnach Bruttowerte.
- Das Anlagegitter enthält die kumulierten Abschreibungen der bilanzierten Vermögensgegenstände, die aktivisch abgesetzt werden, sowie die Zuschreibungen.

Abb. 5 enthält das Anlagegitter, das auch als Mehrspaltenbilanz bezeichnet wird:

In der ersten Spalten werden die **historischen Anschaffungs- und Herstellungskosten** sämtlicher im Anlagevermögen vorhandenen Vermögensgegenstände einschließlich der entgeltlich erworbenen immateriellen Anlagegegenstände aufgeführt. Werden Erweiterungsaufwendungen als Bilanzierungshilfe aktiviert, sind diese ebenfalls im Anlagegitter auszuweisen (§ 269 HGB).

In der Spalte **Zugänge** sind sämtliche im Geschäftsjahr vorgenommenen und mengenmäßigen Ausweitungen von Gegenständen des Anlagevermögens auszuweisen. Dazu zählen auch die geringwertigen Wirtschaftsgüter (vgl. Teil III, Punkt 5.3.7). Nicht in das Anlagegitter brauchen die Vermögensgegenstände aufgenommen zu werden, deren Anschaffungs- oder Herstellungskosten unter DM 100 liegen (vgl. Abschn. 40 Abs. 5 EStR). Diese Anlagegegenstände dürfen sofort als Betriebsaufwand verrechnet werden, ohne daß sie in der Zugangsspalte im Anlagegitter erfaßt sind.

In der Spalte **Abgänge** werden sämtliche Vermögensgegenstände erfaßt, die durch Verkauf, Tausch, Zuschreibung, Entnahme, Untergang aufgrund höherer Gewalt (z. B. Brand) aus dem Betriebsvermögen der Kapitalgesellschaft ausscheiden. Die Bewertung der abgehenden Vermögensgegenstände hat zu den historischen Anschaffungs- oder Herstellungskosten zu erfolgen.

Die Spalte **Umbuchungen** zeigt Ausweisänderungen innerhalb des Anlagegitters. Solche Umbuchungen sind vor allem bei den Positionen »Geleistete Anzahlungen« und »Anlagen im Bau« notwendig. Bei der Überführung von Vermögensgegenständen aus dem Umlaufvermögen in das Anlagevermögen und umgekehrt handelt es sich nicht um Umbuchungen, sondern um Zu- oder Abgänge im Anlagegitter, die zu historischen Anschaffungs- oder Herstellungskosten erfolgen.

Die Spalte **Kumulierte Abschreibungen** umfaßt sämtliche in den vorhergehenden und im laufenden Geschäftsjahr angefallenen Abschreibungen auf Vermögensgegenstände, die sich zum Bilanzstichtag noch in dem Betriebsvermögen einer Kapitalgesellschaft befinden. Die Abschreibungen des laufenden Geschäftsjahres sind nicht Pflichtbestandteil des Anlagegitters. Nach § 268 Abs. 2 Satz 3 HGB können die Abschreibungen des laufenden Geschäftsjahres entweder in der Bilanz bei dem betreffenden Posten vermerkt oder im Anhang in einer der Gliederung des Anlagevermögens entsprechenden Aufgliederung angegeben werden. Die Abschreibungen des laufenden Geschäftsjahres könnten jedoch auch in einer Vorspalte zu der Spalte Kumulierte Abschreibungen aufgeführt werden.

Abb. 5: Anlagengitter gemäß § 268 Abs. 2 HGB

Positionen des Anlagevermögens	Anlagenbest. zum Geschäftsjahresbeginn zu historischen Anschaffungs/ Herstellungskosten	Zugänge der Periode zu Anschaffungs-/Herstellungskosten	Abgänge der Periode zu historischen Anschaffungs-/Herstellungskosten	Umbuchungen zu Anschaffungs-/ Herstellungskosten	Abschreibungen kumuliert	Zuschreibungen	Endbestand (= Restbuchwert)
	DM	DM	DM	DM	DM	DM	DM
Aufwendungen für die Ingangsetzung u. Erweiterung d. Gesch.-Betriebes							
A. Anlageverm.							
I. Immater.-Wirtsch. Güter							
II. Sachanlagen							
III. Finanzanlagen							

Abb. 6: Vertikale Gliederung des Anlagegitters in Abhängigkeit von der Betriebsgröße

Betriebsgröße Gliederung Aktivseite	kleine GmbH	mittelgroße GmbH*)	große GmbH
Aufwendungen für die Ingangsetzung und Erweiterung des Geschäftsbetriebs	x	x	x
A. Anlagevermögen	x	x	x
I. Immaterielle Vermögensgegenstände	x	x	x
1. Konzessionen, gewerbliche Schutzrechte und ähnliche Rechte und Werte sowie Lizenzen an solchen Rechten und Werten			x
2. Geschäfts- oder Firmenwert		x	x
3. geleistete Anzahlungen			x
II. Sachanlagen	x	x	x
1. Grundstücke, grundstücksgleiche Rechte und Bauten einschließlich der Bauten auf fremdem Grund und Boden		x	x
2. technische Anlagen und Maschinen		x	x
3. andere Anlagen, Betriebs- und Geschäftsausstattung		x	x
4. geleistete Anzahlungen auf Anlagen im Bau		x	x
III. Finanzanlagen	x	x	x
1. Anteile an verbundenen Unternehmen		x	x
2. Ausleihungen an verbundene Unternehmen		x	x
3. Beteiligungen		x	x
4. Ausleihungen an Unternehmen, mit denen ein Beteiligungsverhältnis besteht		x	x
5. Wertpapiere des Anlagevermögens			x
6. sonstige Ausleihungen			x

*) Für mittelgroße GmbHs gelten grundsätzlich die gleichen Gliederungsvorschriften wie für große GmbHs. Für die Veröffentlichung brauchen jedoch nur die o. a. Positionen ausgewiesen werden.

In der Spalte **Zuschreibungen** im Anlagegitter sind lediglich die Zuschreibungen des laufenden Geschäftsjahres auszuweisen. Diese Zuschreibungen des laufenden Geschäftsjahres sind im Folgejahr von den kumulierten Abschreibungen abzusetzen. Auf diese Weise kann man von den historischen Anschaffungs- oder Herstellungskosten wieder auf die Buchwerte überleiten.

Die Spalte **Endbestand** weist jeweils die Restbuchwerte der Anlagegüter aus.

In einer letzten Spalte sind die **Buchwerte des Vorjahres** anzugeben (§ 265 Abs. 2 HGB).

Das Anlagegitter ist in der Regel nur dann korrekt und lückenlos zu führen, wenn eine funktionierende EDV-geführte Anlagenkartei vorliegt. Es muß demnach ein Softwarepaket vorhanden sein, das eine reibungslose Führung des Anlagegitters mit seinen neun Spalten (einschließlich laufende Geschäftsjahresabschreibungen) ermöglicht.

Abb. 6 enthält die vertikale Gliederung des Anlagegitters. Dabei ist darauf hinzuweisen, daß die notwendige Tiefe der vertikalen Gliederung von der jeweiligen Betriebsgröße der Kapitalgesellschaft abhängt.

5.3 Bilanzpositionen

Im folgenden werden die Bilanzpositionen, die im Anlagegitter erscheinen, in detaillierter Form dargestellt. **Abb. 6** zeigt, daß das Anlagevermögen in drei Unterpositionen:

I. Immaterielle Vermögensgegenstände

II. Sachanlagen

III. Finanzanlagen

gegliedert ist.

Außerdem enthält das Anlagegitter als Bilanzposition noch eventuell als Bilanzierungshilfe aktivierte Ingangsetzungs- bzw. Erweiterungsinvestitionen

5.3.1 Ingangsetzungs- und Erweiterungsaufwendungen

Ingangsetzungs- und Erweiterungsinvestitionen können als sogenannte Bilanzierungshilfe aktiviert werden (§ 269 HGB) und erscheinen dann als erste Position auf der Aktivseite im Gliederungsschema der Handelsbilanz vor A. Anlagevermögen.

Bilanzierungshilfen ermöglichen den Ansatz von Betriebsaufwendungen als Aktivposten in der Handelsbilanz, die keine Vermögensgegenstände darstellen und daher sonst grundsätzlich nicht bilanzierungsfähig sind. Betriebsaufwendungen, die sonst den Handelsbilanzgewinn mindern, werden demnach aktiviert und wirken damit gewinnerhöhend. Eine Bilanzierungshilfe stellt ein Überschuldungsverhinderungsinstrument dar. Würde man nämlich Ingangsetzungs- und Erweiterungsaufwendungen in der Handelsbilanz nicht aktivieren lassen, minderten sie den Gewinn oder erhöhten sie eventuell einen Verlust, obwohl man mit diesen Aufwendungen ein Ertragspotential für die Zukunft schafft.

Zu den **Ingangsetzungsaufwendungen** zählen alle Aufwendungen, die während der Anlaufphase eines Betriebes durch den erstmaligen Aufbau der Innen- und Außenorganisation anfallen.

Beispiel:

Aufwendungen nach der Gründung im Interesse der Innen- und Außenorganisation, also auch Aufwendungen der Betriebs-, Verwaltungs- und Vertriebsorganisation, z. B. Aufwendungen für Personalbeschaffung und -schulung, Aufbau von Beschaffungs- und Absatzwegen für Organisationsgutachten, Marktanalysen, Einführungswerbung und selbstgeschaffene immaterielle Vermögensgegenstände, Kosten für die Beschaffung von Fremdkapital.

nicht: Kosten für Gründung und Beschaffung von Eigenkapital (§ 248 Abs. 1 HGB)

Erweiterungsaufwendungen sind demgegenüber alle Aufwendungen, die zu einem beliebigen Zeitpunkt nach dem Ende der Anlaufphase getätigt werden.

Beispiel:

Ausweitung des Geschäftsbetriebes durch Aufnahme neuer Produkte oder Geschäftszweige, wesentliche Kapazitätserweiterungen, Errichtung eines Zweigwerkes, Übernahme von Unternehmen, Erweiterung der Vertriebsorganisation, Aufnahme der Verkaufstätigkeit in anderen Ländern, Kosten der Betriebsumstellung.

Wenn eine Kapitalgesellschaft von der Aktivierung von Erweiterungsaufwendungen als Bilanzierungshilfe Gebrauch machen will, müssen folgende Voraussetzungen gegeben sein:

- Für die Erweiterungsaufwendungen ist, wie bereits ausgeführt, eine gesonderte Bilanzposition zu bilden, die unter der Bezeichnung »Aufwendungen für die Ingangsetzung und Erweiterung des Geschäftsbetriebes«, gegebenenfalls nach dem Posten »Ausstehende Einlagen« auf der Aktivseite vor A. »Anlagevermögen« auszuweisen ist (§ 269 Satz 1 HGB).
- Die als Bilanzierungshilfe aktivierten Erweiterungsaufwendungen müssen im Anhang erläutert werden. In diesen Erläuterungen muß auch darauf eingegangen werden, inwieweit im Zusammenhang mit den aktivierten Aufwendungen zukünftig mit Erträgen gerechnet werden kann.

- Die Kapitalgesellschaft muß eine Rückstellung für latente Steuern bilden (§ 274 Abs. 1 HGB). Eine solche Rückstellungsbildung wird erforderlich, da die Erweiterungsaufwendungen in dem betreffenden Geschäftsjahr zu einem höheren Handelsbilanzergebnis als Steuerbilanzergebnis führen. In der Steuerbilanz können nämlich Erweiterungsaufwendungen nicht aktiviert werden, da es an der Eigenschaft eines Wirtschaftsguts fehlt. Die Berichtspflicht im Anhang über die Erweiterungsaufwendungen schließt auch die Erläuterungspflicht in bezug auf die zu bildende Rückstellung für latente Steuern ein (§ 269 HGB) (vgl. Teil II, Punkt 12.2).
- Die Kapitalgesellschaft muß die als Bilanzierungshilfe aktivierten Erweiterungsaufwendungen in jedem Geschäftsjahr, das dem Geschäftsjahr der Aktivierung folgt, zu mindestens einem Viertel durch Abschreibungen tilgen. In gleichem Maße wie der Aktivposten abgeschrieben wird, ist die Rückstellung für latente Steuern aufzulösen (z. B. 25% Abschreibungsbetrag bedeutet 25% Rückstellungsauflösung).
- Die Kapitalgesellschaft muß im Anlagegitter, das entweder in der Bilanz oder im Anhang erscheint, die Entwicklung des Postens »Aufwendungen für die Ingangsetzung und Erweiterung des Geschäftsbetriebes« darstellen.
- Werden Erweiterungsaufwendungen aktiviert, müssen Gewinnausschüttungen insoweit unterbleiben, als die nach der Ausschüttung verbleibenden, jederzeit auflösbaren Gewinnrücklagen zuzüglich eines Gewinnvortrages und abzüglich eines Verlustvortrages dem aktivierten Betrag mindestens entsprechen (§ 269 Satz 2 HGB).

  Beispiel:

  Angenommen, eine GmbH aktiviert in einem Geschäftsjahr Erweiterungsaufwendungen in Höhe von 100. Das verwendbare Eigenkapital soll in dem betreffenden Geschäftsjahr 150 betragen:

Gewinnrücklagen	45
Gewinnvortrag	+ 70
Jahresüberschuß	+ 35
= verwendbares Eigenkapital	150
Aufwendungen für die Erweiterung des Geschäftsbetriebes	– 100
= mögliche Ausschüttung	50

Als Erweiterungsaufwendungen dürfen nur Aufwendungen aktiviert werden, die ein Ertragspotential für die Zukunft begründen, das heißt den Aufwendungen als künftige Erträge spezifisch zugeordnet werden können. Erweiterungsaufwendungen liegen demnach nicht vor, wenn sich die Aufwendungen im Geschäfts- oder Firmenwert niederschlagen. Als Erweiterungsaufwendungen kommen in Betracht:

- Aufwendungen zur Erschließung neuer Märkte
- Aufwendungen zur Einführung neuer Produkte oder Produktgruppen
- Aufwendungen zur Installation neuer Produktionseinrichtungen
- Aufwendungen zur Standortwahl

Als Beispiel seien die Aufwendungen zur Erschließung neuer Märkte kurz erläutert. Versucht eine Kapitalgesellschaft, neue Märkte im In- oder Ausland zu erschließen, ist klar, daß mit dieser Erschließung zusätzliche Erträge erwartet werden, die den Erschließungsaufwendungen zugeordnet werden können. Solche Aufwendungen begründen ein Ertragspotential in der Zukunft. Die Kapitalgesellschaft darf daher sämtliche Aufwendungen (Erweiterungsaufwendungen) als Bilanzierungshilfe aktivieren, die zum Zusammenhang mit einer solchen Erweiterung des Geschäftsbetriebes anfallen, zum Beispiel:

- Aufwendungen für ein Marktforschungsgutachten
- Aufwendungen für eine Organisationsberatung
- Aufwendungen für die Suche und Anwerbung von Personal
- Aufwendungen für die Ausbildung und Vorbereitung des Personals auf die besonderen Bedürfnisse des neuen Marktes
- Aufwendungen für Werbefeldzüge auf dem neuen Markt
- Aufwendungen für den Aufbau der erforderlichen Logistik zur Erschließung des neuen Marktes

Die Aktivierung von Erweiterungsaufwendungen als Bilanzierungshilfe stellt ein handelsbilanzpolitisches Instrument dar, da es im Ermessen der Kapitalgesellschaft steht, ob sie die Erweiterungsaufwendungen sofort als Betriebsaufwand geltend macht oder aktiviert.

5.3.2 Immaterielle Anlagegüter

Das Gliederungsschema der großen Kapitalgesellschaft (A. I.) umfaßt drei Gruppen von immateriellen Anlagegegenständen, die im Anlagegitter dargestellt werden müssen:

1. Konzessionen, gewerbliche Schutzrechte und ähnliche Rechte und Werte sowie Lizenzen an solchen Rechten und Werten;
2. Geschäfts- oder Firmenwert;
3. geleistete Anzahlungen.

Immaterielle Vermögensgegenstände sind in der Handelsbilanz nur dann aktivierungsfähig, wenn sie entgeltlich erworben wurden. Wurden sie nicht entgeltlich erworben, gilt für sie ein absolutes Aktivierungsverbot (§ 248 Abs. 2 HGB).

Für die im Gliederungsschema unter A. I. 1. aufgeführten immateriellen Vermögensgegenstände besteht nach dem Bilanzierungsgrundsatz der Vollständigkeit Aktivierungspflicht (§ 246 Abs. 1 HGB). Das Anlagegitter einer Kapitalgesellschaft weist daher die historischen Anschaffungskosten der entgeltlich erworbenen immateriellen Anlagegegenstände, wie entgeltlich erworbene Patente, Lizenzen und dgl. auf, die sich noch im Betriebsvermögen befinden. Der externe Bilanzleser erkennt im Rahmen eines Zeitvergleiches, ob bei diesen immateriellen Anlagegegenständen aufgestockt oder abgebaut wurde, woraus sich zum Beispiel Rückschlüsse auf die Innovationsfreudigkeit eines Unternehmens ziehen lassen.

In der Steuerbilanz besteht für die entgeltlich erworbenen immateriellen Wirtschaftsgüter (A. I. 1.) ebenfalls Aktivierungspflicht (§ 5 Abs. 2 EStG), während die selbst geschaffenen, nicht entgeltlich erworbenen, immateriellen Wirtschaftsgüter nicht aktiviert werden dürfen (Umkehrschluß aus § 5 Abs.2 EStG).

Die entgeltlich erworbenen immateriellen Vermögensgegenstände (Wirtschaftsgüter) sind in der Regel (Ausnahme: Wettbewerbsverbote ohne zeitliche Begrenzung) planmäßig abzuschreiben. Dabei ist die Abschreibungsdauer im allgemeinen immer kürzer als die gesetzlichen Schutzfristen dieser immateriellen Anlagegüter. Die gesetzliche Schutzfrist für ein entgeltlich erworbenes Patent beträgt zum Beispiel 20 Jahre, während man von einer Abschreibungsdauer von nur 5 Jahren ausgeht. Die planmäßige Abschreibung muß sowohl in der Handelsbilanz als auch in der Steuerbilanz vorgenommen werden.

Zu den ähnlichen Rechten und Werten, die als immaterielle Vermögensgegenstände (Wirtschaftsgüter) aktivierungspflichtig sind, zählen zum Beispiel EDV-Software, Know-How, Nutzungsrechte, Trenn- und Baurechte, Zuteilungsquoten, Syndikatsrechte.

Unter der Bilanzposition A. I. 3. »Geleistete Anzahlungen« sind diejenigen Anzahlungen zu aktivieren, die im Zusammenhang mit dem Erwerb immaterieller Vermögensgegenstände geleistet wurden. Sobald der immaterielle Vermögensgegenstand (Wirtschaftsgut) angeschafft ist, muß die Anzahlung auf den entsprechenden Bilanzposten umgebucht werden. Anzahlungen auf Sachanlagen und Anzahlungen auf Vorräte sind nicht unter A. I. 3., sondern unter der jeweils zutreffenden Bilanzposition zu aktivieren.

5.3.3 Firmenwert

Der Firmenwert (Geschäftswert) stellt ein sogenanntes immaterielles Gesamtwirtschaftsgut (Sammelwirtschaftsgut) dar. In bezug auf die Bilanzierung des Firmenwertes ist sowohl in der Handelsbilanz als auch in der Steuerbilanz zwischen dem originären selbstgeschaffenen und dem derivativen, das heißt dem entgeltlich erworbenen, Firmenwert zu unterscheiden.

Der originäre Firmenwert ist weder in der Handelsbilanz (§ 248 Abs. 2 HGB) noch in der Steuerbilanz (§ 5 Abs. 2 EStG) aktivierungsfähig. Er unterliegt einem absoluten Aktivierungsverbot.

In bezug auf den entgeltich erworbenen derivativen Firmenwert besteht in der Handelsbilanz ein Aktivierungswahlrecht. Er muß dann im Anlagegitter im Jahr des Zugangs in der Spalte »Zugänge« unter der Position A. I. 2. erscheinen. Im auf das Zugangsjahr folgenden Jahr wird er in der Spalte »Historische Anschaffungskosten« erfaßt. In der Fachliteratur herrscht allerdings die Ansicht vor, daß der entgeltlich erworbene Firmenwert nicht einen Vermögensgegenstand, sondern eine Bilanzierungshilfe darstellt (vgl. Moxter, A., Zum neuen Bilanzrechtsentwurf, in: BB 1985, S. 1101 ff.).

Als Geschäfts- oder Firmenwert **darf** in der Handelsbilanz nach § 255 Abs. 4 HGB der Unterschiedsbetrag als Bilanzierungshilfe angesetzt werden, um den die für die Übernahme eines Unternehmens bewirkte Gegenleistung den Wert der einzelnen Vermögensgegenstände abzüglich der Schulden im Zeitpunkt der Übernahme übersteigt:

Wert der Vermögensgegenstände (Wirtschaftsgüter)
– Schulden
= Nettosubstanzwert
– Kaufpreis des Unternehmens
= Firmenwert (Geschäftswert)

In der Steuerbilanz **muß** ein entgeltlich erworbener derivativer Firmenwert zwingend aktiviert werden (§ 5 Abs. 2 EStG). Die Aktivierung des Firmenwertes hat in der Steuerbilanz zu den Anschaffungskosten zu erfolgen, die in etwa, wie für die Handelsbilanz vorstehend dargestellt, zu ermitteln sind.

Wird der entgeltlich erworbene Firmenwert in der Handelsbilanz aktiviert, das heißt wird von dem Aktivierungswahlrecht Gebrauch gemacht, muß er in jedem auf das Zugangsjahr folgende Geschäftsjahr zu mindestens einem Viertel abgeschrieben werden (§ 255 Abs. 4 HGB). Dies bedeutet, daß für jedes Geschäftsjahr, je nach handelsbilanzpolitischer Zielsetzung, auch höhere Abschreibungen als 25% vorgenommen werden können.

In der Steuerbilanz ist der entgeltlich erworbene Firmenwert planmäßig innerhalb von 15 Jahren abzuschreiben (§ 7 Abs. 1 Satz 3 EStG). Darüber hinaus ist in der Steuerbilanz bei Vorliegen bestimmter Gründe auch eine Teilwertabschreibung möglich.

Analog der steuerrechtlich festgesetzten Abschreibungsdauer von 15 Jahren kann auch in der Handelsbilanz nach § 255 Abs. 4 Satz 3 HGB ein aktivierter Firmenwert planmäßig innerhalb von 15 Jahren abgeschrieben werden.

5.3.4 Sachanlagen

Das Gliederungsschema der großen Kapitalgesellschaft erfaßt im Anlagegitter unter A. II. die Sachanlagen mit folgenden Positionen:

1. Grundstücke, grundstücksgleiche Rechte und Bauten einschließlich der Bauten auf fremden Grundstücken;
2. technische Anlagen und Maschinen;
3. andere Anlagen, Betriebs- und Geschäftsausstattung;
4. geleistete Anzahlungen und Anlagen im Bau.

Grundsätzlich kann die Gliederung der Sachanlagen erweitert bzw. vertieft werden (§ 265 Abs. 5 HGB). In der Bilanzierungspraxis werden dann häufig neue Bilanzposten, zum Beispiel 3.1 Fuhrpark, 3.2 Flugzeugpark usw. ausgewiesen.

Das Gliederungsschema der großen Kapitalgesellschaften sieht für Grundstücke und Gebäude in der Handelsbilanz eine einzige Bilanzposition (A. II. 1.) vor. Das Aktiengesetz a. F. sah demgegenüber eine Aufgliederung dieser einzigen Bilanzposition in vier Posten vor. Es ist einem Unternehmen allerdings freigestellt, die einzige Bilanzposition für Grundstücke und Gebäude zum Beispiel in die vier Posten aufzugliedern, wie sie im bisherigen Recht vorgeschrieben waren.

In der Steuerbilanz ist es nach § 6 Abs. 1 EStG zwingend vorgeschrieben, den Grund und Boden als nicht abnutzbares Anlagegut getrennt von dem aufstehenden Gebäude, das zu den abnutzbaren Gütern des Anlagevermögens zählt, zu aktivieren und zu bewerten. Wird daher zum Beispiel ein Grundstück mit aufstehendem Gebäude zu einem Gesamtpreis erworben, muß dieser entsprechend aufgeteilt werden, um die Anschaffungskosten des Grund und Bodens und des aufstehenden Gebäudes bilanzieren zu können.

Unter der Position A. II.2. »Technische Anlagen und Maschinen« sind neben den Maschinen und technischen Anlagen (z. B. Hochöfen, Gießereien, Transportanlagen, Krananlagen, Umspannwerke und dgl.) auch die sogenannten Betriebsvorrichtungen auszuweisen.

Ersatzteile und Reserveteile, die nur für eine bestimmte Anlage verwendbar sind, müssen mit dieser aktiviert und abgeschrieben werden. Dem Umlaufvermögen (Vorräte) sind nur universal einsetzbare Teile zuzurechnen, die als Verschleißteile einem alsbaldigen Verbrauch unterliegen. Großreparaturen und Generalüberholungen an solchen Maschinen und Anlagen sind im Anlagegitter als Zugänge unter der Position »Technische Anlagen und Maschinen« auszuweisen, wenn es sich um Herstellungsaufwand handelt. Dieser liegt vor, wenn die Anlage in ihrer Gebrauchs- oder Verwertungsmöglichkeit wesentlich verändert wird.

Unter der Position A. II. 3. »Andere Anlagen, Betriebs- und Geschäftsausstattung« sind vor allem Werkzeuge und Werkstätteneinrichtungen sowie Büro- und Geschäftseinrichtungen auszuweisen. Die Bilanzposition umfaßt zum Beispiel Modelle, Vorrichtungen, Fahrzeuge aller Art, Drahtseilbahnen, Gleisanlagen, Lokomotiven usw., soweit sie nicht als Teil einer Maschine oder technischen Anlage unter A. II. 2. auszuweisen sind. Zu den Büro- und Geschäftseinrichtungen gehören neben dem Mobiliar und den Büromaschinen auch Fernsprechanlagen und Rohrpostanlagen.

Die Position A. II. 4. »Geleistete Anzahlungen und Anlagen im Bau« umfaßt Vorleistungen auf schwebende Geschäfte im Zusammenhang mit der Anschaffung von Gegenständen des Sachanlagevermögens. Sobald die Anlage angeschafft ist, erfolgt eine Umbuchung der Anzahlung auf das betroffene Anlagekonto.

Zu den Anlagen im Bau zählen alle zu aktivierenden Aufwendungen, die für die noch nicht fertiggestellten Anlagen entstanden sind. Die Aktivierung ist obligatorisch, gleichgültig, ob es sich um eigene Aufwendungen (Löhne, Gehälter, Materialverbrauch usw.) oder ob es sich um fremdbezogene Leistungen handelt. Eine Zuordnung der im Bau befindlichen Anlagen auf die einzelnen Anlagearten (Bauten, Maschinen und dgl.) erfolgt erst nach Fertigstellung der Anlage (Umbuchungen von »Anlagen im Bau«) auf »Technische Anlagen und Maschinen«).

5.3.5 Finanzanlagen

Das Gliederungsschema der großen Kapitalgesellschaft umfaßt unter A. III. »Finanzanlagen« folgende Positionen:

1. Anteile an verbundenen Unternehmen;
2. Ausleihungen an verbundene Unternehmen;

3. Beteiligungen;
4. Ausleihungen an Unternehmen, mit denen ein Beteiligungsverhältnis besteht;
5. Wertpapiere des Anlagevermögens;
6. Sonstige Ausleihungen.

Finanzanlagen repräsentieren demnach in fremde Unternehmen investiertes Kapitel. Sie unterscheiden sich von den Sachanlagen vor allem in bezug auf die Art ihrer Erträge. Außerdem sind die Abschreibungen auf Finanzanlagen betriebswirtschaftlich anders zu beurteilen als die Abschreibungen auf Sachanlagen.

Unter der Position A. III. 1. »Anteile an verbundenen Unternehmen« sind gesellschaftsrechtlich Kapitalanteile an Kapital- und Personengesellschaften und ihnen wirtschaftlich gleichstehende gesellschaftsähnliche Kapitalanlagen (z. B. stille Beteiligungen) zu erfassen. Darunter fallen unter anderem Aktien, GmbH-Anteile, Kuxe, Kommanditanlagen, Beteiligungen als stiller Gesellschafter. Der Begriff verbundene Unternehmen ist in § 271 Abs. 2 HGB definiert. Er umfaßt solche Unternehmen, die als Mutter- oder Tochterunternehmen in einen Konzernabschluß einzubeziehen sind.

Grundsätzlich ist ein Unternehmen in den Konzernabschluß der Muttergesellschaft einzubeziehen (§ 290 Abs. 2 HGB), wenn dieser

- die Mehrheit der Stimmrechte zusteht oder
- das Recht zusteht, die Mehrheit der Mitglieder des Verwaltungs-, Leitungs- oder Aufsichtsorgans zu bestellen oder abzuberufen und sie gleichzeitig Gesellschafter ist, oder
- das Recht zusteht, einen beherrschenden Einfluß aufgrund eines mit diesem Unternehmen abgeschlossenen Beherrschungsvertrages oder aufgrund einer Satzungsbestimmung dieses Unternehmens auszuüben.

Ein verbundenes Unternehmen liegt nur vor, wenn die Muttergesellschaft die Rechtsform einer Kapitalgesellschaft und ihren Sitz im Inland hat. In den beiden folgenden Fällen bestehen demnach keine Verbundbeziehungen nach § 271 Abs. 2 HGB, das heißt es liegen keine verbundenen Unternehmen vor:

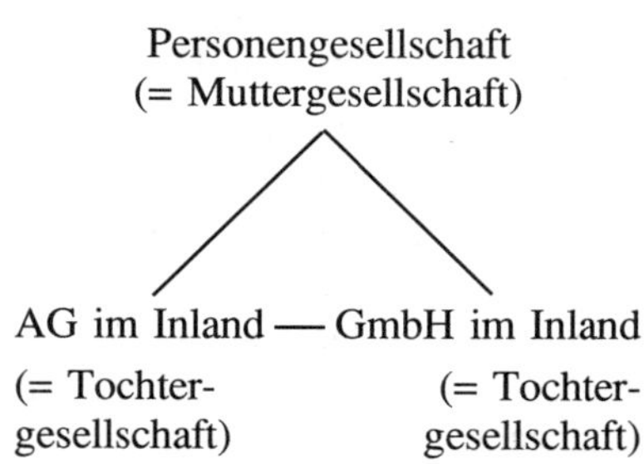

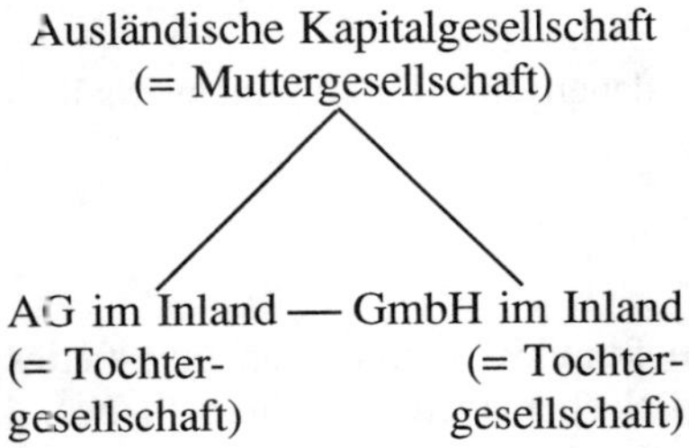

Als Anteile an verbundenen Unternehmen sind nur solche Anteile auszuweisen, die langfristig (dauernd) dazu bestimmt sind, dem Geschäftsbetrieb zu dienen (§ 247 Abs. 2 HGB).

Unter der Position A. III. 2. »Ausleihungen an verbundene Unternehmen« sind analog zum Ausweis der Anteile an verbundene Unternehmen die Ausleihungen an verbundene Unternehmen gesondert auszuweisen.

Unter der Position A. III. 3. »Beteiligungen« werden Anteile an Unternehmen zusammengefaßt, die dazu bestimmt sind, dem eigenen Geschäftsbetrieb durch Herstellung einer dauerhaften Verbindung zu jenem Unternehmen zu dienen (§ 271 Abs. 1 HGB). Mit Ausnahme von eigenen Anteilen kommen grundsätzlich jegliche Anteile an einem Unternehmen als Beteiligungen in Betracht. Demnach können Beteiligungen an Unternehmen der unterschiedlichsten Rechtsformen bestehen, wie Kapitalgesellschaften, sonstige juristische Personen (z. B. Stiftungen), Personengesellschften und Einzelunternehmen. Lediglich die Mitgliedschaft in einer eingetragenen Genossenschaft gilt nicht als Beteiligung.

§ 271 Abs. 1 Satz 3 HGB enthält eine Beteiligungsvermutung. Demnach gelten im Zweifel Anteile an einer Kapitalgesellschaft als Beteiligung, wenn die Nennbeträge insgesamt 20 v. H. des Nennkapitals dieser Gesellschaft überschreiten.

Beteiligungen sind mit den Anschaffungskosten zu bilanzieren. Eine planmäßige Abschreibung kommt nicht in Betracht. Außerplanmäßige Abschreibungen in der Handelsbilanz bzw. Teilwertabschreibungen in der Steuerbilanz sind dann möglich, wenn die Beteiligungen in ihrem Wert gesunken sind. Damit sollen negative Ergebniseinflüsse, die aufgrund eines solchen Beteiligungsverhältnisses zu erwarten sind, berücksichtigt werden.

Unter der Position A. III. 4. »Ausleihungen an Unternehmen, mit denen ein Beteiligungsverhältnis besteht« sind analog zum Ausweis der Beteiligungen die Ausleihungen an Beteiligungsunternehmungen gesondert auszuweisen.

Unter der Position A. III. 5. »Wertpapiere des Anlagevermögens« sind solche Wertpapiere zu aktivieren, die keinen Beteiligungscharakter besitzen (z. B. Aktien, öffentliche und private Anleihen, Fremdkapital usw.). Unter dieser Bilanzposition werden keine Anteile an einer GmbH oder an einem Personenunternehmen ausgewiesen, da in diesen Fällen keine verbrieften Rechte vorliegen.

Unter der Position A. III. 6. »Sonstige Ausleihungen« sind alle langfristigen Ausleihungen auszuweisen, die nicht an verbundene Unternehmen oder an Unternehmen, mit denen ein Beteiligungsverhältnis besteht, gewährt werden.

Eine Kapitalgesellschaft hat in bezug auf Finanzanlagen im Gegensatz zu den Sachanlagen auch bei einer nur vorübergehenden Wertminderung ein Abschreibungswahlrecht (§ 279 Abs. 1 Satz 2 HGB).

5.3.6 Festwerte

Die Festbewertung stellt eine Ausnahme von dem Grundsatz der Einzelbewertung dar. Ein Festwert kann nach § 240 Abs. 3 HGB für Sachanlagegüter gebildet werden, wenn folgende Voraussetzungen vorliegen:

- Der Bestand dieser Sachanlagegüter unterliegt hinsichtlich seiner Größe, seinem Wert und seiner Zusammensetzung nur geringfügigen Änderungen,
- die Sachanlagegüter werden regelmäßig ersetzt, und
- der Gesamtwert dieser Sachanlagegüter ist für das Unternehmen nur von nachrangiger Bedeutung.

Nach der Rechtssprechung und ihrer Kommentierung kommen als Sachanlagegüter, für die ein Festwert gebildet werden kann, unter anderem in Betracht: Werkzeuge, Stanzen, Modelle, Formen, Hotelgeschirr, Hotelwäsche, Schreib- und Rechenmaschinen, Laboreinrichtungen, Meß- und Prüfgeräte, Gerüst-und Schalungsteile.

Für solche Gegenstände des Anlagevermögens kann sowohl in der Handelsbilanz als auch in der Steuerbilanz eine gleichbleibende Menge (Festmenge) und ein gleichbleibender Wert (Festwert) angesetzt werden. Ein Festwert für Sachanlagegüter wird in der Weise gebildet, daß die ursprünglichen Anschaffungs- oder Herstellungskosten dieser Güter ermittelt werden. Von diesen Anschaffungs- oder Herstellungskosten wird ein pauschaler Wertabschlag von 50% (bei Gerüst- und Schalungsteilen von 60%) vorgenommen. Die so verminderten Anschaffungs- oder Herstellungskosten werden auf einem Bestandskonto aktiviert. Eine Abschreibung auf den Festwert unterbleibt. Statt dessen werden alle Neuanschaffungen im Geschäftsjahr (Wirtschaftsjahr) in voller Höhe als Aufwand (Betriebsausgaben) abgesetzt. Ein Zugang erscheint demnach nicht im Anlagenspiegel.

In einem dreijährigen Turnus ist der Festwertansatz in der Handels- und Steuerbilanz durch eine Inventur zu überprüfen und gegebenenfalls zu korrigieren.

Bei der Festwertbildung ist besonders zu beachten, daß der Festwert von nachrangiger Bedeutung sein muß. Maßstab für die Nachrangigkeit ist in erster Linie die Bilanzsumme. Eine nachrangige Bedeutung wird zum Beispiel unterstellt, wenn der einzelne Festwert 5% der Bilanzsumme nicht übersteigt.

Ein Festwert für Sachanlagegüter ist im Anlagespiegel zu zeigen (§ 268 Abs. 2 HGB). Er ist in gleichbleibender Höhe in der Restbuchwertspalte sowie gegebenenfalls mit einem höheren Wert in der Spalte der ursprünglichen Anschaffungs- und Herstellungskosten enthalten. Er bleibt solange unverändert im Anlagespiegel, bis er aufgrund der Inventurergebnisse aufgestockt oder vermindert werden muß.

Als Beispiel für eine Festbewertung im Sachanlagevermögen sind Gleisanlagen denkbar. Für die Bestimmung der Festwertgröße könnte die Länge des Gleisnetzes herangezogen werden. Die um den pauschalen Wertabschlag verminderten Herstellungskosten für die Gleisanlagen bilden den Festwert. Dieser Festwert erscheint im Gliederungsschema der großen Kapitalgesellschaften unter der Bilanzposition A. II. 2. »Technische Anlagen und Maschinen« als separater Posten.

5.3.7 Geringwertige Wirtschaftsgüter

Geringwertige Wirtschaftsgüter (Vermögensgegenstände) können nach § 6 Abs. 2 EStG im Jahr der Anschaffung oder Herstellung sofort als Betriebsausgaben (Betriebsaufwand) abgesetzt werden. Die Abschreibungsfreiheit für geringwertige Wirtschaftsgüter ist zwar im HGB nicht erwähnt, jedoch ist in der Fachliteratur unbestritten (vgl. Harms, J. E., Küting, K. H., Die Notwendigkeit einer Sonderregelung für geringwertige Wirtschaftsgüter im künftigen Bilanzrecht, in: DB 1984, S. 1997 ff.), daß geringwertige Wirtschaftsgüter (Vermögensgegenstände) in der Handelsbilanz unter denselben Voraussetzungen wie in der Steuerbilanz sofort abgeschrieben werden können.

Geringwertige Wirtschaftsgüter liegen vor, wenn folgende Voraussetzungen erfüllt sind:

- Es muß sich um ein selbständiges Wirtschaftsgut des abnutzbaren Anlagevermögens handeln.
- Das Wirtschaftsgut muß selbständig nutzungsfähig sein.
- Die Anschaffungs- oder Herstellungskosten dürfen DM 800 netto ohne Umsatzsteuer nicht übersteigen.

Selbständige Nutzungsfähigkeit liegt nicht vor, wenn das Wirtschaftsgut Teil eines einheitlichen Ganzen (z. B. Produktionsanlage, Maschine) ist, bzw. wenn die Wirtschaftsgüter so aufeinander abgestimmt sind, daß sie nur zusammen genutzt werden können. Nach der Rechtsprechung des BFH (Abschnitt 40 Abs. 2 EStR) werden zum Beispiel Schalungs- und Gerüstteile in der Bauwirtschaft, Kanaldielen, Leuchtstoffröhren, die in Lichtbändern verbunden sind, Werkzeuge wie Bohrer, Fräsen, Drehstähle, die für ihre betriebliche Verwendung mit entsprechenden Werkzeugen verbunden werden müssen, nicht als geringwertige Wirtschaftsgüter anerkannt.

Umgekehrt werden als geringwertige Wirtschaftsgüter durch die Rechtsprechung des BFH anerkannt: Flachpaletten zur Lagerung von Waren, Straßenleuchten, Schriftenminima, Spinnkannen einer Spinnerei, Möbel, Textilien, Wäsche und Geschirr eines Hotels, Grundausstattung einer Kfz-Werkstätte mit Spezialwerkzeugen, Einrichtungsgegenstände eines Ladens oder eines Büros.

Ein geringwertiges Wirtschaftsgut ist nur gegeben, wenn seine Anschaffungs- oder Herstellungskosten einschließlich Anschaffungsnebenkosten DM 800 ohne Vorsteuer nicht überschreiten.

Beispiel:

Ein Unternehmen erwirbt eine Büromaschine zum Anschaffungspreis (ohne Umsatzsteuer) von DM 796 zuzüglich DM 8 Versandkosten, also für Anschaffungskosten von insgesamt DM 804. Eine Abschreibungsfreiheit kommt nicht in Frage. Wird jedoch auf den Anschaffungspreis ein Skonto von 3% eingeräumt, ist die Grenze von DM 800 unterschritten, und das Unternehmen kann die Abschreibungsfreiheit in Anspruch nehmen.

Geringwertige Wirtschaftsgüter brauchen nach Abschnitt 31 Abs. 3 EStR nicht in das Inventar aufgenommen zu werden, wenn ihre Anschaffungs- oder Herstellungskosten, vermindert um einen darin enthaltenen Vorsteuerbetrag (§ 9 Abs. 1 EStG) nicht mehr als DM 100 betragen haben, die Ausgaben können sofort als Betriebsausgaben (Betriebsaufwand) geltend gemacht werden.

Die geringwertigen Wirtschaftsgüter müssen auch im Anlagegitter erfaßt werden. Hierfür stehen die folgenden Alternativen zur Verfügung:

1. Im Jahr des Zugangs der geringwertigen Wirtschaftsgüter wird mit der Sofortabschreibung zugleich ein Abgang dieser Anlagegegenstände fingiert. Den Zugängen (Spalte »Zugänge«) an geringwertigen Wirtschaftsgütern stehen also in gleicher Höhe Abgänge (Spalte »Abgänge«) gegenüber.
2. Im Jahr des Zugangs der geringwertigen Wirtschaftsgüter stehen den Zugängen (Spalte »Zugänge«) im Anlagegitter in gleicher Höhe kumulierte Abschreibungen (Spalte »Kumulierte Abschreibungen«) gegenüber. Ein

Abgang (Spalte »Abgänge«) wird erst im Folgejahr fingiert. In diesem folgenden Geschäftsjahr werden auch die kumulierten Abschreibungen auf die geringwertigen Wirtschaftsgüter wieder aufgelöst.

3. Es erfolgt eine Einzelinventarisierung der geringwertigen Wirtschaftsgüter in der EDV-gesteuerten Anlagenkartei. Damit erscheinen sie im Anlagegitter nicht gesondert, sondern unter den entsprechenden Bilanzpositionen des Sachanlagevermögens. Eine Sonderbehandlung der geringwertigen Wirtschaftsgüter ist in diesem Falle nicht notwendig.

Liegt ein geringwertiges Wirtschaftsgut vor, hat das Unternehmen für die Handels- und Steuerbilanz stets von neuem ein Wahlrecht, ob sie das Wirtschaftsgut nach § 6 Abs. 2 EStG sofort abschreibt oder aktiviert und entsprechend seiner betriebsgewöhnlichen Nutzungsdauer absetzt.

6 Bewertung des Anlagevermögens

Anlagegüter sind sowohl in der Handelsbilanz (§ 253 Abs. 1 HGB) als auch in der Steuerbilanz (§ 6 Abs. 1 Nr. 1 und 2 EStG) höchstens mit den Anschaffungs- oder Herstellungskosten zu bewerten.

Liegt bei einem Anlagegut eine voraussichtlich dauernde Wertminderung vor, muß eine außerplanmäßige Abschreibung vorgenommen werden (§ 253 Abs. 2 HGB). In einem solchen Falle gilt in der Handelsbilanz das strenge Niederstwertprinzip, das über den Maßgeblichkeitsgrundsatz auch in der Steuerbilanz eingehalten werden muß.

Vorübergehende Wertminderungen dürfen von einer Kapitalgesellschaft nur bei Finanzanlagegütern durch eine außerplanmäßige Abschreibung berücksichtigt werden (§ 279 Abs. 1 HGB). In einem solchen Falle gilt das gemilderte Niederstwertprinzip wiederum für beide Bilanzen.

Kapitalgesellschaften müssen eine vorgenommene außerplanmäßige Abschreibung im Anhang angeben und begründen (§ 284 Abs. 2 Nr.3 HGB).

Nichtkapitalgesellschften dürfen über das strenge Niederstwertprinzip hinaus im Anlagevermögen stille Reserven bilden, wenn dies vernünftiger kaufmännischer Beurteilung entspricht (§ 253 Abs. 4 HGB).

6.1 Bewertungsmaßstäbe

Zur Bewertung der Vermögensgegenstände in der Handelsbilanz (Anlagegüter und Umlaufgüter) dienen die folgenden Wertmaßstäbe:

1. Anschaffungskosten (§ 255 Abs. 1 HGB)
2. Herstellungskosten (§ 255 Abs. 2 HGB
3. Börsenpreis (§ 253 Abs. 3 HGB)
4. Marktpreis (§ 253 Abs. 3 HGB)
   4.1. am Beschaffungsmarkt
   4.2 am Absatzmarkt
   4.3 Maßgeblichkeit beider Märkte
5. Beizulegender Wert (wenn kein Börsen- oder Marktpreis bekannt ist) nach § 253 Abs. 3 HGB
   5.1 abgeleitet vom Beschaffungsmarkt (Wiederbeschaffungswert)
   5.2 abgeleitet vom Absatzmarkt (voraussichtlicher Verkaufserlös)
   5.3 Wiederherstellungskosten (Reproduktionswert)
6. Zukunftswert (§ 253 Abs. 3 HGB)
7. Steuerrechtlich zulässiger Wert (§ 254 HGB)

Für die Bewertung der Anlage- und Umlaufgüter in der Steuerbilanz dienen ebenfalls die vorgenannten Bewertungsmaßstäbe. Dabei kommt dem Teilwert als Bewertungsmaßstab in der Steuerbilanz eine zentrale Bedeutung zu.

6.1.1 Anschaffungskosten

§ 255 Abs. 1 HGB enthält folgende Definition der Anschaffungskosten: »Anschaffungskosten sind die Aufwendungen, die geleistet wurden, um einen Vermögensgegenstand zu erwerben und ihn in einen betriebsbereiten Zustand zu versetzen, soweit sie dem Vermögensgegenstand einzeln zugeordnet werden können. Zu den Anschaffungskosten gehören auch die Nebenkosten sowie die nachträglichen Anschaffungskosten. Anschaffungspreisminderungen sind abzusetzen.«

Diese gesetzliche Definition entspricht der Steuerrechtsprechung (vgl. insbesondere Beschluß des Großen Senats des BFH vom 22.08.1966, BStBl. III, S. 672), ohne daß jedoch die Anschaffungskosten bislang im EStG definiert sind.

Nach der Legaldefinition des § 255 Abs. 1 HGB, die demnach sowohl für die Handelsbilanz als auch für die Steuerbilanz gilt, setzen sich die Anschaffungskosten wie folgt zusammen:

Anschaffungspreis
\+ Anschaffungsnebenkosten
\+ nachträgliche Anschaffungskosten
– Anschaffungspreisminderungen
= Anschaffungskosten

Zu den Anschaffungsnebenkosten zählen sämtliche Aufwendungen und Ausgaben, die im Zusammenhang mit dem Erwerb eines Vermögensgegenstandes anfallen, zum Beispiel Eingangsfrachten und Zölle, Provisionen, Speditionsanfuhr- und -abladekosten, Montagekosten, Umbaukosten, Versicherungen, Grunderwerbsteuer.

Zu den aktivierungspflichtigen Anschaffungskosten zählen Nebenkosten nur, wenn sie zu den Einzelkosten und nicht zu den Gemeinkosten des Beschaffungsbereichs zu rechnen sind.

Beispiel:

Ein Unternehmen holt mit einem betriebseigenen Lkw Rohstoffe von einem Großhändler ab. Die Arbeitslöhne für die Arbeitnehmer und die Kosten für Öl und Benzin sind als Einzelkosten (Anschaffungsnebenkosten) unter den Anschaffungkosten der Rohstoffe zu aktivieren. Die Abschreibungen auf den Lkw hingegen stellen Gemeinkosten dar, die nicht als Anschaffungskosten aktiviert werden dürfen.

Zu den Anschaffungskosten gehören auch die nachträglichen Anschaffungskosten, wie die nachträgliche Erhöhung des Kaufpreises im Prozeßwege, nacherhobene Zölle, Reparaturen, Verbesserungen. Die bilanzielle Erfassung der nachträglichen Anschaffungskosten erfolgt unter A. »Anlagevermögen« als Zugänge im Anlagegitter.

Anschaffungspreisminderungen sind zum Beispiel Rabatte, Lieferantenskonti oder Boni. Da grundsätzlich nur die tatsächlichen Anschaffungskosten (Ausgaben) aktiviert werden dürfen, ist die Erfassung solcher Anschaffungspreisminderungen als Ertrag bei gleichzeitiger Aktivierung des ungekürzten Anschaffungsbetrages nicht zulässig. In der Praxis werden allerdings oftmals solche Anschaffungspreisminderungen wie Boni überwiegend als Ertrag behandelt, vor allem wenn ein längerer Zeitraum zwischen der Anschaffung und der Gewährung der Boni liegt.

Subventionen und Zuschüsse können unter Umständen ebenfalls Anschaffungspreisminderungen sein. Die buchmäßige Behandlung solcher Zuschüsse lautet dann zum Beispiel: »Geldkonto an Maschinen«. Die Anschaffungskosten der Maschine sind in diesem Fall um den Zuschuß gekürzt.

Steuerrechtlich besteht bei öffentlichen und privaten Zuschüssen (Ausnahme: Investitionszulagen) ein Wahlrecht (Abschnitt 34 EStR), die Zuschüsse entweder als Anschaffungskostenminderung oder als Sonstige betriebliche Erträge zu erfassen. Werden die Zuschüsse erfolgswirksam erfaßt, lautet die Buchung »Geldkonto an Sonstige betriebliche Erträge«.

Investitionszulagen nach dem Berlin-FG oder im Investitionszulagengesetz sind stets nur erfolgsneutral ohne Minderung der Anschaffungskosten zu erfassen. Die Buchung lautet: »Geldkonto an Eigenkapitalkonto« (bei Kapitalgesellschaften: »Geldkonto an Gewinnrücklage«).

Die von dem Lieferanten in Rechnung gestellte Umsatzsteuer zählt nicht zu den Anschaffungskosten. § 9 b EStG bestimmt, daß die offen ausgewiesene abziehbare Vorsteuer nach § 15 UStG nicht zu den Anschaffungskosten zählt. Die nicht abziehbaren Vorsteuerbeträge hingegen sind in den Anschaffungskosten zu aktivieren (Ausnahme: Bagatellbeträge).

6.1.2 Herstellungskosten

Werden Wirtschaftsgüter nicht von Dritten erworben, sondern ganz oder teilweise selbst hergestellt, treten an die Stelle der Anschaffungskosten die Herstellungskosten. Dies ist der Fall bei Fertigerzeugnissen, unfertigen Erzeugnissen, selbsterstellten Anlagen und Werkzeugen.

Die Bewertung solcher selbst hergestellen Vermögensgegenstände (Wirtschaftsgüter) ist mit zahlreichen Problemen behaftet. Es müssen die während des Herstellungsprozesses angefallenen und aufgezeichneten Kosten auf das einzelne Wirtschaftsgut verursachungsgerecht zugeordnet werden. Die Kosten ergeben sich aus der Kostenrechnung, die nach anderen Gesichtspunkten als nach bilanziellen eingerichtet und praktiziert wird.

§ 255 Abs. 2 HGB enthält eine Definition der Herstellungskosten: »Herstellungskosten sind die Aufwendungen, die durch den Verbrauch von Gütern und die Inanspruchnahme von Diensten für die Herstellung eines Vermögensgegenstandes, seine Erweiterung oder für eine über seinen ursprünglichen Zustand hinausgehende wesentliche Verbesserung entstehen.«

Diese Definition findet sich wörtlich in Abschnitt 33 Abs. 1 EStR wieder, so daß bei der Ermittlung der Herstellungskosten sowohl für die Handelsbilanz als auch für die Steuerbilanz die gleichen Grundsätze gelten.

In der Handelsbilanz können die Herstellungskosten sowohl auf der Basis von Vollkosten als auch von Teilkosten bilanziert werden.

Die Untergrenze der handelsrechtlichen Herstellungskosten, das heißt der Mindestwertansatz in der Bilanz, bilden die variablen Teile der Material- und Fertigungskosten einschließlich der Sondereinzelkosten der Fertigung. Dabei wird allein auf das Merkmal der Zurechenbarkeit auf die Kostenträger abgestellt. Dies bedeutet, daß in der Handelsbilanz nur die Einzelkosten, nicht jedoch die Gemeinkosten aktivierungspflichtig sind:

	Materialeinzelkosten
+	Fertigungseinzelkosten
+	Sondereinzelkosten der Fertigung
=	Wertuntergrenze (Mindestwertansatz) der Herstellungskosten in der Handelsbilanz

Die Wertobergrenze auf der Basis der Vollkostenrechnung umfaßt (§ 255 Abs. 2 HGB):

	Materialeinzelkosten
+	Fertigungseinzelkosten
+	Sondereinzelkosten der Fertigung
+	Materialgemeinkosten
+	Fertigungsgemeinkosten
+	Kosten der allgemeinen Verwaltung
+	Zinsen für Fremdkapital (eventuell)
=	Wertobergrenze (Wahlrecht) der Herstellungskosten in der Handelsbilanz

In der Handelsbilanz sind auch Zwischenwerte als Herstellungskosten vorstellbar bzw. aktivierungsfähig.

Der Ansatz der Herstellungskosten nach Handelsrecht kann in der Bilanz anders gewählt werden als in der Gewinn- und Verlustrechnung nach dem Umsatzkostenverfahren (Reige, J., Der Herstellungskostenbegriff im Umsatzkostenverfahren, in: WPg 1987, S. 498–506). Es können zum Beispiel die Bestände an Fertigerzeugnissen aus Gründen des Gläubigerschutzes in der Bilanz nur mit den Einzelkosten aktiviert werden (Wertuntergrenze), während in der Gewinn- und Verlustrechnung nach dem Umsatzkostenverfahren unter der Position 2. »Herstellungskosten der zur Erzielung der Umsatzerlöse erbrachten Leistungen« Vollkosten (Wertobergrenze) angesetzt werden.

Kalkulatorische Kosten (kalkulatorischer Unternehmerlohn, kalkulatorische Eigenkapitalzinsen, kalkulatorische Wagniskosten, kalkulatorische Miete) dürfen weder in der Handelsbilanz noch in der Steuerbilanz unter den Herstellungskosten aktiviert werden.

Nach dem Grundsatz der Darstellungsstetigkeit (§ 252 Abs. 1 Nr. 6 HGB) ist das Unternehmen für die Handelsbilanz an die einmal getroffene Entscheidung gebunden, welchen Herstellungskostenbegriff (Vollkosten, Teilkosten, Zwischenwerte) es anwendet.

In der Steuerbilanz gibt es im Gegensatz zur Handelsbilanz kein Wahlrecht, die Herstellungskosten mit den Teilkosten oder Vollkosten zu bewerten. Nach Abschnitt 33 Abs. 1 EStR sind in der Steuerbilanz grundsätzlich die Vollkosten als Herstellungskosten anzusetzen. Allerdings gibt es in bezug auf bestimmte Kostenbestandteile ein Wahlrecht. Die Wertuntergrenze in der Steuerbilanz errechnet sich wie folgt:

	Fertigungsmaterial	
+	Materialgemeinkosten	
=		Materialkosten
	Fertigungslöhne	
+	Fertigungsgemeinkosten	
+	Sondereinzelkosten der Fertigung	
=		Fertigungskosten
=		Aktivierungspflichtige Herstellungskosten in der Steuerbilanz

In bezug auf die Kosten der allgemeinen Verwaltung räumt Abschnitt 33 Abs. 5 EStR ein Aktivierungswahlrecht ein, von dem Gebrauch gemacht werden kann oder auch nicht. Ebenso bestehen Aktivierungswahlrechte in bezug auf:

- Gewerbeerstragssteuer
- Freiwillige soziale Aufwendungen und Beteiligungen der Arbeitnehmer am Unternehmensergebnis
- Fremdkapitalzinsen, jedoch nur, wenn nachweislich in unmittelbarem wirtschaftlichen Zusammenhang mit der Herstellung eines Wirtschaftsgutes ein Kredit aufgenommen wird und die Fremdkapitalzinsen auf den Herstellungszeitraum entfallen (Abschn. 33 Abs. 7 EStR).
- Sofortabschreibungen nach § 6 Abs. 2 EStG für geringwertige Wirtschaftsgüter, Sonderabschreibungen, erhöhte Absetzungen. Werden Sonderabschreibungen nicht in die steuerlichen Herstellungskosten einbezogen, sind in jedem Fall die normale AfA als Abschreibungen in den Herstellungskosten anzusetzen.

Auch für die Steuerbilanz gilt der handelsrechtliche Grundsatz der Darstellungsstetigkeit.

Die Bewertung der Herstellungskosten kann in der Handelsbilanz in großem Umfang als handelsbilanzpolitisches Instrument genutzt werden, da von den

Einzelkosten bis zu den Vollkosten Wertansätze gewählt werden können und darüber hinaus auch in der Bilanz und in der Gewinn- und Verlustrechnung nach dem Umsatzkostenverfahren abweichende Wertansätze möglich sind.

In der Steuerbilanz ist der bilanzpolitische Spielraum enger. Aber auch hier kann das Unternehmen zum Beispiel zwischen der Wertuntergrenze und der Wertobergrenze wählen und damit den Steuerbilanzgewinn beeinflussen.

Die Mehrzahl der mittelständischen Kapitalgesellschaften wird die Herstellungskosten nach Maßgabe der steuerlichen Wertuntergrenze (Abschnitt 33 EStR) ermitteln.

6.1.3 Teilwert

Der Teilwert ist ein Begriff des Steuerrechts. Er ist in § 6 Abs. 1 Nr. 1 EStG wie folgt definiert: »Teilwert ist der Betrag, den ein Erwerber des ganzen Betriebs im Rahmen des Gesamtkaufpreises für das einzelne Wirtschaftsgut ansetzen würde; dabei ist davon auszugehen, daß der Erwerber den Betrieb fortführt.«

Der Teilwert ist ein äußerst problematischer Wert, der eine umfangreiche Steuerrechtsprechung ausgelöst hat. Die Schwierigkeit in bezug auf den Teilwert liegt darin begründet, daß der Teilwert entsprechend seiner Legaldefinition als ein ertragsabhängiger Wert verstanden wird, der besonders die Betriebszugehörigkeit von Wirtschaftsgütern herausstellt. Er soll eine Verbindung zwischen dem Substanzwert und der Ertragskraft des zu bewertenden Wirtschaftsgutes herbeiführen.

Der Teilwert beruht auf drei fiktiven Grundannahmen:

1. Es ist ein fiktiver Gesamtkaufpreis für den Betrieb als Ganzes zu finden.
2. Es muß ein fiktiver Erwerber dieses ganzen Betriebes angenommen werden.
3. Der fiktive Gesamtkaufpreis für den Betrieb als Ganzes ist auf die einzelnen Wirtschaftsgüter zu verteilen.

Der Teilwert als fiktiver Wert ist keinesfalls mit dem Einzelveräußerungspreis (gemeiner Wert) eines Wirtschaftsgutes gleichzusetzen, da § 6 Abs. 1 Nr. 1 EStG verlangt, daß von einem fortgeführten Betrieb (going concern principle) ausgegangen wird. Die Wertansätze von Wirtschaftsgütern in einem fortgeführten Betrieb unterscheiden sich in der Regel von den Einzelveräußerungspreisen.

Die Legaldefinition des Teilwerts ist in der Praxis aus folgenden Gründen nicht anwendbar:

- Die fiktive Grundannahme, daß es ein Verfahren gäbe, nach dem der gedachte Erwerber immer zu demselben Gesamtwert (Ertragswert), das heißt Gesamtverkaufspreis, gelangen würde, trifft nicht zu. Es gibt kein objektives Bewertungsverfahren, das die Erreichung dieses Zieles ermöglichen würde.

- Ebensowenig gibt es ein objektives Verfahren, das eine Aufteilung des Gesamtwertes (Gesamtkaufpreis) auf die einzelnen zu bewertenden Wirtschaftsgüter zuließe. Um den Gesamtwert eines Betriebes auf die einzelnen Wirtschaftsgüter zu verteilen, müßte vor dessen Verteilung der Firmenwert abgezogen werden (Unternehmenswert minus Firmenwert = Substanzwert). Dieser Differenzbetrag ist jedoch nur noch der Substanzwert des Betriebes als Ganzes, der mit dem Ertragswert nichts mehr zu tun hat. Demnach kann der Teilwert kein ertragsabhängiger Wert im Sinne der Legaldefinition sein.

Es ist daher klar, daß der gesetzliche Teilwertbegriff für die Bewertung nicht brauchbar ist. Dies bedeutet jedoch keineswegs, daß der Teilwert als Wertansatz überflüssig wäre. Der Grundgedanke des Teilwertbegriffes ist es nämlich, bei der Bewertung eines Wirtschaftsgutes immer einen Zusammenhang mit dem Betriebsganzen herzustellen und davon auszugehen, daß die Bewertung innerhalb eines fortgeführten Betriebes vorgenommen wird. Dies hat selbstverständlich einen ganz anderen Wertansatz zur Folge, als wenn das Wirtschaftsgut losgelöst von dem fortgeführten Betrieb als Ganzes bewertet wird.

Um nun den Teilbegriff für die Betriebspraxis anwenden zu können, hat die Steuerrechtsprechung folgende Teilwertvermutungen aufgestellt:

1. Im Zeitpunkt der Anschaffung oder Herstellung liegt der Teilwert nicht unter den tatsächlichen Anschaffungs- oder Herstellungskosten, die gewöhnlich den Wiederbeschaffungskosten entsprechen.
2. Bei dem abnutzbaren Anlagevermögen entspricht der Teilwert in den auf die Anschaffung oder Herstellung folgenden Jahren den um die steuerlichen Abschreibungen gekürzten Anschaffungs- oder Herstellungskosten.
3. Bei dem nicht abnutzbaren Anlagevermögen entspricht der Teilwert auch in späteren Jahren den Anschaffungskosten.
4. Bei dem Umlaufvermögen liegt der Teilwert nicht unter den Wiederbeschaffungskosten, die in der Regel dem Börsen- oder Marktpreis der Wirtschaftsgüter entsprechen.
5. Die Untergrenze für den Teilwert wird durch den Einzelveräußerungspreis gebildet (= Liquidationswert, im Extremfall Schrottwert).
6. Die Obergrenze stellt der Wiederbeschaffungspreis für einen Gegenstand gleicher Art und Güte dar.

Die vorstehend aufgeführten Einzelvermutungen zur Bestimmung des Teilwerts können im Einzelfall widerlegt werden. Als Gründe zur Widerlegung der Teilwertvermutungen kommen nach der Steuerrechtsprechung in Frage:

1. Gesunkene Wiederbeschaffungskosten
2. Die Anschaffung oder Herstellung hat sich als Fehlmaßnahme erwiesen.

3. Die Verkaufspreise sind gesunken, so daß die Selbstkosten nicht mehr gedeckt werden (Abschnitt 36 Abs. 2 EStR).

Der Teilwert ist für die Steuerbilanz derjenige Wertansatz, der in der Handelsbilanz entsprechend dem Niederstwertprinzip und dem Imparitätsprinzip ermittelt wird. Durch das steuerrechtlich in § 6 Abs. 1 Nr. 1 Satz 2 und Nr. 2 Satz 2 EStG ausgesprochene Wahlrecht, anstelle der Anschaffungs- bzw. Herstellungskosten den Teilwert anzusetzen, wird das Maßgeblichkeitsprinzip der Handelsbilanz für die Steuerbilanz überhaupt erst anwendbar.

6.2 Abschreibungen bzw. Absetzungen für Abnutzung (AfA)

Jedes Unternehmen sollte über eine möglichst EDV-gesteuerte Anlagenkartei verfügen. Zu den wesentlichen Daten, die eine solche Anlagenkartei umfassen muß, zählen unter anderem:

- Anschaffungs- oder Herstellungskosten eines Wirtschaftsguts
- voraussichtliche Nutzungsdauer
- Abschreibungsverfahren
- jährliche Abschreibungsquote
- jährlicher Restwert

Abschreibungen haben die Aufgabe, die Anschaffungs- oder Herstellungskosten eines Anlagegutes entsprechend dem eingetretenen Werteverzehr auf die Jahre der Nutzung als Aufwand zu verteilen. Der Werteverzehr kann unterschiedliche Ursachen haben:

- Verbrauchsbedingter, technischer Werteverzehr:

  Zum Beispiel Abnutzung durch Gebrauch, natürlichen Verschleiß
- Wirtschaftlich bedingter Werteverzehr:

  Zum Beispiel Wertminderung infolge technischen Fortschritts, Nachfrageverschiebungen, sinkende Preise
- Zeitlich bedingter Werteverzehr:

  Zum Beispiel Ablauf von Miet- und Pachtverträgen, Patenten, Gebrauchsmustern und dgl.

Abschreibungen, die den Werteverzehr erfassen, sind Aufwandspositionen in der Gewinn- und Verlustrechnung und dienen der Darstellung der Ertragslage eines Unternehmens. Im Rahmen der GoB haben Abschreibungen die Aufgabe, ein den tatsächlichen Verhältnissen entsprechendes Bild der Vermögenslage zu vermitteln. Sie mindern daher die Wertansätze der Vermögensgegenstände (Wirtschaftsgüter) in der Bilanz.

Je nachdem, welche Zielsetzungen mit den Abschreibungen verfolgt werden, unterscheidet man zwischen:

- planmäßigen Abschreibungen in der Handelsbilanz
- Absetzungen für Abnutzung (AfA) in der Steuerbilanz
- kalkulatorischen Abschreibungen in der Kostenrechnung

Um die Höhe der Abschreibung eines Vermögensgegenstandes (Wirtschaftsgutes) in der Handels- bzw. Steuerbilanz bestimmen zu können, müssen

- die Abschreibungsbasis (Bemessungsgrundlage)
- die Nutzungsdauer und
- die Abschreibungsmethode

ermittelt werden.

Sowohl in der Handelsbilanz als auch in der Steuerbilanz besteht eine gesetzliche Verpflichtung zur Abschreibung. Ein Unternehmen, das in einem bestimmten Jahr auf die Vornahme planmäßiger Abschreibungen verzichtet, verstößt in grober Weise gegen die GoB. Eine einmal unterlassene Abschreibung kann steuerlich später nicht mehr nachgeholt werden.

Die Abschreibung beginnt grundsätzlich mit dem Zeitpunkt der Anschaffung oder Fertigstellung eines Anlagegutes und nicht mit der Ingebrauchnahme.

6.2.1 Handelsrechtliche Abschreibungen

In der Handelsbilanz wird je nach Abschreibungsursache zwischen

- planmäßigen Abschreibungen (§ 253 Abs. 2 HGB)
- außerplanmäßigen Abschreibungen (§ 253 Abs. 2 und 3 HGB)
- steuerlichen Sonderabschreibungen (§ 254 HGB)

differenziert.

Solange von einem Unternehmen, zum Beispiel von den Einzelunternehmen und Personengesellschaften, nur eine einzige Bilanz aufgestellt wird, die Handels- und Steuerbilanz zugleich ist, werden sowohl die planmäßigen als auch die außerplanmäßigen Abschreibungen in der Regel nach dem Steuerrecht ausgerichtet. Bei unbeweglichen Wirtschaftsgütern (Vermögensgegenständen), zum Beispiel bei Gebäuden, werden im Rahmen einer linearen Abschreibung die Prozentsätze des § 7 Abs. 4 EStG bei einer degressiven Abschreibung in fallenden Staffelsätzen die Prozentsätze des § 7 Abs. 5 EStG zugrunde gelegt. Bei den beweglichen Wirtschaftsgütern werden die steuerlichen AfA-Tabellen für die Schätzung der Nutzungsdauer herangezogen. Ebenso werden die steuerlichen Abschreibungssätze (linear und degressiv) auch in der Handelsbilanz berücksichtigt.

Die zahlreichen Kapitalgesellschaften, die künftig eine eigenständige Handelsbilanz aufstellen, werden auch die Abschreibungen als handelsbilanzpolitisches Instrument entdecken.

6.2.2.1 Planmäßige handelsrechtliche Abschreibungen

§ 253 Abs. 2 Satz 1 HGB fordert, daß alle Gegenstände des Anlagevermögens, deren Nutzung zeitlich begrenzt ist, planmäßig über die voraussichtliche Nutzungsdauer abgeschrieben werden. Der Grundsatz der Planmäßigkeit verlangt für jedes Anlagegut die Aufstellung eines individuellen Abschreibungsplans, der sowohl die voraussichtliche Nutzungsdauer als auch die gewählte Abschreibungsmethode enthält.

Der Abschreibungsplan in der Handelsbilanz kann von dem Abschreibungsplan in der Steuerbilanz grundsätzlich abweichen. Es kann zum Beispiel für bestimmte Vermögensgegenstände durchaus eine kürzere Nutzungsdauer zugrunde gelegt werden. Die Festlegung der »betriebsgewöhnlichen« Nutzungsdauer beruht auf Erfahrungen und Schätzungen, deren Ermessensspielräume sich unter Beachtung des Grundsatzes der Vorsicht im Rahmen der allgemeinen Bilanzierungs- und Bewertungsgrundsätze bewegen müssen. An die AfA-Tabellen ist die handelsrechtliche Bestimmung der Nutzungsdauer nicht gebunden. Für die Steuerbilanz ist der Ansatz einer von den AfA-Tabellen abweichenden Nutzungsdauer zu begründen.

Dabei dürfen nach § 253 Abs. 2 HGB für die planmäßigen Abschreibungen sämtliche den GoB entsprechenden Abschreibungsmethoden angewandt werden, auch wenn sie im Steuerrecht nicht zulässig sind.

Zu den steuerrechtlich nicht zulässigen Abschreibungsmethoden, die handelsrechtlich eingesetzt werden können, zählen:

- **Die arithmetisch degressive Abschreibung (Digitalabschreibung)**

Die Abschreibungsquoten bilden eine arithmetische Reihe, das heißt die Differenz aus zwei aufeinanderfolgenden Abschreibungsquoten ist konstant. Der Abschreibungsbetrag wird bei dieser Methode in der Weise berechnet, daß man zunächst die einzelnen Ziffern der geschätzten Nutzungsdauer addiert und anschließend die Anschaffungs- oder Herstellungskosten durch den Summenwert dividiert. Man erhält dann den Degressionsbetrag, in in fallender Reihenfolge mit den einzelnen Ziffern der Nutzungsdauer multipliziert wird.

Beispiel:

Es wird eine Maschine angeschafft, deren Anschaffungskosten DM 15 000 betragen.

Die Nutzungsdauer ist 5 Jahre.

Summenwert = 1 + 2 + 3 + 4 + 5 = 15

$\frac{\text{DM 15 000 (Anschaffungskosten)}}{15}$ = DM 1000

Jahr	Abschreibung	Restwert
1.	5 x DM 1000 = DM 5000	DM 10 000
2.	4 x DM 1000 = DM 4000	DM 6 000
3.	3 x DM 1000 = DM 3000	DM 3 000
4.	2 x DM 1000 = DM 2000	DM 1 000
5.	1 x DM 1000 = DM 1000	0

• Die Progressive Abschreibung

Die progressive Abschreibung stellt eine Umkehrung der degressiven Abschreibung dar. Man unterscheidet eine

- geometrisch progressive Abschreibung
- arithmetisch progressive Abschreibung

Die jährlichen Abschreibungsquoten der progressiven Abschreibung erhält man durch Umkehrung der Reihenfolge der degressiven Quoten.

Bei Vermögensgegenständen des Anlagevermögens, die regelmäßig beschafft bzw. wiederbeschafft werden, ist die Nutzungsdauer nach dem Grundsatz der Darstellungsstetigkeit (§ 252 Abs. 1 Nr. 6 HGB) grundsätzlich beizubehalten.

Bei der Aufstellung von Abschreibungsplänen für nicht regelmäßig beschaffte Vermögensgegenstände des Anlagevermögens hingegen bleibt dem Unternehmen ein individueller Gestaltungsspielraum, das heißt der Abschreibungsplan unterliegt für solche Vermögensgegenstände nicht dem Bilanzierungsgrundsatz der Darstellungsstetigkeit. Soll daher der Abschreibungsaufwand verringert oder erhöht werden, kann ein Abschreibungsplan für solche regelmäßig neu beschafften Anlagegüter verkürzt oder verlängert werden (Pfleger, G., Zur Gestaltung der Bewertung im Jahresabschluß als Mittel künftiger Bilanzpolitik, in: DB 1984, S. 787 ff.).

Bei identischen Vermögensgegenständen des Anlagevermögens muß der Abschreibungsplan für etwa 5 Jahre gleich bleiben, das heißt dieselbe Nutzungsdauer enthalten.

Für Kapitalgesellschaften sind Planänderungen, die in begründeten Ausnahmefällen vorgenommen wurden, im Anhang berichtspflichtig.

Der Abschreibungsplan muß entsprechend dem Imparitätsprinzip dann geändert werden, wenn sich herausstellt, daß die Nutzungsdauer zu lange geschätzt wurde. Ab Planänderung ist der Vermögensgegenstand des Anlagevermögens mit entsprechend höheren Beträgen abzuschreiben, die sich aus der Division des Restbuchwertes durch die verbleibende Restnutzungsdauer ergeben.

6.2.1.2 Außerplanmäßige handelsrechtliche Abschreibungen

Auf Vermögensgegenstände des Anlagevermögens müssen, unabhängig davon, ob ihre Nutzungsdauer zeitlich begrenzt oder unbegrenzt ist, außerplanmäßige Abschreibungen dann vorgenommen werden, wenn der beizulegende Wert am Bilanzstichtag niedriger ist als die (fortgeführten) Anschaffungs- oder Herstellungskosten. Voraussetzung ist, daß am Bilanzstichtag eine voraussichtlich dauernde Wertminderung vorliegt (§ 253 Abs. 2 HGB).

Vermögenswerte des Finanzanlagevermögens dürfen (Wahlrecht) auch bei einer nur vorübergehenden Wertminderung am Bilanzstichtag außerplanmäßig abgeschrieben werden (§ 253 Abs. 2 Satz 3 HGB i. V. m. § 279 Abs. 1 HGB).

Schließlich dürfen außerplanmäßige Abschreibungen in der Handelsbilanz auch vorgenommen werden, um Anlage- und Umlaufgüter mit dem niedrigeren Wert anzusetzen, der auf einer nur steuerlich zulässigen Abschreibung beruht (§ 254 HGB).

Nichtkapitalgesellschaften dürfen darüber hinaus außerplanmäßige Abschreibungen auch im Rahmen vernünftiger kaufmännischer Beurteilung vornehmen (§ 253 Abs. 4 HGB). Es dürfen allerdings keine Willkürabschreibungen vorgenommen werden.

Die außerplanmäßige Abschreibung soll einen überhöhten Bilanzansatz verhindern und ist Ausfluß des strengen bzw. gemilderten Niederstwertprinzips. Um die Höhe der außerplanmäßigen Abschreibung bestimmen zu können, ist der Buchwert eines Vermögensgegenstandes mit dem beizulegenden Wert zu vergleichen. Als beizulegender Wert kommen in Betracht:

- **Wiederbeschaffungswert**

  Wenn der gleiche oder ein ähnlicher Vermögensgegenstand zu niedrigeren Anschaffungs- oder Herstellungskosten wiederbeschafft werden kann (z. B. bei eingetretenen Preissenkungen).

- **Ertragswert**

  Wenn es sich um immaterielle Vermögenswerte oder um Finanzanlagegüter wie Beteiligungen handelt. Voraussetzung ist, daß sich der Ertragswert anhand der zu erwartenden Einnahmen (Lizenzgebühren, Gewinnanteile) einigermaßen zuverlässig feststellen läßt.

Die außerplanmäßigen Abschreibungen sind in der Gewinn- und Verlustrechnung gesondert auszuweisen oder im Anhang anzugeben (§ 277 Abs. 3 HGB).

6.2.2 AfA und sonstige steuerrechtliche Abschreibungen

Nach § 7 Abs. 1 EStG ist bei Wirtschaftsgütern, deren Verwendung oder Nutzung sich erfahrungsgemäß auf einen Zeitraum von mehr als einem Jahr erstreckt, der Teil der Anschaffungskosten abzusetzen, der bei gleichmäßiger Verteilung dieser Kosten auf die Gesamtdauer der Verwendung oder Nutzung auf ein Jahr entfällt. Durch die AfA sollen demnach die Anschaffungs- oder Herstellungskosten eines abnutzbaren Wirtschaftsgutes des Anlagevermögens auf seine betriebsgewöhnliche Nutzungsdauer verteilt werden.

Absetzungsberechtigter ist derjenige, der die Abnutzung des Anlageguts wirtschaftlich trägt. Dies ist in der Regel der bürgerlich rechtliche Eigentümer. Es gibt jedoch Fälle, in denen das bürgerlich rechtliche und das wirtschaftliche Eigentum auseinanderfallen.

Beispiel:

Ein Unternehmen erwirbt eine Maschine auf Abzahlung unter Eigentumsvorbehalt. Das Unternehmen kann AfA in gleichem Maße vor der Zahlung des Kaufpreises der Maschine vornehmen wie nach der Tilgung der Kaufpreisschuld.

Bemessungsgrundlage für die Afa sind im Regelfall die Anschafffungs- oder Herstellungskosten eines Wirtschaftsguts. Der nach Beendigung der Nutzungszeit eventuell noch vorhandene Schrottwert bleibt im allgemeinen außer Betracht, das heißt das Wirtschaftsgut ist nach Ablauf der betriebsgewöhnlichen Nutzungsdauer normalerweise auf den Erinnerungswert von DM 1 abzuschreiben (Ausnahme: Wirtschaftsgüter von großem Gewicht oder aus wertvollem Material, z. B. Seeschiffe).

Die **betriebsgewöhnliche Nutzungsdauer** bestimmt die AfA-Quote bzw. den AfA-Betrag. Als betriebsgewöhnliche Nutzungsdauer ist der Betrag anzusetzen, der von der Anschaffung oder Herstellung des Wirtschaftsgutes bis zu dem Zeitpunkt verstreicht, zu dem das Wirtschaftsgut bei üblicher Benutzung für seinen Verwendungszweck unbrauchbar wird.

Um die Gleichmäßigkeit der Besteuerung zu sichern, hat der Bundesminister der Finanzen (BdF) sogenannte **amtliche AfA-Tabellen** herausgegeben, die im behördlichen Bereich bindend sind. Die in den AfA-Tabellen angegebene betriebsgewöhnliche Nutzungsdauer beruht auf Erfahrungen der steuerlichen Betriebsprüfung. Es bestehen zwei unterschiedliche AfA-Tabellen:

- **AfA-Tabelle für die allgemein verwendbaren Anlagegüter**

  Zum Beispiel Fahrzeuge, Beleuchtungskörper, Büromaschinen und dgl.

- **AfA-Tabelle für verschiedene Wirtschaftszweige**
  Zum Beispiel Eisen- und Stahlindustrie, Chemieindustrie usw.

Die AfA-Tabellen berücksichtigen auch eine mehrschichtige Nutzung durch Verkürzung der Nutzungsdauer. Der in den AfA-Tabellen eingeführte AfA-Satz kann dann zum Beispiel bei mehrjähriger doppelschichtiger Nutzung um 25% und bei mehrjähriger dreischichtiger Nutzung um 50% erhöht werden.

Als **AfA-Methoden** kommen in der Steuerbilanz in Betracht:

- lineare AfA
- degressive AfA
- Leistungsabschreibung

Diese drei Verfahren werden den GoB entsprechend als planmäßige Abschreibungen für zulässig anerkannt.

Darüber hinaus können in der Steuerbilanz unter bestimmten Voraussetzungen auch Sonderabschreibungen und erhöhte Absetzungen vorgenommen werden.

6.2.2.1 Lineare AfA

Bei der linearen AfA wird mit gleichbleibenden Jahresbeträgen abgeschrieben. Der Abschreibungsprozentsatz (p) richtet sich bei der linearen AfA-Methode nach der betriebsgewöhnlichen Nutzungsdauer des abzuschreibenden Wirtschaftsguts. Er errechnet sich, indem man 100 durch die Nutzungsdauer dividiert.

$$p = \frac{100}{n} \;;$$

Beispiel:

Anschaffungskosten (A): DM 100 000

Nutzungsdauer (n): 10 Jahre

$p = \frac{100}{10}$; $p = 10\%$

Abschreibungsbetrag (a) = p x A;

a = DM 10 000

Die lineare AfA ist nach § 7 Abs. 1 EStG für alle abnutzbaren Wirtschaftsgüter des Anlagevermögens (materielle, immaterielle Wirtschaftsgüter) anwendbar und wird als Normal-AfA bezeichnet.

In der Kostenrechnung geht man in der Regel von der linearen AfA-Methode aus. Sie ist rechnerisch einfach und hat den Vorteil, die einzelnen Perioden mit gleichmäßigen Abschreibungsbeträgen zu belasten.

Die lineare AfA-Methode findet nach § 7 Abs. 4 EStG auch bei der Gebäudeabschreibung als Normal-AfA Anwendung. Sie beträgt generell:

- bei Betriebsgebäuden 4% jährlich (Nutzungsdauer demnach 25 Jahre);
- bei Gebäuden, die nach dem 31.12.1924 fertiggestellt worden sind, 2% jährlich;
- bei Gebäuden, die vor dem 01.01.1925 fertiggestellt worden sind, 2,5% jährlich.

Bei Betriebsgebäuden kann nach § 7 Abs. 5 EStG auch eine degressive AfA in fallenden Staffelsätzen vorgenommen werden. Sie beträgt bei Gebäuden, die vom Steuerpflichtigen hergestellt oder bis zum Ende des Jahres der Fertigstellung angeschafft worden sind:

im Jahr der Fertigstellung oder Anschaffung

und den folgenden	3 Jahren	jeweils 10,0%
in den darauffolgenden	3 Jahren	jeweils 5,0%
in den darauffolgenden	18 Jahren	jeweils 2,5%

Sowohl in bezug auf die lineare AfA (§ 7 Abs. 1 EStG) als auch auf die degressive AfA (§ 7 Abs. 2 EStG) gilt die Vereinfachungsregelung des Abschnittes 44 Abs. 2 EStR, wonach in der ersten Jahreshälfte angeschaffte oder hergestellte bewegliche Wirtschaftsgüter (z. B. Maschinen, Betriebsvorrichtungen) mit dem jeweiligen vollen Jahres-AfA-Betrag und in der zweiten Jahreshälfte angeschaffte oder hergestellte Wirtschaftsgüter mit dem jeweiligen halben Jahres-AfA-Betrag abgeschrieben werden können.

6.2.2.2 Degressive AfA

Die degressive AfA verteilt die Anschaffungs- oder Herstellungskosten eines Wirtschaftsguts mit Hilfe sinkender jährlicher Abschreibungsquoten auf die betriebsgewöhnliche Nutzungsdauer. Sie ist im Steuerrecht nur als geometrisch degressive AfA zulässig. Die jährliche Abschreibungsquote wird durch einen festen Prozentsatz vom jeweiligen Restwert ermittelt.

Mit dieser Methode kann ein Restwert von Null nicht erreicht werden. Man muß daher im letzten Jahr der Nutzungsdauer den dann noch vorhandenen Restwert in voller Höhe abschreiben.

Die degressive AfA nach § 7 Abs. 2 EStG (Buchwert-AfA) ist nur für die beweglichen Wirtschaftsgüter zulässig. Darüber hinaus besteht nach § 7 Abs. 2 Satz 2 EStG folgende Einschränkung:

- Der Abschreibungsprozentsatz darf nicht höher sein als das Dreifache des Satzes, der sich bei der linearen AfA ergibt, und
- 30% nicht übersteigen.

Eine weitere Einschränkung ergibt sich aus § 7 Abs. 2 Satz 4 EStG, wonach Absetzungen für außergewöhnliche technische oder wirtschaftliche Abnutzung (AfaA) nicht zulässig sind. Ist eine solche AfaA notwendig, muß erst auf die lineare AfA übergewechselt werden. Eine Teilwertabschreibung ist allerdings auch bei Anwendung der degressiven AfA möglich.

Nach § 7 Abs. 3 EStG kann der Steuerpflichtige bei beweglichen Wirtschaftsgütern des Anlagevermögens von der degressiven zur linearen AfA überwechseln. Umgekehrt ist ein Wechsel von der linearen AfA auf die degressive AfA ausgeschlossen.

Der optimale Zeitpunkt eines AfA-Wechsels errechnet sich nach folgender Formel:

$$n \geqq 1 + t - \frac{100}{p}$$

wobei: n = Jahr des AfA-Wechsels

t = Nutzungsdauer

p = geometrisch degressiver Abschreibungsprozentsatz

Beispiel:

Beträgt die Nutzungsdauer (p) 10 Jahre, errechnet sich das Jahr des AfA-Wechsels wie folgt:

$$1 + 10 \cdot \frac{100}{30} = 7{,}67$$

Im achten Jahr ist der Wechsel von der degressiven AfA zur linearen AfA angezeigt.

Betriebswirtschaftlich betrachtet hat die geometrisch degressive AfA hohe Abschreibungen zu Beginn der Nutzung eines Wirtschaftsgutes zur Folge, während im Zeitablauf die Abschreibungen sinken.

Die folgende Tabelle enthält einen Abschreibungsplan, in dem die lineare und degressive AfA gegenübergestellt sind, so daß sich der Abschreibungsverlauf bei den beiden Methoden gut verfolgen läßt.

6.2.2.3 Leistungsabschreibung

Die Leistungsabschreibung verteilt die Anschaffungs- oder Herstellungskosten eines Wirtschaftsgutes nach der erbrachten Leistung. Sie ist kostenrechnerisch die optimale Abschreibung, da es sich hier um variable Kosten handelt, die mit der tatsächlichen Leistungsabgabe eines Wirtschaftsgutes variieren.

Die Leistungsabschreibung ist nach § 7 Abs. 1 Satz 4 EStG ausdrücklich zugelassen, wenn der Steuerpflichtige den auf das einzelne Jahr entfallenden Umfang der Leistungen nachweist (Abschnitt 43 Abs. 6 EStR).

Abschreibungsplan bei linearer und bei degressiver AfA:

	lineare AfA 10%	degressive AfA 30%	Wechsel zur linearen AfA
Anschaffungskosten	100 000	100 000	
AfA im 1. Jahr	10 000	30 000	
Buchwert	90 000	70 000	
AfA im 2. Jahr	10 000	21 000	
Buchwert	80 000	49 000	
AfA im 3. Jahr	10 000	14 700	
Buchwert	70 000	34 300	
AfA im 4. Jahr	10 000	10 290	
Buchwert	60 000	24 010	
AfA im 5. Jahr	10 000	7 204	
Buchwert	50 000	16 806	
AfA im 6. Jahr	10 000	5 042	
Buchwert	40 000	11 762	
AfA im 7. Jahr	10 000	3 530	
Buchwert	30 000	8 232	8 232
AfA im 8. Jahr	10 000	2 470 →	2 744
Buchwert	20 000	5 762	5 488
AfA im 9. Jahr	10 000	1 729	2 744
Buchwert	10 000	4 033	2 744
AfA im 10. Jahr	10 000	(1 210)	2 744
Buchwert am Ende der Nutzungsdauer	0	(2 823)	0

Anmerkung: Die letzten Werte bei der degressiven AfA wurden in Klammern gesetzt, da am Ende des 10. Jahres der Restbetrag von 4 033 DM am Ende der vorgesehenen Nutzungsdauer abgeschrieben werden darf. In diesem Fall geht dann auch die degressive AfA auf 0,– DM auf.

Sofern das Wirtschaftsgut am Ende des 10. Jahres noch vorhanden ist, muß der Buchwert am Ende der Nutzungsdauer in allen drei Fällen mit 1,– DM Erinnerungswert ausgewiesen werden.

Beispiel:

Ein Automobilhersteller setzt ein selbst hergestelltes Werkzeug für die Serienproduktion eines bestimmten Automobiltyps ein. Herstellungskosten (HK): DM 150 000; geplanter Umfang der Serie: 800 000 Automobile. In der Bilanzierungsperiode 01 werden 200 000 Pkws gefertigt. Die Abschreibung in der Bilanzierungsperiode 01 errechnet sich wie folgt:

$$\frac{\text{DM } 150\,000}{800\,000} \cdot 200\,000 = \text{DM } 37\,500 \text{ (Abschreibung in 01)}$$

Die Leistungsabschreibung berücksichtigt keine wirtschaftlich bedingten Wertminderungen wie den technischen Fortschritt, Nachfrageverschiebungen und dgl. Auch stillstandsbedingte Wertminderungen wie Witterungsschäden an Baumaschinen während der Winterpause werden durch eine Leistungsabschreibung nicht erfaßt. Dies wird als ein grundsätzlicher Mangel der Leistungsabschreibung betrachtet.

Die Leistungsabschreibung stellt auch für die Handelsbilanz ein zulässiges Abschreibungsverfahren dar.

6.2.2.4 Sonderabschreibungen und erhöhte Absetzungen

Das Steuerrecht kennt eine Reihe von Sonderabschreibungen, die der Gesetzgeber aus sozial- und strukturpolitischen Zielsetzungen neben der linearen AfA einräumt. So können zum Beispiel nach § 3 Abs. 2 Zonenrand-FG im Jahr der Anschaffung oder Herstellung bewegliche oder unbewegliche Wirtschaftsgüter bis zu 50 v. H. neben der linearen AfA abgeschrieben werden.

Die erhöhten Absetzungen unterscheiden sich von den Sonderabschreibungen dadurch, daß sie anstelle und nicht neben der linearen AfA vorgenommen werden dürfen. Beispiele für solche erhöhten Absetzungen sind § 7 d EStG und § 14 Berlin-FG.

In bezug auf steuerliche Sonderabschreibungen und erhöhte Absetzungen ist § 7 a EStG zu beachten, der eine eventuell mißbräuchliche Anwendung dieser Steuervergünstigungen zum Beispiel durch Abschreibungsgesellschaften verhindern soll. § 7 a Abs. 5 EStG enthält zum Beispiel ein Kumulationsverbot, wonach nicht mehrere Abschreibungsvergünstigungen nebeneinander in Anspruch genommen werden können.

Werden Sonderabschreibungen oder erhöhte Absetzungen in der Steuerbilanz vorgenommen, kehrt sich das Maßgeblichkeitsprinzip faktisch um, so daß dieselben Abschreibungen auch in der Handelsbilanz notwendig sind (§ 5 Abs. 1 Satz 2 EStG).

Die Kapitalgesellschaften haben nach § 281 Abs. 1 HGB ein Wahlrecht, ob sie steuerliche Sonderabschreibungen und erhöhte Absetzungen entweder aktivisch absetzen oder den Differenzbetrag zwischen steuerlicher Sonderabschreibung und handelsrechtlicher Abschreibung in einen Sonderposten mit Rücklageanteil einstellen. In diesem Fall wird der Differenzbetrag als sonstiger betrieblicher Aufwand erfaßt und belastet daher nicht das Konto Abschreibungen (vgl. Teil II, Punkt 9.2.3).

6.2.2.5 Teilwertabschreibungen

Außerplanmäßige Abschreibungen auf Anlagegüter nach Handelsrecht entsprechen im Steuerrecht entweder den Absetzungen für außerordentliche Abnutzung (AfaA) oder einer Teilwertabschreibung.

Basiert die außerplanmäßige Abschreibung nach Handelsrecht auf einer übermäßigen Beanspruchung einer Anlage, zum Beispiel im Mehrschichtbetrieb, wird in der Steuerbilanz eine Absetzung für außerordentliche Abnutzung (§ 7 Abs. 1 Satz 5 EStG) vorgenommen. Dasselbe gilt, wenn eine technische oder wirtschaftliche Veralterung eines Anlageguts vorliegt.

Beruht hingegen die außerplanmäßige Abschreibung nach Handelsrecht auf einem Absinken des Marktpreises (z. B. Lieferant eines Investitionsgutes reduziert aus Wettbewerbsgründen seinen Abgabepreis), ist steuerrechtlich eine Teilwertabschreibung angezeigt.

Beispiele:

Die Anschaffungskosten einer Maschine sollen in 01 DM 100 000 betragen. Nutzungsdauer 10 Jahre. Es wird eine lineare AfA vorgenommen. Das Unternehmen hat die Maschine 2 Jahre in Gebrauch. In 03 bietet der Maschinenhersteller ein verbessertes Nachfolgemodell an. Der Teilwert der Maschine sinkt dadurch auf 63 000 DM.

Historische Anschaffungskosten	100 000 DM
./. planmäßige AfA für 01, 02	20 000 DM
	80 000 DM
./. planmäßige AfA für 03	10 000 DM
./. Teilwertabschreibung in 03	7 000 DM
Buchwert 31.12.03	63 000 DM

Ab 04 betragen die AfA nur noch 9000 DM (63 000 DM : 7 = 9000 DM).

Teilwertabschreibungen sind auch bei nicht abnutzbaren Anlagegütern wie Grund und Boden, Beteiligungen, Wertpapieren im Anlagevermögen notwendig, wenn es sich um eine voraussichtlich dauernde Wertminderung handelt. Bei einer nur vorübergehenden Wertminderung haben Kapitalgesellschaften nur in bezug auf Finanzanlagegüter (Wertpapiere, Beteiligungen) ein Wahlrecht, ob sie eine Teilwertabschreibung vornehmen oder nicht (Maßgeblichkeitsprinzip).

6.3 Wertaufholung beim Anlagevermögen

Wird in der Steuerbilanz auf ein Anlagegut (Sachanlagen, Finanzanlagen) zugeschrieben, muß aufgrund des Maßgeblichkeitsprinzips vorher in demselben Umfang auch in der Handelsbilanz zugeschrieben werden.

Beispiel:

Ein Unternehmen hat vor Jahren auf ein Grundstück eine außerplanmäßige Abschreibung (Teilwertabschreibung) vorgenommen. Nach Wegfall des wirtschaftlichen Grundes für diese außerplanmäßige Abschreibung besteht für beide Bilanzen ein Wahlrecht, diese außerplanmäßige Abschreibung durch eine Zuschreibung wieder rückgängig zu machen.

Eine Wertaufholung (Zuschreibung) in der Steuerbilanz löst entsprechende ertragsteuerrechtliche Belastungen (Körperschaftsteuer, Gewerbeertragsteuer) aus. Aus diesem Grunde unterbleibt häufig eine wirtschaftlich begründete Zuschreibung in der Steuerbilanz.

§ 280 Abs. 1 HGB enthält zwar ein prinzipielles Wertaufholungsgebot, so daß in jedem Falle zugeschrieben werden müßte. Dieses Wertaufholungsgebot wird jedoch in § 280 Abs. 1 HGB relativiert. Unterbleibt eine Zuschreibung in der Steuerbilanz, kann auch in der Handelsbilanz von einer Zuschreibung abgesehen werden (Beibehaltungswahlrecht).

Um eine Zuschreibung im Anlagevermögen durchführen zu können, muß das Unternehmen folgende Daten verfügbar halten:

1. Bezeichnung des Vermögensgegenstandes
2. Inventarnummer
3. Usprüngliche Anschaffungs- und Herstellungskosten
4. Betrag der planmäßigen Abschreibung
5. Umfang und Zeitpunkt der außerplanmäßigen Abschreibung
6. Gründe der außerplanmäßigen Abschreibung
7. Kumulierte planmäßige Abschreibungen, für den Fall, daß eine außerplanmäßige Abschreibung nicht erfolgt ist
8. Vergleich der fortgeschriebenen Anschaffungskosten (Buchwert mit dem effektiv zugeschriebenen Betrag)

Hat eine Kapitalgesellschaft bei einer vorgenommenen außerplanmäßigen Abschreibung von der Bildung eines SOPO Gebrauch gemacht, muß bei einer Zuschreibung dieser SOPO ertragserhöhend aufgelöst werden. Die Buchungen lauten: Per SOPO an Sonstige betriebliche Erträge. Der in dem SOPO enthaltene Fremdkapitalanteil ergibt sich bei der Auflösung in Höhe der eintretenden Ertragsbesteuerung.

7 Bilanzierung und Bewertung des Umlaufvermögens

Das Umlaufvermögen ist von dem Anlagevermögen und den Rechnungsabgrenzungsposten abzugrenzen. In bezug auf die Bewertung des Umlaufvermögens sollen die Bewertungsprinzipien und die einzelnen Bewertungsmaßstäbe dargestellt werden, die bei den einzelnen Umlaufgütern beachtet werden müssen.

7.1 Begriff und Umfang

Im Gegensatz zum Anlagevermögen (§ 247 Abs. 2 HGB) ist das Umlaufvermögen im Handelsrecht nicht definiert. Im Umkehrschluß zum Begriff Anlagevermögen läßt sich das Umlaufvermögen wie folgt definieren. Das Umlaufvermögen umfaßt diejenige Vermögensgegenstände, die nicht dazu bestimmt sind, dauernd dem Betrieb zu dienen. Dabei handelt es sich um Vermögensgegenstände, die verkehrsfähig, einzeln veräußerbar und bewertbar sind.

Das Gliederungsschema der großen Kapitalgesellschaften unterteilt das Umlaufvermögen in vier Hauptposten mit entsprechenden Untergruppen:

B. Umlaufvermögen

I. Vorräte:

1. Roh-, Hilfs- und Betriebsstoffe;
2. Unfertige Erzeugnisse, unfertige Leistungen;
3. Fertige Erzeugnisse;
4. Geleistete Anzahlungen;

II. Forderungen und sonstige Vermögensgegenstände:

1. Forderungen an Lieferungen und Leistungen;
2. Forderungen gegen verbundene Unternehmen;
3. Forderungen gegen Unternehmen, mit denen ein Beteiligungsverhältnis besteht;
4. Sonstige Vermögensgegenstände;

III. Wertpapiere:

1. Anteile an verbundenen Unternehmen;
2. Eigene Anteile;
3. Sonstige Wertpapiere;

IV. Schecks, Kassenbestand, Bundesbank- und Postgiroguthaben, Guthaben bei Kreditinstituten.

7.2 Bewertungsgrundlagen

Für die Bewertung des Umlaufvermögens sind, genau wie für die Bewertung des Anlagevermögens, die Anschaffungs- oder Herstellungskosten Ausgangspunkt und gleichzeitig Wertobergrenze (§ 253 Abs.1 HGB).

Die Anschaffungs- und die Herstellungskosten sind als Bewertungsmaßstäbe in den Punkten 6.1.1 und 6.1.2 bereits ausführlich dargestellt worden. Die für das Anlagevermögen aufgestellten Ermittlungsgrundsätze gelten auch für die Umlaufgüter.

Als weitere Wertmaßstäbe kommen für die Bewertung des Umlaufvermögens in Betracht (§ 253 Abs. 3 HGB):

- der Börsenpreis
- der Marktpreis abgeleitet vom Beschaffungsmarkt
- der Marktpreis abgeleitet vom Absatzmarkt
- der beizulegende Wert
- der Zukunftswert
- der Teilwert (§ 6 Abs. 1 Ziff. 2 EStG)

Für die Umlaufgüter gilt das strenge Niederstwertprinzip. Am Bilanzstichtag sind den Anschaffungs- oder Herstellungskosten die vorgenannten Wertansätze gegenüberzustellen. Dabei ist stets der niedrigere Wertansatz zu wählen. Dieser niedrigere Wertansatz entspricht dem Imparitätsprinzip, das am Bilanzstichtag drohende Verluste berücksichten soll.

Der **Börsenpreis** ist der amtlich festgestellte Kurs. Auch wenn dieser Börsenkurs am Bilanzstichtag extrem niedrig sein sollte, ist er für die Bewertung trotzdem maßgebend.

Der **Marktpreis** ist der für eine bestimmte Warengattung durchschnittlicher Art und Güte zu zahlende Preis. In bezug auf den Marktpreis stellt sich noch die Frage, welcher Markt für die Bewertung mit dem Marktpreis maßgebend ist. Dabei gilt folgendes:

- Bei Roh-, Hilfs- und Betriebsstoffen ist der maßgebliche Markt für die Bewertung der Beschaffungsmarkt.
- Bei unfertigen und fertigen Erzeugnissen sowie Überbeständen an Roh-, Hilfs- und Betriebsstoffen richtet sich die Bewertung nach dem Absatzmarkt.

- Bei Handelswaren sowie Überbeständen an fertigen und unfertigen Erzeugnissen liegt eine Maßgeblichkeit beider Märkte vor. Die aus den beiden Märkten abgeleiteten Märkte müssen miteinander verglichen werden. Der niedrigere Wert ist für die Bewertung heranzuziehen.

Der **beizulegende Wert** ist dann maßgebend, wenn ein Börsen- oder Marktpreis nicht bekannt ist. Um ihn ermitteln zu können, werden die Preise von Produkten ähnlicher Art und Güte herangezogen.

Bei der beschaffungsmarktorientierten Bewertung, vor allem bei Roh-, Hilfs- und Betriebsstoffen, ist für die Ermittlung des beizulegenden Wertes vom Wiederbeschaffungspreis auszugehen, das heißt von den Anschaffungs- oder Herstellungskosten eines vergleichbaren Gegenstands. Dabei sind angemessene Nebenkosten heranzuziehen. Falls die gelagerten Stoffe in ihrer Verwendbarkeit eingeschränkt sind, müssen Wertabschläge (sogenannte Gängigkeitsabschreibungen) vorgenommen werden.

Bei der absatzmarktorientierten Bewertung, insbesondere bei unfertigen und Fertigerzeugnissen, ist für die Ermittlung des beizulegenden Wertes vom vorsichtig geschätzten Verkaufserlös auszugehen. Die Bewertung soll verlustfrei sein, das heißt der Wertansatz soll so niedrig sein, daß der später zu erwartende Verkaufserlös sowohl den aktivierten Wert als auch die bis zu Fertigstellung und Vertrieb noch entstehenden Aufwendungen deckt:

	Voraussichtlicher Verkaufserlös
–	Erlösschmälerungen
–	Verpackungskosten und Ausgangsfrachten
–	sonstige Vertriebskosten
–	noch anfallende Verwaltungskosten
–	Kapitaldienstkosten
=	am Bilanzstichtag beizulegender Wert

Hat ein Unternehmen dem Niederstwertprinzip entsprochen und je nach Umlaufgut den Börsenpreis, Marktpreis oder beizulegenden Wert angesetzt, kann unter Umständen noch eine zusätzliche Abschreibung auf den sogenannten Zukunftswert vorgenommen werden (§ 253 Abs. 3 Satz 3 HGB).

Der **Zukunftswert,** der über die notwendige Abschreibung nach dem Niederstwertprinzip hinausgeht, soll künftige Wertschwankungen antizipieren. Er kann dann angesetzt werden, wenn folgende Voraussetzungen vorliegen:

- Es müssen Wertschwankungen zu erwarten sein, die sich auf den Wertansatz auswirken werden.

- Die Wertschwankungen müssen in der Zukunft liegen (bis zu 2 Jahre).
- Der niedrigere Wertansatz muß nach vernünftiger kaufmännischer Beurteilung notwendig sein, um eine Abwertung zu verhindern.

  Beispiel:

  Ein Unternehmen hat ein Kilogramm eines bestimmten Rohstoffes am Bilanzstichtag mit dem niedrigeren Marktpreis (Wiederbeschaffungspreis) in Höhe von DM 90 bewertet. In der nächsten Zukunft wird eine weitere Minderung dieses Stichtagspreises um ein Drittel für möglich gehalten. Am Bilanzstichtag darf anstelle des Marktpreises von DM 90 der Zukunftswert von DM 60 angesetzt werden.

Nichtkapitalgesellschaften können für Umlaufgüter nach § 253 Abs. 4 HGB außerdem noch den nach vernünftiger kaufmännischer Beurteilung zulässigen Wert ansetzen (§ 253 Abs. 4 HGB). Damit wird für Nichtkapitalgesellschaften die Bildung von stillen Reserven zugelassen. Für Kapitalgesellschaften ist die Bildung solcher stiller Reserven durch § 279 Abs. 1 HGB ausdrücklich untersagt.

Der Teilwert ist für die Steuerbilanz bei der Bewertung der Umlaufgüter derjenige Wert, der eine Bewertung entsprechend dem Niederstwertprinzip und dem Imparitätsprinzip überhaupt erst ermöglicht.

Da das Steuerrecht für die Bewertung der Umlaufgüter grundsätzlich ein Beibehaltungswahlrecht einräumt (§ 6 Abs. 1 Nr. 2 HGB), kann auch in der Handelsbilanz immer von einer Zuschreibung abgesehen werden (§ 280 Abs. 2 HGB). Eine Wertaufholung findet demnach nur statt, wenn in beiden Bilanzen von dem Zuschreibungswahlrecht Gebrauch gemacht wird.

7.3 Vorräte

Zu den Vorräten gehören die auf Lager befindlichen und für den Produktionsprozeß oder für den Absatz eines Unternehmens bestimmten Materialien (Stoffe) und Waren. Außerdem gehören zu den Vorräten die Anzahlungen, die von einem Unternehmen im Zusammenhang mit der Anschaffung von Gegenständen des Vorratsvermögens geleistet werden. Anzahlungen, die das bilanzierende Unternehmen für Vorräte, insbesondere für Fertigerzeugnisse und Waren erhält, können entweder offen von den Vorräten abgesetzt (gekürzt) werden oder als Verbindlichkeit unter der Position »C. III. Erhaltene Anzahlungen auf Bestellungen« passiviert werden (§ 268 Abs. 5 Satz 2 HGB).

Die Untergliederung des Vorratsvermögens ist auf die praktischen Bedürfnisse von Produktionsbetrieben ausgerichtet. Dabei ist das Gliederungsprinzip die Konsumnähe der Vorräte. Die Gliederung beginnt mit den Roh-, Hilfs- und Betriebsstoffen und endet mit den Waren, die auf dem Markt sofort absetzbar sind.

7.3.1 Roh-, Hilfs- und Betriebsstoffe

Zu den **Rohstoffen** zählen alle Stoffe, die unmittelbar als Hauptbestandteil in das Fertigprodukt eingehen (z. B. Spanplatten, Bezugsstoffe in der Möbelproduktion).

Hilfsstoffe gehen ebenfalls in das Fertigprodukt ein, sie haben jedoch nur eine Hilfsfunktion und sind für das Produkt von untergeordneter Bedeutung (z. B. Schrauben, Nägel, Leim, Lack in der Möbelproduktion). Auch das Verpackungsmaterial kann zu den Hilfsstoffen eines Produktes zählen, insbesondere dann, wenn es die Verkäuflichkeit eines Produktes erhöht.

Betriebsstoffe gehen nicht in das Fertigprodukt ein, sie werden bei dem Produktionsprozeß verbraucht (z. B. Heizmaterial, Treibstoffe, Reinigungsmaterial). Zu den Betriebsstoffen zählen auch die Bestände an Büromaterial und Werbematerial.

Die Anschaffungskosten der Roh-, Hilfs- und Betriebsstoffe werden vor allem durch Rabatte, Boni und Skonti gemindert.

Wird ein Rabatt gewährt, wird als Anschaffungswert von vornherein der um den Rabatt verminderte Betrag erfaßt.

Beispiel:

Der Lieferant gewährt 10% Rabatt auf den Rechnungsbetrag von DM 5000. Buchungssatz: »Roh-, Hilfs- und Betriebsstoffe an Geldkonto DM 4500«.

Der Skonto ist betriebswirtschaftlich betrachtet als ein Aufschlag des Lieferanten auf den Barverkaufspreis für die Gewährung einer Kreditleistung aufzufassen. Die Inanspruchnahme von Skonto bewirkt eine Minderung der Anschaffungskosten. Am Bilanzstichtag zwar gelieferte, aber noch nicht bezahlte Roh-, Hilfs- und Betriebsstoffe sind mit den Bruttoeinkaufspreisen zu bewerten, da eine Minderung der Anschaffungskosten durch Skontoabzug noch nicht eingetreten ist.

7.3.2 Unfertige Erzeugnisse und unfertige Leistungen

Zu den **unfertigen Erzeugnissen** zählen alle Vorräte, die noch keine Fertigprodukte darstellen. Von den Roh-, Hilfs- und Betriebsstoffen unterscheiden sie sich dadurch, daß sie bereits Lohnkosten und Gemeinkosten verursacht haben und speichern. Sie sind mit den Teilherstellungskosten zu bewerten.

Die **unfertigen Leistungen** werden ebenfalls unter der Position B. I. 2. »Unfertige Erzeugnisse« ausgewiesen. Unfertige Leistungen sind zum Beispiel bei Bauunternehmen die in Arbeit befindlichen Bauten auf fremdem Grund und Boden, oder bei Dienstleistungsunternehmen noch nicht abgerechnete Arbeiten für bestimmte Einzelaufträge. Ausschlaggebend für ihre Erfassung als unfertige Leistungen ist, daß die Gewinnrealisierung noch nicht eingetreten ist.

Nicht zu den unfertigen Leistungen zählen abgrenzbare Teilleistungen, wenn zum Beispiel bei Bau- oder Dienstleistungsaufträgen eine schrittweise Abnahme bzw. Auftragsabwicklung vereinbart ist.

7.3.3 Fertige Erzeugnisse und Waren

Fertigerzeugnisse stellen Erzeugnisse dar, die verkaufs- und versandfertig sind. Hat ein Kunde ein Produkt bestellt und ist dieses zur Auslieferung bereitgestellt, muß es noch unter der Position B. I. 3. »Fertigerzeugnisse und Waren« ausgewiesen werden (vgl. Teil II, Punkt 3.2.5.3). Eine Forderung entsteht erst dann, wenn das Erzeugnis ausgeliefert wurde (Lieferzeitpunkt).

Fertigerzeugnisse, die zur Vermietung bestimmt sind (z. B. Fahrzeugbau, Maschinenfabriken, Filmwirtschaft) gehören zum Anlagevermögen und nicht zu den Vorräten.

Während Fertigerzeugnisse aus einer Be- oder Verarbeitung im Betrieb entstehen, werden **Handelswaren** substantiell nicht verändert. Sie werden unverändert weiterveräußert, so wie sie eingekauft wurden. Das Handelsrecht bezeichnet als Waren bewegliche Gegenstände des Handelsverkehrs.

Die Handelswaren werden im Gliederungsschema unter der Position B. I. 3. zusammen mit den Fertigerzeugnissen ausgewiesen. Es empfiehlt sich jedoch, für die Handelswaren einen eigenen Bilanzposten zu bilden, da die Ermittlung ihrer Anschaffungskosten wesentlich unproblematischer ist als die Ermittlung der Herstellungskosten der Fertigerzeugnisse.

Für die Bewertung der Handelswaren in der Steuerbilanz ist der Teilwert besonders wichtig. Die Steuerrechtsprechnung geht davon aus, daß sich der Teilwert in der Regel mit den Wiederbeschaffungskosten deckt (Teilwertvermutung).

7.3.4 Bewertungsvereinfachungsverfahren

Grundsätzlich gilt auch für die Vorräte das Prinzip der Einzelbewertung. Diesem Bilanzierungsgrundsatz der Einzelbewertung widerspricht es jedoch nicht, wenn bei der Bewertung des Vorratsvermögens Bewertungsvereinfachungsverfahren angewandt werden. Die Einzelbewertung findet nämlich dort ihre Grenze, wo die damit verbundene Arbeit, insbesondere bei der Inventur, nicht mehr vertretbar ist.

In der Handelsbilanz sind folgende Bewertungsvereinfachungsverfahren zulässig:

- Durchschnittsbewertung (§ 240 Abs. 4 HGB)
- Lifo, Fifo, Hifo und ähnliche Verbrauchsfolgeverfahren (§ 256 HGB)
- Festbewertung (§ 240 Abs. 3 HGB)

In der Steuerbilanz sind die Durchschnittsbewertung und die Festbewertung sowie ab 1990 auch das Lifo-Verfahren als Bewertungsvereinfachungsverfahren zulässig. Die sonstigen Verbrauchsfolgeverfahren werden im Steuerrecht nicht anerkannt (Abschnitt 36 Abs. 3 EStR).

Die Durchschnittsbewertung als in der Handels- und Steuerbilanz zulässiges Bewertungsvereinfachungsverfahren findet in zwei Varianten Anwendung:

- als gewogene Durchschnittsmethode
- als gleitende Durchschnittsmethode

Bei der gewogenen Durchschnittsmethode wird aus den mengemäßigen Zugängen und den zugehörigen Preisen (Anschaffungs- bzw. Herstellungskosten) einer Bilanzierungsperiode ein gewogener Durchschnittspreis ermittelt.

Beispiel:

Anfangsbestand	1.1.01		100 kg á 40	DM	=	4 000 DM
Zugang am	1.3.01	+	200 kg á 60	DM	=	12 000 DM
Zugang am	1.10.01	+	300 kg á 55	DM	=	16 500 DM
			600 kg á 54,17	DM	=	32 500 DM

$\overline{X}$ = 32 500 DM : 600 = 54,17 DM je kg (gewogener Durchschnittspreis)

Mit diesem gewogenen Durchschnittspreis werden nunmehr die Abgänge (Aufwand) während des Geschäftsjahres von angenommenen 400 kg und den Endbestand bewertet.

Bei der gleitenden Durchschnittsmethode wird demgegenüber nach jedem Zugang ein neuer Durchschnittspreis errechnet. Die Abgänge werden dann jeweils mit den zuletzt berechneten Durchschnittspreise bewertet. Voraussetzung für eine Anwendung der gleitenden Durchschnittsmethode ist eine funktionierende Materialbuchführung, die permanent folgende Rechnung ermöglicht: Anfangsbestand + Zugänge – Abgänge = Endbestand.

Beispiel:

Anfangsbestand	1.1.01	200 kg á 20 DM	=	4 000 DM
Zugang	22.2.01	300 kg á 30 DM	=	9 000 DM
Bestand		500 kg á 26 DM	=	13 000 DM

$$\overline{X} = \frac{13\,000 \text{ DM}}{500} = 26 \text{ DM je kg}$$

Abgang	1.2.01	200 kg á 26,00 DM =	5 200 DM
Bestand		300 kg á 26,00 DM =	7 800 DM
Zugang	10.2.01	100 kg á 15,00 DM =	1 500 DM
Bestand		400 kg á 23,50 DM =	9 300 DM

$$\overline{X} \; \frac{9\,300 \text{ DM}}{400} = 23{,}25 \text{ DM je kg}$$

usw.

Die Lifo-Methode (last in, first out), die ebenfalls sowohl in der Handels- als auch in der Steuerbilanz (Abschn. 36 a EStR) zulässig ist, unterstellt, daß die zuletzt beschafften Vermögensgegenstände des Vorratsvermögens buchungstechnisch stets zuerst verbraucht, und daß die zuerst angeschafften Vorräte damit als Endbestand verbleiben. Hierdurch wird der Verbrauch mit zeitnahen Preisen bewertet, während die Bestände mit weiter zurückliegenden Preisen bewertet werden.

Beispiel:

Ein Unternehmen hat zu Beginn des Geschäftsjahres am 01.01.01 einen Bestand von 150 kg eines bestimmten Rohstoffes zum Kilopreis von DM 40 auf Lager. Es kauft am 02.03.01 250 kg zu DM 42/kg, am 06.09.01 200 kg zu DM 38/kg und am 11.12.01 150 kg zu DM 43/kg ein. Der Jahresendbestand beläuft sich laut Inventur am 31.12.01 auf 200 kg. Nach dem Lifo-Verfahren errechnet sich folgender Wert des Endbestandes:

	kg		DM		DM
aus Anfangsbestand 01.01.01	150	x	40,00	=	6000,00
aus Zugang am 02.03.01	50	x	42,00	=	2100,00
Endbestand am 31.12.01	200				8100,00

$$\frac{8\,100{,}00}{200} = \text{DM } 40{,}50$$

Der Endbestand wird mit DM 40,50/kg bewertet = DM 8100,00. Der Wert des Verbrauchs während des Geschäftsjahres errechnet sich wie folgt:

Anfangsbestand + 3 Zukäufe	DM 30 550,00
Endbestandswert	– DM 8 100,00
Wert des Verbrauchs	DM 22 450,00

Das Fifo-Verfahren (first in, first out) unterstellt, daß die zuerste beschafften Vermögensgegenstände des Vorratsvermögens buchungstechnisch stets zuerst verbraucht oder verkauft werden. Die Anschaffungskosten der zuletzt beschafften Gegenstände sind daher die Werte, mit denen am Bilanzstichtag bewertet wird. Die Fifo-Methode ist nur in der Handelsbilanz zulässig. Im Steuerrecht wird sie nicht anerkannt.

Das Hifo-Verfahren (highest in, first out) unterstellt, daß die mit den höchsten Preisen beschafften Gegenstände des Vorratsvermögens buchungstechnisch zuerst verbraucht werden. Auf diese Weise werden bei der Bewertung des Endbestandes die niedrigst möglichen Wertansätze gewählt. Auch das Hifo-Verfahren und alle weiteren Verbrauchsfolgeverfahren, mit Ausnahme des Lifo-Verfahrens, sind lediglich in der Handelsbilanz einsetzbar, da sie nach Steuerrecht nicht zulässig sind.

Gleichgültig, welches Bewertungsvereinfachungsverfahren eingesetzt wird, muß zu jedem Bilanzstichtag geprüft werden, ob nicht die Wiederbeschaffungspreise der zu bewertenden Vorräte unter den Wertansätzen aufgrund eines solchen Verfahrens liegen. Nach dem strengen Niederstwertprinzip müssen dann sowohl in der Handelsbilanz als auch in der Steuerbilanz die Endbestände der Vorräte mit den niedrigeren Wiederbeschaffungspreisen (Marktpreisen) aktiviert werden.

Ein weiteres Bewertungsvereinfachungsverfahren in bezug auf die Vorräte stellt auch noch die Festbewertung dar. Die Festbewertung der Vorräte ist sowohl in der Handelsbilanz (§ 240 Abs. 3 HGB) als auch in der Steuerbilanz (Abschnitt 36 Abs. 5 EStR) zulässig.

Bei dem Festwertverfahren (vergleiche Punkt 5.3.6) wird für einen bestimmten Bestand an Roh-, Hilfs- und Betriebsstoffen ein Festwert zu Festpreisen bewertet. Dieser Festwert wird in der Handels- und Steuerbilanz unter gleichbleibenden Voraussetzungen für mehrere Geschäftsjahre (Wirtschaftsjahre) fortgeführt. Das Verfahren unterstellt, daß sich bei den in einem Festwert zusammengefaßten Vorräten im Zeitablauf Zugänge einerseits und Abgänge (z. B. Verbrauch) andererseits in etwa ausgleichen.

Bei der erstmaligen Bildung eines Festwertes wird gebucht: »Festwertkonto« an »Aufwendungen für Roh-, Hilfs- und Betriebsstoffe« oder an »Sonstige betriebliche Erträge« bzw. »Festwertkonto Rohstoffe« an »Konto Rohstoffe«.

Der Festwert für Roh-, Hilfs- und Betriebsstoffe ist in der Handelsbilanz alle drei Jahre durch eine körperliche Bestandsaufnahme zu überprüfen. Eine solche Überprüfung muß auch in der Steuerbilanz nach jedem dem Hauptfeststellungszeitpunkt für die Feststellung des Einheitswerts des Betriebsvermögens vorangehenden Bilanzstichtag erfolgen. Übersteigt der durch Inventur festgestellte Bestand den Festwert um mehr als 10%, muß er in der Steuerbilanz erhöht werden (Abschnitt 31 Abs. 5 EStR). Dabei ist zu buchen: »Festwertkonto« an »Aufwendungen für Roh-, Hilfs- und Betriebsstoffe« oder an »Sonstige betriebliche Erträge«. Umgekehrt kann der Festwert verringert werden, wenn der Inventurwert unter dem bisherigen Festwert liegt. Die Buchungen lauten dann: »Aufwendungen für Roh-, Hilfs- und Betriebsstoffe« oder »Sonstige betriebliche Aufwendungen« an »Festwertkonto«.

7.4 Forderungen

Forderungen können Kapitalforderungen (Ausleihungen) oder Leistungsforderungen (aufgrund von Lieferungen und Leistungen) sein. Wenn die Forderungen nicht dazu bestimmt sind, dauernd dem Betrieb zu dienen, sind sie im Umlaufvermögen auszuweisen.

Das Gliederungsschema der großen Kapitalgesellschaften sieht für den Ausweis der Forderungen folgende Positionen vor:

B.

.

.

.

.

II. Forderungen und sonstige Vermögensgegenstände:
  1. Forderungen aus Lieferungen und Leistungen;
  2. Forderungen gegen verbundene Unternehmen;
  3. Forderungen gegen Unternehmen, mit denen ein Beteiligungsverhältnis besteht;
  4. Sonstige Vermögensgegenstände.

Bei jedem Forderungsposten ist jeweils zu vermerken, welcher Betrag eine Restlaufzeit von mehr als einem Jahr aufweist (§ 268 Abs. 4 HGB). Dieser Vermerk erfolgt außerhalb der Hauptspalte durch den Zusatz: »Davon mit einer Restlaufzeit von mehr als einem Jahr«. Im Rahmen einer EDV-Buchführung sollte die eingesetzte Software einen automatischen Ausweis dieser Forderungen mit einer Restlaufzeit von mehr als einem Jahr von vornherein vorsehen.

Unter den Forderungen sind auch Wechselforderungen aus Lieferungen und Leistungen und die Währungsforderungen zu bilanzieren. Da der Jahresabschluß in DM aufzustellen ist, müssen auf ausländische Währungen lautende Forderungen umgerechnet werden. Dabei ist grundsätzlich der Entstehungskurs, das heißt der Umrechnungskurs zum Zeitpunkt der Forderungsentstehung

(Devisengeldkurs) maßgebend, sofern der Kurs am Bilanzstichtag nicht eine niedrigere Bewertung erzwingt (Entstehungskurs höher als Stichtagskurs).

Die Position B. II. 4. »Sonstige Vermögensgegenstände« hat die Funktion eines Restpostens (z. B. Gehaltsvorschüsse, geleistete Kautionen, Steuererstattungsansprüche). Für die Bewertung der Forderungen gelten die allgemeinen Bewertungsprinzipien. Forderungen sind grundsätzlich mit ihren Anschaffungskosten, das heißt ihrem Nennbetrag, zu bewerten. Der Nennbetrag einer Forderung aus Lieferungen und Leistungen entspricht im allgemeinen dem Betrag der Ausgangsrechnung.

7.4.1 Uneinbringliche Forderungen

Der Grundsatz der Einzelbewertung gilt bei Forderungen sowohl in der Handelsbilanz (§ 252 Abs. 1 Nr. 3 HGB) als auch in der Steuerbilanz (§ 6 Abs. 1 EStG).

Uneinbringliche Forderungen sind daher völlig abzuschreiben (§ 252 Abs. 1 Nr. 4 i. V. m. § 253 Abs. 3 HGB). Eine Forderung ist uneinbringlich, wenn ein Konkurs des Schuldners mangels Masse eingestellt wird, eine fruchtlose Pfändung vorliegt, der Schuldner die Einrede der Verjährung geltend machen kann und dgl.

Der Abschreibungsbetrag auf uneinbringlich gewordene Forderungen erscheint in der Gewinn- und Verlustrechnung unter der Position »Sonstige betriebliche Aufwendungen«.

Geht zu einem späteren Zeitpunkt ein Teil einer voll abgeschriebenen Forderung wieder ein, lebt diese nicht wieder auf, das heißt es ist nicht notwendig, die voll abgeschriebene Forderung wieder zu aktivieren. Eine solche später teilweise wieder eingehende Forderung wird unter der Position »Sonstige betriebliche Erträge« erfaßt und erhöht den Gewin der laufenden Bilanzierungsperiode.

Beispiel:

Gegen den Kunden A besteht eine Forderung in Höhe von netto 3000 DM zuzüglich 420 DM USt. Gegen den Kunden A wird das Vergleichsverfahren eröffnet. Der Kunde bietet eine Vergleichsquote von 60 v. H. an. Von der zweifelhaft gewordenen Forderung sind daher 40 v. H. abzuschreiben. Nach Abschluß des Vergleichsverfahrens beträgt die Zahlungsquote 70 v. H. Der Kunde überweist 2394 DM brutto, davon entfallen 12,28 v. H. = 294 DM auf die USt.

Buchungen:

(1) 248 Zweifelhafte Forderungen	3420 DM	
an 240 Forderungen		3420 DM

(2)	695 Abschreibungen auf Forderungen	1200 DM	
	(40 v. H. aus 3000 DM)		
	an 248 Zweifelhafte Forderungen		1200 DM
(3)	280 Bank	2394 DM	
	an 248 Zweifelhafte Forderungen		2094 DM
	an 549 Sonstige betriebliche Erträge		300 DM
(4)	480 USt	126 DM	
	(Berichtigung nach § 17 Abs. 1 UStG)		
	an 248 Zweifelhafte Forderungen		126 DM

7.4.2 Zweifelhafte Forderungen

Zum Bilanzstichtag sind sämtliche Forderungen im Rahmen der Abschlußbuchungen einzeln zu bewerten. Liegen Anhaltspunkte dafür vor, daß eine Forderung nicht in voller Höhe realisiert werden kann, ist die Forderung zweifelhaft. Eine Bewertung von zweifelhaften Forderungen zum Nennwert würde gegen das Niederstwertprinzip verstoßen. Kriterien dafür, ob eine Forderung zweifelhaft geworden ist, sind unter anderem: Der Kunde löst einen Scheck oder Wechsel nicht ein; der Kunde meldet Vergleich oder Konkurs an; der Kunde überschreitet in erheblichem Umfang sein Zahlungsziel; der Kunde bittet um Stundung und dgl.

Zweifelhafte Forderungen sind aus Gründen der Bilanzklarheit von dem Konto »Forderungen« auf das Konto »Zweifelhafte Forderungen« umzubuchen. Diese Umbuchung ist erfolgsneutral und dient ausschließlich der besseren Übersicht.

Im Rahmen der vorbereitenden Abschlußbuchungen wird bei den zweifelhaften Forderungen der wahrscheinliche Forderungsausfall festgestellt (§ 252 Abs. 1 Ziff. 4 HGB). Die zweifelhafte Forderung wird dann in Höhe ihres wahrscheinlichen Ausfalls abgeschrieben. Dabei ist der Abschreibungsbetrag ausschließlich aus dem Nettobetrag der Forderung (ohne Umsatzsteuer) zu berechnen. Bei direkter Abschreibung einer zweifelhaften Forderung, zum Beispiel in Höhe von 70%, lautet die Buchung: »Abschreibungen auf Forderungen an Einzelwertberichtigung zu Forderungen«.

Eine Korrektur der Umsatzsteuer erfolgt erst, wenn die zweifelhafte Forderung endgültig als uneinbringlich abgeschrieben werden muß.

7.4.3 Pauschalwertberichtigung zu Forderungen

Eine Pauschalwertberichtigung zu Forderungen ist sowohl in der Handelsbilanz als auch in der Steuerbilanz wegen des allgemeinen Kreditrisikos zulässig. Kapitalgesellschaften müssen die Einzel- und die Pauschalwertberichtigung in der Bilanz aktivisch absetzen.

Das allgemeine Kreditrisiko, das eine Pauschalwertberichtigung bei Forderungen, insbesondere bei Forderungen aus Lieferungen und Leistungen, zuläßt, umfaßt:

1. Das allgemeine Ausfallrisiko
2. Die Skontoberichtigung
3. Den innerbetrieblichen Zinsverlust
4. Die Kosten der Beitreibung

Bemessungsgrundlage für die Pauschalwertberichtigung ist der Nettobetrag des Forderungsbestandes, umsatzsteuerrechtlich betrachtet, das Entgelt. Nach Aussonderung der uneinbringlichen Forderungen und der zweifelhaften Forderungen wird aus dem verbleibenden Forderungsbestand (netto ohne Umsatzsteuer) die Pauschalwertberichtigung errechnet. Die Pauschalwertberichtigung zu Forderungen basiert im wesentlichen auf den Erfahrungen der Vergangenheit. Betrug zum Beispiel der Forderungsausfall in der Vergangenheit im Durchschnitt 3,5%, kann unter Umständen auch für die laufende Bilanzierungsperiode ein solcher Prozentsatz unterstellt werden.

Soweit bereits Einzelwertberichtigungen vorgenommen wurden, ist nur das Kreditrisiko der noch nicht wertberichtigten Forderungen durch eine Pauschalwertberichtigung abzudecken.

Beispiel:

Der Gesamtbetrag der Forderungen der Olaf Lange GmbH beläuft sich am Bilanzstichtag auf 228 000 DM. Davon wurden die Forderungen der Kunden Ohnegeld und Habenichts bereits einzeln wertberichtigt.

Gesamtbetrag der Forderungen		228 000 DM
– Forderungen gegen Heinz Ohnegeld	11 400 DM	
– Forderungen gegen Kurt Habenichts	22 800 DM	34 200 DM
pauschal abzuschreibender Forderungsbestand		193 800 DM
– 14% darin enthaltene Umsatzsteuer		23 800 DM
Nettobetrag		170 000 DM

4% von 170 000 DM = 6800 DM

Buchung:

Abschreibungen auf Forderungen	6 800 DM	
an Wertberichtigungen auf Forderungen		6 800 DM

Dieses **gemischte Verfahren** ist z. B. im **Maschinen- und Anlagenbau** häufig anzutreffen. Hier sind neben wenigen großen Forderungen zahlreiche kleine Forderungen zu bewerten, so daß sich der Bestand am Jahresende wie folgt zusammensetzen könnte:

3 Einzelforderungen im Wert von über 1 000 000 DM	=	8 000 000 DM
20 Einzelforderungen im Wert über 50 000 bis 1 000 000 DM	=	4 000 000 DM
100 Einzelforderungen im Wert über 5000 bis 50 000 DM	=	2 000 000 DM
200 Einzelforderungen im Wert bis zu 5000 DM	=	400 000 DM

Die Forderungen der beiden ersten Positionen wären hier auf jeden Fall auf die **Notwendigkeit einer Einzelwertberichtigung hin zu prüfen,** während für die Einzelforderungen bis zu 5000 DM die Überprüfung wirtschaftlich nicht sinnvoll erscheint und nach dem Grundsatz der Wesentlichkeit auch nicht erforderlich ist.

Der Ausweis des Forderungsbestandes in der Handelsbilanz könnte wie folgt vorgenommen werden:

		DM
	Forderungsbestand	…
–	Vollabschreibung uneinbringlicher Forderungen	…
–	Abschreibungen auf zweifelhafte Forderungen	…
=	Zwischensumme	…
–	Pauschalwertberichtigung zu Forderungen	…
=	Forderungsausweis	…

Die Darstellung in der Handelsbilanz kann je nach handelsbilanzpolitischen Zielsetzungen entweder in dieser ausführlichen Form geschehen, oder es wird nur der Forderungsbestand in einer Summe ausgewiesen.

7.5 Wertpapiere

Die Wertpapiere des Umlaufvermögens sind ein heterogen zusammengesetzter Sammelposten. Das Gliederungsschema der großen Kapitalgesellschaften differenziert wie folgt:

B.

.

.

.

III. Wertpapiere:

1. Anteile an verbundenen Unternehmen;
2. eigene Anteile;
3. Sonstige Wertpapiere;

Wertpapiere sind nur dann bei dem Umlaufvermögen auszuweisen, wenn sie nicht zum Anlagevermögen zählen, das heißt nicht dazu bestimmt sind, dem Betrieb dauernd zu dienen.

Zu den **Anteilen an verbundenen Unternehmen,** die unter dem Umlaufvermögen auszuweisen sind, zählen nur die in Wertpapieren verbrieften Anteile (z. B. Aktien, Kuxe), soweit sie jederzeit veräußerbar sind, also nicht zum Finanzanlagevermögen gehören.

Eigene Anteile sind Anteile einer Gesellschaft an sich selbst, also eigene Aktien oder eigene GmbH-Anteile. Eigene Anteile müssen stets unter der Position B. III. 2. bei dem Umlaufvermögen ausgewiesen werden. Werden von einer Gesellschaft eigene Anteile erworben, muß in Höhe der Anschaffungskosten auf der Passivseite der Bilanz eine Rücklage für eigene Anteile gebildet werden.

Beispiel:

Eine GmbH erwirbt von einem ihrer Gesellschafter einen Geschäftsanteil zum Preise von DM 400 000. An Nebenkosten fallen DM 4000 an. Die GmbH bilanziert die eigenen Anteile unter der Position B. III. 2. »Eigene Anteile« auf der Aktivseite der Bilanz mit DM 404 000. In gleicher Höhe ist auf der Passivseite der Bilanz eine Rücklage für eigene Anteile unter der Position A. »Eigenkapital« III. 2. »Rücklage für eigene Anteile« auszuweisen.

Die Position B. III. 3. »Sonstige Wertpapiere« umfaßt alle übrigen Wertpapiere des Umlaufvermögens. Dazu zählen auch Wechsel, denen nicht eine Forderung aus Lieferungen und Leistungen zugrundeliegt. Die Bewertung der Wertpapiere des Umlaufvermögens hat stets das strenge Niederstwertprinzip zu berücksichtigen. Soweit ein Börsen-oder Marktpreis existiert, wirft die Bewertung keine besonderen Probleme auf (vgl. Teil I, Punkt 8.4).

8 Rechnungsabgrenzungsposten

Der Jahresabschluß stellt eine periodische Rechnungslegung dar. Seine wesentliche Aufgabe ist es, einen auf die Abrechnungsperiode (Wirtschaftsjahr, Geschäftsjahr) abgegrenzten periodengerechten Erfolg auszuweisen. Genau wie die Abschreibungen und die Rückstellungen haben die sogenannten Posten der Rechnungsabgrenzung die Funktion der zeitlich richtigen Erfolgsermittlung.

Rechnungsabgrenzungen sind dann notwendig, wenn am Bilanzstichtag zeitliche Diskrepanzen zwischen Ausgaben und Aufwendungen einerseits und Einnahmen und Erträgen andererseits vorliegen. Zahlungsvorgänge und Erfolgswirkung werden durch den Jahresabschluß getrennt.

Als Rechnungsabgrenzungsposten dürfen sowohl in der Handelsbilanz als auch in der Steuerbilanz nur die sogenannten transitorischen Rechnungsabgrenzungsposten ausgewiesen werden.

8.1 Aktive und passive Rechnungsabgrenzung

Auf der Aktivseite der Bilanz sind unter der Position C. und auf der Passivseite der Bilanz unter Position D. transitorische Rechnungsabgrenzungsposten auszuweisen.

Transitorische Rechnungsabgrenzungsposten liegen vor, wenn die drei folgenden Kriterien erfüllt sind:

1. Es muß sich um Einnahmen oder Ausgaben vor dem Abschlußstichtag handeln.
2. Die Einnahmen dürfen erst nach dem Abschlußstichtag erfolgswirksam werden, das heißt Aufwand oder Ertrag darstellen.
3. Der Erfolg (Aufwendungen oder Erträge) muß eine bestimmte Zeit nach dem Abschlußstichtag betreffen.

Die Notwendigkeit zur aktiven und passiven Rechnungsabgrenzung ergibt sich für die Handelsbilanz aus § 250 HGB und für die Steuerbilanz aus § 5 Abs. 5 EStG.

Als transitorische Rechnungsabgrenzungsposten kommen zum Beispiel in Frage: Mieten, Zinsen, Honorare, Beiträge, Gebühren, Versicherungsprämien, Kraftfahrzeugsteuer usw.

Werden Ausgaben vor dem Abschlußstichtag geleistet, die erst Aufwand für eine kalendermäßig bestimmte Zeit nach dem Abschlußstichtag bilden, muß aktiv abgegrenzt werden.

Beispiel:

Ein Unternehmen zahlt die Beiträge für eine Betriebsunterbrechungsversicherung für den Zeitraum 01.08.01 bis 31.07.02 in Höhe von DM 10 800. Zunächst muß der gesamte Prämienaufwand verbucht werden: »Versicherungsprämien an Bank DM 10 800«. Die aktive Rechnungsabgrenzung betrifft den Zeitraum 01.01.02 bis 31.07.02, also sieben Zwölftel ist gleich DM 6300. Im Rahmen der Abschlußbuchungen ist ein aktiver Rechnungsabgrenzungsposten zu bilden: »Aktive Rechnungsabgrenzung an Versicherungsprämien DM 3600«. In 02 wird der aktive Rechnungsabgrenzungsposten wieder aufgelöst: »Versicherungsaufwand an aktive Rechnungsabgrenzung DM 6300«.

§ 5 Abs. 5 Satz 2 EStG verlangt, daß als Aufwand berücksichtigte Zölle und Verbrauchsteuern auf der Aktivseite als Rechnungsabgrenzungsposten auszuweisen sind, soweit sie auf am Abschlußstichtag auszuweisende Wirtschaftsgüter des Vorratsvermögens entfallen.

Für die Handelsbilanz räumt § 250 Abs. 1 HGB ein Wahlrecht ein, ob für Zölle und Verbrauchsteuern, die als Aufwand geltend gemacht wurden, ein aktiver Rechnungsabgrenzungsposten gebildet wird oder nicht. Dieses Wahlrecht gilt jedoch nur für solche Zölle und Verbrauchsteuern, die nicht von vornherein Anschaffungskosten (z. B. Einfuhrzölle, Brandweinsteuer) darstellen.

Bei erhaltenen Anzahlungen auf Bestellungen muß in der Steuerbilanz für die in der Anzahlung enthaltene Umsatzsteuer ein Rechnungsabgrenzungsposten gebildet werden. Die Buchungen im Jahr der Anzahlung lauten: »Geldkonto an Erhaltene Anzahlungen« und »Aktive Rechnungsabgrenzung an Umsatzsteuer«. Dem Wesen nach handelt es sich um einen antizipativen Rechnungsabgrenzungsposten.

Auch das Damnum (Disagio, Darlehensabgeld) muß in der Steuerbilanz unter den aktiven Rechnungsabgrenzungsposten ausgewiesen werden. In der Handelsbilanz besteht ein Wahlrecht, das heißt das Damnum kann sofort als Aufwand geltend gemacht oder als Rechnungsabgrenzungsposten aktiviert werden.

Auf der Passivseite der Bilanz sind transitorische Rechnungsabgrenzungsposten dann zu bilden, wenn Einnahmen vorliegen, die für eine kalendermäßig bestimmte Zeit Ertrag nach dem Abschlußstichtag bilden.

Beispiel:

Ein Unternehmen erhält aufgrund eines Lizenzvertrages Zahlungen für den Zeitraum 01.10.01 bis 30.09.02 in Höhe von DM 80 000. Passiv abzugrenzen sind neun Zwölftel von DM 80 000 = DM 60 000. Im Rahmen der Abschlußbuchungen ist ein passiver Rechnungsabgrenzungsposten zu bilden: »Lizenzerträge an Passive Rechnungsabgrenzung DM 60 000«. In 02 wird der passive Rechnungsabgrenzungsposten wieder aufgelöst: »Passive Rechnungsabgrenzung an Lizenzerträge DM 60 000«.

Für transitorische Rechnungsabgrenzungsposten besteht nach dem Bilanzierungsgrundsatz der Vollständigkeit eine Bilanzierungspflicht. Eine Ausnahme bilden in der Handelsbilanz das Damnum und in der Handels- und Steuerbilanz sogenannte Bagatellbeträge.

Die Bildung der aktiven und passiven Rechnungsabgrenzungsposten geschieht im Rahmen der vorbereitenden Abschlußbuchungen bei der Aufstellung der Bilanz. Um nicht sämtliche Aufwands- und Ertragskonten überprüfen zu müssen, ist es zweckmäßig, bereits während des Abschlußjahres organisatorisch sicherzustellen, daß jeder Geschäftsvorfall daraufhin untersucht wird, ob eine transitorische Abgrenzungsbuchung erforderlich ist.

8.2 Sonstige Forderungen und sonstige Verbindlichkeiten (antizipative Rechnungsabgrenzung)

Sonstige Forderungen und sonstige Verbindlichkeiten werden für Erträge und Aufwendungen gebildet, die wirtschaftlich in das Abschlußjahr gehören, aber erst im Folgejahr als Einnahmen oder Ausgaben anfallen. Der Zahlungsvorgang (Einnahme oder Ausgabe) liegt demnach erst nach der Erfolgswirkung, die verursachungsgerecht in die laufende Bilanzierungsperiode gehört. Antizipative Vorgänge dürfen weder in der Handelsbilanz noch in der Steuerbilanz als Rechnungsabgrenzungsposten ausgewiesen werden. Soweit sich aus den Geschäftsvorfällen, die solchen antizipativen Posten zugrunde liegen, bereits Forderungen oder Verbindlichkeiten ergeben, sind sie als sonstige Forderungen oder sonstige Verbindlichkeiten zu bilanzieren (Abschnitt 31 b Abs. 2 EStR).

Beispiel:

Ein Unternehmen hat eine Darlehensforderung bilanziert. Die Darlehenszinsen in Höhe von DM 9000 für den Zeitraum 01.12.01 bis 30.11.02 werden am 30.11.02 vereinnahmt. Im Wirtschaftsjahr 01 ist zu buchen: »Sonstige Forderungen an Zinserträge DM 750«.

Das Unternehmen zahlt die Miete von DM 30 000 für den Zeitraum 01.11.01 bis 31.01.02 nachträglich am 31.01.02. Im Wirtschaftsjahr 01 ist zu buchen: »Mietaufwand an Sonstige Verbindlichkeiten DM 10 000«. Bei Zahlung im Folgejahr: »Sonstige Verbindlichkeiten DM 10 000 und Mietaufwand DM 20 000 an Bank DM 30 000«.

In der betrieblichen Praxis kommen solche antizipativen Posten für Honorare, Gebühren, Versicherungen, Steuern, Sozialversicherungsbeiträge und dgl. vor.

Im Rahmen der vorbereitenden Abschlußbuchungen müssen die in Frage kommenden Ertrags- und Aufwandskonten durchforstet werden, um die Beträge erfassen zu können, die noch die laufende Bilanzierungsperiode betreffen.

9 Eigenkapital

Das Eigenkapital steht dem Unternehmen unbefristet zur Verfügung. Es umfaßt die finanziellen Mittel, die entweder von außen durch eine Form der Beteiligungsfinanzierung zur Verfügung gestellt wurden oder im Wege der Selbstfinanzierung durch Verzicht auf Gewinnausschüttung bzw. Gewinnentnahme von innen bereitgestellt werden.

Der Ausweis des Eigenkapitals in der Bilanz hängt von der Rechtsform der Unternehmung ab.

Bei dem Einzelunternehmen ergibt sich das Eigenkapital als Differenz zwischen dem Betriebsvermögen und den Schulden (einschließlich Rückstellungen), die auf dem Kapitalkonto erscheint. Dabei ist in der Regel dem Kapitalkonto ein Privatkonto vorgeschaltet, auf dem die Privatentnahmen und die Privateinlagen während des Wirtschaftsjahres erfaßt werden. Der Saldo dieses Privatkontos wird im Rahmen der vorbereitenden Abschlußbuchungen auf das Kapitalkonto übertragen.

Bei Personengesellschaften wird das Eigenkapital auf den Kapitalkonten der einzelnen Gesellschafter ausgewiesen. Dabei wird in der Regel zwischen festen Kapitalkonten und beweglichen Kapitalkonten unterschieden. Auf den festen Kapitalkonten werden die festgelegten Kapitalanteile der Gesellschafter verbucht. Sie sind der gesetzliche Maßstab für die Beteiligung der Gesellschafter am Gesellschaftsvermögen. Auf den beweglichen Kapitalkonten (als Kapitalkonto II. und dgl. bezeichnet) wird der jährliche Gewinn dem Kapitalkonto gutgeschrieben, während die Einnahmen der Gesellschafter sowie ein eventueller Verlust dem Kapitalkonto belastet werden. Dadurch wechselt zwangsläufig der Saldo auf den Kapitalkonten der einzelnen Gesellschafter, das heißt, die Kapitalkonten sind beweglich. Das Kapitalkonto eines Gesellschafters kann durch Verluste und/oder überhöhte Entnahmen auch zum negativen Kapitalkonto werden. Das negative Kapitalkonto ist in diesem Falle als Unterbilanzkonto auf der Aktivseite der Bilanz auszuweisen.

Im Gegensatz zu den Kapitalgesellschaften, bei denen das Haftungskapital als gezeichnetes Kapital konstant zu halten ist, ist das Eigenkapital der Einzelunternehmen und Personengesellschaften variabel. Gewinn, Verluste, Ausschüttungen, Entnahmen und Einlagen verändern direkt das Eigenkapitalkonto. Aus diesem Grund ist auch eine weitergehende Untergliederung des Eigenkapitals nicht erforderlich.

Das konstante Kapitalkonto der Kapitalgesellschaften, das als I. »Gezeichnetes Kapital« ausgewiesen wird, soll verhindern, daß Ausschüttungen vorgenommen werden, ohne daß entsprechende Gewinne erwirtschaftet und Rücklagen gebildet wurden. Bei Kapitalgesellschaften gibt es keinen voll haftenden Gesellschafter. Aus diesem Grunde muß das Haftungskapital als gezeichnetes Kapital konstant gehalten werden. Eine Veränderung des gezeichneten Kapitals kann nur durch formellen Beschluß der Hauptversammlung einer Aktiengesellschaft (bei einer GmbH: Gesellschafterversammlung) als Kapitalerhöhung oder Kapitalherabsetzung erfolgen.

9.1 Ausweis des Eigenkapitals

Das Eigenkapital einer Kapitalgesellschaft wird in dem Gliederungsschema der Bilanz wie folgt in einer Gruppe zusammengefaßt ausgewiesen:

A. Eigenkapital;		
I. Gezeichnetes Kapital;	fester	
II. Kapitalrücklage;		
III. Gewinnrücklagen:		Teil des Eigenkapitals der Kapitalgesellschaft
1. Gesetzliche Rücklage;		
2. Rücklage für eigene Anteile;	variabler	
3. Satzungsmäßige Rücklagen;		
4. andere Gewinnrücklagen;		
IV. Gewinnvortrag/Verlustvortrag;		
V. Jahresüberschuß/Jahresfehlbetrag;		

Das Eigenkapital einer Kapitalgesellschaft umfaßt auch die sogenannten offenen Rücklagen. Rücklagen sind Teile des Eigenkapitals auf der Passivseite der Bilanz. Die offenen Rücklagen stammen entweder aus einbehaltenen, nicht verteilten Gewinnen bzw. aus Sonderzahlungen von Anteilseignern oder Dritten. Die offenen Rücklagen erscheinen in der Bilanz auf besonderen Rücklagekonten und weisen damit den variablen Teil des Eigenkapitals einer Kapitalgesellschaft aus.

Abb. 7 zeigt, daß die Bilanz bei den offenen Rücklagen eine saubere Trennung zwischen der Kapitalrücklage und den Gewinnrücklagen ausweist. Die Kapitalrücklage enthält nur noch Beträge, die der Kapitalgesellschaft von außen zugeführt wurden (Außenfinanzierung), während die Gewinnrücklagen aus Beträgen gespeist werden, die im laufenden Geschäftsjahr oder in einem früheren Geschäftsjahr aus dem Ergebnis gebildet worden sind (Selbstfinanzierung).

9.1.1 Gezeichnetes Kapital und ausstehende Einlagen

Unter A. I. »Gezeichnetes Kapital« ist der Teil des Eigenkapitals einer Kapitalgesellschaft auszuweisen, zu dessen Einzahlung sich die Gesellschafter oder Mitglieder eines Unternehmens verpflichtet haben und auf das deren Haftung für die Verbindlichkeiten des Unternehmens beschränkt ist (§ 272 Abs. 1 HGB). Dem gezeichneten Kapital entsprechen:

- bei der AG das Grundkapital (§ 6 AktG)
- bei der GmbH das Stammkapital (§ 42 GmbHG)

Abb. 7

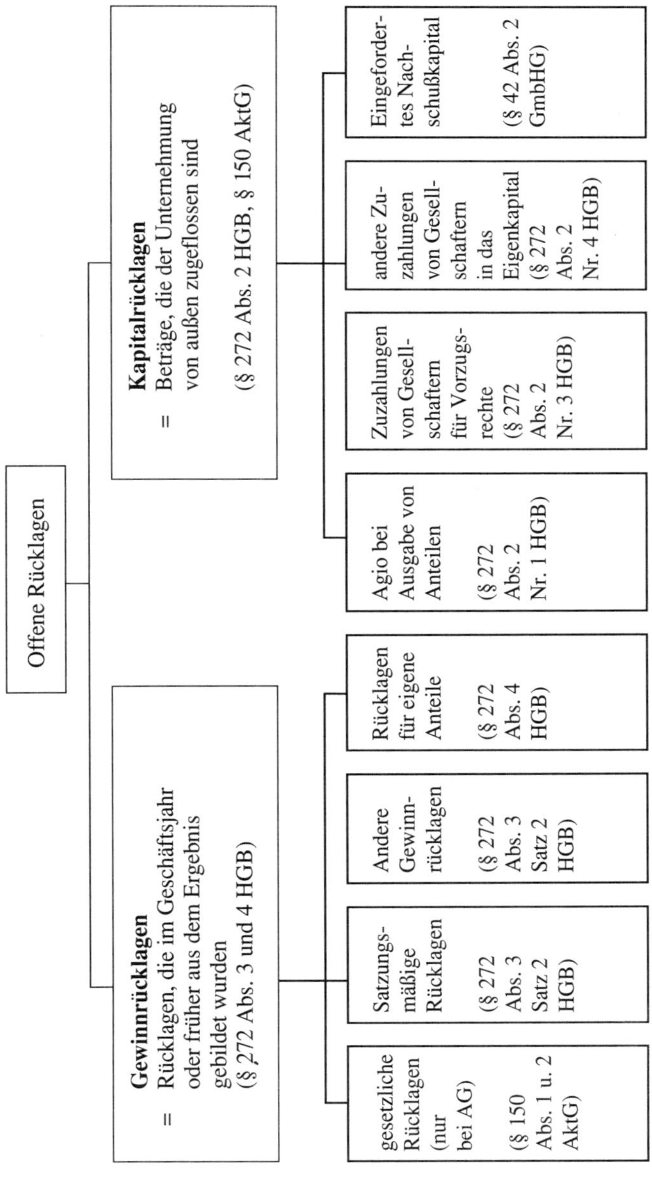
Offene Rücklagen
Gewinnrücklagen
= Rücklagen, die im Geschäftsjahr oder früher aus dem Ergebnis gebildet wurden
(§ 272 Abs. 3 und 4 HGB)
Kapitalrücklagen
= Beträge, die der Unternehmung von außen zugeflossen sind
(§ 272 Abs. 2 HGB, § 150 AktG)
gesetzliche Rücklagen (nur bei AG)
(§ 150 Abs. 1 u. 2 AktG)
Satzungs-mäßige Rücklagen
(§ 272 Abs. 3 Satz 2 HGB)
Andere Gewinn-rücklagen
(§ 272 Abs. 3 Satz 2 HGB)
Rücklagen für eigene Anteile
(§ 272 Abs. 4 HGB)
Agio bei Ausgabe von Anteilen
(§ 272 Abs. 2 Nr. 1 HGB)
Zuzahlungen von Gesell-schaftern für Vorzugs-rechte
(§ 272 Abs. 2 Nr. 3 HGB)
andere Zu-zahlungen von Gesell-schaftern in das Eigenkapital
(§ 272 Abs. 2 Nr. 4 HGB)
Eingeforder-tes Nach-schußkapital
(§ 42 Abs. 2 GmbHG)

- bei der Genossenschaft das Geschäftsguthaben der Genossen (§ 337 HGB)

Das gezeichnete Kapital ist grundsätzlich mit dem Nennbetrag anzusetzen. Der Mindestnennwert bei Aktiengesellschaften beträgt insgesamt DM 100 000 (§ 7 AktG). Der Mindestnennbetrag der einzelnen Aktie ist DM 50 (§ 8 AktG).

Bei Bareinlagen muß der gezahlte Betrag mindestens 25% des Nennbetrags des gezeichneten Kapitals (Grundkapital) betragen.

Bei Gesellschaften mit beschränkter Haftung beträgt der Mindestnennwert DM 50 000, der Mindestnennwert einer einzelnen Stammeinlage ist DM 500 (§ 5 GmbHG).

Das gezeichnete Kapital ist in voller Höhe auf der Passivseite der Bilanz auszuweisen. In bezug auf die ausstehenden Einlagen und das gezeichnete Kapital gibt es die beiden folgenden Alternativen:

Alternative I:

Abb. 8 enthält Alternative I. Die ausstehenden Einlagen auf das gezeichnete Kapital werden auf der Aktivseite der Bilanz vor der Bilanzposition A. »Anlagevermögen« gesondert ausgewiesen. Dabei ist zu vermerken, wieviel von diesen noch ausstehenden Einlagen bereits eingefordert sind.

Abb. 8 **Alternative I**

(§ 272 Abs. 1 Satz 2 HGB)

Aktiva		Passiva	
A. Ausstehende Einlagen auf das gezeichnete Kapital	350 000	A. Eigenkapital I. Gezeichnetes Kapital	1 000 000
– davon eingefordert 150 000			
B. Anlagevermögen			
. . .			
C. Umlaufvermögen	650 000		

Alternative II:

Abb. 9 enthält Alternative II. Die ausstehenden, noch nicht eingeforderten Einlagen werden auf der Aktivseite der Bilanz offen von dem gezeichneten

Kapital abgesetzt. Der Differenzbetrag wird als »Eingefordertes Kapital« auf der Aktivseite der Bilanz unter den Forderungen gesondert ausgewiesen.

Abb. 9 **Alternative II**

(§ 272 Abs. 1 Satz 3 HGB)

Aktiva		Passiva	
A. Anlagevermögen		A. Eigenkapital	
. .		I. Gezeichnetes	
. .		Kapital	1 000 000
. .		– Nicht eingeforderte ausstehende Einlagen	200 000
B. Umlaufvermögen			
– Forderungen und sonstige Wirtschaftsgüter		– Eingefordertes Kapital	800 000
– Eingefordertes noch nicht eingezahltes Kapital 150 000			
– Sonstiges	650 000		

9.1.2 Kapitalrücklage

Die Kapitalrücklage wird aus einmaligen Zahlungen aufgrund von Finanzierungsvorgängen gespeist. Eine Erhöhung der Kapitalrücklage ergibt sich anläßlich der Gründung oder einer Kapitalerhöhung. § 272 Abs. 2 HGB nennt vier Gründe für die Bildung oder Aufstockung einer Kapitalrücklage:

1. Aufgeld (Agio)

Hierunter ist der Betrag zu verstehen, der bei der Ausgabe von Anteilen einschließlich von Bezugsanteilen über den Nennbetrag hinaus erzielt wird, zum Beispiel das Aufgeld bei der Ausgabe von neuen Aktien (Differenz zwischen Ausgabekurswert und Nennwert).

2. Zuzahlungen

Hierunter ist der Betrag zu verstehen, den die Gesellschafter gegen Gewährung eines Vorzugs für ihre Anteile leisten. Solche Vorzugsrechte können zum Beispiel höhere Dividenden sein (§ 11 AktG).

3. Andere Zuzahlungen

Hierunter ist der Betrag zu verstehen, den die Gesellschafter in das Eigenkapital leisten, unabhängig davon, ob die Zuzahlungen freiwillig oder aufgrund von

Satzung oder Gesetz erfolgen. Bei einer GmbH sind Nachschüsse gemäß § 26 GmbHG in der Kapitalrücklage zu passivieren (§ 42 Abs. 2 GmbHG). Nicht in die Kapitalrücklage gehören verdeckte Einlagen oder verlorene Zuschüsse.

4. Mehreinnahmen aus Wandelschuldverschreibungen und Optionsrechten

Hierunter sind zum Beispiel Beträge zu verstehen, die bei der Wandlung bzw. Optionsausübung von den Obligationären als zusätzliche Leistungen erbracht werden müssen.

In der Bilanz der Aktiengesellschaften muß nach § 152 Abs. 2 AktG jeweils gesondert angegeben werden:

- der Betrag, der während des Geschäftsjahres in die Kapitalrücklage eingezahlt wurde,
- der Betrag der für das Geschäftsjahr aus der Kapitalrücklage entnommen wurde.

9.1.3 Gewinnrücklagen

§ 272 Abs. 3 HGB definiert die Gewinnrücklagen wie folgt: »Als Gewinnrücklagen dürfen nur Beträge ausgewiesen werden, die im Geschäftsjahr oder in einem früheren Geschäftsjahr aus dem Ergebnis gebildet worden sind.«

Im Gliederungsschema werden die Gewinnrücklagen wie folgt unterteilt:

III. Gewinnrücklagen:
1. gesetzliche Rücklage;
2. Rücklage für eigene Anteile;
3. satzungsmäßige Rücklagen;
4. andere Gewinnrücklagen.

Die Aktiengesellschaft muß nach § 150 Abs. 1 AktG zwingend eine **gesetzliche Rücklage** bilden (A. III. 1.), in die fünf Prozent des um einen Verlustvortrag aus dem Vorjahr geminderten Jahresüberschusses einzustellen sind, bis die gesetzliche Rücklage und die Kapitalrücklage zusammen zehn Prozent des Grundkapitals erreichen.

Eine GmbH braucht eine gesetzliche Rücklage nicht zu bilden.

Werden auf der Aktivseite der Bilanz einer Kapitalgesellschaft unter der Position B. III. 2. eigene Anteile ausgewiesen, ist in die Rücklage für eigene Anteile (A. III. 2.) auf der Passivseite der Bilanz der Betrag einzustellen, der dem aktivierten Betrag entspricht (§ 272 Abs. 4 HGB).

Soweit frei verfügbare Gewinnrücklagen vorliegen, darf die Bildung einer Rücklage für eigene Anteile zu Lasten dieser Rücklagen vorgenommen werden. Sind keine frei verfügbaren Gewinnrücklagen vorhanden, muß die Rücklage für eigene Anteile zu Lasten des Ergebnisses gebildet werden. Die gesetzliche Rücklage oder die Kapitalrücklage dürfen nicht zur Bildung der Rücklage für eigene Anteile herangezogen werden.

Da die Rücklage für eigene Anteile gesetzlich vorgeschrieben ist, muß sie bereits bei der Aufstellung der Bilanz gebildet werden. Der in diese Rücklage einzustellende Betrag ist demnach zum Beispiel der Verfügungsgewalt der Hauptversammlung entzogen.

Satzungsmäßige Rücklagen (A. III. 3.) sind Rücklagen, die aufgrund von Satzungsbestimmungen (Gesellschaftsvertrag) gebildet werden müssen. Satzungsmäßige Rücklagen sind demnach auch bei Gesellschaften mit beschränkter Haftung möglich. Satzungsmäßige Rücklagen können zweckgebundene Rücklagen sein (z. B. Rücklage für Substanzerhaltung, Werkserneuerungsrücklage, Rücklage für Rationalisierungsmaßnahmen, Rücklagen für den Ausbau einer Betriebsorganisation und dgl.). Selbstverständlich können jedoch satzungsmäßige Rücklagen auch ohne Zweckbestimmung vorliegen. Dies ist zum Beispiel der Fall, wenn die Satzung festlegt, in welcher Höhe Beträge aus dem Jahresüberschuß in freie Rücklagen eingestellt werden müssen.

Verstoßen Vorstand und Aufsichtsrat gegen die Satzungsbestimmungen bei der Feststellung des Jahresabschlusses, hat das die Nichtigkeit des gesamten Jahresabschlusses zur Folge (§ 256 Abs. 1 Nr. 4 AktG).

Die Position **Andere Gewinnrücklagen** (A. III. 4.) nimmt alle Gewinnrücklagen auf, die nicht durch Satzung vorgeschrieben sind. Andere Gewinnrücklagen können sowohl durch Vorstand und Aufsichtsrat als auch durch die Hauptversammlung gebildet werden.

Die Bildung von anderen Gewinnrücklagen ist nach oben beschränkt. Stellt die Hauptversammlung den Jahresabschluß fest (§ 173 AktG), ist der maximale Rücklagenbetrag 50% des um Verlustvortrag und Einstellung in die gesetzliche Rücklage gekürzten Jahresüberschusses (§ 58 Abs. 1 AktG):

	Jahresüberschuß
–	Einstellung in die gesetzliche Rücklage
–	Verlustvortrag
=	Restbetrag; davon maximal 50%

Diese Beschränkung auf 50% gilt auch dann, wenn Vorstand und Aufsichtsrat den Jahresabschluß feststellen. Allerdings kann die Satzung bestimmen, daß ein höherer Teil des Jahresüberschusses durch Vorstand und Aufsichtsrat in die Gewinnrücklagen eingestellt werden dürfen.

9.1.4 Gewinnvortrag/Verlustvortrag und Jahresüberschuß/ Jahresfehlbetrag

Zwischen den Bilanzpositionen A. IV. »Gewinnvortrag/Verlustvortrag« und A. V. »Jahresüberschuß/Jahresfehlbetrag« besteht folgender Zusammenhang:

	Jahresüberschuß/Jahresfehlbetrag
+	Gewinnvortrag aus dem Vorjahr
–	Verlustvortrag aus dem Vorjahr
+	Entnahme aus den Rücklagen
–	Einstellungen in die Rücklagen
=	Bilanzgewinn bzw. Bilanzverlust

Die Bilanzposition Jahresüberschuß/Jahresfehlbetrag stellt den im laufenden Geschäftsjahr neu erzielten Gewinn bzw. Verlust dar. Der Bilanzposten weist demnach den Unternehmenserfolg vor Gewinnverwendung aus. Er bildet die letzte Position in der Gewinn- und Verlustrechnung (Position 20 nach dem Gesamtkostenverfahren bzw. Position 19 nach dem Umsatzkostenverfahren). Die Überleitung vom Jahresüberschuß/Jahresfehlbetrag zum Bilanzgewinn/Bilanzverlust kann im Detail so vorgenommen werden, wie in § 158 Abs. 1 AktG geregelt (vgl. Punkt 1.1.2).

Der **Gewinnvortrag** ist derjenige Teil des Bilanzgewinns des Vorjahres, der weder in die Rücklagen eingestellt, noch an die Anteilseigner ausgeschüttet und auch nicht zum Ausgleich eines Fehlbetrags aus dem laufenden Geschäftsjahr verwendet wurde. Der Gewinnvortrag repräsentiert damit Eigenkapital, das aus Jahresüberschüssen des oder der Vorjahre gebildet, aber bislang noch keinem Verwendungszweck zugeführt wurde. Auch wenn der Gewinnvortrag aus der Bilanz des Vorjahres übernommen wird, kann dieser Gewinnvortrag die Gewinnbestandteile aus mehreren Vorjahren enthalten, die immer wieder vorgetragen, das heißt keiner Verwendung zugeführt wurden.

Der **Verlustvortrag** ist analog zu behandeln. Er entsteht, wenn ein Vorjahresverlust nicht sofort aus dem Jahresüberschuß oder aus Rücklagen gedeckt wird bzw. gedeckt werden kann. Die Position Verlustvortrag ist stets auf der Passivseite bei dem Eigenkapital auszuweisen und darf nicht als Korrekturposten auf der Aktivseite erscheinen.

Der **Bilanzgewinn** ist der Teil des Jahresüberschusses, der nach Korrektur um den Gewinnvortrag/Verlustvortrag aus dem Vorjahr und nach Entnahme bzw. Einstellung in die Rücklagen für die Gewinnverwendung verbleibt. Bei einer GmbH beschließt über die Gewinnverwendung, das heißt darüber, was mit dem Bilanzgewinn geschieht, die Gesellschafterversammlung (§ 46 GmbHG).

Bei einer Aktiengesellschaft stellt der Bilanzgewinn jenen Betrag dar, über dessen Verwendung die Hauptversammlung zu beschließen hat, nachdem Vorstand und Aufsichtsrat die ihnen zustehenden Rücklagenentnahmen bzw. -zuführungen bereits vorgenommen haben.

Der **Bilanzverlust** entsteht, wenn ein Jahresfehlbetrag nicht durch Entnahmen aus Rücklagen oder aus einem Gewinnvortrag ausgeglichen werden kann.

9.1.5 Nicht durch Eigenkapital gedeckter Fehlbetrag

Wenn das Eigenkapital einer Kapitalgesellschaft durch Verluste aufgebraucht ist, ergibt sich zwangsläufig ein Überschuß der Passiva über die Aktiva. In einem solchen Falle muß nach § 268 Abs. 3 HGB dieser Betrag auf der Aktivseite am Schluß der Bilanz unter der Bezeichnung D. »Nicht durch Eigenkapital gedeckter Fehlbetrag« gesondert ausgewiesen werden.

Beispiel:

Stand des Eigenkapitals am Bilanzstichtag:

	DM
A. Eigenkapital	
I. Gezeichnetes Kapital	200 000
II. Kapitalrücklage	20 000
III. Gewinnrücklagen	–
IV. Verlustvortrag	./. 2 000
V. Jahresfehlbetrag	./. 400 000
Negatives Eigenkapital	./. 182 000

Bilanzausweis nach § 268 Abs. 3 HGB:

Aktiva	DM	Passiva	DM
.		A. Eigenkapital	–,– Vorjahr
.		.	
.		.	
C. Rechnungsabgrenzungsposten			
D. Nicht durch Eigenkapital gedeckter Fehlbetrag	182 000		

Die Position »Nicht durch Eigenkapital gedeckter Fehlbetrag« zeigt die Höhe der **buchmäßigen** Überschuldung der Gesellschaft an. Überschuldung ist zwar nach § 63 Abs. 1 GmbHG ein Konkursgrund, allerdings kann durch Aufdecken stiller Reserven unter Umständen trotz buchmäßiger Überschuldung eine tatsächliche Verschuldung verneint werden. In einem solchen Falle besteht für die GmbH-Geschäftsführung noch keine Konkursantragspflicht.

9.2 Sonderposten mit Rücklageanteil

Ein Sonderposten mit Rücklageanteil (SOPO) ist in der Bilanz auf der Passivseite vor den Rückstellungen auszuweisen (§ 273 HGB). Mit dieser Vorschrift wird deutlich, daß ein SOPO zwischen Eigenkapital und Fremdkapital anzusiedeln ist. Dies entspricht genau dem Charakter eines SOPOs, der sowohl Eigenkapital als auch Fremdkapital umfaßt. Ein SOPO ist aus unversteuerbaren Gewinnen zu bilden. Dabei werden die Gewinne allerdings nicht endgültig der Besteuerung entzogen, sondern die Ertragsbesteuerung wird nur aufgeschoben. Ein SOPO enthält damit in Höhe des später zu versteuernden Gewinnanteils Eigenkapital und in Höhe der später zu zahlenden Ertragsteuern Fremdkapital (aufgeschobene Steuerschuld). Für Bilanzanalysezwecke unterstellt man 50% aufgeschobene Ertragsteuern (Körperschaftsteuer, Gewerbeertragsteuer), so daß 50% des SOPOs zum Eigenkapital und 50% zum Fremdkapital geschlagen werden.

Die Position »Sonderposten mit Rücklageanteil« ist eine direkte Folge des in § 5 Abs. 1 Satz 2 EStG formulierten Maßgeblichkeitsgrundsatzes, der sich faktisch umkehrt. Ein Unternehmen möchte die Möglichkeit der Bildung einer steuerfreien Rücklage (SOPO) in Anspruch nehmen, um den Gewinn vor Steuern zu drücken. Dies ist jedoch nach dem Maßgeblichkeitsprinzip nur möglich, wenn dieselbe steuerfreie Rücklage zuvor auch in der Handelsbilanz gebildet wurde.

Das Bilanzrecht unterscheidet zwei Grundtypen von Sonderposten mit Rücklageanteil:

- **Steuerfreie Rücklagen** wie die § 6b EStG-Rücklage, die Rücklage für Ersatzbeschaffung nach Abschnitt 35 EStR und dgl. Man spricht hier von den sogenannten klassischen SOPOs, weil sie nach dem geltenden Ertragsteuerrecht grundsätzlich schon immer in der Handels- und Steuerbilanz gebildet werden konnten.
- SOPOs aufgrund **steuerrechtlicher Sonderabschreibungen**

  In einen solchen SOPO wird der Differenzbetrag zwischen einer handelsrechtlichen Normalabschreibung und einer steuerlichen Sonderabschreibung eingestellt, der in der Steuerbilanz nur aktivisch abgesetzt werden kann (§ 254 i. V. m. § 281 Abs. 1 HGB).

Ein Sonderposten mit Rücklageanteil trägt dazu bei, die Forderung des Grundsatzes des true and fair view zu erfüllen, ein den tatsächlichen Verhältnissen entsprechendes Bild der Vermögenslage, Kapitalstruktur und Ertragslage der Gesellschaft zu vermitteln. Wie dies durch einen SOPO erreicht wird, soll in den folgenden Punkten 9.2.1 und 9.2.3 dargestellt werden.

9.2.1 Rücklage nach § 6 b EStG

Durch die **Veräußerung** von Anlagegütern werden stille Reserven aufgelöst, wenn der erzielte Veräußerungspreis über dem jeweiligen Buchwert liegt. Diese sogenannten Veräußerungsgewinne unterliegen der Ertragsbesteuerung (Körperschaftsteuer oder Einkommensteuer, Gewerbeertragsteuer). Aus diesem Grunde unterlassen viele Unternehmen die Veräußerung solcher Anlagegegenstände.

§ 6 b EStG verhindert, daß eventuelle Veräußerungsgewinne sofort der Ertragsbesteuerung unterworfen werden müssen. Dies kann dadurch geschehen, daß ein aufgedeckter Veräußerungsgewinn auf ein Reinvestitionsobjekt übertragen oder in eine offene Rücklage (§ 6 b Abs. 3 EStG) eingestellt wird.

Beispiel:

Ein Unternehmen veräußert in Periode 01 ein bebautes Grundstück, das mit DM 100 000 aktiviert ist, für DM 700 000. Dadurch entsteht ein Veräußerungsgewinn in Höhe von DM 600 000. In Periode 02 wird von dem Unternehmen ein neues Gebäude für DM 1 Mio. erworben. Das neu erworbene Gebäude wird linear nach § 7 Abs. 4 EStG abgeschrieben.

Das Unternehmen kann in Periode 01, in dem noch kein Reinvestitionsobjekt zur Verfügung steht, eine § 6 b-Rücklage bilden. Buchungssatz: »Sonstige betriebliche Aufwendungen an § 6 b-Rücklage DM 600 000«.

In Periode 02 kann diese Rücklage auf die Anschaffungskosten des neuen Gebäudes übertragen werden. Dadurch verringert sich die AfA-Bemessungsgrundlage wie folgt:

Anschaffungskosten Reinvestitionsobjekt	DM 1 000 000
aufgedeckte Stille Reserven (§ 6 b-Rücklage)	– DM 600 000
Bemessungsgrundlage AfA	= DM 400 000

Buchungssatz:

Sonderposten gem. § 6 b EStG an Sonst. betriebl. Erträge 600 000,– DM

Abschreibungen an Anlagenkonto DM 600 000,–

Die AfA sind dann nur noch von dieser reduzierten Bemessungsgrundlage mit 4 v. H. jährlich möglich. Durch eine AfA von nur noch 4 v. H. aus DM 400 000 (DM 16 000) statt aus DM 1 000 000 (DM 40 000) erfolgt sukzessive eine Nachversteuerung der aufgedeckten stillen Reserven, bis das Gebäude nach 25 Jahren voll abgeschrieben ist.

Nach § 273 HGB muß entweder in der Bilanz oder im Anhang angegeben werden, daß eine Rücklage nach § 6 b Abs. 3 EStG gebildet worden ist.

9.2.2 Rücklage nach Abschnitt 35 EStR

Scheidet ein Wirtschaftsgut zwangsläufig infolge höherer Gewalt (z. B. Brand, Sturm, Überschwemmung) oder infolge oder zur Vermeidung eines behördlichen Eingriffs (z. B. drohende Enteignung) aus einem Betriebsvermögen aus, kann in Höhe des Differenzbetrages zwischen dem Buchwert und dem Entschädigungsanspruch eine Rücklage für Ersatzbeschaffung gebildet werden (Abschnitt 35 Abs. 5 EStR).

Die Ersatzbeschaffungsrücklage, die ebenfalls eine steuerfreie Rücklage darstellt, die offen zu Lasten des Gewinns gebildet wird, kann im Zeitpunkt der Ersatzbeschaffung auf die Anschaffungs- oder Herstellungskosten des Ersatzwirtschaftsguts übertragen werden.

Beispiel:

Die der X-GmbH gehörende Lagerhalle mit einem Buchwert von DM 500 000 zum Zeitpunkt des Unglücks wird in Periode 01 durch Brand vernichtet. Der Versicherungsanspruch, der in 02 ausgezahlt wird, beläuft sich auf DM 800 000. Eine neue Lagerhalle, die in Periode 02 errichtet wird, verursacht Herstellungskosten in Höhe von DM 900 000.

Die X-GmbH kann in Periode 01 eine Rücklage für Ersatzbeschaffung in Höhe des Differenzbetrages von DM 800 000 Entschädigungsanspruch und DM 500 000 Buchwert = DM 300 000 bilden.

Buchungssätze in 01:

»Sonstige Forderung	DM 800 000	
an Gebäude		DM 500 000
an Rücklage für Ersatzbeschaffung		DM 300 000«

Buchungssätze in 02:

»Bank	DM 800 000	an Sonstige Forderungen	DM 800 000«
»Gebäude	DM 900 000	an Bank	DM 900 000«
»Rücklage für Ersatzbeschaffung	DM 300 000	an Gebäude	DM 300 000«

Durch die reduzierte AfA-Bemessungsgrundlage verringert sich der AfA-Betrag, so daß die aufgedeckten Stillen Reserven (Veräußerungsgewinn) sukzessive nachversteuert werden, bis die neue Lagerhalle voll abgeschrieben ist.

Ist der Entschädigungsbetrag der Versicherung höher als die Anschaffungs- oder Herstellungskosten für das Ersatzwirtschaftsgut, kommt nur eine anteilige Übertragung der Rücklage für Ersatzbeschaffung in Frage. Die auf das Ersatzwirtschaftsgut übertragbare Rücklage errechnet sich wie folgt:

$$\frac{\text{AK oder HK Ersatzwirtschaftsgut}}{\text{Entschädigungsbetrag}} \text{ x Rücklage}$$

= übertragbare Rücklage für Ersatzbeschaffung

Beispiel:

Beträgt die Entschädigungssumme DM 800 000 und machen die Herstellungskosten für das Ersatzwirtschaftsgut (Lagerhalle) nur DM 600 000 aus, errechnet sich nach dem vorstehenden Beispiel die übertragbare Rücklage für Ersatzbeschaffung wie folgt:

$$\frac{\text{DM } 600\,000}{\text{DM } 800\,000} \text{ x DM } 300\,000 = \underline{\underline{\text{DM } 225\,000}}$$

Ist die Anschaffung oder Herstellung eines Ersatzwirtschaftsgutes weder ernsthaft geplant noch zu erwarten, muß die Rücklage für Ersatzbeschaffung in vollem Umfang gewinnerhöhend aufgelöst werden.

Auch in bezug auf die Ersatzbeschaffungsrücklage ist die Rechtsvorschrift ihrer Bildung, das heißt Abschnitt 35 EStR, entweder in der Bilanz oder im Anhang anzugeben.

9.2.3 Rücklagen aufgrund steuerrechtlicher Sonderabschreibungen

§ 254 HGB räumt den bilanzierenden Unternehmen zusätzlich das Recht ein, steuerrechtliche Abschreibungen auch in der Handelsbilanz zu berücksichtigen. Damit werden steuerliche Sonderabschreibungen, zum Beispiel nach dem Zonenrandförderungs-Gesetz, oder erhöhte Absetzungen, zum Beispiel nach dem Berlinförderungs-Gesetz, auch in der Handelsbilanz anwendbar. Durch die faktische Umkehrung des Maßgeblichkeitsprinzips (Punkt 1.1.3) ist es notwendig, gleichlaufend mit der Steuerbilanz in der Handelsbilanz dieselben steuerlichen Abschreibungsbeträge geltend zu machen, wenn solche steuerlichen Abschreibungsvergünstigungen in Anspruch genommen werden sollen.

Steuerrechtliche Sonderabschreibungen können in der Handelsbilanz aktivisch vorgenommen werden. Sie erscheinen dann unter der GuV-Position (§ 275 Abs. 2 Nr. 7 a) »Abschreibungen auf immaterielle Vermögensgegenstände und Sachanlagen«. Selbstverständlich werden sie auch im Anlagegitter in der Spalte kumulierte Abschreibungen erfaßt. In der Schlußbilanz werden die Anlagegegenstände mit den um die steuerlichen Sonderabschreibungen verminderten Werten ausgewiesen. Die Wertansätze in der Handels- und Steuerbilanz sind dieselben.

Steuerliche Sonderabschreibungen können jedoch wahlweise auch passivisch durch die Bildung eines Sonderpostens mit Rücklageanteil erfolgen. In einem solchen Falle wird der Differenzbetrag zwischen der handelsrechtlichen Abschreibung und der steuerlichen Sonderabschreibung in einen SOPO eingestellt. Die Buchungen lauten: »Sonstige betriebliche Aufwendungen an SOPO«.

Der SOPO ist in den Folgejahren aufzulösen, wenn

- die handelsrechtlich gebotene Abschreibung die steuerliche Abschreibung übersteigt. Die Auflösung des übersteigenden Betrages wird über die Position »Sonstige betriebliche Erträge« vorgenommen.
- der Vermögensgegenstand aus dem Betriebsvermögen ausscheidet. In diesem Fall ist der gesamte Restsaldo des Sonderpostens aufzulösen.

Beispiel:

Eine GmbH macht in Periode 01 von der Möglichkeit Gebrauch, nach § 7 d EStG eine Umweltschutzanlage (Anschaffungskosten: DM 100 000, Nutzungsdauer: 5 Jahre) mit 60% (DM 60 000) statt mit normal 20% (DM 20 000) abzuschreiben. Die GmbH kann diese erhöhten Absetzungen nach § 7 d EStG sofort aktivisch vornehmen. In der Handelsbilanz zum 31.12.01 wird dann die Umweltschutzanlage nur noch mit DM 40 000 aktiviert. In der Gewinn- und Verlustrechnung werden die erhöhten Absetzungen unter den Abschreibungen in Position 7 a des Gliederungsschemas erfaßt. Die Passivseite wird durch diese auf rein steuerlichen Vorschriften beruhenden erhöhten Absetzungen nicht berührt.

In der Handelsbilanz der GmbH

- ist auf der Aktivseite die Vermögenslage verfälscht, da die Umweltschutzanlage am 31.12.01 statt mit DM 80 000 (= Anschaffungskosten DM 100 000 – Normalabschreibung (20%) DM 20 000) nur mit DM 40 000 ausgewiesen wird.
- wird auf der Passivseite das Eigenkapital zu niedrig ausgewiesen, da der Differenzbetrag zwischen den erhöhten Absetzungen von DM 60 000 und der handelsrechtlichen Normalabschreibung von DM 20 000 ist gleich DM 40 000 in etwa zur Hälfte als versteuertes Eigenkapital aufzufassen ist.
- Ebenso wird auf der Passivseite das Fremdkapital nicht korrekt ausgewiesen, da in etwa die andere Hälfte des Differenzbetrages als aufgeschobene Steuerlast (Körperschaftsteuer, Gewerbeertragsteuer) nicht passiviert ist.
- Die Ertragslage der GmbH weist in Position 7 a um DM 40 000 überhöhte Abschreibungen auf.

Die GmbH kann wahlweise den Differenzbetrag zwischen handelsrechtlicher Normalabschreibung und erhöhter Absetzung nach § 7 d EStG in einen Sonderposten mit Rücklageanteil einstellen. Dies führt zu folgender Darstellung in der Handelsbilanz:

- Auf der Aktivseite wird die Vermögenslage unverfälscht dargestellt, da die Umweltschutzanlage zum 31.12.01 mit DM 80 000 ausgewiesen wird. Es wird nur die handelsrechtliche Normalabschreibung (DM 20 000) vorgenommen.
- Auf der Passivseite wird das Eigenkapital korrekt ausgewiesen, da der bilanzierte SOPO (Buchung: »Sonstige betriebliche Aufwendungen an SOPO«) etwa zur Hälfte aus Eigenkapial besteht.
- Ebenso wird auf der Passivseite das Fremdkapital richtig ausgewiesen, da der SOPO mit der anderen Hälfte als aufgeschobene Steuerlast (Körperschaftsteuer, Gewerbeertragsteuer) anzusehen ist.
- Die Ertragslage ist hingegen auch bei der Bildung eines SOPO verfälscht, da der Aufwand wie bei der aktivischen Absetzung 60% (DM 60 000) beträgt, das heißt um den Differenzbetrag von DM 40 000 zu hoch ist. Lediglich die Aufwandstruktur ändert sich bei der passivischen gegenüber der aktivischen Absetzung. Der Differenzbetrag von DM 40 000 erscheint nämlich nicht unter den Abschreibungen in 7 a des GuV-Gliederungs-Schemas, sondern unter den Sonstigen betrieblichen Aufwendungen in Position 8. Dies bedeutet, daß der Abschreibungsaufwand von der steuerlichen Sonderabschreibung nicht beeinflußt wird. Als Abschreibungsaufwand erscheint in der Gewinn- und Verlustrechnung nur der Aufwand, der dem tatsächlichen Wertminderungsverlauf entspricht. Würde hingegen aktivisch abgesetzt werden, wäre der Abschreibungsaufwand in 7 a in Periode 01 überhöht und in den Folgejahren zu niedrig.

Personengesellschaften und Einzelkaufleute dürfen Sonderposten mit Rücklageanteil nur dann in der Bilanz ausweisen, wenn das Steuerrecht die Bildung einer solchen Rücklage ausdrücklich vorschreibt (§ 247 Abs. 3 HGB). Dies bedeutet, daß Sonderabschreibungen, für die das Steuerrecht die Bildung einer steuerfreien Rücklage nicht vorsieht, in der Handelsbilanz stets aktivisch abgesetzt werden müssen und nicht in einen SOPO eingestellt werden dürfen. § 254 HGB, der die steuerrechtlichen Abschreibungen regelt, sieht für die Einzelunternehmen und Personengesellschaften kein handelsrechtliches Wahlrecht zur Bildung eines SOPOs vor, während in § 281 Abs. 1 HGB für die Kapitalgesellschaften ein solches Wahlrecht ausdrücklich verankert ist.

Durch die laufende Kontrolle, Erhöhung und Auflösung von Sonderposten mit Rücklageanteil, die bei der Inanspruchnahme von steuerrechtlichen Sonderabschreibungen gebildet wurden, ergibt sich ein erheblicher Buchungsaufwand. Wird daher von einer Kapitalgesellschaft eine hohe Transparenz in bezug auf solche SOPOs angestrebt, könnte entweder in der Bilanz oder im Anhang ein Sonderposten-Spiegel eingeführt werden.

9.3 Ermittlung und Abgrenzung des effektiven Eigenkapitals

Der externe Bilanzleser, der für die Bilanzanalyse nur auf den veröffentlichten Jahresabschluß einer Kapitalgesellschaft zurückgreifen kann, ermittelt das bilanzmäßige Eigenkapital wie folgt:

Gezeichnetes Kapital
– ausstehende Einlagen
+ Kapitalrücklage
+ Gewinnrücklagen
+ Eigenkapitalanteil der SOPO (50%)
+ Eigenkapitalanteil der aus steuerlichen Gründen unterlassenen Zuschreibungen
+ Bilanzgewinn
– Bilanzverlust

= Bilanzmäßiges Eigenkapital

Der externe Bilanzleser kann nun anhand dieser Informationen, die er aus dem veröffentlichten Jahresabschluß gewonnen hat, folgende Bilanzkennzahlen zur Eigenkapitalsituation der analysierten Kapitalgesellschaft bilden:

– $\text{Eigenkapitalquote} = \frac{\text{Eigenkapital}}{\text{Gesamtkapital}} \times 100$

– $\text{Eigenkapitalrentabilität} = \frac{\text{Jahresüberschuß}}{\text{Eigenkapital}} \times 100$

Der interne Bilanzleser (z. B. Topmanagement, große Gläubiger, große Anteilseigner) kann das Eigenkapital aus dem veröffentlichten Jahresabschluß weiter bereinigen und aufgrund seiner zusätzlichen internen Informationen zum Beispiel wie folgt ermitteln:

Bilanzmäßiges Eigenkapital (siehe oben)
+ Unterbewertungen im Anlagevermögen (Sachanlagen, Finanzanlagen) abzüglich Ertragsteuerbelastung
+ Unterbewertungen wegen Anwendung eines Bewertungsvereinfachungsverfahrens (z. B. Fifo) abzüglich Ertragsteuerbelastung
+ Unterbewertungen des Umlaufvermögens unter den Niederstwert (z. B. Zukunftswert) abzüglich Ertragsteuerbelastung
– Unterlassene Pensionsrückstellungen (ggf. abzüglich Steueranteil)

= Bereinigtes bilanzielles Eigenkapital

Dieses bereinigte bilanzielle Eigenkapital kann das effektive Eigenkapital einer Kapitalgesellschaft exakt widerspiegeln.

10 Rückstellungen

Rückstellungen werden im Gliederungsschema der großen Kapitalgesellschaft (§ 266 Abs. 3) wie folgt gegliedert:

B. Rückstellungen:

1. Rückstellungen für Pensionen und ähnliche Verpflichtungen;
2. Steuerrückstellungen;
3. sonstige Rückstellungen.

Rückstellungen sind ein Teil des Fremdkapitals eines Unternehmens. Sie sind im Gliederungsschema von den Verbindlichkeiten unter Position C. abgegrenzt.

10.1 Begriff und Wesen der Rückstellungen

Betriebswirtschaftlich betrachtet sind Rückstellungen Aufwendungen und Verluste, die in der laufenden Bilanzierungsperiode verursacht wurden. Sie unterscheiden sich von den Verbindlichkeiten in zweifacher Hinsicht:

- Rückstellungen sind im Gegensatz zu den Verbindlichkeiten (Schulden) sowohl der Höhe als auch ihrer Fälligkeit nach ungewiß.
- Bei Rückstellungen kann sogar ungewiß sein, ob eine Verpflichtung überhaupt entsteht.

Rückstellungen sind demnach ungewisse Verbindlichkeiten. Dies bedeutet jedoch nicht, daß jede noch so vage Verpflichtung als Rückstellung bilanziert werden darf bzw. muß. Die Verpflichtung muß sich unter Berücksichtigung des Vorsichtsprinzips mit einer gewissen Eintrittswahrscheinlichkeit abzeichnen.

Unter den Rückstellungen werden nicht nur Verpflichtungen gegenüber Dritten, sondern auch solche gegenüber dem Unternehmen selbst erfaßt. Diese sogenannten Aufwandsrückstellungen (Aufwand noch nicht Ausgabe) sind Ausfluß der dynamischen Bilanztheorie.

Das Unternehmen nimmt eine Rückstellungsbildung vor, um einen Aufwand periodengerecht zu erfassen, das heißt dem Geschäftsjahr zuzuordnen, in das der Aufwand gehört.

Beispiel:

Für einen schwebenden Prozeß wird am Ende des Geschäftsjahres eine Rückstellung in Höhe der Kosten gebildet, die bei einem Unterliegen zu erwarten sind. Der Prozeß wurde im abgelaufenen Geschäftsjahr begonnen, deshalb sind die Kosten auch diesem Geschäftsjahr zu belasten.

Buchung:

677	Prüfung, Beratung, Rechtsschutz	6000 DM	
	an 390 Sonstige Rückstellungen		6000 DM

Das Rückstellungskonto wird abgeschlossen mit dem Buchungssatz:

390	Sonstige Rückstellungen	6000 DM	
	an 801 Schlußbilanzkonto		6000 DM

Im Gegensatz zur Handelsbilanz ist die Bildung von Rückstellungen in der Steuerbilanz stärker eingeschränkt. Nach Steuerrecht sind folgende Rückstellungsbildungen möglich:

- Rückstellungen für ungewisse Verbindlichkeiten (einschließlich Pensionsrückstellungen)
- Rückstellungen für drohende Verluste aus schwebenden Geschäften
- Rückstellungen für unterlassene Instandhaltungsaufwendungen
- Kulanzrückstellungen

Rückstellungen bilden ein zentrales handels- und steuerbilanzpolitisches Instrumentarium. Das Unternehmen hat es in einem gewissen Umfang in der Hand, zu bestimmen, ob es bereits ernst zu nehmende Anzeichen für die Rückstellungsbildung gibt, deren weitere Verdichtung nach den GoB zu einer Rückstellung zwingen. Dabei kann auch in einem weiten Umfang der Zeitpunkt für die Rückstellungsbildung bestimmt werden. Dasselbe gilt für die Bestimmung des Zeitpunktes der Auflösung einer Rückstellung.

10.2 Arten von Rückstellungen

§ 249 HGB zählt die Rückstellungen, die in der Handelsbilanz gebildet werden müssen bzw. dürfen, erschöpfend auf.

1. Rückstellungen für ungewisse Verbindlichkeiten
2. Rückstellungen für drohende Verluste aus schwebenden Geschäften
3. Rückstellungen für unterlassene Aufwendungen für Instandhaltung, die im folgenden Geschäftsjahr innerhalb von drei Monaten nachgeholt werden.
4. Rückstellungen für Gewährleistungen ohne rechtliche Verpflichtung (Kulanzrückstellungen)

Ein Rückstellungswahlrecht (Passivierungswahlrecht) besteht nach § 249 Abs. 1 letzter Satz und Abs. 2 HGB für folgende Rückstellungsarten:

5. Rückstellungen für unterlassene Aufwendungen für Instandhaltung, wenn die Aufwendung nach Ablauf der Drei-Monats-Frist, aber noch innerhalb des folgenden Geschäftsjahres nachgeholt wird.

6. Rückstellungen für ihrer Eigenart nach genau umschriebene Aufwendungen.

§ 249 Abs. 3 HGB bestimmt dann, daß für andere Zwecke Rückstellungen nicht gebildet werden dürfen.

Die Rückstellungen für ungewisse Verbindlichkeiten sind dadurch charakterisiert, daß eine Schuld gegenüber Dritten gegeben ist, die jedoch hinsichtlich ihrer Entstehung und/oder ihrer Höhe ungewiß ist. Diese Rückstellungsart umfaßt zahlreiche Rückstellungen, wie Pensionsrückstellungen, Steuerrückstellungen, Rückstellungen für Garantieleistungen mit rechtlicher Verpflichtung, Rückstellungen für Kosten der Jahresabschlußprüfung usw.

Im folgenden sollen einige ausgewählte Rückstellungsarten besprochen werden, die bei der Aufstellung des Jahresabschlusses von besonderer Bedeutung sind.

10.2.1 Steuerrückstellungen

Steuerrückstellungen (§ 266 Abs. 3 Pos. B.2.) zählen zu den Rückstellungen für ungewisse Verbindlichkeiten. Sie müssen für die Steuern gebildet werden, die in der Handelsbilanz als Aufwand im laufenden Geschäftsjahr wirtschaftlich verursacht sind. Steuerrückstellungen ergeben sich für die

- Steuern vom Einkommen und vom Ertrag (GuV-Position (§ 275 Abs. 2 Nr. 18 oder Abs. 3 Nr. 17)
  - Körperschaftsteuer
  - Gewerbeertragsteuer
- Sonstige Steuern (GuV-Position § 275 Abs. 2 Nr. 19 oder Abs. 3 Nr. 18)
  - Vermögensteuer
  - Gewerbekapitalsteuer
  - Grundsteuer
  - Erbschaftsteuer/Schenkungsteuer
  - Ausfuhrzölle, Beförderungsteuer, Kraftfahrzeugsteuer, Mineralölsteuer, Wechselsteuer, Versicherungsteuer, Verbrauchsteuern

In die Steuerrückstellung sind diejenigen Beträge einzustellen, die wirtschaftlich oder rechtlich bis zum Abschlußstichtag entstanden, aber noch nicht rechtskräftig veranlagt sind. Ist die Steuerschuld nicht ungewiß (z. B. Grundsteuer oder bestimmte Verbrauchsteuern), handelt es sich nicht um eine Steuerrückstellung, sondern um eine Verbindlichkeit.

Rückstellungen für latente Steuern sind in der Handelsbilanz gesondert auszuweisen bzw. im Anhang anzugeben.

Bei Einzelunternehmen und Personengesellschaften sind die Einkommensteuer und die sonstigen Personalsteuern keine abzugsfähigen Betriebsausgaben, sondern Kosten der privaten Lebensführung, die nach § 12 Nr. 3 EStG nicht rückstellungsfähig sind.

10.2.2 Pensionsrückstellungen

Auch die Pensionsrückstellungen stellen ungewisse Verbindlichkeiten dar, die in der Handelsbilanz aufgrund des § 249 Abs. 1 Satz 1 HGB aktiviert werden müssen.

Die Höhe des Rückstellungsbetrages in der Handelsbilanz hängt unmittelbar von der Höhe des Zinsfußes ab, mit dem die Pensionszusage abgezinst wird. Für die Handelsbilanz wird ein Abzinsungsfaktor zwischen 3% (Untergrenze) und 6% (Obergrenze) für zulässig gehalten.

Pensionsrückstellungen sind nicht nur in der Handelsbilanz, sondern über das Maßgeblichkeitsprinzip auch in der Steuerbilanz zu bilden (Abschn. 41 Abs. 1 EStR). Als Abzinsungsfaktor ist in der Steuerbilanz grundsätzlich ein Zinssatz von 6% anzuwenden (§ 6a Abs. 3 Satz 3 EStG).

10.2.3 Rückstellungen für drohende Verluste aus schwebenden Geschäften

Rückstellungen für drohende Verluste aus schwebenden Geschäften sind sowohl in der Handelsbilanz als auch in der Steuerbilanz zu bilden (§ 249 Abs. 1 Satz 1 HGB; Abschn. 31 c Abs. 11 EStR). Schwebende Geschäfte liegen vor, wenn keine der beiden Vertragsparteien erfüllt hat. Solche schwebenden Geschäfte schlagen sich normalerweise in der Bilanz nicht nieder. Drohen jedoch aus schwebenden Geschäften Verluste, muß eine Rückstellung in beiden Bilanzen gebildet werden.

Für die Rückstellung unterscheidet man schwebende

- Beschaffungsgeschäfte
- Absatzgeschäfte

Bei einem schwebenden Beschaffungsgeschäft liegt ein drohender Verlust zum Beispiel dann vor, wenn am Bilanzstichtag der Wiederbeschaffungspreis (Börsen- oder Marktpreis) niedriger ist als der mit Dritten vereinbarte Kaufpreis. Die Höhe des drohenden Verlustes, der in der Rückstellung auszuweisen ist, errechnet sich wie folgt:

Drohender Verlust = Vereinbarter Kaufpreis – Wiederbeschaffungspreis

Bei schwebenden Absatzgeschäften ergibt sich der drohende Verlust aus der Differenz zwischen dem erzielbaren Verkaufserlös und den nach den

Verhältnissen am Bilanzstichtag zu erwartenden Selbstkosten ohne kalkulatorische Kosten und ohne Unternehmergewinn:

Drohender Verlust = Vereinbarter Kaufpreis – Selbstkosten

10.2.4 Rückstellungen für unterlassene Instandhaltungen

§ 249 Abs. 1 Satz 2 Nr. 1 HGB begründet für unterlassene Instandhaltungen (nur Erhaltungsaufwendungen), die im folgenden Geschäftsjahr innerhalb von drei Monaten nachgeholt werden, die Verpflichtung zur Bildung einer Rückstellung in der Handelsbilanz.

Nach Abschn. 31 c Abs. 12 EStR ist eine solche Rückstellung auch in der Steuerbilanz zu bilden.

Eine Verpflichtung zur Rückstellungsbildung in beiden Bilanzen besteht jedoch nur, wenn die Arbeiten auch tatsächlich innerhalb von drei Monaten nach dem Bilanzstichtag durchgeführt werden.

In der Handelsbilanz besteht darüber hinaus in bezug auf unterlassene Instandhaltungsaufwendungen, die nach Ablauf dieser Drei-Monats-Frist, aber noch innerhalb des folgenden Geschäftsjahres nachgeholt werden, ein Passivierungswahlrecht (§ 249 Abs. 1 letzter Satz HGB). In der Steuerbilanz ist dieses Passivierungswahlrecht der Handelsbilanz gleichbedeutend mit einem Passivierungsverbot (Abschn. 31 c Abs. 12 Satz 6 EStR).

Die Rückstellungen für unterlassene Instandhaltung zählen zu den Aufwandsrückstellungen (Aufwand noch nicht Ausgabe), die dem dynamischen Charakter der Bilanz entsprechen.

10.2.5 Rückstellungen für ihrer Eigenart nach genau umschriebene Aufwendungen

Diese Rückstellungsart zählt ebenfalls zu den Aufwandsrückstellungen (Aufwand noch nicht Ausgabe). Sie soll der Erhaltung der Betriebsfähigkeit von Anlagegegenständen dienen (§ 249 Abs. 2 HGB) und kann in der Handelsbilanz (§ 266 Abs. 3 Position B.3. »sonstige Rückstellungen«) nur gebildet werden, wenn folgende konstitutive Begriffsmerkmale vorliegen:

- Es müssen ihrer Eigenart nach genau umschriebene Aufwendungen vorliegen (Zweck, Aufwandsarten).
- Es muß sich um dem Geschäftsjahr oder einem früheren Geschäftsjahr zuzuordnende Aufwendungen handeln (Aufwandsverrechnung).
- Die Aufwendungen müssen am Abschlußstichtag wahrscheinlich oder sicher sein (Aufwandserwartung).

- Die Aufwendungen müssen hinsichtlich ihrer Höhe oder des Zeitpunktes ihres Eintritts unbestimmt sein.

Mit solchen Aufwandsrückstellungen sind vor allem, allerdings nicht nur, Rückstellungen für Großreparaturen (z. B. Fassadenerneuerung bei Gebäuden) gemeint. Auch für die Generalüberholung und Sicherheitsinspektion von Maschinenparks und dgl. kommen solche Aufwandsrückstellungen in Frage.

Wird eine solche Rückstellung in der Handelsbilanz gebildet, muß die Art und Zusammensetzung der erwarteten Aufwendungen (z. B. Personalaufwendungen, Materialaufwendungen usw.) und der Zweck der Aufwendungen (z. B. Überholung des Getriebes in dem Lkw A, Lackanstrich Krananlage B) umschrieben werden.

Die Aufwendungen müssen am Abschlußstichtag wahrscheinlich oder sicher sein. Sicher sind sie z. B. dann, wenn ein abgeschlossener Vertrag mit einer Fremdfirma vorliegt. Wahrscheinlich sind sie dann, wenn z. B. eine Großreparatur geplant ist oder einfach mit ziemlicher Sicherheit erwartet werden kann.

Das Unternehmen hat sowohl bei der Bildung als auch bei der Auflösung einer solchen Rückstellung einen beachtlichen handelsbilanzpolitischen Spielraum.

In der Handelsbilanz muß die Rückstellung im Anhang erläutert werden, wenn sie einen erheblichen Umfang aufweist (§ 285 Nr. 12 HGB).

In der Steuerbilanz kann eine solche Rückstellung nicht gebildet werden, da ein Passivierungswahlrecht in der Handelsbilanz stets ein Passivierungsverbot in der Steuerbilanz nach sich zieht.

10.2.6 Rückstellungen für Garantieverpflichtungen und Kulanzleistungen

Bei den Garantierückstellungen sind zu unterscheiden:

- Rückstellungen für Garantieleistungen mit rechtlicher Verpflichtung (§ 249 Abs. 1 Satz 1 HGB).
- Rückstellungen für Garantieleistungen (Kulanzleistungen) ohne rechtliche Verpflichtung (§ 249 Abs. 1 Satz 2 Nr. 2 HGB).

Beide Rückstellungsarten zählen zu den Rückstellungen für ungewisse Verbindlichkeiten.

Wenn ein Unternehmen aufgrund einer rechtlichen Verpflichtung damit rechnen muß, daß es Garantieleistungen zu erbringen hat, ist der Aufwand möglichst in dem Geschäftsjahr zu berücksichtigen, in dem die Lieferungen oder Leistungen erbracht wurden. Die ungewisse Verbindlichkeit, die zu der Rückstellung führt, kann in der Verpflichtung sowohl zu einer Geldleistung als auch zu einer Sach- oder Dienstleistung für solche Gewährleistungsfälle die Regel bilden.

Neben diesen Rückstellungen für Garantieleistungen mit rechtlicher Verpflichtung besteht nach § 249 Abs. 1 Satz 2 Nr. 2 HGB auch eine Rückstellungspflicht für Gewährleistungen ohne rechtliche Verpflichtung, das heißt für sogenannte Kulanzrückstellungen. Kulanzleistungen sind Leistungen zur Beseitigung von Mängeln an verkauften Erzeugnissen, Waren oder Dienstleistungen, auf die der Kunde keinen Rechtsanspruch hat. Die handelsrechtliche Passivierungspflicht trägt dem Umstand Rechnung, daß das Unternehmen sich solchen Leistungen faktisch auch ohne entsprechende Rechtspflicht nicht entziehen kann. Insbesondere wenn ein Unternehmen bereits früher solche Kulanzleistungen erbracht hat, glaubt es, auch in Zukunft solche erbringen zu müssen. Das handelsrechtliche Passivierungsgebot nach § 249 HGB soll auch die steuerrechtliche Anerkennung solcher Kulanzrückstellungen absichern. Dies bedeutet, daß Kulanzrückstellungen auch in der Steuerbilanz zulässig sind (Abschn. 31 c Abs. 1 Nr. 13 EStR).

Kulanzrückstellungen können sowohl Einzelrisiken abdecken (Einzelrückstellungen) oder pauschal auch zum Beispiel aufgrund von Erfahrungen in früheren Geschäftsjahren errechnet und angesetzt werden (Pauschalrückstellungen).

Beispiel:

In den letzten drei Jahren wurden von einem Unternehmen insgesamt Kulanzleistungen in Höhe von DM 800 000 erbracht. Der garantiebehaftete Umsatz betrug in diesem Drei-Jahres-Zeitraum DM 6 000 000. Die Pauschalrückstellung für dieses Unternehmen errechnet sich wie folgt:

$$\frac{\text{Kulanzleistungen in den letzten 3 Jahren}}{\text{Garantieumsatz in den letzten 3 Jahren}} \times 100 = \text{Rückstellungsprozentsatz}$$

$$\frac{\text{DM } 800\,000}{\text{DM } 6\,000\,000} \times 100 = 1{,}33\%$$ (Rückstellungsprozentsatz 1,33% für die laufende Bilanzierungsperiode)

10.2.7 Rückstellungen für Jubiläumsaufwendungen

Rückstellungen für Jubiläumsaufwendungen sind nach § 249 Abs. 1 HGB sowohl in der Handelsbilanz als auch über das Maßgeblichkeitsprinzip in der Steuerbilanz zu bilden. Allerdings ist der handelsbilanzpolitische Aktionsraum für die Bildung solcher Jubiläumsrückstellungen ungleich größer als der steuerbilanzpolitische. In der Steuerbilanz dürfen Jubiläumsrückstellungen in den Bilanzen nach dem 31.12.1992 nur unter den folgenden Voraussetzungen gebildet werden (§ 5 Abs. 4 EStG):

a) Das Dienstverhältnis des Arbeitnehmers, für den eine Jubiläumsrückstellung gebildet werden soll, muß mindestens 10 Jahre lang bestanden haben.

b) Eine Jubiläumszuwendung muß für ein Jubiläum gewährt werden, das mindestens 15 Jahre zum Gegenstand hat. Dies bedeutet konkret, daß die Zuwendung erst dann erfolgen darf, wenn das Beschäftigungsverhältnis mindestens 15 Jahre bestanden hat.

c) Die Jubiläumszuwendung muß schriftlich zugesagt worden sein (z. B. Betriebsvereinbarung, Tarifvertrag, Arbeitsvertrag).

In der Handelsbilanz muß uneingeschränkt und zeitanteilig eine Jubiläumsrückstellung während der gesamten Betriebszugehörigkeit des Arbeitnehmers gebildet werden. Die Jubiläumszahlung wird in der Handelsbilanz periodisiert. Während in der Steuerbilanz für die Abzinsung der Jubiläumsrückstellungen ein Zinssatz von 6% anzuwenden ist, kann in der Handelsbilanz auch ein niedrigerer Zinssatz zugrunde gelegt werden, was zu höheren Zuführungen zur Jubiläumsrückstellung führt.

Handels- und Steuerbilanz weichen in bezug auf die Jubiläumsrückstellungen voneinander ab. Bei der Aufstellung einer eigenständigen Handelsbilanz wird die Jubiläumsrückstellung in der Regel höher ausfallen als in der Steuerbilanz.

10.2.8 Rückstellungen für Wechselobligo

Solange Wechsel nicht weitergegeben sind, kann eine Wertberichtigung der Wechselforderungen, genau wie der sonstigen Forderungen auch, vorgenommen werden. Sind die Wechsel jedoch bereits weitergegeben, entfällt die Möglichkeit einer solchen Wertberichtigung, da die Wechselforderung buchmäßig und bilanzmäßig untergegangen ist.

Wird jedoch erfahrungsgemäß in einem bestimmten Umfang damit gerechnet, daß das Unternehmen aus den weitergegebenen Wechseln in Anspruch genommen wird, ist eine Rückstellung für das Wechselobligo zu bilden.

Für solche Rückstellungen für drohende Inanspruchnahme aus dem Wechselobligo kommt eine Pauschalbewertung in Betracht, die auf den Erfahrungswerten der Vergangenheit basiert (BFH-Urteile vom 27.04.1965 BStBl. III, S. 409 und vom 19.12.1972 BStBl. 1973 II, S. 218).

Bei der Bildung einer Rückstellung für das Wechselobligo ist zu buchen: »Sonstige betriebliche Aufwendungen an Rückstellung für Wechselobligo«.

11 Verbindlichkeiten

Verbindlichkeiten werden im Gliederungsschema der großen Kapitalgesellschaft (§ 266 HGB) wie folgt gegliedert:

C. Verbindlichkeiten:
  1. Anleihen, davon konvertibel;
  2. Verbindlichkeiten gegenüber Kreditinstituten;
  3. erhaltene Anzahlungen auf Bestellungen;
  4. Verbindlichkeiten aus Lieferungen und Leistungen;
  5. Verbindlichkeiten aus der Annahme gezogener Wechsel und der Ausstellung eigener Wechsel;
  6. Verbindlichkeiten gegenüber verbundenen Unternehmen;
  7. Verbindlichkeiten gegenüber Unternehmen, mit denen ein Beteiligungsverhältnis besteht;
  8. sonstige Verbindlichkeiten,

     davon aus Steuern,

     davon im Rahmen der sozialen Sicherheit.

Die kleine Kapitalgesellschaft weist ihre gesamten Verbindlichkeiten in einem einzigen Betrag unter der Position C. »Verbindlichkeiten« aus. Eine weitere Unterscheidung ist nicht notwendig.

Bei jeder der acht vorgenannten Verbindlichkeitenpositionen ist der jeweilige Betrag der Verbindlichkeiten in DM anzugeben, der eine Restlaufzeit von weniger als einem Jahr aufweist (§ 268 Abs. 5 HGB).

11.1 Begriff und Wesen der Verbindlichkeiten

Verbindlichkeiten sind jene Verpflichtungen der Unternehmung, die am Bilanzstichtag sowohl der Höhe als auch der Fälligkeit nach feststehen. Der Begriff der Verbindlichkeiten ist durch drei Merkmale bestimmt:

1. Es muß gewährleistet sein, daß ein Unternehmen in Höhe der Verbindlichkeiten eine Leistung zu erbringen hat.
2. Die Leistung muß erzwingbar sein.
3. Das Unternehmen muß durch die Verbindlichkeit tatsächlich wirtschaftlich belastet sein.

Verbindlichkeiten stellen Fremdkapital dar, das in kurz-, mittel- und langfristig unterteilt wird.

Verbindlichkeiten aus schwebenden Geschäften werden grundsätzlich nicht bilanziert. Würde nämlich die Verpflichtung aus einem schwebenden Geschäft passiviert werden, müßte gleichzeitig die Forderung aus diesem schwebenden Geschäft in gleicher Höhe aktiviert werden, was nur zu einer Bilanzverlängerung führen würde, ohne daß sich Auswirkungen auf das Vermögen oder den Gewinn ergäben.

11.2 Bilanzierung und Bewertung der Verbindlichkeiten

Verbindlichkeiten sind nach § 253 Abs. 1 HGB mit ihrem Rückzahlungsbetrag (Erfüllungsbetrag) anzusetzen. Für Rentenverpflichtungen gilt der Barwertansatz.

Für die Steuerbilanz bestimmt § 6 Abs. 1 Nr. 3 EStG, daß Verbindlichkeiten unter sinngemäßer Anwendung der Vorschriften der Nummer 2, das heißt der Vorschriften über die Bewertung der nicht abnutzbaren Anlagegüter und der Umlaufgüter zu bewerten sind. Durch diese sinngemäße Anwendung bilden die Anschaffungskosten, die für die Vermögensgegenstände die Wertobergrenze fixieren, für die Verbindlichkeiten die untere Wertgrenze, die nicht unterschritten werden darf.

Auch für die Verbindlichkeiten gilt grundsätzlich das Verrechnungsverbot des § 246 Abs. 2 HGB, das besagt, daß Verbindlichkeiten nicht mit Forderungen verrechnet werden dürfen, auch wenn sie gegenüber dem gleichen Geschäftspartner bestehen. Nach den GoB dürfen Forderungen und Verbindlichkeiten ausnahmsweise dann saldiert ausgewiesen werden, wenn folgende Voraussetzungen erfüllt sind:

a) Gläubiger und Schuldner sind identisch,

b) Forderungen und Verbindlichkeiten sind gleichartig,

c) Forderungen und Verbindlichkeiten stehen sich aufrechenbar gegenüber.

»Gleichartig« bedeutet dabei, daß die Laufzeit, Geschäftsgrundlage und Sicherung einander entsprechen müssen, wie dies bei Vorsteuer und Umsatzsteuer der Fall ist. Nicht saldierbar ist eine Forderung aus Lieferungen und Leistungen mit einer Hypothekenverbindlichkeit gegenüber demselben Geschäftspartner.

11.2.1 Ausweis der Verbindlichkeiten in der Bilanz und/oder im Anhang

In bezug auf die Darstellung der Verbindlichkeiten im Jahresabschluß einer Kapitalgesellschaft ist zu beachten (§ 285 Nr. 1 a HGB), daß für

Abb. 10 Verbindlichkeitenspiegel

Art der Verbindlichkeit	Gesamt-betrag	davon mit einer Restlaufzeit von			gesicherte Beträge	Art der Sicherheit
		≦ 1 Jahr	1-5 Jahren	> 5 Jahren		
	TDM	TDM	TDM	TDM	TDM	
gegenüber Kreditinstituten	40 000	25 000	8 000	7 000	7 000	Grundpfandrechte
aus Lieferungen und Leistungen	35 000	35 000			31 000	Eigentumsvorbehalte
gegenüber verbundenen Unternehmen	18 000	15 000	3 000		15 000	Eigentumsvorbehalte
					3 000	Sicherungsabtretung von Forderungen
gegenüber Gesellschaftern	12 000		12 000		12 000	Grundpfandrechte
sonstige Verbindlichkeiten	5 000	5 000			–	–
Summe	110 000	80 000	23 000	7 000	68 000	

Angaben aus der Bilanz (Art der Verbindlichkeit, Gesamtbetrag, ≦ 1 Jahr)

durch Saldierung zu ermitteln (1-5 Jahren)

Angaben aus dem Anhang (> 5 Jahren, gesicherte Beträge, Art der Sicherheit)

bei der kleinen GmbH stehen diese Angaben nur für den Gesamtbetrag der Verbindlichkeiten zur Verfügung (1-5 Jahren bis Art der Sicherheit) die acht Verbindlichkeitenkategorien, die das Gliederungsschema der großen Kapitalgesellschaft enthält, folgende Angaben gemacht werden müssen:

- Gesamtbetrag je Verbindlichkeitenkategorie
- Aufteilung des Gesamtbetrags je Verbindlichkeitenkategorie nach:
  - Verbindlichkeiten mit einer Restlaufzeit bis zu einem Jahr
  - Verbindlichkeiten mit einer Restlaufzeit über fünf Jahre

Außerdem ist die Art der Besicherung je Verbindlichkeitenkategorie anzugeben. Strebt die Geschäftsführung einer Kapitalgesellschaft gegenüber den externen Bilanzadressaten bei den Verbindlichkeiten eine größtmögliche Transparenz an, kann sie einen sogenannten Verbindlichkeitenspiegel **(Abb. 10)** aufstellen. Ein solcher Verbindlichkeitenspiegel, der im Anhang geführt wird, enthält die vorstehenden Angaben, getrennt nach dem bis zu acht im Rahmen der Bilanzierung unter Umständen vorhandenen Verbindlichkeitenkategorien.

Selbstverständlich können die vorstehenden Angaben anstatt im Anhang von vornherein in der Bilanz gemacht werden.

Durch die geforderten Angaben wird in bezug auf die Verbindlichkeiten das Fremdkapital wie folgt gegliedert:

- Kurzfristiges Fremdkapital:
  Verbindlichkeiten mit einer Restlaufzeit bis zu einem Jahr.
- Mittelfristiges Fremdkapital:
  Verbindlichkeiten mit einer Restlaufzeit zwischen einem und fünf Jahren.
- Langfristiges Fremdkapital:
  Verbindlichkeiten mit einer Restlaufzeit von mehr als fünf Jahren.

11.2.2 Verbindlichkeiten aus Lieferungen und Leistungen

Bezieht das Unternehmen Rohstoffe und dgl., die nicht sofort bei der Lieferung bezahlt werden sollen, das heißt, nimmt es ein Zahlungsziel in Anspruch, wird es zur Schuldnerin. Dabei ist es ohne Belang, wie lange der Lieferer (Gläubiger) dem Kunden die Zahlung stundet. Selbstverständlich zählen auch Zahlungsverpflichtungen aus Werkverträgen und Dienstleistungsverträgen zu den Verbindlichkeiten aus Lieferungen und Leistungen.

Gehört die Verbindlichkeit aus Lieferungen und Leistungen gleichzeitig inhaltlich auch noch zu einer anderen Verbindlichkeit (z. B. Verbindlichkeit gegenüber einem verbundenen Unternehmen oder gegenüber einem Unternehmen, mit dem ein Beteiligungsverhältnis besteht), ist die Mitzugehörigkeit der Verbindlichkeit aus Lieferungen und Leistungen zu den anderen Bilanzposten zu vermerken oder im Anhang anzugeben (§ 265 Abs. 3 HGB), wenn dies dem Grundsatz der Bilanzklarheit und Übersichtlichkeit dient.

Der Betrag der Verbindlichkeiten aus Lieferungen und Leistungen ergibt sich im allgemeinen aus der Kontokorrentbuchführung mit einem Gesamtsaldo auf dem entsprechenden Kreditorensachkonto. Der Bestand zum Bilanzstichtag ist durch eine Saldenliste nachzuweisen. Bestehen Unklarheiten über eine Verbindlichkeit aus einer Lieferung oder Leistung, zum Beispiel wegen Mängelrügen, ist es zweckmäßig, eine Saldenbestätigung einzuholen.

11.2.3 Währungsverbindlichkeiten

Valutaverbindlichkeiten stellen Verbindlichkeiten dar, die in fremder Währung zu erfüllen sind. Die Wertansätze dieser Verbindlichkeiten haben nach § 244 HGB in deutscher Währung zu erfolgen. Dies macht eine Umrechnung zum jeweiligen Kurs der ausländischen Währung erforderlich.

Bei Rechnungseingang werden diese Valutaverbindlichkeiten zum sogenannten Briefkurs in der Finanzbuchhaltung erfaßt. Der Briefkurs ist jener Kurs, zu dem die Banken ihren Kunden Devisen verkaufen. Der Briefkurs ist immer höher als der Geldkurs, zu dem die Banken Devisen ankaufen. Steigt der Briefkurs am Bilanzstichtag, so ist der höhere Teilwert (Tageswert) der Verbindlichkeit sowohl in der Handelsbilanz (§ 280 Abs. 1 HGB) als auch in der Steuerbilanz (Abschn. 37 Abs. 2 EStR) anzusetzen.

Beispiel:

Ein Unternehmen erwirbt am 01.10.01 Investitionsgüter von einer US-Firma im Werte von US $ 200 000. Der US $ wird am 01.10.01 mit US $ 1 = DM 1,80 (Briefkurs) notiert. Am Bilanzstichtag 31.12.01 wird an der Devisenbörse notiert: US $ 1 = DM 2,00. Entsprechend dem Höchstwertprinzip muß die Verbindlichkeit in ausländischer Währung am Bilanzstichtag 31.12.01 mit DM 400 000 (200 000 x DM 2,00) passiviert werden. Bei Entstehung der Lieferschuld waren nur 200 000 x DM 1,80 = DM 360 000 als Verbindlichkeit bilanziert worden. Der Differenzbetrag von DM 40 000 mindert als Betriebsaufwand (Betriebsausgaben) den Handelsbilanzgewinn bzw. Steuerbilanzgewinn. Buchungssatz am 31.12.01: »Sonstige betriebliche Aufwendungen an Valutaverbindlichkeiten DM 40 000«.

Sinkt zum Bilanzstichtag in Periode 02 die immer noch bestehende Lieferschuld, da der US $ gegenüber der DM an Wert verloren hat, unter die Anschaffungskosten (US $ 1 = DM 1,60), hat das Unternehmen sowohl in der Handelsbilanz als auch in der Steuerbilanz ein Beibehaltungswahlrecht. Soll in beiden Bilanzen das Ergebnis verbessert werden, kann das Unternehmen die Lieferverbindlichkeit in ausländischer Währung zum 31.12.02 bis zur Höhe der Anschaffungskosten (= DM 360 000) abschreiben. Das Unternehmen kann jedoch auch in beiden Bilanzen die Verbindlichkeit in ausländischer Währung unverändert mit DM 400 000 passivieren.

11.2.4 Damnum, Disagio, Aufgeld

Ist der Rückzahlungsbetrag einer Verbindlichkeit größer als der Ausgabebetrag (Damnum bei Hypotheken und Grundschulden, Disagio bei Anleihen), hat das Unternehmen in der Handelsbilanz die Möglichkeit, den Unterschiedsbetrag (Damnum, Disagio) entweder zu aktivieren und planmäßig abzuschreiben oder von vornherein als Betriebsaufwand geltend zu machen (§ 250 Abs. 3 HGB). Wegen dieses Wahlrechts wird das Damnum oder Disagio in der Handelsbilanz als Bilanzierungshilfe angesehen, auch wenn sie zu den Rechnungsabgrenzungsposten gezählt werden. Bei den transitorischen Rechnungsabgrenzungsposten im engeren Sinne ist nämlich ein solches Wahlrecht nicht gegeben.

In der Steuerbilanz besteht nach § 5 Abs. 5 EStG i. V. m. Abschn. 37 Abs. 3 EStR für das Damnum, Disagio und/oder Agio eine Aktivierungspflicht. Das Damnum ist unter den Rechnungsabgrenzungsposten zu aktivieren und verteilt auf die Laufzeit des Kredites planmäßig abzuschreiben.

Beispiel:

Ein Unternehmen hat am 01.03. in Periode 01 zur Finanzierung einer Investitionsmaßnahme einen hypothekarisch abgesicherten Kredit in Höhe von DM 200 000 aufgenommen. Die Laufzeit des Darlehens beträgt 10 Jahre, der Zinssatz ist 8%, und als Auszahlungskurs wurden 90% vereinbart. Demnach beträgt das Damnum DM 20 000. Das Damnum ist in der Steuerbilanz als Rechnungsabgrenzungsposten zu aktivieren. Für 01 kann das Damnum mit neun Zwölftel aus DM 2000 = DM 1500 abgeschrieben werden. In der Handelsbilanz kann von der Bilanzierungshilfe Gebrauch gemacht werden (§ 250 Abs. 3 HGB) oder das Damnum sofort abgeschrieben werden. Wird es aktiviert, ist die Behandlung dieselbe wie in der Steuerbilanz.

Das Damnum, Disagio, Agio kann im handelsrechtlichen Jahresabschluß anstatt in der Bilanz auch im Anhang gesondert ausgewiesen werden (§ 268 Abs. 6 HGB).

11.2.5 Wechselverbindlichkeiten

Der Wechsel ist eine Urkunde. Er stellt eine schriftliche Zahlungsanweisung des Ausstellers (Gläubigers) an den Bezogenen (Schuldner) dar, gegen Vorlage der Wechselurkunde an einem bestimmten Termin eine bestimmte Summe entweder an ihn selbst oder an einen im Wechsel genannten Dritten zu zahlen.

Der Schuldner hat am Verfallstag des Wechsels die gesamte Wechselsumme zu zahlen. Die Wechselsumme ist der Erfüllungsbetrag. Aus diesem Grunde sind in der Bilanz Wechselverbindlichkeiten stets mit dem Betrag aufzuführen, der der Wechselsumme entspricht (vgl. Teil I, Punkt 8.3).

Wenn der Wechselgläubiger die Diskontierungskosten selbst trägt, wird bei dem Schuldner die Verbindlichkeit nicht berührt, das heißt, er hat am Verfallstag die volle Wechselsumme dem neuen Wechselinhaber (z. B. Bank) zu bezahlen. Da der Wechseleinreicher die anfallenden Diskontierungskosten selbst übernimmt, bleibt bei dem Wechselschuldner der Erfüllungsbetrag (Wechselsumme) als Bilanzansatz bestehen.

Der Regelfall wird jedoch sein, daß der Wechseleinreicher dem Schuldner die Diskontierungskosten in Rechnung stellt. Der Schuldner hat dann am Verfallstag des Wechsels den Wechselbetrag in seiner ursprünglichen Höhe und zusätzlich die Kosten, die aus der Diskontierung entstehen, zu tragen. Bei diesen Diskontierungskosten handelt es sich um Aufwendungen, die vorausgezahlten Kreditzinsen gleichzusetzen sind.

Wird die Wechselsumme erst in einem späteren Jahr als dem der Begebung des Wechsels fällig, bezieht sich der Diskontierungsaufwand des Wechselkredits auf die Laufzeit des Wechsels. Für diese Diskontierungsaufwendungen ist nach den GoB ein aktiver Rechnungsabgrenzungsposten zu bilden, wenn die Laufzeit des Wechsels über den Bilanzstichtag hinausreicht.

Die Wechselverbindlichkeiten sind in dem Bilanzgliederungsschema der großen Kapitalgesellschaften unter C. 5 »Verbindlichkeiten aus der Annahme gezogener Wechsel und der Ausstellung eigener Wechsel« zu passivieren.

11.2.6 Eventualverbindlichkeiten, sonstige finanzielle Verpflichtungen

Eventualverbindlichkeiten sind unter der Bilanz zu vermerken oder im Anhang anzugeben. Unter einer Eventualverbindlichkeit ist eine aufschiebend bedingte Verbindlichkeit zu verstehen, bei der die Bedingung von der die Wirksamkeit des Schuldverhältnisses abhängt, noch nicht eingetreten ist, und mit deren Eintritt auch kaum zu rechnen ist. Zu diesen Eventualverbindlichkeiten zählen nach § 251 HGB insbesondere:

- Verbindlichkeiten aus der Begegnung und Übertragung von Wechseln
- Verbindlichkeiten aus Bürgschaften, Wechsel- und Scheckbürgschaften
- Verbindlichkeiten aus Gewährleistungsverträgen
- Haftungsverhältnisse aus der Bestellung von Sicherheiten für fremde Verbindlichkeiten

Eventualverbindlichkeiten sind auch dann unter der Bilanz anzugeben, wenn ihnen gleichwertige Rückgriffsforderungen gegenüberstehen.

Eventualverbindlichkeiten sind von den Kapitalgesellschaften

- unter Angabe der gewährten Pfandrechte und sonstiger Sicherheiten und

- mit einem besonderen Vermerk der Haftungsverhältnisse gegenüber verbundenen Unternehmen

unter dem Strich der Bilanz oder im Anhang aufzuführen.

Die Kapitalgesellschaften sind darüber hinaus verpflichtet, neben den Verbindlichkeiten und den Eventualverbindlichkeiten (unter dem Strich der Bilanz) auch noch den Gesamtbetrag ihrer sonstigen finanziellen Verpflichtungen im Anhang anzugeben (§ 285 Nr. 3 HGB). Zu diesen sonstigen finanziellen Verpflichtungen, die in einem Gesamtbetrag im Anhang anzugeben sind, zählen unter anderem:

- mehrjährige Verpflichtungen aus Miet- und Leasingverträgen
- Verpflichtungen aus begonnenen Investitionsvorhaben
- Verpflichtungen aus notwendig werdenden Umweltschutzmaßnahmen
- Verpflichtungen aus Vertragsstrafen
- Verpflichtungen zur Leistung noch ausstehender GmbH-Anteile (§§ 19 ff. GmbHG)

Dies ist keine abschließende, sondern eine beispielhafte Aufzählung solcher finanzieller Verpflichtungen.

§ 285 Nr. 3 HGB muß immer im Zusammenhang mit § 251 HGB gesehen werden. Dies bedeutet, daß ein Haftungsverhältnis, das unter dem Strich der Bilanz zu vermerken ist, nicht in dem Gesamtbetrag der sonstigen finanziellen Verpflichtungen erscheinen darf. Der Gesamtbetrag der sonstigen finanziellen Verpflichtungen umfaßt die Summe der Erfüllungsbeträge dieser Verpflichtungen. Eine Abzinsung der Verpflichtungen (z. B. Ansatz des Barwertes) ist nicht zulässig.

12 Steuerabgrenzung (latente Steuern)

Latente Steuern sind die Differenz zwischen effektiver Steuerschuld und der Steuerbelastung, die sich bei Zugrundelegung der handelsrechtlichen Ergebnisgröße ergeben würde. Aufgrund der unterschiedlichen Bilanzierungs- und Bewertungsvorschriften kann das handelsrechtliche Ergebnis entweder höher oder geringer (der wahrscheinlich häufigere Fall) ausfallen als das Steuerbilanzergebnis.

Latente Steuern auf der Aktivseite der Bilanz fallen dann an (Wahlrecht), wenn das Handelsbilanzergebnis niedriger ist als das Steuerbilanzergebnis.

Ist umgekehrt das Handelsbilanzergebnis höher als das Steuerbilanzergebnis, muß eine Rückstellung für latente Steuern gebildet werden.

Latente Steuern sind ein anglo-amerikanischer Bilanzierungsgrundsatz. Sie sind Ausfluß der dynamischen Bilanzbetrachtung und dienen der richtigen Periodenabgrenzung.

Latente Steuern kommen nur dann in Betracht, wenn es sich um vorübergehende Ergebnisdifferenzen (timing differences) zwischen Handels- und Steuerbilanz handelt, die sich in einer überschaubaren Zeit wieder ausgleichen. Liegen demgegenüber permanente Gewinnunterschiede zwischen beiden Bilanzen vor (permanent differences), zum Beispiel steuerlich nicht anerkannte Aufwendungen oder steuerfreie Erträge, kommen latente Steuern nicht in Betracht.

Treten in einem Geschäftsjahr Geschäftsvorfälle auf, die aktive und passive latente Steuern auslösen, müssen diese miteinander saldiert werden. Dies führt dazu, daß in der Handelsbilanz entweder ein passiver Saldo als Rückstellung für latente Steuern ausgewiesen werden muß (Passivierungspflicht) oder ein aktiver Saldo aus Bilanzierungshilfe aktiviert werden kann (Aktivierungswahlrecht).

Wie die Bilanzierungspraxis bei den fünfzig größten Kapitalgesellschaften in der Bundesrepublik Deutschland zeigt, hat keines dieser Unternehmen aktive latente Steuern ausgewiesen, das heißt von dieser Bilanzierungshilfe Gebrauch gemacht (Reige, J., Publizitätspraxis und Nutzung ausgewählter handelsrechtlicher Wahlrechte, in: BB 1989, S. 1648 ff.).

12.1 Aktive latente Steuern

Aktive latente Steuern dürfen nach § 274 Abs. 2 HGB als Bilanzierungshilfe unter den Rechnungsabgrenzungsposten aktiviert werden. Werden sie aktiviert, erhöhen sie das handelsrechtliche Ergebnis. Der aktivierte Saldo ist aufzulösen, sobald die Steuerentlastung eintritt oder mit ihr nicht mehr zu rechnen ist.

Aktive latente Steuern entstehen dann, wenn der Aufwand in der Handelsbilanz dem Aufwand in der Steuerbilanz vorgelagert ist.

Beispiel:

In der Handelsbilanz kann das Damnum (Disagio) sofort als Betriebsaufwand abgesetzt werden und damit den Handelsbilanzgewinn mindern (§ 250 Abs. 3 HGB). In der Steuerbilanz hingegen ist das Damnum (Disagio) stets unter den Rechnungsabgrenzungsposten zu aktivieren und verteilt auf die Laufzeit des aufgenommenen Kredites abzuschreiben (Abschn. 37 Abs. 3 EStR). Der Handelsbilanzgewinn ist demnach bei Sofortabzug des Damnums (Disagios) geringer als der Steuerbilanzgewinn.

Das Unternehmen hat nun ein Wahlrecht, aktive latente Steuern als Bilanzierungshilfe auszuweisen. Es kann aber auf einen solchen Ausweis auch verzichten.

Sollen von der Kapitalgesellschaft aktive latente Steuern ausgewiesen werden, müssen sie als aktiver Rechnungsabgrenzungsposten unter der Bezeichnung »Aktive latente Steuern« gesondert aktiviert werden. Dieser gesonderte Posten muß beispielsweise auch von der kleinen Kapitalgesellschaft ausgewiesen werden. Aktive latente Steuern dürfen demnach bei der kleinen Kapitalgesellschaft nicht in dem Posten »C. Rechnungsabgrenzungsposten« mitenthalten sein.

Der Posten »Aktive latente Steuern« ist im Anhang zu erläutern (§ 274 Abs. 2 HGB). Eine solche Erläuterung erfordert Hinweise darauf,

- auf welche Gewinndifferenz sich der Aktivposten bezieht,
- mit welchem Steuersatz und nach welcher Methode der Posten gebildet worden ist,
- inwieweit eine Verrechnung mit latenten Ertragsteuererstattungen erfolgt ist.

12.2 Passive latente Steuern

Passive latente Steuern führen nach § 274 Abs. 1 HGB zwingend zu »Rückstellungen für latente Steuern«. Eine Rückstellung für latente Steuern entsteht dann, wenn der Handelsbilanzgewinn höher ist als der Steuerbilanzgewinn und sich die vorübergehende Gewinndifferenz in den nächsten Perioden wieder ausgleicht.

Beispiel:

In der Handelsbilanz einer Kapitalgesellschaft werden Ingangsetzungs- und Erweiterungsaufwendungen als Bilanzierungshilfe aktiviert, die den Handelsbilanzgewinn erhöhen, während diese Aufwendungen in der Steuerbilanz stets Betriebsausgaben darstellen. Der Handelsbilanzgewinn ist demnach höher als der Steuerbilanzgewinn. Die Gewinndifferenz gleicht sich spätestens innerhalb von vier Jahren wieder aus, da die Erweiterungsaufwendungen nach § 282 HGB in den Folgejahren mit mindestens 25% jährlich abzuschreiben sind.

Aus dem vorstehenden Beispiel wird klar, daß in der Handelsbilanz aufgrund abweichender steuerlicher Abschreibungen die Steuerschuld erst später entsteht. Erst ab dem Folgejahr nach der Bildung des Aktivpostens wird eine Nachversteuerung in der Handelsbilanz vorgenommen, da wegen der Abschreibungen auf die Erweiterungsaufwendungen der Handelsbilanzgewinn vier Jahre lang niedriger ist als der Steuerbilanzgewinn. Die Rückstellung für latente Steuern ist daher ab dem Folgejahr mit jeweils 25% aufzulösen, bis der Aktivposten für die Erweiterungsaufwendungen nach vier Jahren voll abgeschrieben ist. Der Buchungssatz lautet jeweils: »Rückstellungen für latente Steuern an Sonstige betriebliche Erträge«.

Die Rückstellung für latente Steuern kann alternativ entweder in der Bilanz oder im Anhang gesondert ausgewiesen werden.

13 Fehlerhafte Buchführung und ihre Folgen

Ist die Buchführung fehlerhaft, bzw. nicht ordnungsgemäß, ergeben sich vor allem in bezug auf die Steuerbilanz für das Unternehmen unter Umständen erhebliche negative Konsequenzen. Vor allem der Steuergesetzgeber hat ein zentrales Interesse an der Einhaltung der Buchführungspflichten durch die steuerpflichtigen Unternehmen.

13.1 Bilanzberichtigung

Eine Bilanzberichtigung liegt vor, wenn ein falscher Bilanzansatz richtiggestellt wird (§ 4 Abs. 2 Satz 1 EStG). Ein Bilanzansatz ist falsch, wenn er den GoB und/oder den handels- und steuerrechtlichen Bilanzierungs- und Bewertungsvorschriften nicht entspricht. Der falsche Bilanzansatz muß durch den richtigen ersetzt werden.

Beispiel:

Ein steuerpflichtiges Unternehmen hat ein entgeltlich erworbenes Patent nicht aktiviert, das Unternehmen hat eine Rückstellung für Gewährleistungen zu hoch angesetzt usw.

Stellt das steuerpflichtige Unternehmen die Unrichtigkeit eines Bilanzansatzes fest, kann es durch eine bloße Mitteilung an das Finanzamt den fehlerhaften Bilanzansatz beseitigen (Abschn. 15 Abs. 1 EStR). Die Verpflichtung zur Anzeige ergibt sich aus § 153 AO, falls die unrichtige Bilanzierung zu einer Verkürzung der Steuereinnahmen führen kann.

Ob bei einer bereits rechtskräftigen Steuerveranlagung die Mitteilung an das Finanzamt zu einer Bilanzberichtigung führt, richtet sich nach den Vorschriften der AO. Wenn eine Berichtigungsveranlagung nach der AO (z. B. nach § 173 AO Neue Tatsachen) nicht zulässig ist, ist auch die Bilanzberichtigung nicht möglich. Auch die Berichtigung der Eröffnungsbilanz der Folgeperiode (anschließendes Wirtschaftsjahr) ist grundsätzlich ausgeschlossen. Nur in Ausnahmefällen kann der Bilanzzusammenhang durchbrochen werden.

Beispiel:

Ein Gewerbetreibender, bei dem für die Jahre 04 bis 06 eine Außenprüfung stattfindet, hat willkürlich AfA in Periode 03 unterlassen, um sie in späteren Jahren nachholen zu können. Eine Berichtigung der Veranlagung für 03 scheitert an verfahrensrechtlichen Vorschriften der AO.

Es liegt jedoch ein Verstoß gegen die Grundsätze von Treu und Glauben vor. Der Bilanzzusammenhang muß durchbrochen werden, da eine Rückwärtsberichtigung bis zur Fehlerquelle nicht möglich ist. In der berichtigten Anfangsbilanz für 04 werden die Wirtschaftsgüter mit den Werten angesetzt, die sich bei richtiger AfA zum 31.12.03 ergeben hätten. Da für 03 eine Berichtigungsveranlagung nicht in Betracht kommt, geht die in diesem Jahr unterbliebene AfA dem steuerpflichtigen Unternehmen endgültig verloren.

Stellt das Finanzamt die Unrichtigkeit eines Bilanzansatzes fest (z. B. bei der Außenprüfung), muß es von Amts wegen die Bilanz berichtigen (§ 88 AO).

Eine notwendige Bilanzberichtigung in der Steuerbilanz setzt nicht voraus, daß vorher der Bilanzansatz in der Handelsbilanz ebenfalls berichtigt wird. Dies stellt keinen Verstoß gegen das Maßgeblichkeitsprinzip dar, da die Maßgeblichkeit nur bei richtiger Bilanzierung in der Handelsbilanz gegeben ist.

13.2 Bilanzänderung

Eine Bilanzänderung liegt vor, wenn ein richtiger (zulässiger) Bilanzansatz durch einen anderen, ebenfalls zulässigen Bilanzansatz ausgetauscht wird (§ 4 Abs. 2 Satz 2 EStG). Kann zum Beispiel ein steuerpflichtiges Unternehmen zwischen mehreren Bilanzansätzen wählen (niedrigerer Teilwert von Wertpapieren des Anlagevermögens anstelle der Anschaffungskosten bei einer nur vorübergehenden Wertminderung), trifft es durch die Einreichung der Steuererklärung bzw. des steuerrechtlichen Jahresabschlusses seine Entscheidung. Die Änderung einer solchen Entscheidung zugunsten eines anderen zulässigen Bilanzansatzes ist eine Bilanzänderung. Sie ist nach § 4 Abs. 2 EStG nur mit Zustimmung des Finanzamts zulässig. Dadurch soll verhindert werden, daß die Erledigung des Besteuerungsverfahrens durch einseitige schwerwiegende Bilanzänderungen verzögert wird.

Das steuerpflichtige Unternehmen, das eine Bilanzänderung begehrt, muß seinen Antrag an das Finanzamt vor Rechtskraft der Veranlagung richten, in dem das gesetzliche Wahlrecht begehrt wird (Abschn. 15 Abs. 2 EStR). Der Antrag unterliegt keiner besonderen Form. Der Steuerpflichtige hat dem

Finanzamt lediglich die geänderte Steuerbilanz einzureichen. Nach der Steuerrechtsprechung ist die Zustimmung des Finanzamts zur Bilanzänderung regelmäßig dann zu erteilen, wenn der Steuerpflichtige beachtliche, das heißt triftige Gründe für die Bilanzänderung dargelegt hat, das Verhalten des Steuerpflichtigen mithin nicht willkürlich ist. Dies ist immer dann der Fall, wenn sich die Grundlagen auf denen das gesetzliche Bewertungswahlrecht ausgeübt wurde, wesentlich geändert haben.

Beispiel:

Im Wirtschaftsjahr 01 ergibt sich für ein Unternehmen ein vorläufiger Gewinn in Höhe von DM 20 000. Der Steuerpflichtige entschließt sich daher, von der Möglichkeit der Sofortabschreibung von geringwertigen Wirtschaftsgütern in Höhe von DM 30 000 keinen Gebrauch zu machen. Bei einer Außenprüfung in Periode 04 stellt sich heraus, daß ein Mehrgewinn in Höhe von DM 100 000 festgestellt wird, der sich aus einer abweichenden Bewertung des Vorratsvermögens ergibt. Der Steuerpflichtige beantragt jetzt die Abschreibungsfreiheit gemäß § 6 Abs. 2 EStG für die geringwertigen Wirtschaftsgüter in Höhe von DM 30 000. Dem Antrag auf Bilanzänderung wird von dem Finanzamt entsprochen.

Der Antrag auf Bilanzänderung muß vor Bestandskraft der Steuerbescheide bei dem Finanzamt gestellt werden. Der Antrag kann aber auch im Rahmen einer Außenprüfung (siehe vorstehendes Beispiel) gestellt werden, wenn durch die Feststellungen des Prüfers die Steuerveranlagungen berichtigt werden müssen.

Eine Änderung der Steuerbilanz setzt bei Kapitalgesellschaften, die zur Aufstellung einer Handelsbilanz verpflichtet sind, wegen des Maßgeblichkeitsprinzips eine entsprechende Änderung der Handelsbilanz voraus.

Im allgemeinen wird bei irrtümlicher Bilanzierung die Zustimmung des Finanzamts erteilt. Auch bei reinen Bewertungsfragen, aus denen sich das Mehrergebnis ableitet, wird die Zustimmung vom Finanzamt im allgemeinen nur selten verweigert, wenn sich eine wesentliche Erhöhung der Steuerschuld ergibt.

13.3 Sanktionen

13.3.1 Mangelhafte Ordnungsmäßigkeit (Ordnungswidrigkeit)

Wenn die Bücher den Vorschriften der AO entsprechen, haben sie die Vermutung ordnungsmäßiger Führung für sich. Besteht nach dem Umständen des Falles kein Anlaß, die sachliche Richtigkeit der Bücher zu beanstanden, sind sie der Besteuerung zugrunde zu legen.

Fehlt es hingegen an der Ordnungsmäßigkeit der Buchführung, so daß die Finanzbehörden nicht in der Lage sind, die Besteuerungsgrundlagen aus den Büchern zu ermitteln, wird geschätzt. Dabei sind alle Umstände zu berücksichtigen, die für die Schätzung von Bedeutung sind (§ 162 Abs. 1 AO). Eine Schätzung muß nicht bedeuten, daß sämtliche Buchführungsunterlagen völlig verworfen werden. Das Finanzamt hat vielmehr von den vorhandenen Unterlagen auszugehen und muß sich bemühen, den tatsächlich erzielten Steuerbilanzgewinn möglichst genau zu ermitteln.

Enthält die Buchführung **formelle Mängel,** wie Verstöße gegen die Gliederungs- und Bewertungsvorschriften, oder liegen sogenannte Systemfehler vor, zum Beispiel das Fehlen eines Inventars oder eines Kassenbuchs, so wird die Ordnungsmäßigkeit der Buchführung grundsätzlich verneint und eine Schätzung vorgenommen (vgl. § 256 Abs. 4 und 5 AktG). Darüber hinaus kann bei mittelgroßen und großen Kapitalgesellschaften der Betätigungsvermerk der Abschlußprüfer eingeschränkt oder versagt werden (§ 322 Abs. 3 und 4 HGB).

Enthält die Buchführung **sachliche Mängel,** zum Beispiel nicht oder falsch verbuchte Geschäftsvorfälle, ergeben sich nach der Steuerrechtsprechung mehrere Möglichkeiten, die in Abschn. 29 Abs. 2 Nr. 6 EStR aufgeführt sind. Besteht die Möglichkeit, die Fehler der Buchführung in vollem Umfang zu berichtigen, wird das berichtigte Ergebnis der Besteuerung zugrunde gelegt.

Sind nur einige wenige Geschäftsvorfälle unrichtig verbucht, die nur einen belanglosen Teil der gewerblichen Betätigung und des Gewinns ausmachen, kann eine Berichtigung des Ergebnisses durch eine ergänzende Schätzung (unschädliche Schätzung) vorgenommen werden.

Ist die Buchführung insgesamt zur Ermittlung des Ergebnisses ungeeignet, wird es unter Verwendung der Buchführungsunterlagen geschätzt (schädliche Schätzung).

Die Schätzung muß so durchgeführt werden, daß sie dem Ergebnis möglichst nahekommt, das bei ordnungsmäßiger Buchführung wahrscheinlich ausgewiesen worden wäre.

Eine Verletzung der steuerrechtlichen Buchführungspflichten zieht nur unter bestimmten Voraussetzungen eine strafrechtliche Verfolgung nach sich. Nach § 379 Abs. 1 AO handelt ordnungswidrig, wer »vorsätzlich oder leichtfertig

1. Belege ausstellt, die in tatsächlicher Hinsicht unrichtig sind, oder
2. nach Gesetz buchungs- oder aufzeichnungspflichtige Geschäftsvorfälle oder Betriebsvorgänge nicht oder in tatsächlicher Hinsicht unrichtig verbucht oder verbuchen läßt

und dadurch ermöglicht, Steuern zu verkürzen oder nicht gerechtfertigte Steuervorteile zu erlangen«.

Eine Ordnungswidrigkeit ist eine rechtswidrige, verwerfliche und mit Geldbuße bedrohte Handlung (§ 1 OWiG). **Handelsrechtlich** kommen Ordnungswidrigkeiten bei Kapitalgesellschaften und Unternehmen , die dem PublG unterliegen, vor (§ 334 HGB, § 20 PublG i. V. m. § 10 OWiG). Typische Ordnungswidrigkeiten nach **Steuerrecht** sind die leichtfertige Steuerverkürzung (§ 378 AO) und die Steuergefährdung (§ 379 AO).

Die Ordnungswidrigkeit (Steuergefährdung) kann mit einer Geldbuße bis zu DM 10 000 geahndet werden (§ 379 Abs. 4 AO). Handelt es sich jedoch um eine leichtfertige Steuerverkürzung gemäß § 378 AO, kann diese mit einer Geldbuße bis zu DM 100 000 geahndet werden.

13.3.2 Strafrechtliche Folgen

Eine Straftat ist eine kriminelle Handlung, die mit Freiheits- und Geldstrafen geahndet wird.

13.3.2.1 Strafrechtliche Folgen nach Handelsrecht

Bilanzdelikte, die die Geschäftsleitung und der Aufsichtsrat bei der Aufstellung, Feststellung und Veröffentlichung des Jahresabschlusses begehen, sind strafbar. Zu unterscheiden sind **Bilanzfälschung, Bilanzverschleierung** und **verspätete Aufstellung oder Offenlegung des Jahresabschlusses.** Die verspätete Aufstellung oder Offenlegung wird nicht strafrechtlich verfolgt. Das Registergericht kann jedoch durch Festsetzung von Zwangsgeld die fristgerechte Aufstellung und Offenlegung erzwingen (§ 335 HGB, § 160 GenG, § 21 PublG).

Bilanzfälschung

Eine Bilanzfälschung ist dann gegeben, wenn Sachverhalte vorsätzlich unwahr oder irreführend dargestellt werden mit dem Ziel, die Auskunft über die Vermögens-, Finanz- oder Ertragslage zu verfälschen. Eine Bilanzfälschung liegt vor bei:

- Verstößen gegen die Bewertungsvorschriften,
- Weglassen von Vermögensteilen oder Schulden,
- Aufnahme nicht vorhandener Vermögenswerte in die Bilanz (fiktive Bilanzposten).

Bilanzverschleierung

Eine Bilanzverschleierung liegt vor, wenn die Darstellung zwar sachlich richtig, aber unklar ist und die tatsächlichen Verhältnisse nicht oder nur schwer erkennbar wiedergegeben werden, z. B. bei Verstoß gegen das Verrechnungsverbot (§ 246 Abs. 2 HGB).

13.3.2.2 Strafrechtliche Folgen nach Steuerrecht

Unabhängig von der Rechtsform des Betriebes kann der Buchführungspflichtige bei einer vorsätzlichen Handlung, die zu einer Steuerverkürzung (Steuerhinterziehung) führt, mit Gefängnis bis zu 5 Jahren, in schweren Fällen bis zu 10 Jahren, oder mit einer Geldstrafe belangt werden (§ 370 AO).

13.3.2.3 Strafrechtliche Folgen nach dem Strafgesetzbuch

Nach dem Strafgesetzbuch wird die Nichtführung oder die mangelhafte Führung der Handelsbücher (§ 283 Abs. 1 StGB), die mangelhafte Bilanzaufstellung und die nicht rechtzeitige Aufstellung des Inventars und der Bilanz (§ 283 Abs. 1 Nr. 7 StGB) strafrechtlich verfolgt, wenn das Unternehmen die Zahlungen eingestellt hat oder der Konkurs eröffnet oder mangels Masse eingestellt wurde:

- Wurden die Delikte bei Überschuldung, während eingetretener oder drohender Zahlungsunfähigkeit vorgenommen, oder wurde diese Situation durch diese Handlung herbeigeführt, droht Freiheitsstrafe bis zu 5 Jahren oder Geldstrafe (§ 283 StGB).
- Schwere Fälle des Bankrotts, wie aus Gewinnsucht oder bei wissentlicher Inkaufnahme der Schädigung Dritter begangene Zuwiderhandlungen, können mit Freiheitsstrafe bis zu 10 Jahren oder Geldstrafe geahndet werden (§ 283 a StGB).

Verletzungen der Buchführungspflichten können auch unter allgemeine Straftatbestände fallen, z. B. Unterschlagung (§ 246 StGB), Betrug (§ 263 StGB), Computerbetrug (§ 263 a StGB), Kreditbetrug (§ 265 b StGB), Untreue (§ 266 StGB), Urkundenfälschung (§ 267 StGB), Fälschung technischer Aufzeichnungen (§ 268 StGB).

Teil III:

Finanzbuchhaltung und interne Abrechnung

1 Interne Abrechnung

Die interne Abrechnung übernimmt die Verrechnung des betriebsinternen Werteflusses. Sie ermittelt die Aufwendungen (Kosten) für den Einsatz von Arbeitskräften, Betriebsmitteln, Werkstoffen und Geldkapital (betriebliche Produktionsfaktoren) und errechnet die aufgrund der betrieblichen Tätigkeit erwirtschafteten Erträge (Leistungen). Arbeitsgebiete der internen Abrechnung sind die:

- Nebenbuchhaltung,
- Materialbuchhaltung,
- Lohn- und Gehaltsbuchhaltung,
- Anlagenbuchhaltung und die
- Kosten- und Leistungsrechnung.

In den oben genannten Nebenbuchhaltungen werden die Aufwendungen zunächst aufbereitet, d. h., der Werteverzehr wird nach Art und Betrag verursachungsgerecht bestimmten Kostenstellen (Orte des Werteverzehrs im Betrieb) und Kostenträgern (Erzeugnissen, Leistungen des Betriebes) zugeordnet und dann an die Kostenartenrechnung übergeben. Die Kostenartenrechnung ist ein Teilgebiet der Kosten- und Leistungsrechnung.

Die Kosten- und Leistungsrechnung wird in jedem Industriebetrieb als **Vollkostenrechnung** durchgeführt. Dabei werden **alle** Aufwendungen, soweit sie durch die Produktion von Gütern und die Erstellung aktivierter Eigenleistungen angefallen sind, den entsprechenden Erträgen auf den Konten Umsatzerlöse, Bestandsveränderungen und aktivierte Eigenleistungen gegenübergestellt. Die aus der (Geschäfts-)Buchhaltung und den Nebenbuchhaltungen übernommenen Aufwendungen werden **Kosten** genannt, die in der Kosten- und Leistungsrechnung ermittelten Erträge heißen **Leistungen.**

Einige Betriebe wickeln die Kosten- und Leistungsrechnung zusätzlich in Form der **Deckungsbeitragsrechnung** oder der **Plankostenrechnung** ab.

1.1 Die Rechnungskreise I und II

In der **Geschäftsbuchführung,** dem **Rechnungskreis I,** werden alle Aufwendungen und Erträge, die während einer Abrechnungsperiode angefallen sind, in der Gewinn- und Verlustrechnung einander gegenübergestellt. Die Differenz ist das **Gesamtergebnis,** der Jahresüberschuß oder Jahresfehlbetrag, des Unternehmens.

Die **Kosten- und Leistungsrechnung** wird im **Rechnungskreis II** abgewickelt. Hier werden nur die durch die eigentlich betriebliche Tätigkeit verursachten Aufwendungen (Kosten) den eigentlichen betrieblichen Erträgen (Leistungen) gegenübergestellt. Die Differenz zwischen Kosten und Leistungen ist das **Betriebsergebnis,** der Erfolg aus der eigentlichen betrieblichen Tätigkeit.

Aufgabe eines Industriebetriebes ist die Produktion von Gütern und die Erbringung von Dienstleistungen sowie der Vertrieb von Handelswaren im Zusammenhang mit den erstellten Gütern.

Nicht-Aufgabe eines Industriebetriebes ist z. B. die Vermietung von Grundstücken und Gebäuden oder die Erwirtschaftung von Zinsen.

In die Kosten- und Leistungsrechnung werden nur die Anteile der auf den Konten der Klassen 5 bis 7 des Rechnungskreises I aufgelaufenen Erträge und Aufwendungen übernommen, die **im Rahmen der eigentlichen betrieblichen Leistungserstellung** angefallen sind.

Zweikreissystem des IKR

Rechnungskreis I	*Rechnungskreis II*
Geschäfts- oder Finanzbuchführung	Betriebsbuchführung oder Kosten- und Leistungsrechnung
unternehmensbezogen	betriebsbezogen
Abrechnung mit der Außenwelt	interne Abrechnung
ermittelt das Gesamtergebnis	ermittelt das Betriebsergebnis
Schwerpunkt ist das Jahresergebnis	Schwerpunkt ist die kurzfristige Erfolgsrechnung
auf Konten	tabellarisch

Die interne Abrechnung kann **buchhalterisch** auf Konten (Kontenklasse 9 des IKR) oder **statistisch** in Tabellen (Ergebnistabelle, Betriebsabrechnungsbogen, Kostenträgerblatt) durchgeführt werden. Die buchhalterische Abwicklung ist aus Gründen der Übersichtlichkeit und der Wirtschaftlichkeit nur bei kleinen Betrieben mit wenigen Abteilungen und wenigen Erzeugnissen wirtschaftlich sinnvoll durchzuführen.

1.2 Aufgaben und Aufbau der Kosten- und Leistungsrechnung

1.2.1 Aufgaben

Die Kostenrechnung übernimmt die Salden der Aufwandskonten aus der Buchführung, bereitet die Werte auf und

- verrechnet sie auf die Erzeugnisse (Kostenträger, Leistungen),
- ermittelt den Erfolg einzelner Bereiche im Betrieb (Kostenstellenrechnung),
- ermittelt den Erfolg einzelner Aufträge oder Produkte (Kostenträger-Stückrechnung) und
- ermittelt den Erfolg des gesamten Betriebes (Kostenträgerzeitrechnung/kurzfristige Erfolgsrechnung).

Die Kostenrechnung dient

- der **Ermittlung der Selbstkosten** der einzelnen Erzeugnisse und ist so eine Entscheidungsgrundlage bei der Bestimmung der Verkaufspreise;
- der **Ermittlung der Herstellungskosten** bei der Bewertung der unfertigen und der fertigen Erzeugnisse sowie der aktivierten Eigenleistungen;
- der **Kontrolle der Wirtschaftlichkeit** durch Verfolgung der Kostenentwicklung und Gegenüberstellung der Kosten und Leistungen;
- der **Unternehmensplanung,** indem sie Erfahrungswerte der Vergangenheit vorgibt und durch Darstellung der Kostenstrukturen eine Vorausrechnung für die Zukunft ermöglicht;
- der **Vorbereitung von Entscheidungen** der Unternehmensleitung;
- der Kontrolle der Folgen früherer Entscheidungen durch Vergleich der geplanten Werte mit den tatsächlich angefallenen **(Plan/Ist-Vergleich).**

1.2.2 Aufbau

Die Kosten- und Leistungsrechnung wird in drei aufeinanderfolgenden Stufen durchgeführt:

Kosten- und Leistungsrechnung:

Stufe 1: Kosten**arten**rechnung
Welche verschiedenen Kosten sind entstanden?

Stufe 2: Kosten**stellen**rechnung
Wo im Betrieb sind die Kosten angefallen?

Stufe 3: Kosten**träger**rechnung
Welches Erzeugnis, welcher Auftrag hat die Kosten verursacht und muß sie deshalb tragen?

1.3 Grundbegriffe (Rechenelemente) des Rechnungswesens

1.3.1 Grundbegriffe des Rechnungskreises I

Die Buchungen im Rechnungskreis I knüpfen an Zahlungsvorgänge an. Grundlegende Begriffe sind aber die Einzahlungen und die Auszahlungen.

a) Einzahlungen und Auszahlungen betreffen den Zahlungsmittelfluß zwischen dem Unternehmen und seiner Umwelt. Bei der Buchung von Einzahlungen und Auszahlungen wird immer mindestens eines der Konten Kasse, Bank, Bundesbank oder Postgiro angesprochen.

Einzahlung = Zugang liquider Mittel
Auszahlung = Abgang liquider Mittel
Begriffe des Zahlungsverkehrs

b) Einnahmen und Ausgaben sind ebenfalls Begriffe der Geldrechnung. Sie entstehen bereits durch schuldrechtliche Verpflichtungen und umfassen neben den Einzahlungen und Auszahlungen zusätzlich die Zugänge und Abgänge an Forderungen und Verbindlichkeiten.

Einnahmen werden auf der **Sollseite**
eines Kontos des Zahlungsverkehrs,
des Kontos Forderungen,
oder des Kontos Verbindlichkeiten gebucht.

Ausgaben werden auf der **Habenseite**
eines Kontos des Zahlungsverkehrs,
des Kontos Forderungen,
oder des Kontos Verbindlichkeiten gebucht.

Einnahmen =		Einzahlungen
	+	Forderungszugänge, z. B. Verkauf auf Ziel
	+	Schuldenabgänge, z. B. Gutschrift des Lieferers
Ausgaben =		Auszahlungen
	+	Forderungsabgänge, z. B. Gutschriften an Kunden
	+	Schuldenzugänge, z. B. Kauf auf Ziel

Einnahmen und Ausgaben umfassen Zahlungsvorgänge und schuldrechtliche Verpflichtungen.

c) **Aufwendungen und Erträge** sind bestimmten Abrechnungsperioden zugerechnete Ausgaben und Einnahmen. Sie wirken sich auf den Erfolg des Unternehmens aus. Die Salden der Aufwandskonten (Kontenklassen 6 und 7) und der Ertragskonten (Kontenklasse 5) werden in der Gewinn- und Verlustrechnung einander gegenübergestellt.

Aufwendungen sind in Geldeinheiten bewertete Güterabgänge eines Unternehmens. Sie sind nicht deckungsgleich mit den Ausgaben, da sie z. B. Abschreibungen enthalten, während die Ausgaben zusätzlich auch Privatentnahmen oder Ausgaben für Roh-, Hilfs- und Betriebsstoffe sein können, die erst in späteren Abrechnungsperioden durch Verbrauch zu Aufwand werden.

Erträge sind in Geldeinheiten bewertete Güterzugänge eines Unternehmens. Sie sind nicht deckungsgleich mit den Einnahmen. Wird beispielsweise bei Abschluß eines Kaufvertrages eine Anzahlung geleistet, so entsteht der Unternehmung in dem Monat der Anzahlung eine Einnahme, die erst in dem Monat, in der die Auslieferung und Fakturierung erfolgt, zu einem Ertrag führt.

Aufwendungen =	erfolgswirksame, periodisierte Ausgaben
=	negative Netto-Vermögensänderung
Erträge =	erfolgswirksame, periodisierte Einnahmen
=	positive Netto-Vermögensänderung

Aufwendungen und Erträge sind Begriffe der Erfolgsrechnung.

1.3.2 Grundbegriffe des Rechnungskreises II

Die Betriebsbuchführung oder Kosten- und Leistungsrechnung ist eine Teilabrechnung der Gesamtergebnisrechnung. Sie stellt den durch die Leistungserstellung verursachten Verbrauch an Gütern und Diensten (Kosten) den Ergebnissen der betrieblichen Tätigkeit (Leistungen) gegenüber.

Unter **Kosten** ist der Teil der Aufwendungen zu verstehen, der für die eigentliche betriebliche Tätigkeit angefallen ist. Als **Leistungen** wird der Teil der Erträge bezeichnet, der sich auf das Ergebnis der eigentlichen betrieblichen Tätigkeit bezieht.

Kosten	=	in Geld ausgedrückter Wert des leistungsbezogenen Verbrauchs an Produktionsfaktoren.
Leistungen	=	in Geld ausgedrückter Wert der erzeugten Güter.

Weitere Begriffe der Betriebsbuchführung folgen unter »2 Kostenartenrechnung«.

Der Saldo aus den gesamten Aufwendungen und Erträgen ergibt das **Gesamtergebnis** der Gewinn- und Verlustrechnung der Geschäftsbuchführung (Rechnungskreis I).

Ein Teil des Gesamtergebnisses resultiert aus der betrieblichen Tätigkeit. Dieser Teil heißt **Betriebsergebnis** (Rechnungskreis II). Dabei handelt es sich um die Differenz aus den gesamten, in einer Abrechnungsperiode angefallenen Kosten und den in der gleichen Periode erwirtschafteten Leistungen.

2 Kostenartenrechnung

2.1 Aufgaben und Aufbau

Die Kostenartenrechnung ist die erste Stufe der Kosten- und Leistungsrechnung. Aufgaben der Kostenartenrechnung sind

- die **Feststellung** der in einer Abrechnungsperiode verursachten Kosten nach Art und Höhe des Anfalls,

- die **Gliederung der Kosten nach der Zurechenbarkeit** in Einzel-, Gemein- und Sondereinzelkosten,
- die **Aufteilung** nach ihrer Abhängigkeit von der Beschäftigung **in fixe** (unveränderliche) **und variable** (veränderliche) Kosten,
- die **periodengerechte Verrechnung.**

2.1.1 Feststellung nach Art und Höhe

Im Rahmen der Feststellung der einer Abrechnungsperiode zuzuordnenden Kosten werden die Aufwendungen aus der Geschäftsbuchführung (Rechnungskreis I) insoweit **übernommen,** als sie durch die betriebliche Leistungserstellung verursacht worden sind.

2.1.2 Gliederung nach der Zurechenbarkeit

Nach der Verrechenbarkeit auf die Kostenträger werden Einzelkosten, Gemeinkosten und Sondereinzelkosten unterschieden:

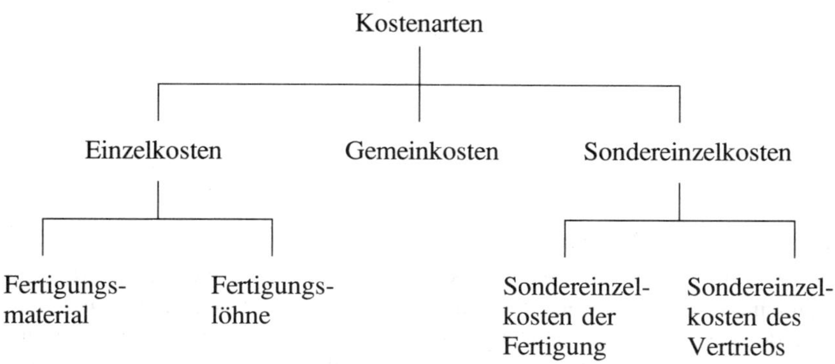

Einzelkosten setzen sich zusammen aus dem Fertigungsmaterial und den Fertigungslöhnen. Der Verbrauch an Rohstoffen und bezogenen Fertigteilen kann aufgrund von Materialentnahmescheinen direkt als Fertigungsmaterial den Aufträgen (Kostenträgern) zugerechnet werden. Die unmittelbar mit der Fertigung einzelner Aufträge im Zusammenhang stehenden Fertigungslöhne können aufgrund der Lohnscheine direkt den einzelnen Aufträgen zugerechnet werden.

Sondereinzelkosten fallen aufgrund besonderer Produktions- und Lieferungsbedingungen nur für jeweils einzelne Aufträge an. Sie können diesen Aufträgen direkt zugerechnet werden. Typische Sondereinzelkosten der Fertigung sind

Konstruktionskosten, Lizenzgebühren, Modelle, Gesenke, Werkzeuge, Formen, Matrizen und Patrizen. Sondereinzelkosten des Vertriebs sind Vertreterprovisionen, Ausgangsfrachten, Transportversicherungen, Spezialverpackungen.

Gemeinkosten werden von mehreren oder allen Kostenträgern gemeinsam verursacht. Dabei ist nicht feststellbar, wieviel der Gemeinkosten der einzelne Auftrag oder Kostenträger verursacht hat. Die Gemeinkosten werden den Kostenträgern meist in Form prozentualer Zuschläge auf die Einzelkosten zugerechnet.

2.1.3 Aufteilung nach der Abhängigkeit von der Beschäftigung

Bei einigen Kostenarten **verändert** sich der Anfall entsprechend der Beschäftigung. Das trifft beispielsweise auf den Energieverbrauch und den Verbrauch an Fertigungsmaterial zu. Andere Kosten, wie die Mieten und Abschreibungen, fallen in immer **gleicher Höhe** an, egal ob viel, wenig oder nichts gefertigt wird.

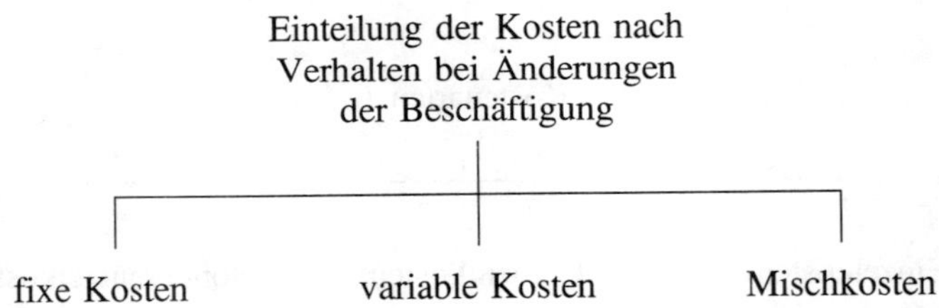

2.1.3.1 Variable Kosten

Als **variable (= veränderliche)** Kosten wird der Teil der **Gesamtkosten** bezeichnet, der in der Höhe des Anfalls abhängig ist vom Beschäftigungsgrad, d. h. der mit der gefertigten Menge »variiert«. Da die variablen Kosten in Industriebetrieben allgemein proprotional (im gleichen Verhältnis) zur Leistungsmenge steigen oder fallen, werden sie auch **proportionale Kosten** genannt.

Die **wesentlichen variablen Kosten** im Industriebetrieb sind die Einzelkosten, die Sondereinzelkosten sowie die Gemeinkosten für Energie-, Betriebsstoffverbrauch, Verbrauch von Werkzeugen und die Instandhaltungsaufwendungen.

Auf das **Stück** bezogen sind die variablen Kosten **konstant.**

2.1.3.2 Fixe Kosten

Fix (= gleichbleibend, unveränderlich) nennt man den Teil der gesamten Kosten, der sich nicht verändert, wenn mehr oder weniger gefertigt wird. Die gefertigte Stückzahl hat keinen Einfluß auf den Anfall dieser Kosten; fixe Kosten fallen unabhängig von der Leistungsmenge an.

Fixe Kosten entstehen aus der für die betriebliche Leistungserstellung **bereitgehaltenen Kapazität** (Bereitschaftskosten). Sie gehören immer zur Gruppe der Gemeinkosten. Typische Fixkostenarten sind Abschreibungen, Gehälter, Mieten und Beiträge.

2.1.3.3 Mischkosten

Mischkosten sind jene Kosten, die nicht eindeutig den fixen oder den variablen Kosten zuzuordnen sind. Sie sind **teils leistungs- und teils zeitabhängig.** Für die Zwecke der Teilkostenrechnung müssen sie in ihren fixen und in ihren variablen (proportionalen) Teil zerlegt werden.

Typische Mischkosten sind die **Wartungs- und Instandhaltungskosten,** die Kosten für **Strom, Gas, Wasser und die Kosten für Telekommunikation.** Mischkosten setzen sich in der Regel aus einem fixen Grundbetrag und einem leistungsabhängigen Betrag je gelieferter Einheit zusammen.

2.1.4 Periodengerechte Verrechnung

Bestimmte Aufwendungen, wie Urlaubslöhne und Weihnachtsgratifikationen, dürfen nicht in dem Monat, in dem sie ausgezahlt worden sind, mit dem ausgabewirksamen Betrag in die Kostenrechnung übernommen werden. Die Beträge aus der Geschäftsbuchführung sind **auf mehrere Monate zu verteilen.** So ist beispielsweise innerhalb der Kostenrechnung bereits ab Januar monatlich $^{1}/_{12}$ der voraussichtlich zu zahlenden Weihnachtsgratifikation zu verrechnen, die später zu $^{12}/_{12}$ in November oder Dezember ausgezahlt wird.

Bestimmte Aufwendungen der Geschäftsbuchführung, wie die Abschreibungen, werden in der Kostenrechnung mit **anderen Beträgen** verrechnet als in der Geschäftsbuchführung. Dieses Verfahren ist sinnvoll, da die bilanziellen Abschreibungen eher die steuerrechtlichen Möglichkeiten berücksichtigen und nicht allein den tatsächlichen Werteverzehr der eingesetzten Vermögensgegenstände. Oft führt die betriebliche Leistungserstellung zu Kosten, denen in der Geschäftsbuchführung kein Aufwand gegenübersteht. Beispiel: Da die mitarbeitenden Inhaber und Gesellschafter von Einzelunternehmen und Personengesellschaften kein Gehalt beziehen, wird für diesen Diensteverzehr in der Kostenrechnung **zusätzlich** ein »kalkulatorischer« Unternehmerlohn verrechnet.

In einer Ergebnistabelle (vgl. 2.2 Abgrenzung in der Ergebnistabelle) erfolgen:

- die Abgrenzung der betriebsbezogenen Kosten von den unternehmensbezogenen Aufwendungen und

- die kostenrechnerischen Korrekturen in Form der Verrechnung kalkulatorischer Kosten und der periodengerechten Zuordnung stoßweise anfallender Kosten.

2.2 Abgrenzung in der Ergebnistabelle

Nicht alle Aufwendungen und Erträge aus der Geschäftsbuchführung werden in die Kosten- und Leistungsrechnung übernommen. In die Kosten- und Leistungsrechnung gehen nur solche Aufwendungen und Erträge ein, die in unmittelbarem Zusammenhang mit der betrieblichen Tätigkeit, dem Einkauf, der Produktion und dem Vertrieb stehen. Zunächst werden alle neutralen Aufwendungen und Erträge abgegrenzt und im Abgrenzungsbereich der kontenmäßigen Buchführung (beim Einkreissystem des GKR) bzw. in der Ergebnistabelle (beim Zweikreissystem des IKR) gegenübergestellt. Zu den neutralen Aufwendungen und Erträgen zählen die **betriebsfremden** und die **außerordentlichen** Aufwendungen und Erträge.

Betriebsfremde Aufwendungen und Erträge entstehen nicht im Zusammenhang mit der eigentlichen betrieblichen Tätigkeit, der Produktion und dem Verkauf eines Industriebetriebes. Das sind z. B. Mieterträge, Erträge aus Beteiligungen, Erträge aus anderen Finanzanlagen, Zinserträge, Diskonterträge, Erträge aus Wertpapieren des Umlaufvermögens, sonstige zinsähnliche Erträge, Abschreibungen auf Finanzanlagen, auf Wertpapiere des Umlaufvermögens und Verluste aus entsprechenden Abgängen, Zinsaufwendungen, Diskontaufwendungen und sonstige zinsähnliche Aufwendungen.

Betrieblich außerordentliche Aufwendungen und Erträge entstehen zwar aufgrund der betrieblichen Tätigkeit, sie treten aber so unregelmäßig auf, daß sie nicht zu den normalerweise anfallenden, den kalkulierbaren Aufwendungen und Erträgen, gerechnet werden können. Ihre Übernahme in die Kosten- und Leistungsrechnung würde den Überblick über die regelmäßig anfallenden Beträge und die Vergleichbarkeit des Kostenanfalls mit anderen Betrieben erschweren. Betrieblich außerordentlich sind z. B. Verluste und Erträge aus dem Abgang von Vermögensgegenständen, Verluste aus Schadensfällen, außerordentliche Aufwendungen und Erträge (Konten 760 und 580).

Zu den betrieblich außerordentlichen Aufwendungen und Erträgen im weiteren Sinne gehören auch die periodenfremden Aufwendungen und Erträge.

Abgrenzung in der Ergebnistabelle:

Rechnungskreis I			Rechnungskreis II					
Erfolgsbereich GuV-Rechnung			Abgrenzungsbereich Neutrales Ergebnis				KLR-Bereich Betriebsergebnis	
		*)	unternehmens-bezogene Abgrenzungen*)		kostenrechne-rische Korrekturen**)			
Kto.	Auf-wend.	Er-träge	Aufw.	Erträge	betriebl. Aufw. lt. GB	Ver-rechn. Kosten lt. KLR	Kosten	Leistun-gen
500		85000						85000
520		4000						4000
530		2000						2000
540		5000		5000				
560		2500		2500				
600	30000						30000	
620	20000						20000	
640	8000						8000	
653	7000						7000	
680	1200						1200	
696	9000		9000					
700	2500						2500	
746	500		500					
	79200 19300	98500	9500	7500 2000			68700 22300	91000
	98500	98500	9500	9500			91000	91000
Gesamtergebnis + 19300 DM			Neutrales Ergebnis − 2000 DM				Betriebsergebnis + 22300 DM	

*) Hier handelt es sich um Werte, die aus der Geschäftsbuchführung (Rechnungskreis I) übernommen wurden.

**) Diese Werte werden in der Kosten- und Leistungsrechnung (Rechnungskreis II) anders verrechnet als in der Geschäftsbuchführung, oder sie werden zusätzlich zu den in der Geschäftsbuchführung angefallenen Aufwendungen und Erträgen verrechnet.

1. Schritt

Zunächst werden alle Aufwendungen und Erträge in die Spalten des **Erfolgsbereichs** (Rechnungskreis I) der Tabelle übertragen. Das Ergebnis in diesem Bereich entspricht dem Gesamtergebnis der Gewinn- und Verlustrechnung.

2. Schritt

Im Anschluß an die Übernahme aller Salden der Erfolgskonten aus der Geschäftsbuchführung erfolgt die Abgrenzung in den Spalten des Rechnungskreises II der Tabelle. Die betrieblich bedingten Aufwendungen und Erträge werden als Kosten (z. B. 620 Löhne) und Leistungen (z. B. 500 Umsatzerlöse) in den Kosten- und Leistungsbereich (KLR-Bereich) übertragen.

Die nicht mit der betrieblichen Leistungserstellung zusammenhängenden Aufwendungen (z. B. 696 Verluste aus dem Abgang von Vermögensgegenständen) und Erträge (z. B. 540 Mieterträge) werden als unternehmensbezogene Aufwendungen und Erträge abgegrenzt.

3. Schritt

In einem dritten Schritt erfolgen die kostenrechnerischen Korrekturen. Auf diese Arbeiten soll in den folgenden Abschnitten eingegangen werden.

Auf die buchhalterische Abgrenzung auf Konten (nach dem GKR) wird hier verzichtet.

2.3 Kalkulatorische Kosten

2.3.1 Wesen und Aufgaben der kalkulatorischen Kosten

Die meisten in der Kosten- und Leistungsrechnung verrechneten Kostenarten entsprechen den Aufwendungen in der Geschäftsbuchführung. Sie werden **Grundkosten** genannt.

Oft werden bei der betrieblichen Leistungserstellung neben den Grundkosten Werte verzehrt, die nicht zu Ausgaben in der Geschäftsbuchführung führen. Sie werden als **kalkulatorische Kosten** verrechnet.

Zusatzkosten sind kalkulatorische Kosten, die nicht zu Geldausgaben führen. Sie werden zusätzlich zu den aus der Geschäftsbuchführung (Rechnungskreis I) übernommenen Grundkosten verrechnet.

Daneben gibt es Aufwendungen, die nicht in der tatsächlich angefallenen Höhe in die Kostenrechnung übernommen werden sollen. Sie werden als **Anderskosten** bezeichnet.

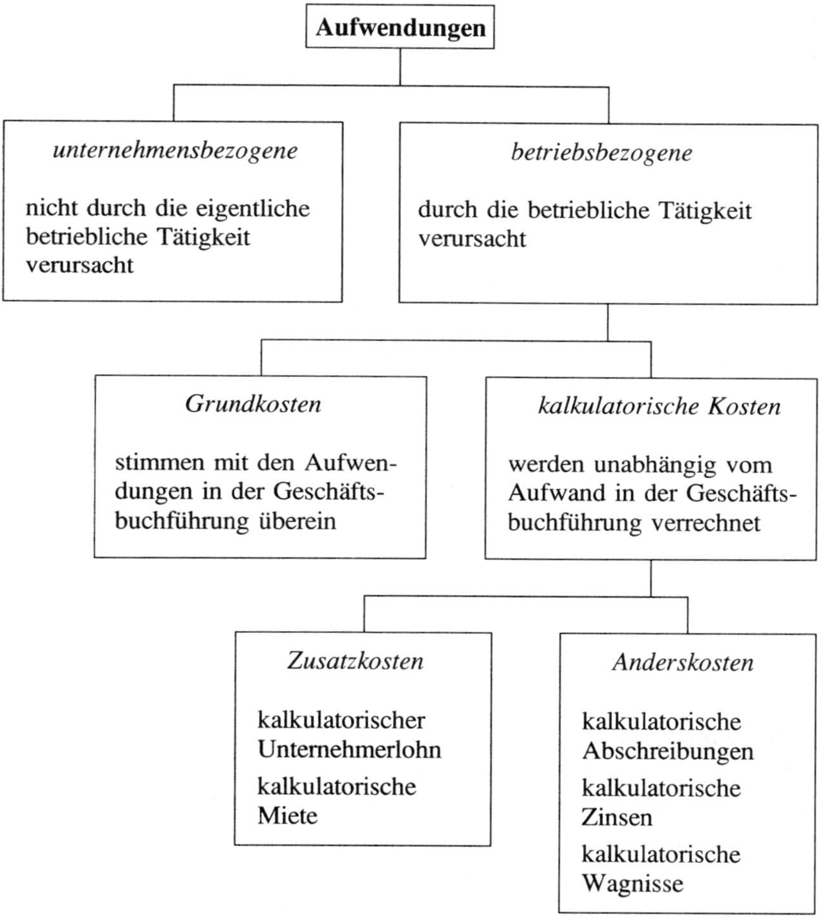

Unterschiedliche Kapitalstruktur, unterschiedlicher Vermögensaufbau und unterschiedliche Unternehmensformen sowie der stoßweise Anfall von Wagnisverlusten erschweren den innerbetrieblichen Vergleich der Kosten aufeinanderfolgender Abrechnungsperioden und den zwischenbetrieblichen Vergleich.

Die Verrechnung der kalkulatorischen Kosten dient

- der Genauigkeit der Kosten- und Leistungsrechnung und
- der Vergleichbarkeit mit früheren Abrechnungsperioden und mit branchengleichen Betrieben.

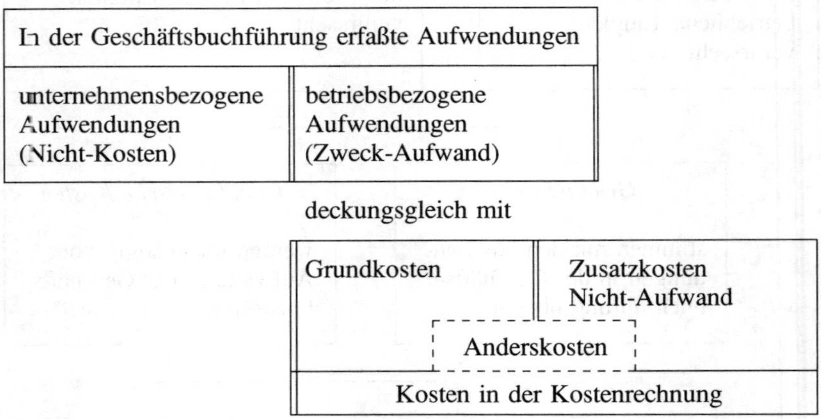

Unternehmensbezogene Aufwendungen: Aufwendungen, die nicht in die Kostenrechnung übernommen werden.

Zweckaufwand: Aufwand, der zugleich Kosten darstellt.

Grundkosten: Kosten, die zugleich Aufwand sind.

Zusatzkosten: Kosten, die kein Aufwand sind.

Anderskosten: Kosten, die nicht entsprechend dem tatsächlichen Aufwand verrechnet werden.

Die kalkulatorischen Kosten beeinflussen nur den Rechnungskreis II. Im Abgrenzungsbereich werden sie den in der Geschäftsbuchführung tatsächlich angefallenen Aufwendungen gegenübergestellt. Sind die verrechneten Kosten höher als die Aufwendungen der Geschäftsbuchführung, ergibt sich ein **neutraler Gewinn,** im umgekehrten Fall ein **neutraler Verlust.** In der Gewinn- und Verlustrechnung wirken sich allein die tatsächlich in der Geschäftsbuchführung angefallenen Aufwendungen aus.

2.3.2 Kalkulatorischer Unternehmerlohn

Die Vorstandsmitglieder und die Geschäftsführer der **Kapitalgesellschaften** beziehen für ihre Tätigkeit Gehälter, die in die Kosten- und Leistungsrechnung eingehen.

Die Tätigkeit der mitarbeitenden Inhaber oder Gesellschafter der **Einzelunternehmungen** und der **Personengesellschaften** wird über den Gewinn abgegolten. In der Geschäftsbuchführung fallen keine entsprechenden Lohn-Aufwendungen an. Durch die Verrechnung des kalkulatorischen Unternehmerlohnes als Zusatzkosten werden die Einzelunternehmungen und Personengesellschaften in der Kostenrechnung und im Betriebsergebnis den Kapitalgesellschaften gleichgestellt.

Die **Höhe** des kalkulatorischen Unternehmerlohns sollte dem Gehalt zuzüglich Arbeitgeberanteil zur Sozialversicherung entsprechen, das ein leitender **Angestellter in vergleichbarer Position** erhält.

Beispiel:

Ein Einzelunternehmer verrechnet monatlich 9000,– DM kalkulatorischen Unternehmerlohn.

Rechnungskreis I			Rechnungskreis II				
Erfolgsbereich GuV-Rechnung			Abgrenzungsbereich Neutrales Ergebnis			KLR-Bereich Betriebsergebnis	
			unternehmensbezogene Abgrenzungen	kostenrechnerische Korrekturen			
Kto.	Aufwend.	Erträge		betriebl. Aufwend. lt. GB	Verrechn. Kosten lt. KLR	Kosten	Leistungen
–	–	–		–	9 000	9 000	

Aus der Geschäftsbuchführung konnten keine Aufwendungen übernommen werden. Das Betriebsergebnis wird mit 9 000,– DM (minus) Kosten belastet, die von hier aus in die Kostenrechnung übernommen werden. Im Abgrenzungsbereich wird der gleiche Betrag in der Spalte der verrechneten Kosten gutgeschrieben (plus). Das Prinzip der Doppik ist gewahrt.

Auf Konten gebucht, z.B. nach dem Gemeinschaftskontenrahmen der Industrie (GKR) oder dem Gemeinschaftskontenrahmen des Einzelhandels, ergäbe sich folgendes Bild:

4 Unternehmerlohn

2)	9 000	980)	9 000

2 Verrechneter Unternehmerlohn

87)	9 000	4)	9 000

980 Betriebsergebniskonto

4)	9 000	989)	9 000

987 Neutrales Ergebniskonto

89)	9 000	2)	9 000

989 Gewinn- und Verlustkonto

980)	9 000	987)	9 000

2.3.3 Kalkulatorische Miete

In der Geschäftsbuchführung fallen verschiedene Aufwendungen im Rahmen der Bewirtschaftung von Grundstücken und Gebäuden an, wie Abschreibungen, Instandhaltungskosten, Hypothekenzinsen, Grundsteuern und sonstige Abgaben. Es bestehen nun die Möglichkeiten,

a) auf die Verrechnung einer kalkulatorischen Miete zu verzichten, wenn die wesentlichen Bestandteile der Grundstücks- und Gebäudeaufwendungen bereits über kalkulatorische Abschreibungen und kalkulatorische Zinsen verrechnet werden oder

b) bei der Verrechnung einzelner kalkulatorischer Kostenarten die Grundstücke und Gebäude nicht zu berücksichtigen und statt dessen eine kalkulatorische Miete zu verrechnen, die der ortsüblichen Miete (Vergleichsmiete) entspricht. Die Differenz aus den in der Geschäftsbuchführung erfaßten Aufwendungen und der kalkulatorischen Miete wirkt sich auf den neutralen Gewinn oder Verlust innerhalb der kostenrechnerischen Korrekturen aus.

Beispiel:

In einem Unternehmen wurden in der Buchhaltung erfaßt:

		insgesamt	davon für Grundstücke und Gebäude
500	Umsatzerlöse	40 000,–	–
616	Fremdinstandhaltung	5 000,–	500,–
653	Abschreibungen auf Sachanlagen	18 000,–	2 000,–
690	Versicherungsbeiträge	1 200,–	300,–
702	Grundsteuer	150,–	150,–
751	Zinsaufwendungen	900,–	300,–

Die monatliche ortsübliche Vergleichsmiete beträgt 5 000,– DM.

Rechnungskreis I			Rechnungskreis II				
Erfolgsbereich GuV-Rechnung			Abgrenzungsbereich Neutrales Ergebnis			KLR-Bereich Betriebsergebnis	
			unternehmens-bezogene Abgrenzungen	kostenrechne-rische Korrekturen			
Kto.	Auf-wend.	Er-träge		betriebl. Aufwend. lt. GB	Ver-rechn. Kosten lt. KLR	Kosten	Leistun-gen
500		40000					40000
616	5000			500		4500	
653	18000			2000		16000	
690	1200			300		900	
702	150			150			
751	900			300		600	
Kalk. Miete				–	5000	5000	
	25250	40000		3250	5000	27000	40000
Gewinn	14750			1750		13000	
	40000	40000		5000	5000	40000	40000

Das Unternehmen hat einen Gesamtgewinn von 14 750 DM erwirtschaftet, der sich aus einem Betriebsgewinn von 13 000 DM und einem neutralen Gewinn aus der Bewirtschaftung von Grundstücken und Gebäuden in Höhe von 1 750 DM zusammensetzt.

Auf Konten gebucht, z. B. nach dem Gemeinschaftskontenrahmen der Industrie (GKR) oder dem Gemeinschaftskontenrahmen des Einzelhandels, ergäbe sich folgendes Bild:

2 Verschiedene Aufwendungen	3250 DM	an 1 Bank	3250 DM
4 Mietaufwendungen	5000 DM		
an 2 Verrechnete kalkulatorische Miete			5000 DM

Stellt ein **Einzelunternehmer oder eine Personengesellschaft** dem Unternehmen Räume zur Verfügung, die zu seinem Privatvermögen gehören, so ist diese Leistung – wie die Tätigkeit des Unternehmers – über den Gewinn des Gewerbebetriebs abgegolten. Einkünfte aus Vermietung und Verpachtung fallen nicht an. In diesem Fall sollte eine kalkulatorische Miete verrechnet werden. Die Gründe dafür entsprechen denen für die Verrechnung des kalkulatorischen Unternehmerlohns, da die tatsächlich angefallenen und dann in die Kostenrechnung übernommenen Aufwendungen normalerweise niedriger sind als die im Falle einer Vermietung erzielbaren Erträge.

2.3.4 Kalkulatorische Abschreibungen

Die Handelsbilanz ist maßgeblich für die Steuerbilanz. Deshalb werden bei der Bewertung in der Handelsbilanz neben bilanzpolitischen Zielsetzungen bereits steuerpolitische Zielsetzungen berücksichtigt. Dazu kommt, daß die Abschreibungen in der Handelsbilanz und in der Steuerbilanz nur von den ursprünglichen Anschaffungs- oder Herstellungskosten vorgenommen werden dürfen. Erfahrungsgemäß steigen die Anschaffungskosten der Vermögensgegenstände während ihrer betriebsgewöhnlichen Nutzungsdauer. Das kann einerseits zu stillen Reserven führen, andererseits wird über die bilanziellen Abschreibungen nicht der Betrag angesammelt, für den nach völligem Verbrauch ein entsprechendes Ersatzwirtschaftsgut beschafft werden kann. Es kommt zu einem Substanzverlust.

Dem Verlust an Vermögenssubstanz kann durch die Verrechnung einer Abschreibung vom Wiederbeschaffungswert entgegengewirkt werden. Sie wird neben der bilanziellen Abschreibung errechnet und geht an Stelle der bilanziellen Abschreibung in die Kostenrechnung ein.

Beispiel:

Eine GmbH verrechnet im Monat Mai bilanziell an degressiver Abschreibung vom Buchrestwert 60 000 DM. In der Kostenrechnung wird eine lineare Abschreibung vom Wiederbeschaffungswert in Höhe von 50 000 DM berücksichtigt.

Rechnungskreis I			Rechnungskreis II				
Erfolgsbereich GuV-Rechnung			Abgrenzungsbereich Neutrales Ergebnis			KLR-Bereich Betriebsergebnis	
			unternehmensbezogene Abgrenzungen	kostenrechnerische Korrekturen			
Kto.	Aufwend.	Erträge		betriebl. Aufwend. lt. GB	Verrechn. Kosten lt. KLR	Kosten	Leistungen
653	60000			60000	50000	50000	

Auf Konten gebucht, z. B. nach dem Gemeinschaftskontenrahmen der Industrie (GKR) oder dem Gemeinschaftskontenrahmen des Einzelhandels, ergäbe sich folgendes Bild:

2	Bilanzielle Abschreibungen	60 000 DM	
	an 0 Konten des Anlagevermögens		60 000 DM
4	Kalkulatorische Abschreibungen	50 000 DM	
	an 2 Verrechnete kalkulat. Abschreibungen		50 000 DM

Unterschiede zwischen bilanzmäßigen und kalkulatorischen Abschreibungen:

bilanzmäßige Abschreibung	kalkulatorische Abschreibung
handels- und steuerrechtliche Vorschriften	keine Rechtsvorschriften
vom gesamten Vermögen	nur vom betriebsnotwendigen Vermögen
degressiv, linear, nach Leistungseinheiten	grundsätzlich linear
Basis sind die Anschaffungs- oder Herstellungskosten	Basis sind die Wiederbeschaffungskosten
nominelle Kapitalerhaltung	substantielle Kapitalerhaltung

2.3.5 Kalkulatorische Zinsen

Unternehmen mit hohem Fremdkapital haben höhere Zinsaufwendungen als Unternehmen mit weniger Fremdkapital und mehr Eigenkapital. Je nach Bonität des Unternehmens und nach Art und Zeitpunkt des Darlehensvertrages kann der Zinssatz für das Fremdkapital unterschiedlich hoch sein. Durch die Verrechnung kalkulatorischer Zinsen sind die Kosten unterschiedlich finanzierter Betriebe vergleichbar. Außerdem werden in den kalkulatorischen Zinsen zusätzlich anteilige Zinsen auf das Eigenkapital verrechnet.

Basis für die Berechnung der kalkulatorischen Zinsen ist das **betriebsnotwendige Kapital,** das Kapital, das dem eigentlichen Betriebszweck dient. Zu seiner Ermittlung wird zunächst das **betriebsnotwendige Vermögen** festgestellt: Das in der Handelsbilanz ausgewiesene Vermögen wird gekürzt um den Wert ungenutzter Grundstücke, stillgelegter Maschinen und Anlagen, Wertpapierbestände, überflüssiger Vorräte und Zahlungsmittel. Reserveanlagen gehören dagegen zum betriebsnotwendigen Anlagevermögen, da sie für die Aufrechterhaltung der Produktion erforderlich sind.

Zieht man vom betriebsnotwendigen Vermögen die Fremdkapitalbeträge ab, die dem Unternehmen zinslos zur Verfügung stehen (Abzugskapital), erhält man das **betriebsnotwendige Kapital.** Zum **Abzugskapital** gehören erhaltene Anzahlungen, Lieferantenkredite, sonstige Verbindlichkeiten und Rückstellungen.

Der **kalkulatorische Zinssatz** richtet sich nach dem marktüblichen (bank- oder landesüblichen) Zinssatz für langfristig angelegte Gelder.

	Betriebsnotwendiges Vermögen
–	Abzugskapital
=	Betriebsnotwendiges Kapital

betriebsnotwendiges Kapital × marktüblicher Zinssatz
= kalkulatorische Zinsen

Beispiel:

Die folgenden Werte sind Mittelwerte aus den Bilanzen zum 1.1., 30.6. ud 31.12.:

I. Anlagevermögen

Grundstücke und Gebäude	150 000,–	
Maschinen	200 000,–	
Betriebs- und Geschäftsausstattung	100 000,–	450 000,–

II. Umlaufvermögen

Vorräte	150 000,–	
Forderungen	200 000,–	
Zahlungsmittel	50 000,–	400 000,–
Betriebsnotwendiges Vermögen		850 000,–

III. Abzugskapital

Rückstellungen	50 000,–	
Verbindlichkeiten aus Lief. u. Leist.	150 000,–	
erhaltene Anzahlungen	50 000,–	250 000,–
Betriebsnotwendiges Kapital		600 000,–

8% von 600 000 DM ergeben 48 000 DM kalkulatorische Zinsen, monatlich 4000 DM.

In der Geschäftsbuchhaltung wurde für Zinszahlungen gebucht:
751 Zinsaufwendungen an 280 Bank 5000 DM

Rechnungskreis I			Rechnungskreis II				
Erfolgsbereich GuV-Rechnung			Abgrenzungsbereich Neutrales Ergebnis			KLR-Bereich Betriebsergebnis	
			unternehmensbezogene Abgrenzungen	kostenrechnerische Korrekturen			
Kto.	Aufwend.	Erträge		betriebl. Aufwend. lt. GB	Verrechn. Kosten lt. KLR	Kosten	Leistungen
500		95000					95000
751	5000			5000	4000	4000	
	5000	95000		5000	4000	4000	95000
Ergebnis:	91000				1000	91000	
	95000	95000		5000	5000	95000	95000

Auf Konten gebucht, z. B. nach dem Gemeinschaftskontenrahmen der Industrie (GKR) oder dem Gemeinschaftskontenrahmen des Einzelhandels, ergäbe sich folgendes Bild:

2 Zinsaufwendungen	5000 DM	an 1 Bank	5000 DM
4 Kalkulatorische Zinsen	4000 DM		
an 2 Verrechnete kalkulatorische Zinsen			4000 DM

Die **kalkulatorischen Zinsen** stellen Kosten für die Nutzung des betriebsnotwendigen Kapitals dar. Die **gezahlten Fremdkapitalzinsen** sind Aufwendungen in der Geschäftsbuchführung, die im Abgrenzungsbereich den kalkulatorischen Zinsen gegenübergestellt werden. Auf das Gesamtergebnis wirken sich nur die tatsächlich gezahlten Zinsen aus.

2.3.6 Kalkulatorische Wagnisse

Jede unternehmerische Tätigkeit ist mit Risiken verbunden. Sie kann zu Gewinnen, aber auch zu Verlusten führen. Verluste aus Wagnissen fallen unregelmäßig an und lassen sich auch von der Höhe her nur schwer im voraus bestimmen.

Das **allgemeine Unternehmerwagnis** bezieht sich auf das Gesamtunternehmen. Es ergibt sich aus der Betriebsführung, der Marktlage und der gesamtwirtschaftlichen Entwicklung. Dieses Wagnis läßt sich durch keine Versicherung abdecken oder kalkulatorisch in die Selbstkosten rechnen. Das allgemeine Unternehmerwagnis wird durch den Gewinn abgegolten. **Einzelwagnisse** sind aufgrund von Erfahrungswerten berechenbar und gehen deshalb als kalkulatorische Kosten in die Selbstkosten ein.

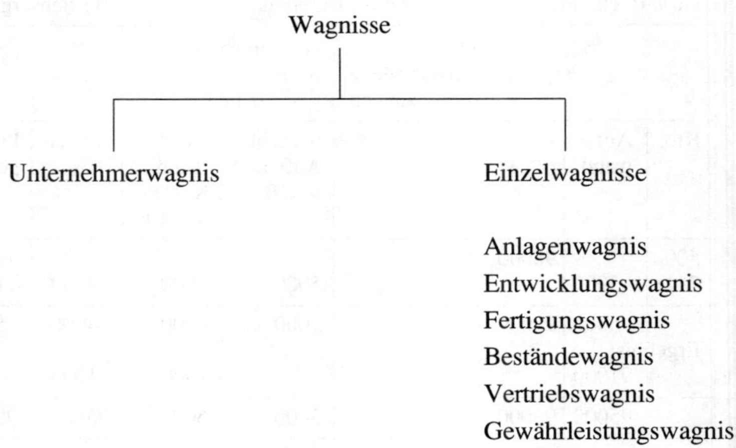

Beispiel:

Im Abrechnungsmonat Mai wurden Kupferrohre im Wert von 9000 DM vom Lager entwendet. Der Schaden ist nicht versichert. Für das Beständewagnis werden monatlich 1500 DM verrechnet.

Rechnungskreis I			Rechnungskreis II				
Erfolgsbereich GuV-Rechnung			Abgrenzungsbereich Neutrales Ergebnis			KLR-Bereich Betriebsergebnis	
			unternehmensbezogene Abgrenzungen	kostenrechnerische Korrekturen			
Kto.	Aufwend.	Erträge		betriebl. Aufwend. lt. GB	Verrechn. Kosten lt. KLR	Kosten	Leistungen
693	9000			9000	1500	1500	

Auf Konten gebucht, z. B. nach dem Gemeinschaftskontenrahmen der Industrie (GKR) oder dem Gemeinschaftskontenrahmen des Einzelhandels, ergäbe sich folgendes Bild:

2 Betrieblich-außerordentliche Aufwendungen	9000 DM	
an 3 Rohstoffbestände/Wareneinkauf		9000 DM
4 Kalkulatorisches Beständewagnis	1500 DM	
an verrechnete kalkulat. Beständewagnis		1500 DM

2.4 Kurzfristige Periodenabgrenzung

In die Kosten- und Leistungsrechnung einer Abrechnungsperiode dürfen nur die Aufwendungen und Erträge übernommen werden, die durch die betriebliche Tätigkeit in dieser Periode verursacht worden sind. Die Übernahme darf nur in Höhe der Beträge erfolgen, die normalerweise anfallen.

Die kurzfristige Periodenabgrenzung bewirkt die gleichmäßige Verteilung stoßweise anfallender Aufwendungen und Erträge eines Geschäftsjahres auf die einzelnen Monate und ermöglicht so die kurzfristige Erfolgsrechnung. Sie vermeidet Kosten- und Leistungshäufungen in Teilperioden des Geschäftsjahres, um den Kostenanfall und die Ergebnisse der einzelnen Monate vergleichbar zu machen. Typische Aufwendungen der periodenmäßigen Abgrenzung sind:

- Urlaubslöhne und Urlaubsgehälter,
- Weihnachtsgratifikationen,
- Jahressteuerbeträge,
- Jahresversicherungsprämien.

Die gleichmäßige Verteilung der stoßweise in der Geschäftsbuchführung anfallenden Aufwendungen als Kosten innerhalb der monatlichen Kosten- und Leistungsrechnung kann als **Vorverteilung, Vor- und Nachverteilung** (siehe Beispiel) und als **Nachverteilung** erfolgen.

Beispiel:

Im November soll eine Weihnachtsgratifikation gezahlt werden. Der Gesamtbetrag wird zu Beginn des Jahres auf 60 000 DM geschätzt. Diesen Betrag erhalten die Mitarbeiter für ihren Einsatz in den Monaten Januar bis Dezember. Im Monat Januar haben sie damit bereits einen Anspruch auf $^1/_{12}$ der Weihnachtsgratifikation erworben. Im November werden dann tatsächlich 59 000 DM ausgezahlt.

Rechnungskreis I			Rechnungskreis II				
Erfolgsbereich GuV-Rechnung			Abgrenzungsbereich Neutrales Ergebnis			KLR-Bereich Betriebsergebnis	
			unternehmensbezogene Abgrenzungen	kostenrechnerische Korrekturen			
Kto.	Aufwend.	Erträge		betriebl. Aufwend. lt. GB	Verrechn. Kosten lt. KLR	Kosten	Leistungen
Eintragungen in den Monaten Januar bis Oktober jeweils:							
–	–			–	5000	5000	
Eintragungen im Monat November, dem Monat der Auszahlung:							
621	59000			59000	5000	5000	
Eintragungen im Monat Dezember:							
–	–			–	5000	5000	

In der Kostenrechnung wurden insgesamt 60 000 DM verrechnet. Die Differenz zwischen dem verrechneten Betrag und dem tatsächlich gezahlten Betrag erhöht das neutrale Ergebnis des Geschäftsjahres um 1000 DM. Wegen der Vergleichbarkeit der Kostenentwicklung in der Kosten- und Leistungsrechnung wird der Betrieb im vorliegenden Fall die Verrechnung in den letzten Monaten des Geschäftsjahres nicht anpassen.

Auf Konten gebucht ergibt sich das folgende Bild:

- monatliche Buchungen (12x):

4 Weihnachtsgratifikation	5000 DM	
an 2 Verrechneter periodenfremder Aufwand		5000 DM

- einmalige Buchung bei Zahlung im November:

2 Periodenfremder Aufwand	59 000 DM	
an 1 Bank		59 000 DM

Die Differenz von 1000 DM erhöht das Neutrale Ergebnis.

Zusammenfassung

Mit den Werten aus der Geschäftsbuchführung werden alle Aufwendungen und Erträge, die durch die eigentliche betriebliche Tätigkeit verursacht worden sind, in das Betriebsergebnis übernommen.

Nicht in das Betriebsergebnis übernommen werden die in der Geschäftsbuchführung ausgewiesenen betriebsfremden und die außerordentlichen Aufwendungen und Erträge.

Zusätzlich zu den in der Geschäftsbuchführung erfaßten Aufwendungen können dem Betriebsergebnis Zusatzkosten als kalkulatorische Kostenarten belastet werden.

Einige Aufwendungen werden in der Kosten- und Leistungsrechnung mit **anderen** Werten (Anderskosten) als den in der Geschäftsbuchführung angefallenen verrechnet.

Daneben gibt es Aufwendungen, die in der Kosten- und Leistungsrechnung **unabhängig vom Zeitpunkt ihres Anfalls in der Geschäftsbuchführung** den Monaten belastet werden, in denen sie verursacht wurden.

Nur die in der Spalte »Betriebsergebnis« der Ergebnistabelle ausgewiesenen Werte werden in die Kosten- und Leistungsrechnung übernommen.

Teil IV:

Aufgaben und Lösungen

Spezielles Abkürzungsverzeichnis zu Teil IV

AB	Anfangsbestand
A/O	April/Oktober
Ba	Bank
BuGa	Betriebs- und Geschäftsausstattung
BV	Bestandsveränderung
Da	Darlehen
EBK	Eröffnungsbilanzkonto
EK	Eigenkapital
Erlösb.	Erlösberichtigung
FA	Finanzamt
FE	Fertige Erzeugnisse
Fo	Forderungen
GA	Geschäftsausstattung
GuV	Gewinn- und Verlustrechnung
HA	Hilfsstoffaufwand
Hi	Hilfsstoffe
IG	Aufwendungen für die Ingangsetzung und Erweiterung des Geschäftsbetriebes
InA	Instandhaltungsaufwand
Ka	Kasse
L. u. L.	Lieferungen und Leistungen
Ma	Maschinen
RA	Rohstoffaufwand
RAP	Rechnungsabgrenzungsposten
Ro	Rohstoffe
SBK	Schlußbilanzkonto
SV	Sozialversicherungsträger
TDM	Tausend Deutsche Mark
UE	Umsatzerlöse
USt	Umsatzsteuer
Vb	Verbindlichkeiten
VG	Vermögensgegenstände
VSt	Vorsteuer
Wa	Waren

1 Übungen zu Teil I

(Die Bezifferung der folgenden Aufgaben bezieht sich auf die entsprechenden Ausführungen zu den jeweiligen Gliederungspunkten.)

3.3 Gewinnermittlung durch Betriebsvermögensvergleich

1. Ermitteln Sie den Gewinn bzw. Verlust

	a	b	c
Reinvermögen am Ende des Jahres	20 000	20 000	20 000
Reinvermögen am Anfang des Jahres	15 000	22 000	18 000
Entnahmen während des Jahres	3 000	1 000	4 000
Einlagen während des Jahres	6 000	3 000	0
Gewinn bzw. Verlust?			

2. Ermitteln Sie das Reinvermögen am Ende des Jahres

	a	b	c
Reinvermögen am Anfang des Jahres	15 000	22 000	18 000
Entnahmen während des Jahres	2 000	1 000	3 000
Einlagen während des Jahres	3 000	2 000	0
erwirtschafteter Gewinn	1 000	0	2 000
erwirtschafteter Verlust	0	3 000	0
Reinvermögen am Ende des Jahres?			

3.4 Die Bilanz

Erstellen Sie aus den folgenden Angaben das Inventar und die Bilanz der Werkzeugfabrik Olaf Lange, Bochum, zum 31.12.1901. Bei der Erstellung der Bilanz orientieren Sie sich bitte an der Gliederung des § 266 HGB.

Bankschuden gegenüber der Handelsbank AG, Bochum, 250 000 DM; Grundstück mit Gebäude 500 000 DM; Hypothek der Sparkasse Bochum 200 000 DM; Guthaben bei der Sparkasse Bochum 10 000 DM, bei der Handelsbank AG 26 000 DM; technische Anlagen 250 000 DM, Maschinen 350 000 DM; Betriebsausstattung 50 000 DM, Geschäftsausstattung 70 000 DM,

Fuhrpark 80 000 DM; Rohstoffe 60 000 DM, Hilfsstoffe 30 000 DM, Betriebsstoffe 10 000 DM; unfertige Erzeugnisse 20 000 DM, fertige Erzeugnisse 30 000 DM; Kassenbestand 4000 DM; Forderungen aus L. u. L. 50 000 DM; sonstige Forderungen 10 000 DM; Verbindlichkeiten aus L. u. L. 80 000 DM; sonstige Verbindlichkeiten 20 000 DM.

4.1 Buchungen im Bereich der Bestandskonten

1. Zu welchen Wertveränderungen in der Bilanz führen die folgenden Geschäftsvorfälle?
   a) Begleichung einer Lieferrechnung durch Banküberweisung.
   b) Umwandlung einer Verbindlichkeit gegenüber einem Lieferanten in eine Darlehensschuld.
   c) Bareinzahlung auf das betriebliche Bankkonto.
   d) Kauf von Waren auf Ziel (Zahlung 30 Tage nach Lieferung).
   e) Verkauf einer gebrauchten Maschine gegen bar.
   f) Aufnahme eines Darlehens bei der Bank.
   g) Ein Kunde begleicht unsere Rechnung durch Banküberweisung.
   h) Barabhebung vom Bankkonto.
   i) Kauf eines Computers auf Ziel.
2. Wie lauten die Buchungssätze zu folgenden Geschäftsvorfällen:
   a) Barabhebung vom Bankkonto.
   b) Barverkauf eines gebrauchten Lkw.
   c) Kauf von Rohstoffen auf Ziel.
   d) Ein Kunde begleicht unsere Rechnung durch Banküberweisung.
   e) Banküberweisung an den Lieferanten.
   f) auf einer Maschine für 10 000 DM gegen Barzahlung von 1000 DM und Bankscheck in Höhe von 9000 DM.
   g) Kauf von Rohstoffen für 4000 DM und Hilfsstoffen für 3000 DM gegen Barzahlung von 1000 DM und Postscheck über 6000 DM.
3. a) Erstellen Sie aufgrund der folgenden Angaben die Eröffnungsbilanz.
   b) Eröffnen Sie die Konten im Hauptbuch (T-Konten) mit der Gegenbuchung auf dem Eröffnungsbilanzkonto.
   c) Buchen Sie die laufenden Geschäftsvorfälle.

d) Schließen Sie die Konten zum Schlußbilanzkonto ab.

e) Erstellen Sie die Schlußbilanz.

Anfangsbestände:

Maschinen 30 000 DM, Betriebs- und Geschäftsausstattung 10 000 DM, Waren 5000 DM, Forderungen 4000 DM, Kasse 2000 DM, Bankguthaben 4000 DM, Eigenkapital 35 000 DM, Darlehensschulden 14 000 DM, Verbindlichkeiten 6000 DM.

Geschäftsvorfälle:

a) Kauf einer Drehbank auf Ziel, 10 000 DM.

b) Barverkauf eines gebrauchten Personalcomputers, 5000 DM.

c) Kauf von Waren auf Ziel, 4000 DM.

d) Bareinzahlung auf das Bankkonto, 6000 DM.

e) Banküberweisung an einen Lieferer, 7000 DM.

f) Barverkauf von Waren, 2000 DM.

g) Ein Kunde begleicht unsere Rechnung durch Banküberweisung, 2000 DM.

h) Verkauf von Waren auf Ziel, 3000 DM.

i) Teilrückzahlung der Darlehensschuld durch Banküberweisung, 2000 DM.

4.2 Die Erfolgskonten

1. Erstellen Sie aufgrund der folgenden Angaben einen Abschluß. Arbeitsfolge:
   - Einrichten der T-Konten,
   - Vortragen der Anfangsbestände,
   - Buchen der laufenden Geschäftsvorfälle,
   - Abschluß aller Erfolgskonten zum GuV-Konto,
   - Abschluß des GuV-Kontos zum Konto Eigenkapital,
   - Abschluß aller Bestandskonten zum SBK.

   Geschäftsausstattung (AB 10 000 DM), Rohstoffe (AB 8000 DM), Forderungen (AB 4000 DM), Bank (AB 3000 DM), Verbindlichkeiten (AB 5000 DM), Eigenkapital (AB ? DM); Rohstoffaufwendungen, Löhne, Werbeaufwand, Abschreibungen auf Sachanlagen, Umsatzerlöse; GuV-Konto, Schlußbilanzkonto.

Geschäftsvorfälle:

a) Entnahme von Rohstoffen für die Fertigung, 3000 DM.

b) Banküberweisung für Löhne, 2000 DM.

c) Eingangsrechnung für eine Werbeanzeige, 2000 DM.

d) Verkauf von fertigen Erzeugnissen auf Ziel, 10 000 DM.

e) Abschreibungen auf Geschäftsausstattung, 1000 DM.

2. Ermitteln und buchen Sie die Bestandsveränderungen.

Konten:

Rohstoffe (AB 9000 DM), Hilfsstoffe (AB 5000 DM), unfertige Erzeugnisse (AB 5000 DM), fertige Erzeugnisse (AB 8000 DM), Forderungen, Eigenkapital (AB 18 000 DM), Verbindlichkeiten (AB 9000 DM), Umsatzerlöse, Bestandsveränderungen, Rohstoffaufwendungen, Hilfsstoffaufwendungen, GuV-Konto, SBK.

Geschäftsvorfälle:

a) Kauf von Rohstoffen auf Ziel, 5000 DM.

b) Kauf von Hilfsstoffen auf Ziel, 3000 DM.

c) Zielverkauf von Erzeugnissen, 16 000 DM.

Schlußbestände lt. Inventur:

Rohstoffe 8000 DM, Hilfsstoffe 7000 DM, unfertige Erzeugnisse 7000 DM, fertige Erzeugnisse 5000 DM.

4.3 Das Privatkonto

Buchen Sie aufgrund folgender Angaben, und schließen Sie die Konten ab.

Konten:

Rohstoffe (AB 20 000 DM), Forderungen (AB 10 000 DM), Kasse (AB 10 000 DM), Bank (AB 20 000 DM), Eigenkapital (AB 60 000 DM), Privatkonto, Umsatzerlöse, Rohstoffaufwendungen, GuV-Konto, SBK.

Geschäftsvorfälle:

a) Entnahme von Rohstoffen für die Fertigung, 5000 DM.

b) Verkauf von Erzeugnissen auf Ziel, 8000 DM.

c) Privateinlage auf das betriebliche Bankkonto, 10 000 DM.

d) Privatentnahme aus der Kasse, 5000 DM.

4.4 Die Umsatzsteuer beim Ein- und Verkauf

1. Buchen Sie auf den folgenden T-Konten, und schließen Sie die Konten ab. Anfangsbestände liegen nicht vor.

   Konten:

   Geschäftsausstattung, Rohstoffe, Hilfsstoffe, Forderungen, Vorsteuer, Eigenkapital, Verbindlichkeiten, Umsatzsteuer, Umsatzerlöse, Rohstoffaufwendungen, Hilfsstoffaufwendungen, GuV-Konto, SBK.

   Geschäftsvorfälle:

   a) Kauf von Rohstoffen auf Ziel, netto 1000 DM.
   b) Entnahme von Rohstoffen für die Fertigung, 800 DM.
   c) Verkauf von Erzeugnissen auf Ziel, netto 3000 DM.
   d) Kauf von Hilfsstoffen auf Ziel, netto 500 DM.
   e) Entnahme von Hilfsstoffen für die Fertigung, 300 DM.
   f) Kauf einer Schreibmaschine auf Ziel, netto 500 DM.

2. Buchen Sie auf den folgenden T-Konten, und schließen Sie die Konten ab. Anfangsbestände liegen nicht vor.

   Konten:

   Geschäftsausstattung, Rohstoffe, Forderungen, Vorsteuer, Eigenkapital, Verbindlichkeiten, Umsatzsteuer, Umsatzerlöse, Rohstoffaufwendungen, Instandhaltungsaufwendungen, Guv-Konto, SBK.

   Geschäftsvorfälle:

   a) Kauf von Rohstoffen auf Ziel, netto 2000 DM.
   b) Entnahme von Rohstoffen für die Fertigung, 1000 DM.
   c) Verkauf von Erzeugnissen auf Ziel, netto 2000 DM.
   d) Kauf einer Schreibmaschine auf Ziel, netto 1000 DM.
   e) Eingangsrechnung über Instandhaltungsarbeiten, netto 500 DM.

4.5 Buchen von Skontoaufwendungen und -erträgen

Geben Sie zu den folgenden Geschäftsvorfällen die Buchungssätze an, buchen Sie die Geschäftsvorfälle auf T-Konten, schließen Sie die Konten ab.

1. brutto, 2. netto.

Konten: (keine Anfangsbestände)

Maschinen, Rohstoffe, Nachlässe, Forderungen, Vorsteuer, Bank, Eigenkapital, Verbindlichkeiten, Umsatzsteuer, Rohstoffaufwendungen, Umsatzerlöse, Erlösberichtigungen.

Geschäftsvorfälle:

a) Kauf von Rohstoffen auf Ziel, netto 10 000 DM.

b) Banküberweisung zu Vorfall a) unter Abzug von 2 % Skonto.

c) Verkauf von Fertigerzeugnissen, netto 20 000 DM.

d) Banküberweisung des Kunden zu Vorfall c) unter Abzug von 2% Skonto.

e) Kauf einer Maschine auf Ziel, netto 5000 DM.

f) Banküberweisung zu Vorfall e) an den Lieferer unter Abzug von 2% Skonto.

g) Entnahme von Rohstoffen für die Fertigung, 8000 DM.

5.2 Abgang von Vermögensgegenständen des Anlagevermögens

Am 30.8.1901 wird eine gebrauchte Maschine für 80 000 DM plus 11 200 DM USt bar verkauft. Die Maschine ist auf dem Konto 070 mit einem Anschaffungswert von 240 000 DM und auf dem Konto 361 Wertberichtigungen mit 168 000 DM enthalten. Sie wird linear über 10 Jahre abgeschrieben. Die Werte auf den Konten sind die Anfangsbestände vom 1.1.1901.

Nehmen Sie die erforderlichen Buchungen vor.

6.3 Rücksendungen und Nachlässe

a) Kauf von Handelswaren auf Ziel, netto 5000 DM plus 700 DM USt.

b) Der Lieferer erteilt eine Gutschrift für aus Vorfall a) zurückgesandte Handelswaren für netto 1000 DM.

c) Kauf von Handelswaren auf Ziel, netto 2000 DM plus 280 DM USt.

d) Der Lieferer erteilt eine Gutschrift in Höhe von netto 200 DM für aus Vorfall a) reklamierte Waren, die nicht ganz den Anforderungen des Käufers entsprechen. Die Waren verbleiben beim Kunden.

1. Wie bucht der Kunde?
2. Wie bucht der Lieferer?

Buchen Sie die vorstehenden Geschäftsvorfälle, und geben Sie die Buchungssätze für den Abschluß der Konten der Rücksendungen und Nachlässe an.

7 Buchung der Personalaufwendungen

1. Bruttolöhne 17 000 DM, Abzüge für Lohn- und Kirchensteuer 2000 DM, für Sozialversicherungsbeiträge AN-Anteil 2700 DM. Die Auszahlung der Löhne erfolgt durch Banküberweisung. AG-Anteil zur Sozialversicherung 2700 DM.
2. Bruttogehälter 30 000 DM, Abzüge für Lohn- und Kirchensteuer 3500 DM, für Sozialversicherungsbeiträge AN-Anteil 4500 DM. Vermögenswirksame Leistungen des Arbeitgebers 286 DM. Auf die Sparkonten der Arbeitnehmer werden 806 DM überwiesen. Die Auszahlung der Löhne erfolgt durch Banküberweisung.

8.1 Buchung der Anzahlungen

1. Die AB GmbH verkauft der XY GmbH eine Maschine aus eigener Fertigung zum Nettoverkaufspreis von 20 000 DM plus 14% USt. Die XY GmbH leistet am 5.5.01 eine umsatzsteuerfreie Anzahlung in Höhe von 5000 DM durch Banküberweisung. Auslieferung und Rechnungserteilung erfolgen am 30.9.01. Wie lauten die Buchungen am 5.5. und am 30.9.
   a) bei der AB GmbH
   b) bei der XY GmbH?
2. Wie würden die Buchungen zu 1b lauten, wenn die XY GmbH nicht eine Maschine, sondern Rohstoffe im gleichen Wert gekauft hätte?

(siehe auch unter Übungen zu Teil II, 11 Verbindlichkeiten)

8.3 Buchungen im Wechselverkehr

1. Buchen Sie die folgenden Geschäftsvorfälle beim Lieferer.
   a) Der Kunde übergibt dem Lieferer einen Wechsel über 5700 DM.
   b) Der Lieferer belastet den Kunden 114 DM Diskont plus 15,96 DM USt.
   c) Der Wechsel wird am Verfalltag bar eingelöst.
2. Buchen Sie Geschäftsvorfälle unter Aufgabe 1 beim Kunden.
3. Die XY GmbH reicht ihrer Bank einen Wechsel über 4560 DM zum Diskont ein. Die Bank schreibt der GmbH den Wechselbetrag unter Abzug von 57 DM Diskont und 10 DM Spesen gut. Wie bucht die GmbH bei Eingang der Gutschrift?

4. Ein Wechsel über 6000 DM geht zu Protest. Der Notar berechnet 40 DM Protestkosten plus USt. Bei der Rückrechnung sind neben den Protestkosten ⅓% Provision von der Wechselsumme, 6% Zinsen für 10 Tage (= 10 DM) und Auslagen für Porti usw. in Höhe von 10 DM zu berücksichtigen.

   a) Buchen Sie die Eingangsrechnung des Notars.

   b) Buchen Sie die Rückrechnung beim letzten Wechselinhaber.

   c) Buchen Sie die Rückrechnung beim Vormann des letzten Wechselinhabers.

5. Hinz hat auf Kunz einen Wechsel über 5000 DM gezogen. Hinz hat den Wechsel bereits weitergegeben. Kurz vor dem Verfalltag bittet Kunz um Prolongation. Hinz belastet Kunz mit 100 DM Diskont und 15 DM Auslagen.

   a) Welche Buchungen fallen bei Hinz an?

   b) Welche Buchungen fallen bei Kunz an?

8.4 Buchung von Wertpapiergeschäften

(siehe unter Übungen zu Teil II, 7.5 Wertpapiere)

2 Lösungsvorschläge zu Teil I

3.3 Gewinnermittlung durch Betriebsvermögensvergleich

1.	a = + 2000	b = − 4000	c = + 6000
2.	a = 17000	b = 20000	c = 17000

3.4 Die Bilanz

Werkzeugfabrik Olaf Lange, Bochum
Inventar zum 31.12.1901

A. Vermögensteile			
I. Anlagevermögen			
1.	Grundstück mit Gebäude	500 000 DM	
2.	technische Anlagen	250 000 DM	
3.	Maschinen	350 000 DM	
4.	Betriebsausstattung	50 000 DM	
5.	Geschäftsausstattung	70 000 DM	
6.	Fuhrpark	80 000 DM	
II. Umlaufvermögen			
1.	Rohstoffe	60 000 DM	
2.	Hilfsstoffe	30 000 DM	
3.	Betriebsstoffe	10 000 DM	
4.	unfertige Erzeugnisse	20 000 DM	
5.	fertige Erzeugnisse	30 000 DM	
6.	Forderungen aus L. u. L.	50 000 DM	
7.	sonstige Forderungen	10 000 DM	
8.	Kassenbestand	4 000 DM	
9.	Guthaben bei der Sparkasse Bochum	10 000 DM	
10.	Guthaben bei der Handelsbank AG	26 000 DM	1 550 000 DM
B. Schulden			
1.	Hypothek der Sparkasse Bochum	200 000 DM	
2.	Bankschulden gegenüber der Handelsbank AG, Bochum	250 000 DM	
3.	Verbindlichkeiten aus L. u. L.	80 000 DM	
4.	sonstige Verbindlichkeiten	20 000 DM	550 000 DM
C. Reinvermögen			**1 000 000 DM**

Werkzeugfabrik Olaf Lange, Bochum
Bilanz zum 31.12.1901

	DM		DM
A. Anlagevermögen		**A. Eigenkapital**	**1 000 000**
1. Grundstücke und Bauten	500 000	**B. Verbindlichkeiten**	
2. technische Anlagen und Maschinen	600 000	1. gegenüber Kreditinstituten	450 000
3. Betriebs- und Geschäfts-ausstattung	200 000	2. aus Lieferungen und Leistungen	80 000
B. Umlaufvermögen		3. sonstige Verbindlichkeiten	20 000
1. Roh-, Hilfs- und Betriebsstoffe	100 000		
2. unfertige Erzeugnisse	20 000		
3. fertige Erzeugnisse	30 000		
4. Forderungen aus L. u. L.	50 000		
5. sonstige Forderungen	10 000		
6. Kassenbestand und Guthaben bei Kreditinstituten	40 000		
	1 550 000		1 550 000

Bochum, den 22. März 1902
Olaf Lange

4.1 Buchungen im Bereich der Bestandskonten

1. a) Bilanzminderung
   b) Passivtausch
   c) Aktivtausch
   d) Bilanzmehrung
   e) Aktivtausch
   f) Bilanzmehrung
   g) Aktivtausch
   h) Aktivtausch
   i) Bilanzmehrung
2. a) Kasse an Bank
   b) Kasse an Fuhrpark
   c) Rohstoffe an Verbindlichkeiten
   d) Bank an Forderungen
   e) Verbindlichkeiten an Bank
   f) Maschinen 10 000 DM an Kasse 1 000 DM
      an Bank 9 000 DM
   g) Rohstoffe 4 000 DM
      Hilfsstoffe 3000 DM
      an Kasse 1 000 DM
      an Postgiro 6 000 DM

3.

Eröffnungsbilanz

Aktiva	DM	Passiva	DM
Maschinen	30 000	Eigenkapital	35 000
Betriebs- und Geschäftsausstattung	10 000	Darlehensschulden	14 000
Waren	5 000	Verbindlichkeiten	6 000
Forderungen	4 000		
Kasse	2 000		
Bankguthaben	4 000		
	55 000		55 000

Eröffnungsbilanzkonto

Soll		Haben	
EK	35 000	Ma	30 000
Da	14 000	BuGA	10 000
Vb	6 000	Wa	5 000
		Fo	4 000
		Ka	2 000
		Ba	4 000
	55 000		55 000

Maschinen

S		H	
EBK	30 000	SBK	40 000
a)	10 000		
	40 000		40 000

BuGA

S		H	
EBK	10 000	b)	5 000
		SBK	5 000
	10 000		10 000

Waren

S		H	
EBK	5 000	f)	2 000
c)	4 000	h)	3 000
		SBK	4 000
	9 000		9 000

Forderungen

S		H	
EBK	4 000	g)	2 000
h)	3 000	SBK	5 000
	7 000		7 000

Kasse

S		H	
EBK	2 000	d)	6 000
b)	5 000	SBK	3 000
f)	2 000		
	9 000		9 000

Bank

S		H	
EBK	4 000	e)	7 000
d)	6 000	i)	2 000
g)	2 000	SBK	3 000
	12 000		12 000

Eigenkapital

S		H	
SBK	35 000	EBK	35 000
	35 000		35 000

Darlehen

S		H	
i)	2 000	EBK	14 000
SBK	12 000		
	14 000		14 000

Verbindlichkeiten

S		H	
e)	7 000	EBK	6 000
SBK	13 000	a)	10 000
		c)	4 000
	20 000		20 000

Soll	Schlußbilanzkonto		Haben
Ma	40 000	EK	35 000
BuGA	5 000	Da	12 000
Wa	4 000	Vb	13 000
Fo	5 000		
Ka	3 000		
Ba	3 000		
	60 000		60 000

Aktiva	Schlußbilanz		Passiva
	DM		DM
Maschinen	30 000	Eigenkapital	35 000
Betriebs- und Geschäftsausstattung	10 000	Darlehensschulden	14 000
Waren	5 000	Verbindlichkeiten	6 000
Forderungen	4 000		
Kasse	2 000		
Bankguthaben	4 000		
	55 000		55 000

4.2 Die Erfolgskonten

1.

S	Geschäftsausstattung		H
AB	10 000	e)	1 000
		SBK	9 000
	10 000		10 000

S	Abschreibungen		H
e)	1 000	GuV	1 000

S	Rohstoffe		H
AB	8 000	a)	3 000
		SBK	5 000
	8 000		8 000

S	Rohstoffaufwendungen		H
a)	3 000	GuV	3 000

S	Bank		H
AB	3 000	b)	2 000
		SBK	1 000
	3 000		3 000

S	Lohnaufwendungen		H
a)	2 000	GuV	2 000

S	Verbindlichkeiten		H
SBK	7 000	AB	5 000
		c)	2 000
	7 000		7 000

S	Werbeaufwendungen		H
c)	2 000	GuV	2 000

S	Forderungen		H
AB	4 000	SBK	14 000
d)	10 000		
	14 000		14 000

S	Umsatzerlöse		H
GuV	10 000	d)	10 000

S	Eigenkapital		H
SBK	22 000	AB	20 000
		GuV	2 000
	22 000		22 000

S	GuV-Konto		H
Abschr.	1 000	Umsatzerl.	10 000
Rohst.-Aufw.	3 000		
Lohnaufwend.	2 000		
Werbeaufw.	2 000		
Gewinn/EK	2 000		
	10 000		10 000

S	SBK		H
GA	9 000	EK	22 000
Ro	5 000	Vb	7 000
Ba	1 000		
Fo	14 000		
	29 000		29 000

2.

S	Rohstoffe		H
AB	9 000	SBK	8 000
a)	5 000	RA	6 000
	14 000		14 000

S	Verbindlichkeiten		H
SBK	17 000	AB	9 000
		a)	5 000
		b)	3 000
	17 000		17000

S	Hilfsstoffe		H
AB	5 000	SBK	7 000
b)	3 000	HA	1 000
	8 000		8 000

S	Eigenkapital		H
SBK	26 000	AB	18 000
		GuV	8 000
	26 000		26 000

S	unfertige Erzeugnisse		H
AB	5 000	SBK	7 000
BV	2 000		
	7 000		7 000

S	Rohstoffaufw.		H
Ro	6 000	GuV	6 000

S	fertige Erzeugnisse		H
AB	8 000	SBK	5 000
		BV	3 000
	8 000		8 000

S	Hilfsstoffaufw.		H
Hi	1 000	GuV	1 000

S	Forderungen		H
c)	16 000	SBK	16 000

S	Umsatzerlöse		H
GuV	16 000	c)	16 000

S	Bestandsveränderung		H
FE	3 000	UE	2 000
		GuV	1 000
	3 000		3 000

S	SBK		H
Ro	8 000	EK	26 000
Hi	7 000	Vb	17 000
UE	7 000		
FE	5 000		
Fo	16 000		
	43 000		43 000

S	GuV-Konto		H
RA	6 000	UE	16 000
HA	1 000		
BV	1 000		
EK	8 000		
	16 000		16 000

4.3 Das Privatkonto

S	Rohstoffe		H
AB	20 000	a)	5 000
		SBK	15 000
	20 000		20 000

S	Forderungen		H
AB	10 000	SBK	18 000
b)	8 000		
	18 000		18 000

S	Kasse		H
AB	10 000	d)	5 000
		SBK	5 000
	10 000		10 000

S	Bank		H
AB	20 000	SBK	30 000
c)	10 000		
	30 000		30 000

S	Eigenkapital		H
SBK	68 000	AB	60 000
		Priv.	5 000
		GuV	3 000
	68 000		68 000

S	Privatkonto		H
d)	5 000	c)	10 000
EK	5 000		
	10 000		10 000

S	Umsatzerlöse		H
GuV	8 000	b)	8 000

S	Rohstoffaufw.		H
AB	5 000	GuV	5 000

S	GuV-Konto		H
RA	5 000	UE	8 000
EK	3 000		
	8 000		8 000

S	SBK		H
Ro	15 000	EK	68 000
Fo	18 000		
Ka	5 000		
Ba	30 000		
	68 000		68 000

4.4 Die Umsatzsteuer beim Ein- und Verkauf

1.

S	Geschäftsausst.		H
f)	500	SBK	500

S	Rohstoffe		H
a)	1 000	b)	800
		SBK	200
	1 000		1 000

S	Hilfsstoffe		H
d)	500	e)	300
		SBK	200
	500		500

S	Forderungen		H
c)	3 420	SBK	3 420

S	Rohstoffaufw.		H
b)	800	GuV	800

S	Hilfsstoffaufw.		H
e)	300	GuV	300

S	Verbindlichkeiten		H
SBK	2 280	a)	1 140
		d)	570
		f)	570
	2 280		2 280

S	Vorsteuer		H
a)	140	USt	280
d)	70		
f)	70		
	280		280

S	Umsatzsteuer		H
VSt	280	c)	420
SBK	140		
	420		420

S	Umsatzerlöse		H
GuV	3 000	c)	3 000

S	Eigenkapital		H
SBK	1 900	GuV	1 900

S	SBK		H
GA	500	EK	1 900
Ro	200	VB	2 280
Hi	200	USt	140
Fo	3 420		
	4 320		4 320

S	GuV-Konto		H
RA	800	UE	3 000
HA	300		
EK	1 900		
	3 000		3 000

2.

S	Rohstoffe		H
a)	2 000	b)	1 000
		SBK	1 000
	2 000		2 000

S	Eigenkapital		H
SBK	500	GuV	500

S	Geschäftsausst.		H
d)	1 000	SBK	1 000

S	Forderungen		H
c)	2 280	SBK	2 280

S	Rohstoffaufw.		H
b)	1 000	GuV	1 000

S	Instandhaltung		H
e)	500	GuV	500

S	Verbindlichkeiten		H
SBK	3 990	a)	2 280
		d)	1 140
		e)	570
	3 990		3 990

S	Vorsteuer		H
a)	280	USt	280
d)	140	SBK	210
e)	70		
	490		490

S	Umsatzsteuer		H
VSt	280	c)	280

S	Umsatzerlöse		H
GuV	2 000	c)	2 000

S	SBK		H
GA	1 000	EK	500
Ro	1 000	Vb	3 990
Fo	2 280		
VSt	210		
	4 490		4 490

S	GuV-Konto		H
RA	1 000	UE	2 000
InA	500		
EK	500		
	2 000		2 000

4.5 Buchen von Skontoaufwendungen und -erträgen

1. brutto

Buchungssätze:

	Soll	Betrag		Haben	Betrag
a)	Rohstoffe	10 000			
	Vorsteuer	1 400	an	Verbindlichkeiten	11 400
b)	Verbindlichkeiten	11 400	an	Nachlässe für Rohstoffe	228
			an	Bank	11 172
c)	Forderungen	22 800	an	Umsatzerlöse	20 000
			an	Umsatzsteuer	2 280
d)	Bank	22 344			
	Erlösberichtigungen	456	an	Forderungen	22 800
e)	Maschinen	5 000			
	Vorsteuer	700	an	Verbindlichkeiten	5 700
f)	Verbindlichkeiten	5 700	an	Maschinen	100
			an	Vorsteuer	14
			an	Bank	5 586
g)	Rohstoffaufwendungen	8 000	an	Rohstoffe	8 000

S Maschinen H

S		H	
e)	5 000	f)	100
		SBK	4 900
	5 000		5 000

S Rohstoffe H

S		H	
a)	10 000	f)	8 000
		Nachl.	200
		SBK	1 800
	10 000		10 000

S Vorsteuer H

S		H	
a)	1 400	f)	14
e)	700	Nachl.	28
		USt	2 058
	2 100		2 100

S Nachlässe H

S		H	
Rohst.	200	b)	228
VSt	28		

S Forderungen H

S		H	
c)	22 800	d)	22 800

S Eigenkapital H

S		H	
SBK	11 600	GuV	11 600

S Bank H

S		H	
d)	22 344	b)	11 172
		f)	5 586
		SBK	5 586
	22 344		22 344

S Verbindlichk. H

S		H	
b)	11 400	a)	11 400
f)	5 700	e)	5 700
	17 100		17 100

S Umsatzsteuer H

S		H	
Erlösb.	56	c)	2 800
VSt	2 058		
SBK	686		
	2 800		2 800

S Rohstoffaufwand H

S		H	
g)	8 000	GuV	8 000

S Erlösberichtig. H

S		H	
d)	456	Umsatz-erl.	400
		USt	56

S Umsatzerlöse H

S		H	
Erlös-bericht.	400	c)	20 000
GuV	19 600		
	20 000		20 000

S GuV-Konto H

S		H	
Rohst. Aufw.	8 000	Erlöse	19 600
EK	11 600		
	19 600		19 600

S SBK H

S		H	
Ma	4 900	EK	11 600
Ro	1 800	USt	686
Ba	5 586		
	12 286		12 286

2. netto

Buchungssätze:

a)	Rohstoffe	10 000		
	Vorsteuer	1 400	an Verbindlichkeiten	11 400
b)	Verbindlichkeiten	11 400	an Nachlässe für Rohstoffe	200
			an Vorsteuer	28
			an Bank	11 172
c)	Forderungen	22 800	an Umsatzerlöse	20 000
			an Umsatzsteuer	2 800
d)	Bank	22 344		
	Erlösberichtigungen	400		
	Umsatzsteuer	56	an Forderungen	22 800
e)	Maschinen	5 000		
	Vorsteuer	700	an Verbindlichkeiten	5 700
f)	Verbindlichkeiten	5 700	an Maschinen	100
			an Vorsteuer	14
			an Bank	5 586
g)	Rohstoffaufwendungen	8 000	an Rohstoffe	8 000

S	Maschinen		H
e)	5 000	f)	100
		SBK	4 900
	5 000		5 000

S	Rohstoffe		H
a)	10 000	f)	8 000
		Nachlässe	200
		SBK	1 800
	10 000		10 000

S	Vorsteuer		H
a)	1 400	b)	28
e)	700	f)	14
		USt	2 058
	2 100		2 100

S	Nachlässe		H
Rohst.	200	b)	200

S	Forderungen		H
c)	22 800	d)	22 800

S	Eigenkapital		H
SBK	11 600	GuV	11 600

S	Bank		H
d)	22 344	c)	11 172
		f)	5 586
		SBK	5 586
	22 344		22 344

S	Verbindlichk.		H
b)	11 400	a)	11 400
f)	5 700	e)	5 700
	17 100		17 100

S	Umsatzsteuer		H
d)	56	c)	2 800
VSt	2 058		
SBK	686		
	2 800		2 800

S	Rohstoffaufwand		H
g)	8 000	GuV	8 000

S	Erlösberichtig.		H
d)	400	Umsatzerlöse	400

S	Umsatzerlöse		H
Erlösbericht.	400	c)	20 000
GuV	19 600		
	20 000		20 000

S	GuV-Konto		H
Rohst. Aufw.	8 000	Erlöse	19 600
EK	11 600		
	19 600		19 600

S	SBK		H
Ma	4 900	EK	11 600
Ro	1 800	USt	686
Ba	5 586		
	12 286		12 286

5.2 Abgang von Vermögensgegenständen des Anlagevermögens

Berechnung des Erfolgs:

	Anschaffungswert	240 000 DM
–	Abschreibungen für 1–8/1901	16 000 DM
–	AB Wertberichtigung	168 000 DM
	Buchwert am 30.8.1901	56 000 DM
	Verkaufspreis netto	80 000 DM
	Ertrag aus dem Verkauf	24 000 DM

Buchungen:

288 Kasse	91 200 DM	
an 070 Maschinen		80 000 DM
an 480 Umsatzsteuer		11 200 DM
653 Abschreibungen	16 000 DM	
an 361 Wertberichtigungen		16 000 DM
361 Wertberichtigungen	184 000 DM	
an 070 Maschinen		160 000 DM
an 546 Erträge aus Abgang von VG		24 000 DM

6.3 Rücksendungen und Nachlässe

1. Buchungen beim Kunden

a)	228 Handelswaren	5 000 DM		
	260 Vorsteuer	700 DM	an 440 Verbindlichkeiten	5 700 DM
b)	440 Verbindlichkeiten	1 140 DM	an 228 Handelswaren	1 000 DM
			260 Vorsteuer	140 DM
c)	228 Handelswaren	2000 DM		
	260 Vorsteuer	280 DM	an 440 Verbindlichkeiten	2 280 DM
d)	440 Verbindlichkeiten	228 DM		

an 2282 Nachlässe für Handelswaren 200 DM
an 260 Vorsteuer 28 DM

Abschluß des Kontos 2282 Nachlässe:

2282 Nachlässe für Handelswaren 200 DM
an 228 Handelswaren 200 DM

2. Buchungen beim Lieferer

a)	240 Forderungen	5 700 DM	an 515 Erlöse für Waren	5 000 DM
			480 Umsatzsteuer	700 DM
b)	515 Erlöse für Waren	1 000 DM		
	480 Umsatzsteuer	140 DM	an 240 Forderungen	1 140 DM
c)	240 Forderungen	2 280 DM	an 515 Erlöse für Waren	2 000 DM
			480 Umsatzsteuer	280 DM
d)	5151 Erlösberichtigungen	200 DM		
	480 Umsatzsteuer	28 DM	an 240 Forderungen	228 DM

Abschluß des Kontos 5151 Erlösberichtigungen:

515 Erlöse für Waren 200 DM an 5151 Erlösberichtigungen 200 DM

7 Buchung der Personalaufwendungen

1. 620 Löhne 17 000 DM

an	483	Sonstige Verbindlichkeiten gegenüber FA	2 000 DM
	484	Sonstige Verbindlichkeiten gegenüber SV	2 700 DM
	280	Bank	12 300 DM

640 Arbeitgeberanteil zur Sozialversicherung 2 700 DM

an	484	Sonstige Verbindlichkeiten gegenüber SV	2 700 DM

2. 630 Gehälter 30 286 DM

an	483	Sonstige Verbindlichkeiten gegenüber FA	3 500 DM
an	484	Sonstige Verbindlichkeiten gegenüber SV	4 500 DM
an	486	Sonstige Verbindlichkeiten aus vermögenswirksamen Leistungen	806 DM
an	280	Bank	21 480 DM

8.1 Buchung der Anzahlungen

1 a) Die AB GmbH bucht am 5.5.:

280 Bank 5 000 DM an 430 Erhaltene Anzahlungen 5000 DM

Die AB GmbH bucht am 30.9.:

240 Forderungen 22 800 DM an 500 Umsatzerlöse 20 000 DM

480 Umsatzsteuer 2 800 DM

430 Erhaltene Anzahlungen 5 000 DM

an 240 Forderungen 5 000 DM

1 b) Die XY GmbH bucht am 5.5.:

090 Anzahlungen auf Maschinen 5 000 DM

an 280 Bank 5 000 DM

Die XY GmbH bucht am 30.9.:

070 Maschinen 20 000 DM

260 Vorsteuer 2 800 DM

an 440 Verbindlichkeiten 22 800 DM

440 Verbindlichkeiten 5 000 DM

an 090 Anzahlungen auf Maschinen 5 000 DM

2.	Die XY GmbH bucht am 5.5.:		
	230 Geleistete Anzahlungen	5 000 DM	
	an 280 Bank		5 000 DM
	Die XY GmbH bucht am 30.9.:		
	200 Rohstoffe	20 000 DM	
	260 Vorsteuer	2 800 DM	
	an 440 Verbindlichkeiten		22 800 DM
	440 Verbindlichkeiten	5 000 DM	
	an 230 geleistete Anzahlungen		5 000 DM

(siehe auch unter Übungen zu Teil II, 11 Verbindlichkeiten)

8.3 Buchungen im Wechselverkehr

1 a)	245 Besitzwechsel	5 700 DM	an	240 Forderungen	5 700 DM
b)	240 Forderungen	129,96 DM	an	573 Diskonterträge	114 DM
				480 Umsatzsteuer	15,96 DM
c)	288 Kasse	5 700 DM	an	245 Besitzwechsel	5 700 DM
2 a)	440 Verbindlichkeiten	5 700 DM	an	450 Schuldwechsel	5 700 DM

b)	753 Diskontaufwendungen	114,– DM	
	260 Vorsteuer	15,96 DM	
	an 440 Verbindlichkeiten		129,96 DM
c)	450 Schuldwechsel 5 700 DM	an 288 Kasse	5 700 DM
3.	280 Bank	4 493,– DM	
	753 Diskontaufwendungen	57,– DM	
	675 Kosten des Geldverkehrs	10,– DM	
	an 245 Besitzwechsel		4 560,– DM
4 a)	675 Kosten des Geldverkehrs	40,– DM	
	260 Vorsteuer	5,60 DM	
	an 440 Verbindlichkeiten		45,60 DM
b)	240 Forderungen	6 080,– DM	
	an 248 Protestwechsel		6 000 DM
	543 Sonstige Erträge		70 DM
	571 Zinserträge		10 DM

c) 248	Protestwechsel	6 000,– DM		
675	Kosten des Geldverkehrs	70,– DM		
751	Zinsaufwendungen	10,– DM		
	an 440 Verbindlichkeiten		6 080,–	DM

5 a) Buchungen bei Hinz:

bei Eingang des akzeptierten Wechsels von Kunz

245 Besitzwechsel	5 000 DM	an 240 Forderungen	5 000,–	DM

bei Überweisung des Betrages an Kunz

240 Forderungen	5 000,– DM	an 280 Bank	5 000,–	DM
240 Forderungen	131,10 DM	an 573 Diskonterträge	100,–	DM
		543 Sonstige Erträge	15,–	DM
		480 Umsatzsteuer	16,10	DM

b) Buchungen bei Kunz:

bei Annahme des Prolongationswechsels

440 Verbindlichkeiten	5 000 DM	an 450 Schuldwechsel	5 000,–	DM

bei Eingang der Überweisung und der Belastung von Hinz

280 Bank	5 000 DM	an 440 Verbindlichkeiten	5 000,–	DM
753 Diskontaufwendungen	100,– DM			
675 Kosten des Geldverkehrs	15,– DM			
260 Vorsteuer	16,10 DM			
an 440 Verbindlichkeiten			131,10	DM

bei Einlösung des ersten (prolongierten Wechsels)

450 Schuldwechsel	5 000 DM	an 280 Bank	5 000,–	DM

8.4 Buchung von Wertpapiergeschäften

(siehe unter Übungen zu Teil II, 7.5 Wertpapiere)

3 Übungen zu Teil II

(Die Bezifferung der folgenden Aufgaben bezieht sich auf die entsprechenden Ausführungen zu den jeweiligen Gliederungspunkten)

1.2 Jahresabschluß der Personengesellschaften

1. An einer OHG sind die Gesellschafter Hinz und Kunz mit jeweils 200 000 DM und 160 000 DM Eigenkapital beteiligt. Hinz hat während des Geschäftsjahres 36 000 DM, Kunz hat 20 000 DM entnommen. Die Entnahmen werden nicht verzinst. Der Jahresgewinn beträgt 60 000 DM. Lange erhält für besondere Arbeitsleistungen vorab 12 000 DM. Ansonsten entspricht die Gewinnverteilung der gesetzlichen Regelung.

   Ermitteln und buchen Sie die Gewinnanteile.

2. An der Xaver Huber KG sind Huber mit 500 000 DM als Vollhafter beteiligt und Meier mit 100 000 DM als Teilhafter. Huber hat während des Jahres 60 000 DM entnommen. Der Gewinn laut GuV-Konto beträgt 150 000 DM (600 000 DM Aufwendungen und 750 000 DM Erträge). Huber erhält einen Arbeitsanteil von 40 000 DM. Die Kapitalanteile werden zu 4% verzinst. Der Restgewinn wird im Verhältnis 4 : 1 verteilt.

   Ermitteln Sie die Gewinnanteile der Gesellschafter Huber und Meier, und buchen Sie auf T-Konten.

5.2 Anlagenspiegel

Erstellen Sie aus den folgenden Angaben den Anlagenspiegel zum 31.12.1901:
(siehe nächste Seite)

Für das Geschäftsjahr 01 sind folgende Geschäftsvorfälle zu berücksichtigen:

1. Der Anfangsbestand der geleisteten **Anzahlungen und Anlagen im Bau** ist mit 35 000 DM **umgebucht** worden auf die Konten für technische Anlagen und Maschinen und mit 45 000 DM auf die Konten für andere Anlagen, Betriebs- und Geschäftsausstattung.
2. Im laufenden Geschäftsjahr wurde eine Maschine im Wert von 80 000 DM **angeschafft.** Die Abschreibung darauf ist im Betrag unter Punkt 5 enthalten.

	historische Anschaffungskosten	Abschreibungen kumuliert	Zuschreibungen	Buchwert 1. 1. 01
A. Aufwendungen für die Ingangsetzung und Erweiterung des Geschäftsbetriebs	100 000	–	–	100 000
B. Anlagevermögen				
I. Immaterielle Vermögensgegenstände: Geschäfts- oder Firmenwert	100 000	50 000	–	50 000
II. Sachanlagen:				
1. Grundstücke und grundstücksgleiche Rechte und Bauten einschließlich der Bauten auf fremden Grundstücken;	1 000 000	80 000	–	920 000
2. technische Anlagen und Maschinen;	900 000	180 000	–	720 000
3. andere Anlagen, Betriebs- und Geschäftsausstattung;	720 000	310 000	–	410 000
4. geleistete Anzahlungen und Anlagen im Bau	80 000	–	–	80 000
III. Finanzanlagen				
1. Beteiligungen;	300 000	–	–	300 000
2. Wertpapiere des Anlagevermögens	100 000	–	–	100 000
	3 300 000	620 000	–	2 680 000

3. Am 4.1.01 wurde ein **Computer verkauft.** Die Anschaffungskosten hatten 60 000 DM betragen. Der Computer war bis Ende 1900 auf 10 000 DM abgeschrieben.
4. Im Geschäftsjahr 1900 sind **Aufwendungen für die Ingangsetzung** und Erweiterung des Geschäftsbetriebs (§ 269 HGB) in Höhe von 100 000 DM aktiviert worden, die ab 1901 über 4 Jahre linear abgeschrieben werden.
5. Folgende **planmäßige Abschreibungen** sind neben eventuellen Abschreibungen auf die anderen hier angeführten Geschäftsvorfälle oder auf sonstige Positionen unter den Anfangsbeständen für 1901 noch zu berücksichtigen:

   a) auf Bauten einschließlich der Bauten auf fremden Grundstücken 15 000 DM,

   b) auf technische Anagen und Maschinen 90 000 DM (ohne Maschine unter Vorfall 8),

c) auf andere Anlagen, Betriebs- und Geschäftsausstattung 160 000 DM.

Hierin sind eventuelle Abschreibungen aus den folgenden Vorfällen 6, 7 und 8 nicht enthalten.

6. Die Gesellschaft hat im Geschäftsjahr 1901 **geringwertige Wirtschaftsgüter** gemäß § 6 Abs. 2 EStG im Gesamtwert von 8000 DM erworben. Die betriebsgewöhnliche Nutzungsdauer beträgt 5 Jahre bei gleichmäßiger Abnutzung. Die geringwertigen Wirtschaftsgüter sind sämtlich der Betriebs- und Geschäftsausstattung zuzuordnen.
7. Außerdem hat das Unternehmen in 1901 für **2000 DM geringwertige Wirtschaftsgüter** gemäß § 6 Abs. 2 EStG angeschafft, bei denen im gleichen Jahr auch der **Abgang** erfolgte. Diese Wirtschaftsgüter gehören ebenfalls zur Betriebs- und Geschäftsausstattung.
8. Die Position »technische Anlagen und Maschinen« enthält eine **Maschine,** die im Januar 1900 **für 200 000 DM angeschafft** wurde und linear über 10 Jahre abgeschrieben wird. Am 18. Dezember 1901 ist die voraussichtlich **dauernde Wertminderung** auf 100 000 DM eingetreten.

5.3 Bilanzpositionen

1. Ingangsetzungs- und Erweiterungsaufwendungen

Im Rahmen der Gründung der Waggonbau AG fallen die folgenden Auslagen an:

- Kosten der Anwerbung von Personal
- Kauf von Maschinen
- Kosten für Werbung
- Produktionskosten für Prototypen, die später verkauft werden sollen
- Kosten für Organisationsberatung
- Energieverbrauch, Personalkosten, Zinsen anläßlich von Probeläufen
- Kosten der Marktanalyse
- Einarbeitung des Personals an den Produktionsmaschinen
- Rechts- und Beratungskosten für die Produkteinführung
- Kosten für die Beschaffung des Eigenkapitals
- Gerichtskosten, Registerkosten für die Gründung
- Druckkosten für Aktien und Börsenprospekte

Erläutern Sie, wie die AG die Auslagen in der Handelsbilanz und in der Steuerbilanz aktivieren kann.

2. Firmenwert

Die XY GmbH hat Anfang 1901 einen Firmenwert in Höhe von 150 000 DM entgeltlich erworben. Welche Bilanzierungsmöglichkeiten hat die Gesellschaft in der Handels- und in der Steuerbilanz?

3. Festwert

Ein Bauunternehmer führt für Gerüst- und Schalungsteile mit einer betriebsgewöhnlichen Nutzungsdauer von 5 Jahren einen Festwert in Höhe von 20 000 DM. Das sind 40% der Anschaffungskosten. Die alle drei Jahre erforderliche Bestandsaufnahme ergibt zum 31.12.1901 einen Wert von 32 000 DM, wenn wieder 40% der Anschaffungskosten unterstellt werden. In 1901 wurden Gerüst- und Schalungsteile zum Nettopreis von 9500 DM, in 1902 von 10 000 DM erworben.

Welche Festwerte sind zum 31.12.1901 und zum 31.12.1902 zu bilanzieren?

4. Geringwertige Wirtschaftsgüter

1. Barkauf einer Schreibmaschine für netto 840 DM plus 117,16 DM USt unter Abzug von 3% Rabatt und 2% Skonto.
2. Barkauf eines Taschenrechners für 80 DM plus 14% USt.

6.1 Bewertungsmaßstäbe

Für welche der folgenden Positionen besteht

a) in der Handelsbilanz,

b) in der Steuerbilanz

jeweils Aktivierungspflicht bzw. Aktivierungswahlrecht?

- Materialeinzelkosten (Rohstoffaufwendungen)
- Materialgemeinkosten (für Einkauf und Lager)
- Lohneinzelkosten (Fertigungslöhne)
- Fertigungsgemeinkosten (Hilfslöhne und alle in den Werkstätten anfallenden Gemeinkosten)
- Sonder(einzel)kosten der Fertigung
- anteilige Gemeinkosten der Verwaltung
- Gemeinkosten des Vertriebs

6.2 Abschreibungen bzw. Absetzungen für Abnutzung (AfA)

1. Anschaffung einer Maschine am 2.1.1901 zum Nettowert von 100 000 DM. Die betriebsgewöhnliche Nutzungsdauer soll 10 Jahre betragen. Buchen Sie die höchste handels- und steuerrechtliche Abschreibung für das Jahr der Anschaffung a) bei linearer, b) bei geometrisch-degressiver Abschreibung.
2. Ein Unternehmen kauft einen Lastzug für 200 000 DM plus 14% USt. Die voraussichtliche Gesamtleistung wird auf 200 000 km geschätzt. Die Abschreibung erfolgt nach Leistungseinheiten. Der Lastzug ist im dritten Nutzungsjahr 70 000 km gefahren. Buchen Sie die Abschreibung für dieses Jahr.
3. Eine Maschine, deren Anschaffungskosten am 4.1.1901 20 000 DM betragen, hat eine betriebsgewöhnliche Nutzungsdauer von 5 Jahren und wird linear abgeschrieben.

   Zum 31.12.1902 bietet der Hersteller ein verbessertes Nachfolgemodell zu einem günstigeren Preis an. Der Wert der Maschine ist dadurch auf 9000 DM gesunken.

   Welche Abschreibungen sind zum 31.12.1902 und zum 31.12.1903 erforderlich?
4. Zum Betriebsvermögen einer AG gehört seit 1901 ein unbebautes Grundstück (Anschaffungskosten 100 000 DM), das als Lagerplatz für Abfälle genutzt wird. Zum 31.12.08 hat die Gesellschaft eine Abschreibung auf den niedrigeren beizulegenden Wert (Teilwert) von 70 000 DM vorgenommen, weil die Gemeinde die Lagerung von Abfällen auf dem Grundstück verboten hatte.

   In 1909 erteilt die Gemeinde überraschend eine langfristige Genehmigung, die Abfälle wie bisher zu lagern. Der beizulegende Wert des Grundstücks beträgt zum 31.12.09 130 000 DM.

   Ermitteln und begründen Sie den Bilanzansatz zum 31.12.09, und buchen Sie die Abschreibungen für den Fall:

   a) Die AG will einen möglichst niedrigen Gewinn ausweisen.

   b) Die AG will einen möglichst hohen Gewinn ausweisen.

7.3 Vorräte

Errechnen Sie aus dem folgenden Zahlenbeispiel den Wertansatz zum Bilanzstichtag nach dem

a) gewogenen Durchschnitt
b) gleitenden Durchschnitt
c) Lifo-Verfahren
d) Fifo-Verfahren
e) Hifo-Verfahren

Anfangsbestand am 1.1.01		200 Stück zu 30,– DM
Zugänge im laufenden Geschäftsjahr:	22.1.	300 Stück zu 32,– DM
	15.5.	250 Stück zu 28,– DM
	18.9.	280 Stück zu 33,– DM
Abgänge im laufenden Geschäftsjahr:	29.1.	100 Stück
	2.6.	200 Stück
	7.10.	250 Stück
Schlußbestand 31.12.01		480 Stück
Tageswert (Marktpreis) am 31.12.01		29,– DM

7.4 Forderungen

Wie bucht die XY GmbH die folgenden Geschäftsvorfälle?

1. Die XY GmbH erfährt, daß bei ihrem Kunden Fritz Mittellos fruchtlos gepfändet worden ist. Gegenüber Mittellos besteht eine Forderung in Höhe von 5700 DM einschl. 14% USt.
2. Mittellos überweist im Folgejahr unerwartet 2280 DM aus der bereits abgeschriebenen Forderung an die XY GmbH.
3. Der Kunde Max Ohnegeld hat Konkurs beantragt. Die Forderung beläuft sich auf 5700 DM einschl. 14% USt. Die XY GmbH erfährt davon am 10.10.1901.
   a) Am 27.12.1901, noch im gleichen Geschäftsjahr, geht die Mitteilung des Konkursverwalters bei der GmbH ein, daß der Ausfall 3420 DM beträgt.
   b) Das Konkursverfahren gegen Ohnegeld ist am 31.12.1901 noch nicht abgeschlossen. Die XY GmbH rechnet mit einem Ausfall von 80%.
   c) Der Konkursverwalter überweist in 1902 genau 1140 DM.
   d) Der Konkursverwalter überweist in 1902 nur 570 DM; also weniger als (unter b)) erwartet.
   e) Der Konkursverwalter überweist in 1902 3420 DM; also mehr als (unter b)) erwartet.

4. Der Forderungsbestand am Bilanzstichtag beträgt 114 000 DM. Darin enthalten sind 14% Umsatzsteuer. In den Vorjahren sind immer etwa 4% der am jeweils vorhergehenden Bilanzstichtag aktivierten Forderungen ausgefallen.
5. Im Folgejahr fallen brutto 2280 DM der unter Aufgabe 4 pauschal wertberichtigten Forderungen aus.
6. Im Folgejahr fallen brutto 5700 DM der unter Aufgabe 4 pauschal wertberichtigten Forderungen aus.
7. Der Gesamtbestand der Forderungen zum Bilanzstichtag am 31.12.1901 beläuft sich auf 228 000 DM. Darin enthalten sind die Forderungen gegen Hinz mit 11 400 DM, voraussichtlicher Ausfall 80%, und gegen Kunz mit 22 800 DM, voraussichtlicher Ausfall 50%. Das Kreditrisiko aus dem restlichen Forderungsbestand soll durch eine Pauschalwertberichtigung von 4% abgedeckt werden.

7.5 Wertpapiere

Buchen Sie zunächst die folgenden Geschäftsvorfälle 1 bis 3 zum Kauf und Verkauf von Wertpapieren des Umlaufvermögens:

1. Die GmbH kauft am 30.6.1901 20 Stück Aktien der Maschinenbau AG, Nennwert 100,– DM, Stückkurs 300,– DM, Anschaffungsnebenkosten je Stück 3,30 DM.
2. Am 31.7.1901 kauft die GmbH 100 Stück 6%-Anleihen, Zinstermin A/O zum Kurswert von 9700 DM, Nennwert 10 000 DM, Anschaffungsnebenkosten 55,78 DM. Mit den Papieren erhält die GmbH den laufenden Zinsschein. Für Stückzinsen (April bis Juli) werden ihr beim Kauf der Papiere 200,– DM in Rechnung gestellt.
3. Am 14.8.1901 verkauft die Gesellschaft 10 der unter Vorfall 1 gekauften Aktien zum Kurs von 340,– DM. An Verkaufskosten berechnet die Bank insgesamt 37,40 DM.
4. Am 31.12.1901 beträgt der Börsenpreis (ohne Anschaffungsnebenkosten) für die Maschinenbau-Aktien 330,– DM je Stück, für die 6%-Anleihen insgesamt 10 100,– DM.

   Bewerten Sie den Schlußbestand, und geben Sie die Buchungssätze zum Abschluß des Kontos an.

8.1 Aktive und passive Rechnungsabgrenzungsposten

1. Am 27.12.01 wurden 480,– DM Kraftfahrzeugversicherung für den Lieferwagen für die Monate Januar bis Juni des Folgejahres im voraus überwiesen.

   Welche Buchungen ergeben sich im Abschlußjahr 1901 und im Folgejahr?
2. Die XY GmbH hat als Darlehensnehmer die vierteljährlich fälligen Zinsen in Höhe von 300,– DM am 1.11. im voraus überwiesen. Welche Buchungen ergeben sich bei der GmbH im Abschlußjahr und im Folgejahr?
3. Otto Hahn hat die Januarmiete in Höhe von 450,– DM für die Büroräume im Verwaltungsgebäude der XY GmbH bereits am 12.12. überwiesen.

   Welche Buchungen ergeben sich bei der GmbH im Abschlußjahr und im Folgejahr?
4. Ein Darlehensnehmer der XY GmbH hat die halbjährlich fälligen Darlehenszinsen in Höhe von 600,– DM am 1.10. des abgelaufenen Geschäftsjahres für ein halbes Jahr im voraus überwiesen.

   Welche Buchungen ergeben sich bei der GmbH im Abschlußjahr und im Folgejahr?

8.2 Sonstige Forderungen und sonstige Verbindlichkeiten

1. Karl Kloos hat im Verwaltungsgebäude der XY GmbH Büroräume angemietet. Kloos hat die Dezembermiete in Höhe von 1000 DM zum Bilanzstichtag am 31.12.1901 noch nicht überwiesen. Die Gutschrift auf dem Bankkonto der XY GmbH erfolgt am 4.1.1902.

   Welche Buchungen ergeben sich bei der GmbH

   a) zum 31.12.1901, b) zum 1.1.1902, c) zum 4.1.1902?
2. Die XY GmbH muß Darlehenszinsen in Höhe von 750 DM für die Zeit vom 1.11.01 bis zum 31.1.1902 erst am 31.1.1902 überweisen.

   Welche Buchungen ergeben sich bei der GmbH

   a) zum 31.12.1901, b) zum 1.1.1902, c) zum 31.1.1902?

9.1 Ausweis des Eigenkapitals

Eine Aktiengesellschaft weist zu Beginn des Geschäftsjahres (1.1.1901) die folgenden Eigenkapitalpositionen aus:

I. Gezeichnetes Kapital	20 000 000 DM
II. Kapitalrücklage	300 000 DM

III.	Gewinnrücklagen		
	1. gesetzliche Rücklage		600 000 DM
	2. Rücklage für eigene Anteile		100 000 DM
	3. satzungsmäßige Rücklagen		200 000 DM
	4. andere Gewinnrücklagen		100 000 DM
IV.	Bilanzgewinn		980 000 DM
	– davon Gewinnvortrag	0 DM	

Der Jahresüberschuß am Ende des Geschäftsjahres (31.12.1901) beträgt 1 400 000 DM. Im Geschäftsjahr sind für 20 000 DM eigene Aktien erworben worden. Die satzungsmäßige Rücklage soll um 50 000 DM, die anderen Rücklagen sollen um 10 000 DM aufgestockt werden. In 1902 soll eine Aufsichtsratstantieme von 6% nach Vordividende und eine 8%ige Vorstandstantieme vom Bilanzgewinn am 31.12.1901 ausgeschüttet werden. Die Restdividende soll 1,5% betragen. Um die Aufgabe nicht zu überlasten, wurden im Abschlußjahr keine Rückstellungen für Aufsichtsrats- und Vorstandstantiemen gebildet.

1. Buchen Sie die Zuführung zu den Rücklagen im Rahmen des Jahresabschlusses 1901.
2. Stellen Sie die Eigenkapitalpositionen im Jahresabschluß zum 31.12.1901 dar.
3. Ermitteln Sie die Beträge der auszuschüttenden Tantiemen und Dividenden.
4. Buchen Sie die Gewinnverwendung nach der Hauptversammlung in 1902.

9.2 Sonderposten mit Rücklageanteil

1. Die XY GmbH möchte ein größeres Verwaltungsgebäude am Stadtrand beziehen und erwirbt deshalb im Mai 1901 ein unbebautes Grundstück zum Preis von 200 000 DM einschl. Nebenkosten. Das bisher genutzte bebaute Grundstück wird im gleichen Monat für 800 000 DM verkauft. Von dem Verkaufspreis entfallen 100 000 DM (Buchwert 50 000) auf den Grund und Boden und 700 000 DM (Buchwert 300 000) auf das Gebäude. Bereits im Dezember 1901 wird der Bau eines neuen Gebäudes auf dem erworbenen Grundstück geplant.

   Das Gebäude wird im August 1903 fertiggestellt. Die Herstellungskosten betragen 1 000 000 DM.

a) Darf die GmbH zum 31.12.1901 einen Sonderposten bilden, und welche Möglichkeiten der Übertragung einer stillen Reserve ergeben sich im vorliegenden Fall?

b) Was muß die GmbH veranlassen, wenn die stille Reserve nicht innerhalb von 4 Jahren auf ein Ersatzwirtschaftsgut übertragen worden ist?

2. Im November 1900 wurden Rohstoffe im Werte von 100 000 DM gestohlen. Die Versicherung ersetzt im Januar 1901 den Wiederbeschaffungswert von 130 000 DM. Im Februar 1901 werden die Rohstoffe durch einen Zukauf für 140 000 DM ersetzt.

   a) Welche Buchungen sind im November 1900 und 1901 erforderlich, wenn ein Sonderposten gebildet werden soll?

   b) Welche Buchungen ergeben sich, wenn der Sonderposten nicht übertragen werden kann?

3. Die ABC GmbH ist im Zonenrandgebiet ansässig. Die GmbH hat eine Maschine für 500 000 DM mit einer betriebsgewöhnlichen Nutzungsdauer von 20 Jahren erworben. Gemäß § 3 Abs. 2 ZonenRFG können Sonderabschreibungen von jeweils 10% im Jahr der Anschaffung und in den folgenden 4 Jahren auf diese Maschine vorgenommen werden.

   Welche Buchungen ergeben sich im Jahr der Anschaffung und in den folgenden 14 Jahren?

4. Am 30.6.1901 wurde eine Maschine der XY GmbH durch einen Brand vernichtet. Der Anschaffungswert der Maschine belief sich auf 120 000 DM. Die Maschine wurde in der Eröffnungsbilanz am 1.1.1901 mit einem Buchwert von 24 000 DM geführt. Sie sollte über 10 Jahre linear abgeschrieben werden. Am 20.12.1901 hat die Versicherung 40 000 DM erstattet. Die stille Reserve aus dem Buchwert der vernichteten Maschine soll auf eine noch zu beschaffende Ersatzmaschine übertragen werden.

   Die neue Maschine mit einem Anschaffungswert von 150 000 DM wird am 3.7.1902 in Betrieb genommen.

   Geben Sie alle erforderlichen Buchungen einschließlich der Abschreibung im Jahr der Anschaffung für die Ersatzmaschine an, und begründen Sie die Wertansätze.

10 Rückstellungen

1. Die XY GmbH bildet für einen schwebenden Prozeß zum 31.12.1901 eine Rückstellung in Höhe von 6000 DM.

   Buchen Sie die Rückstellung, und schließen Sie das Konto Rückstellungen ab.

2. Im März des folgenden Jahres entstehen der GmbH bei Abschluß des Prozesses (siehe 1) Aufwendungen in Höhe von genau 6000 DM. Buchen Sie die Überweisung des Betrages vom Bankkonto.

3. Die XY GmbH gewinnt im März des folgenden Geschäftsjahres den Prozeß (siehe 1). Der Gegner muß alle Kosten tragen. Damit ist der Grund für die Bildung der Rückstellung entfallen. Welche Buchung ist erforderlich?

4. Der XY GmbH liegt ein versicherungsmathematisches Gutachten über die Pensionszusagen vor. Nach diesem Gutachten beläuft sich der Wert per 31.12.1901 auf 1 229 926 DM. Der entsprechende versicherungsmathematische Wert am Ende des Vorjahres belief sich auf 1 180 350 DM. Allerdings wurden Ende 1900 nur 1 151 300 DM in der für Handels- und Steuerzwecke gleichzeitig erstellten Einheitsbilanz passiviert. Im Geschäftsjahr 1901 wurden keine Neuzusagen gemacht.

   Die GmbH will in der Handels- und in der Steuerbilanz den gleichen Rückstellungsbetrag ausweisen.

   Wie ist zu buchen?

5. Die GmbH hat im abgelaufenen Geschäftsjahr 100 Elektromotoren zum Einzelpreis von 400 DM ohne USt bestellt. Zum Bilanzstichtag ist der Preis auf 350 DM ohne USt gesunken. Prüfen Sie die Möglichkeit einer Rückstellung, und buchen Sie entsprechend.

6. Die Gesellschaft hat am 2.10.1901 den Auftrag erhalten, einen Behälter zum Festpreis von 295 000 DM zu erstellen. Als Fertigstellungstermin wurde vertraglich der 19.8.1902 vereinbart. Dem Angebot lag die folgende Kalkulation zugrunde:

Herstellungskosten gemäß Abschn. 33 EStR	250 000 DM
5% Verwaltungsgemeinkosten	12 500 DM
10% Vertriebsgemeinkosten	25 000 DM
Gewinn	7 500 DM
Festpreis	295 000 DM

   Im Rahmen der Jahresabschlußarbeiten wird festgestellt, daß wegen inzwischen eingetretener Lohn- und Materialpreissteigerungen mit einem Anstieg der Herstellungskosten um etwa 75 000 DM zu rechnen ist. Bei vorsichtiger Schätzung werden die Verwaltungsgemeinkosten in 1902 auf 10% und die Vertriebsgemeinkosten auf 15% ansteigen.

Prüfen Sie, ob in den folgenden Fällen die Möglichkeit besteht, eine Rückstellung zu bilden, und buchen Sie entsprechend.

a) Mit der Fertigung des Behälters wird am 15.1.1902 begonnen.

b) Mit der Fertigung wurde bereits in 1901 begonnen. Bis zum 31.12.1901 sind nach den Aufzeichnungen der Kostenträgerrechnung bereits Herstellungskosten in Höhe von 70 000 DM angefallen.

7. Die GmbH beabsichtigt, zwischen Weihnachten und Silvester an der Fassade des Verwaltungsgebäudes dringend notwendige Wartungsarbeiten durchführen zu lassen, die Aufwendungen in Höhe von 30 000 DM verursachen werden. Wegen des extrem kalten Winters im Dezember 1901 werden die Arbeiten jedoch nicht durchgeführt. Sie sollen im Folgejahr nachgeholt werden. Es ist geplant, einen Teil der Arbeiten mit einem Aufwand von etwa 20 000 DM im Februar 1902 und die restlichen Arbeiten im Mai 1902 durchführen zu lassen.

11 Verbindlichkeiten

Geben Sie zu den folgenden Aufgaben jeweils die Buchungssätze und die Möglichkeiten der Bewertung und der Bilanzierung in der Handelsbilanz und in der Steuerbilanz an. Soweit Wahlrechte vorliegen, sind diese darzustellen.

1. Das Konto Verbindlichkeiten aus Lieferungen und Leistungen enthält eine **Währungsverbindlichkeit** in Höhe von 10 000 Dollar aus dem Kauf von Handelswaren. Die Verbindlichkeit wurde am 3.12.01 zum Tageskurs von 1,90 DM mit 19 000 DM gebucht. Welche Buchungen sind zum Bilanzstichtag am 31.12.1901 erforderlich, wenn der Briefkurs am 31.12. a) 1,87 DM, b) 1,90 DM, c) 1,98 DM beträgt.
2. Die GmbH hat am 1.7.1901 eine **Grundschuld** in Höhe von 300 000 DM aufgenommen. Bei der Aufnahme wurde ein Damnum von 12 000 DM abgezogen. Es wurde eine Laufzeit von 10 Jahren vereinbart.
3. Die Olaf Lange GmbH hat der Walzwerk AG am 11.12.1901 einen Auftrag über Rohstoffe für netto 100 000 DM plus 14% USt erteilt. Die Lieferung soll am 22.02.1902 erfolgen. Die Olaf Lange GmbH überweist am 14.12.1901 eine im Kaufvertrag vereinbarte Anzahlung von 57 000 DM einschließlich Umsatzsteuer. Zu welchen Buchungen führt die **erhaltene Anzahlung** am 11.12.1901, am 31.12.01 und bei der Endabrechnung am 22.02.1902 bei der Walzwerk AG?

4 Lösungsvorschläge zu Teil II

1.2 Jahresabschluß der Personengesellschaften

1. Gewinnverteilungstabelle als Anlage zum Buchungsbeleg:

Gesell-schafter	Kapital-anteile DM	Arbeits-anteil DM	4% Ver-zinsung DM	Gewinn-rest DM	Gewinn je Gesellschafter DM
Hinz	200 000	12 000	8 000	16 800	36 800
Kunz	160 000	–	6 400	16 800	23 200
gesamt	360 000	12 000	14 400	33 600	60 000

Buchungen:

802 GuV-Konto	60 000 DM	an	301 Kapitalkonto Hinz	36 800 DM
			302 Kapitalkonto Kunz	23 200 DM
301 Kapitalkonto Hinz		an	3011 Privatkonto Hinz	36 000 DM
302 Kapitalkonto Kunz		an	3021 Privatkonto Kunz	20 000 DM

S 802 GuV-Konto	H
Aufwand 200 000	Ertrag 260 000
301 36 800	
302 23 200	
260 000	260 000

301 Kapital	Hinz
3011 36 000	AB 200 000
	802 36 800

3011 Privat	Hinz
280 36 000	301 36 000

302 Kapital	Kunz
3021 20 000	AB 160 000
	802 23 200

3021 Privat	Kunz
280 20 000	302 20 000

In der **Bilanz** können die Kapitalanteile der Gesellschafter einzeln aufgeführt oder zu einer Position »Eigenkapital« zusammengefaßt werden. Publizitätspflichtige Gesellschaften werden die Kapitalanteile in der zu veröffentlichenden Bilanz zusammenfassen.

Aktiva	Bilanz der Hinz und Kunz OHG	Passiva
	Kapital Lange	200 000 DM
	Kapital Recke	160 000 DM

oder

Aktiva	Bilanz der Hinz und Kunz OHG	Passiva
	Eigenkapital	360 000 DM

2. Gewinnverteilungstabelle als Anlage zum Buchungsbeleg:

Gesell-schafter	Kapital-anteile DM	Arbeits-anteil DM	4% Ver-zinsung DM	Gewinn-rest DM	Gewinn je Gesellschafter DM
Huber	500 000	40 000	20 000	68 800	128 800
Meier	100 000	–	4 000	17 200	21 200
gesamt	600 000	40 000	24 000	86 000	150 000

Buchungen:

802 GuV-Kto.	150 000 DM	an	301 Kapitalkonto Huber	128 800 DM
			487 Gewinnanteilkto. Meier	21 200 DM
301 Kapitalkonto Huber		an	3001 Privatkonto Huber	60 000 DM

S 802 GuV-Konto H

Aufwand		Ertrag	
	600 000		750 000
301	128 800		
487	21 200		
	750 000		750 000

301 Kapital H

3001	60 000	AB	500 000
SBK	568 800	802	128 800
	628 800		628 800

3011 Privat Lange

280	60 000	301	60 000

302 Kapital Meier

SBK	100 000	AB	100 000

487 Gewinnanteilkto.

SBK	21 200	802	21 200

5.2 Anlagenspiegel

- Aufwendungen für die Ingangsetzung und Erweiterung des Geschäftsbetriebs:

Stand 1.1.1901	100 000 DM
Abschreibungen gemäß § 282 HGB	25 000 DM
Stand 31.12.1901	75 000 DM

- Geschäfts- oder Firmenwert:

Abschreibungen:	Stand 1.1.1901	50 000 DM
	+ Abschreibung gemäß § 255 Abs. 4 HGB	25 000 DM
	Abschreibungen kumuliert	75 000 DM
Restbuchwert:	Stand 1.1.1901	50 000 DM
	– Abschreibung 1901	25 000 DM
	Stand 31.12.1901	25 000 DM

- Grundstücke, grundstücksgleiche Rechte und Bauten einschließlich der Bauten auf fremden Grundstücken:

Abschreibungen:	Stand 1.1.01	80 000 DM
	+ Abschreibungen 1901	15 000 DM
	Stand 31.12.01	95 000 DM
Buchwert:	Stand 1.1.01	920 000 DM
	– Abschreibungen 1901	15 000 DM
	Stand 31.12.01	905 000 DM

- technische Anlagen und Maschinen:

Abschreibungen:	Stand 1.1.1901	180 000 DM
	+ Abschreibungen 1901	90 000 DM
	+ außerplanmäßige (und planmäßige) Abschreibungen 1901	80 000 DM
	Stand 31.12.1901	350 000 DM
Buchwert:	Stand 1.1.1901	720 000 DM
	+ Zugang	80 000 DM
	+ Umbuchung	35 000 DM
	– Abschreibung	90 000 DM
	– außerplanmäßige (und planmäßige) Abschreibung	80 000 DM
	Stand 31.12.1901	665 000 DM

- andere Anlagen, Betriebs- und Geschäftsausstattung:

Zugänge:	geringwertige Wirtschaftsgüter	8 000 DM
	+ geringwertige Wirtschaftsgüter	2 000 DM
	Stand 31.12.1901	10 000 DM
Abgänge:	Computer am 4.1.1901	60 000 DM
	+ geringwertige Wirtschaftsgüter	8 000 DM
	+ geringwertige Wirtschaftsgüter	2 000 DM
	Stand 31.12.1901	70 000 DM
Abschreibungen:	Stand 1.1.1901	310 000 DM
	– Abgang 4.1.1901	50 000 DM
	+ Zugang 1901 aus planmäßiger Abschr.	160 000 DM
	Stand 31.12.1901	420 000 DM

Buchwert:	Stand 1.1.1901	720 000 DM
	+ Zugänge	10 000 DM
	– Abgänge	70 000 DM
	+ Umbuchung	45 000 DM
	– Abschreibungen	420 000 DM
	Stand 31.12.1901	285 000 DM

Der Betrag von 2000 DM für geringwertige Wirtschaftsgüter, bei denen im gleichen Jahr auch der Abgang erfolgte (vgl. zu 1) wird wie der Betrag von 8000 DM unter den Zugängen und gleichzeitig unter den Abgängen in 1901 ausgewiesen.

- geleistete Anzahlungen und Anlagen im Bau:

Stand 1.1.1901	80 000 DM
Umbuchung auf techn. Anlagen und Maschinen	35 000 DM
Umbuchung auf Betriebs-/Geschäftsausstattung	45 000 DM
Stand 31.12.1901	– DM

Aufstellung des Anlagenspiegels zum 31.12.1901 (in TDM):

AKTIVA	Anschaffungs- und Herstellungskosten	Zugänge	Abgänge	Umbuchungen	Abschreibungen (kumuliert)	Zuschreibungen	Buchwert 31. 12. 1901	Buchwert 31. 12. 1900
A. Aufwendungen für die Ingangsetzung und Erweiterung des Geschäftsbetriebs	100	–	–	–	25	–	75	100
B. Anlagevermögen:								
I. Immaterielle Vermögensgegenstände: Firmenwert	100	–	–	–	75	–	25	50
II. Sachanlagen:								
1. Grundstücke, grundstücksgleiche Rechte und Bauten	1 000	–	–	–	95	–	905	920

AKTIVA	Anschaffungs- und Herstellungskosten	Zugänge	Abgänge	Umbuchungen	Abschreibungen (kumuliert)	Zuschreibungen	Buchwert 31.12.1901	Buchwert 31.12.1900
2. techn. Anlagen und Maschinen	900	80	–	+35	350	–	665	720
3. andere Anlagen, Betriebs- und Geschäftsausstattung	720	10	70	+45	420	–	285	410
4. geleistete Anzahlungen und Anlagen im Bau	80	–	–	–80	–	–	–	80
III. Finanzanlagen								
1. Beteiligungen	300	–	–	–	–	–	300	300
2. Wertpapiere des Anlagevermögens	100	–	–	–	–	–	100	100
	3 300	90	70	–	965	–	2 355	2 680

Da es sich um eine **voraussichtlich dauernde Wertminderung** handelt, muß gemäß § 253 Abs. 2 Satz 3 HGB in Verbindung mit § 279 Abs. 1 HGB neben der planmäßigen Abschreibung eine **außerplanmäßige Abschreibung** vorgenommen werden.

Anschaffungswert	200 000 DM
– planmäßige Abschreibung 1900	20 000 DM
	180 000 DM
– planmäßige Abschreibung 1901	20 000 DM
– außerplanmäßige Abschreibung 1901	60 000 DM
Buchwert am 31.12.1901	100 000 DM

Buchung:

Abschreibungen auf Sachanlagen 80 000 DM

an technische Anlagen und Maschinen 80 000 DM

5.3 Bilanzpositionen

1. Ingangsetzungs- und Erweiterungsaufwendungen

Die AG darf die mit »IE« bezeichneten Posten in der Handelsbilanz als Aufwendungen für die Ingangsetzung und Erweiterung des Geschäftsbetriebs aktivieren (§ 269 HGB). Während sonst handelsrechtliche Aktivierungswahlrechte in der Steuerbilanz zu einem Aktivierungsgebot führen, ist in diesem Fall eine Aktivierung in der Steuerbilanz nicht möglich, da es sich um eine Bilanzierungshilfe handelt.

Das Aktivierungswahlrecht in der Handelsbilanz muß nicht einheitlich für alle Posten ausgeübt werden.

- Kosten der Anwerbung von Personal = IG
- Kauf von Maschinen = Aktivierung unter den Sachanlagen
- Kosten für Werbung = Aktivierung als IG ist umstritten
- Produktionskosten für Prototypen, die später verkauft werden sollen = Aktivierung als Vorräte, evtl. abwerten
- Kosten für Organisationsberatung = IG
- Energieverbrauch, Personalkosten, Zinsen anläßlich von Probeläufen = IG
- Kosten der Marktanalyse = IG
- Einarbeitung des Personals an den Produktionsmaschinen = IG
- Rechts- und Beratungskosten betreffend die Produkteinführung = IG
- Kosten für die Beschaffung des Eigenkapitals = Gründungsaufwendungen, die nach § 248 Abs. 1 HGB auch in der Handelsbilanz nicht aktiviert werden dürfen.
- Gerichtskosten, Registerkosten für die Gründung = wie vor
- Druckkosten für Aktien und Börsenprospekte = wie vor

2. Firmenwert

Für den entgeltlich erworbenen Firmenwert besteht Aktivierungspflicht in der Steuerbilanz (§ 5 Abs. 2 EStG) und ein Aktivierungswahlrecht in der Handelsbilanz (§ 255 Abs. 4 HGB).

Wird der Firmenwert nicht in der Handelsbilanz aktiviert, kann ein aktiver Steuerausgleichsposten angesetzt werden (§ 274 Abs. 2 HGB).

Aktiviert die Gesellschaft den Firmenwert in der Handelsbilanz und beginnt mit der Abschreibung nach § 255 Abs. 4 nicht im Jahr der Anschaffung, sondern erst im Folgejahr, ergibt sich für das Anschaffungsjahr im handelsrechtlichen Abschluß ein höherer Gewinn als in der Steuerbilanz, in der nach § 7 Abs. 1 Satz 3 EStG bereits im Jahr der Anschaffung abgeschrieben werden muß. In der Handelsbilanz muß dann eine Rückstellung für latente Steuern gebildet werden (§ 274 Abs. 1 HGB).

Buchungen im Anschaffungsjahr bei einem Ertragsteuersatz von 50%:

Steuern vom Einkommen und vom Ertrag	5000 DM	
an Rückstellungen für latente Steuern		5000 DM

Im Folgejahr ist der Gewinn in der Steuerbilanz (Abschreibungen 10 000 DM) höher als in der Handelsbilanz (Abschreibungen 37 500 DM). Die Rückstellung für latente Steuern ist aufzulösen. Zusätzlich kann ein aktiver Steuerabgrenzungsposten gebildet werden.

Buchungen im Jahr nach der Anschaffung:

Abschreibungen	37 500 DM	
an Firmenwert		37 500 DM
Rückstellungen für latente Steuern	5 000 DM	
an Steuern vom Einkommen und vom Ertrag		5 000 DM
Aktive Steuerabgrenzung	8 750 DM	
an Steuern vom Einkommen und vom Ertrag		8 750 DM

Buchungen im zweiten Jahr nach der Anschaffung:

Aktive Steuerabgrenzung	13 750 DM	
an Steuern vom Einkommen und vom Ertrag		13 750 DM

Ab dem sechsten Jahr bis zum 15. Jahr ist der Gewinn in der Handelsbilanz höher als in der Steuerbilanz. Der aktive Steuerausgleichsposten wird über 11 Jahre aufgelöst:

Steuern vom Einkommen und vom Ertrag	5 000 DM	
an Aktive Steuerabgrenzung		5 000 DM

3. Festwert

	alter Festwert	20 000 DM
+	Zugänge	9 500 DM
	Festwert 31.12.01	29 500 DM
–	Bestandsaufnahme	32 000 DM
	nach 1902 zu übertragen	2 500 DM

Buchung zum 31.12.1901:

Betriebs- und Geschäftsausstattung	9 500 DM	
an Aufwendungen für Betriebsstoffe		9 500 DM

Buchungen in 1902:

Aufwendungen für Betriebsstoffe	10 000 DM	
an Verbindlichkeiten		10 000 DM
Betriebs- und Geschäftsausstattung	2 500 DM	
an Aufwendungen für Betriebsstoffe		2 500 DM

4. Geringwertige Wirtschaftsgüter

1.

Listenpreis	957,60 DM		
– USt	117,60 DM	840,– DM	
– 3% Rabatt		25,20 DM	
Zieleinkaufspreis		814,80 DM	
– 2% Skonto		16,30 DM	
Barpreis (netto)		798,50 DM	
+ 14% USt		111,79 DM	
Rechnungsbetrag		910,29 DM	

Buchung bei der Anschaffung:

089 Geringwertige Wirtschaftsgüter	798,50 DM	
260 Vorsteuer	111,79 DM	
an 288 Kasse		910,29 DM

Buchung der Abschreibung:

654 Abschreibung auf geringwertige WG	798,50 DM	
an 089 Geringwertige Wirtschaftsgüter		798,50 DM

2. Geringwertige Wirtschaftsgüter, deren Anschaffungs- oder Herstellungskosten 100 DM nicht übersteigen, können in die Kosten gebucht werden und brauchen in keinerlei Anlagenverzeichnis nachgehalten zu werden (Abschn. 40 Abs. 4 Satz 4 EStR).

680 Büromaterial	80,– DM		
260 Vorsteuer	11,20 DM	an 288 Kasse	91,20 DM

6.1 Bewertungsmaßstäbe

	Steuer-bilanz	Handels-bilanz
Materialeinzelkosten (Rohstoffaufwendungen)	Pflicht	Pflicht
Materialgemeinkosten (für Einkauf und Lager)	Pflicht	Wahl
Lohneinzelkosten (Fertigungslöhne)	Pflicht	Pflicht
Fertigungsgemeinkosten (Hilfslöhne und alle in den Werkstätten anfallenden Gemeinkosten)	Pflicht	Wahl
Sonder(einzel)kosten der Fertigung	Pflicht	Pflicht
anteilige Gemeinkosten der Verwaltung	Wahl	Wahl
Gemeinkosten des Vertriebs	Verbot	Verbot

6.2 Abschreibungen bzw. Absetzungen für Abnutzung (AfA)

1. a)	653 Abschreibungen auf Maschinen	10 000 DM	
	an 070 Maschinen		10 000 DM
b)	653 Abschreibungen auf Maschinen	30 000 DM	
	an 070 Maschinen		30 000 DM
2.	654 Abschreibungen auf Fuhrpark	70 000 DM	
	an 084 Fuhrpark		70 000 DM

3.	Anschaffungskosten	20 000 DM
–	planmäßige Abschreibungen zum 31.12.1901	4 000 DM
	fortgeführte Anschaffungskosten zum 31.12.1901	16 000 DM
–	planmäßige Abschreibungen zum 31.12.1902	4 000 DM
–	außerplanmäßige Abschreibungen zum 31.12.1902	3 000 DM
	fortgeführte Anschaffungskosten zum 31.12.1902	9 000 DM
–	planmäßige Abschreibungen zum 31.12.1903	3 000 DM
	fortgeführte Anschaffungskosten zum 31.12.1903	6 000 DM

Buchungen zum 31.12.1902:

653 planmäßige Abschreibungen	4 000 DM	
655 außerplanmäßige Abschreibungen	3 000 DM	
an 070 Maschinen		7 000 DM

4. Für Kapitalgesellschaften besteht gemäß § 280 Abs. 1 HGB grundsätzlich ein Wertaufholungsgebot, wenn die Gründe für eine vorgenommene Abschreibung nach § 253 Abs. 2 Satz 3 nicht mehr bestehen. Dieses Gebot wird durch § 280 Abs. 2 HGB relativiert. Besteht nämlich steuerrechtlich ein Zuschreibungswahlrecht und ist der steuerliche Ansatz vom Ansatz in der Handelsbilanz abhängig, so führt dies auch in der Handelsbilanz zu einem Zuschreibungswahlrecht.
   a) Da gemäß § 6 Abs. 1 Nr. 2 EStG der niedrigere Wertansatz von 70 000 DM beibehalten werden kann, ist in der Handelsbilanz gemäß § 280 Abs. 2 i. V. m. § 253 Abs. 5 HGB zu verfahren. Der Ansatz in Handelsbilanz und Steuerbilanz beträgt weiterhin 70 000 DM. Eine Gewinnauswirkung ergibt sich nicht. Gemäß § 280 Abs. 3 HGB ist der Betrag der im Geschäftsjahr aus steuerrechtlichen Gründen unterlassenen Zuschreibung anzugeben und hinreichend zu begründen.
   b) Die Ausnutzung des Zuschreibungswahlrechts in der Steuerbilanz (§ 6 Abs. 1 Nr. 2 EStG) führt zwingend zu einer Zuschreibung in der Handelsbilanz und umgekehrt. Allerdings kann gemäß § 253 Abs. 1 HGB bis höchstens zu den ursprünglichen Anschaffungskosten zugeschrieben werden.

      Buchung:

050 Grundstück	30 000 DM	
an 544 Erträge aus Zuschreibungen		30 000 DM

7.3 Vorräte

a) gewogener Durchschnittswert

		Stückzahl	Einzelpreis	Gesamtwert
Anfangsbestand	1.1.	200	30,– DM	6 000,– DM
Zugang	22.1.	300	32,– DM	9 600,– DM
Zugang	15.5.	250	28,– DM	7 000,– DM
Zugang	18.9.	280	33,– DM	9 240,– DM
		1 030		31 840,– DM

Durchschnittliche Anschaffungskosten: 31 840 : 1030 = 30,91 DM

Tageswert am 31.12. (Bilanzstichtag) = 29,– DM

Der Endbetrag von 480 Stück wird nach dem strengen Niederstwertprinzip mit 480 · 29,– DM = 13 920,– DM bewertet.

b) Gleitender Durchschnittswert

		Menge	Einzelpreis	Gesamtwert
Anfangsbestand	1.1.	200	30,– DM	6 000,– DM
Zugang	22.1.	300	32,– DM	9 600,– DM
Bestand	22.1.	500	31,20 DM	15 600,– DM*)
Abgang	29.1.	100	31,20 DM	3 120,– DM
Bestand	29.1.	400	31,20 DM	12 480,– DM
Zugang	15.5.	250	28,– DM	7 000,– DM
Bestand	15.5.	650	29,97 DM	19 480,– DM
Abgang	2.6.	200	29,97 DM	5 994,– DM
Bestand	2.6.	450	29,97 DM	13 486,– DM
Zugang	18.9.	280	33,– DM	9 240,– DM
Bestand	18.9.	730	31,13 DM	22 726,– DM
Abgang	7.10.	250	31,13 DM	7 782,50 DM
Bestand	31.12.	480	31,13 DM	14 943,50 DM

*) 15 600 : 500 = 31,20

Der Durchschnittspreis beträgt 31,13 DM. Für die Bewertung ist nach dem strengen Niederstwertprinzip in diesem Falle wieder der Tageswert von 29,– DM heranzuziehen.

c) Lifo-Verfahren

	200 Stück zu 30,– DM	= 6 000,– DM	
+	280 Stück zu 32,– DM	= 8 960,– DM	
	480 Stück	= 14 960,– DM	: 480 = 31,17 DM

Es ist mit dem niedrigeren Tageswert von 29,– DM zu bewerten.

d) Fifo-Verfahren

	280 Stück zu 33,– DM	= 9 240,– DM	
+	200 Stück zu 28,– DM	= 5 600,– DM	
	480 Stück	= 14 840,– DM	: 480 = 30,92 DM

Es ist mit dem niedrigeren Tageswert von 29,– DM zu bewerten.

e) Hifo-Verfahren

	250 Stück zu 28,– DM	=	7 000,– DM
+	200 Stück zu 30,– DM	=	6 000,– DM
+	30 Stück zu 32,– DM	=	960,– DM
	480 Stück	=	13 960,– DM : 480 = 29,08 DM

Es ist mit dem niedrigeren Tageswert von 29,– DM zu bewerten.

7.4 Forderungen

1. 695 Abschreibungen auf Forderungen 5 000 DM
   480 Umsatzsteuer 700 DM
   an 240 Forderungen 5 700 DM
2. 280 Bank 2 280 DM
   an 549 Periodenfremde Erträge 2 000 DM
   an 480 Umsatzsteuer 280 DM
3. Buchung am 10.10.:
   247 Zweifelhafte Forderungen 5 700 DM
   an 240 Forderungen 5 700 DM

   Buchung am 27.12.:

   a) 695 Abschreibungen auf Forderungen 3000 DM
   480 Umsatzsteuer 420 DM
   an 248 Zweifelhafte Forderungen 3 420 DM

   b) 695 Abschreibungen auf Forderungen 4 000 DM
   an Einzelwertberichtigungen auf Forderungen 4 000 DM

   c) Buchung des Zahlungseingangs:
   280 Bank an 248 Zweifelhafte Forderungen 1 140 DM
   Berichtigung der Umsatzsteuer:
   480 Umsatzsteuer an 248 Zweifelhafte Forderungen 560 DM
   Auflösung der Wertberichtigung:
   367 Einzelwertberichtigung auf Forderungen
   an 248 Zweifelhafte Forderungen 4 000 DM

d) Buchung des Zahlungseingangs:

280 Bank an 247 Zweifelhafte Forderungen 570 DM

Berichtigung der Umsatzsteuer:

480 Umsatzsteuer an 247 Zweifelhafte Forderungen 630 DM

Auflösung der Wertberichtigung und Abschreibung des Restbetrages:

367 Einzelwertberichtigungen auf Forderungen 4000 DM

an 248 Zweifelhafte Forderungen 4 000 DM

695 Abschreibungen auf Forderungen 500 DM

an 248 Zweifelhafte Forderungen 500 DM

e) Buchung des Zahlungseingangs:

280 Bank an 248 Zweifelhafte Forderungen 3 420 DM

Berichtigung der Umsatzsteuer:

480 Umsatzsteuer an 248 Zweifelhafte Forderungen 280 DM

Auflösung der Wertberichtigung:

367 Einzelwertberichtigung auf Forderungen 4 000 DM

an 248 Zweifelhafte Forderungen 2 000 DM

an 545 Erträge aus Auflösung von Wertberichtigungen 2 000 DM

4. 695 Abschreibungen auf Forderungen 4 000 DM

an 368 Pauschalwertberichtigung auf Forderungen 4 000 DM

5. 368 Pauschalwertberichtigung auf Forderungen 2 000 DM

480 Umsatzsteuer 280 DM

an 240 Forderungen 2 280 DM

6. 368 Pauschalwertberichtigung auf Forderungen 4 000 DM

695 Abschreibungen auf Forderungen 1 000 DM

480 Umsatzsteuer 700 DM

an 240 Forderungen 5 700 DM

7. Gesamtbestand der Forderungen 228 000 DM

– Forderung gegen Hinz 11 400 DM		(EWB	8 000 DM)
– Forderung gegen Kunz 22 800 DM	34 200 DM	(EWB	10 000 DM)
pauschal zu berichtigen brutto	193 800 DM		18 000 DM
– 14% enthaltene Umsatzsteuer	23 800 DM		
pauschal zu berichtigen netto	170 000 DM		

4% von 170 000 DM = 6 800 DM

695 Abschreibungen auf Forderungen	18 000 DM	
an 367 Einzelwertberichtigungen auf Forderungen		18 000 DM
695 Abschreibungen auf Forderungen	6 800 DM	
an 368 Pauschalwertberichtigung auf Forderungen		6 800 DM

7.5 Wertpapiere

1. Kauf 20 Stück x 300 DM = 6 000,– DM

– Nebenkosten	=	66,– DM
Anschaffungswert	=	6 066,– DM

Buchung:

270 Wertpapiere des Umlaufvermögens	6 066,– DM	
an 280 Bank		6 066,– DM

2. Kauf von 100 Stück zum Kurs von 9 700,– DM

+ Anschaffungsnebenkosten	55,78 DM
Anschaffungswert	9 755,78 DM
+ Stückzinsen für April bis Juli	200,– DM
Lastschrift der Bank	9 955,78 DM

Buchung:

270 Wertpapiere des Umlaufvermögens	9 755,78 DM	
751 Zinsaufwendungen	200,– DM	
an 280 Bank		9 955,78 DM

3. Verkauf zum Kurswert (10 x 340)	3 400,– DM	
– Verkaufskosten	37,40 DM	
Gutschrift der Bank	3 362,60 DM	
Buchung:		
280 Bank	3 362,60 DM	
an 270 Wertpapiere des Umlaufvermögens		3 362,60 DM

4. Ermittlung des Schlußbestandes:

10 Stück Aktien zum Niederstwert von 300 DM	=	3 000,– DM
+ anteilige Anschaffungsnebenkosten	=	33,– DM
+ Anleihen zum niedrigeren Anschaffungswert	=	9 700,– DM
+ anteilige Anschaffungsnebenkosten	=	55,78 DM
Schlußbestand	=	12 788,78 DM

801 Schlußbilanzkonto	12 788,78 DM	
an 270 Wertpapiere des Umlaufvermögens		12 788,78 DM
270 Wertpapiere des Umlaufvermögens	329,60 DM	
an 578 Erträge aus Wertpapieren des Umlaufvermögens		329,60 DM

Soll		Wertpapiere	Haben
1)	6 066,–	3)	3 362,60
2)	9 755,78	4)	12 788,78
4)	329,60		
	16 151,38		16 151,38

8.1 Aktive und passive Rechnungsabgrenzungsposten

1. Buchung aufgrund der Überweisung am 27.12.:

690 Versicherungsbeiträge	an 280 Bank	480,– DM

Der Aufwand des abgelaufenen Jahres wird berichtigt:

290 Aktiver RAP	an 690 Versicherungsbeiträge	480,– DM

Das Konto 290 Aktiver RAP wird abgeschlossen:

801 Schlußbilanzkonto	an 290 Aktiver RAP	480,– DM

Zu Beginn des Folgejahres wird der Anfangsbestand vorgetragen:

290 Aktiver RAP	an	800 Eröffnungsbilanzkonto	480,– DM

Anschließend kann die Rechnungsabgrenzung aufgelöst werden:

690 Versicherungsbeiträge	an	290 Aktiver RAP	480,– DM

2. Buchung der Überweisungen vom 1.11. im alten Jahr:

751 Zinsaufwendungen	an	280 Bank	300,– DM

Der Aufwand des abgelaufenen Jahres wird berichtigt:

290 Aktiver RAP	an	751 Zinsaufwendungen	100,– DM

Das Konto 290 Aktiver RAP wird abgeschlossen:

801 Schlußbilanzkonto	an	290 Aktiver RAP	100,– DM

Zu Beginn des Folgejahres wird der Anfangsbestand vorgetragen:

290 Aktiver RAP	an	800 Eröffnungsbilanzkonto	100,– DM

Anschließend kann die Rechnungsabgrenzung aufgelöst werden:

751 Zinsaufwendungen	an	290 Aktiver RAP	100,– DM

3. Die GmbH hat den Bankeingang im Dezember des alten Jahres gebucht:

280 Bank	an	540 Mieterträge	450,– DM

Im Rahmen der Abschlußarbeiten ist der Ertrag zu berichtigen:

540 Mieterträge	an	490 Passiver RAP	450,– DM

Abschluß des Kontos 490 Passiver Rechnungsabgrenzungsposten:

490 Passiver RAP	an	801 Schlußbilanzkonto	450,– DM

Zu Beginn des Folgejahres wird der Rechnungsabgrenzungsposten vorgetragen und aufgelöst:

800 Eröffnungsbilanzkonto	an	490 Passiver RAP	450,– DM
490 Passiver RAP	an	540 Mieterträge	450,– DM

4. Die XY GmbH bucht den Bankeingang im alten Jahr:

280 Bank	an	751 Zinserträge	600,– DM

Zum Bilanzstichtag sind die Zinserträge, die auf das Folgejahr entfallen, abzugrenzen, und das Konto 490 Passiver RAP ist abzuschließen:

751 Zinserträge	an	490 Passiver RAP	300,– DM
490 Passiver RAP	an	801 Schlußbilanzkonto	300,– DM

Zu Beginn des neuen Jahres wird der Anfangsbestand des Kontos 490 Passiver RAP vorgetragen und aufgelöst:

800 Eröffnungsbilanzkonto	an	490 Passiver RAP	300,– DM
490 Passiver RAP	an	751 Zinserträge	300,– DM

8.2 Sonstige Forderungen und sonstige Verbindlichkeiten

1. a) Buchungen zum 31.12.1901:

269 Sonstige Forderungen	an Mieterträge	1 000,– DM
801 Schlußbilanzkonto	an 269 sonstige Forderungen	1 000,– DM

b) Buchung zum 1.1.1902:

269 Sonstige Forderungen	an Eröffnungsbilanzkonto	1 000,– DM

c) Buchung zum 4.1.1902:

280 Bank	an 269 sonstige Forderungen	1 000,– DM

2. a) Buchungen zum 31.12.1901:

751 Zinsaufwendungen	500,– DM	
an 489 sonstige Verbindlichkeiten		500,– DM
489 sonstige Verbindlichkeiten	500,– DM	
an 801 Schlußbilanzkonto		500,– DM

b) Buchung zum 1.1.1902:

800 Eröffnungsbilanzkonto	500,– DM	
an 489 sonstige Verbindlichkeiten		500,– DM

c) Buchung zum 31.1.1902:

489 Sonstige Verbindlichkeiten	500,– DM	
751 Zinsaufwendungen	250,– DM	
an 280 Bank		750,– DM

9.1 Ausweis des Eigenkapitals

Der im abgelaufenen Geschäftsjahr erwirtschaftete Jahresüberschuß von 1 400 000 DM wird wie folgt verwendet:

Jahresüberschuß	1 400 000,– DM
– Zuführung zur gesetzlichen Rücklage 5% von 1 400 000 DM	70 000,– DM
– Zuführung zur Rücklage für eigene Anteile	20 000,– DM
– Zuführung zur satzungsmäßigen Rücklage	50 000,– DM
– Zuführung zu den anderen Gewinnrücklagen	10 000,– DM
es verbleiben	1 250 000,– DM

Buchungen im Jahresabschluß:

802 Gewinn- und Verlustkonto	1 400 000 DM	
an 321 gesetzliche Rücklage		70 000 DM
322 Rücklage für eigene Anteile		20 000 DM
323 satzungsmäßige Rücklage		50 000 DM
324 andere Gewinnrücklagen		10 000 DM
335 Bilanzgewinn		1 250 000 DM

Hinweis:
Für die Einstellung in die Rücklagen und die Entnahme aus den Rücklagen sind auch die Buchungssätze möglich:

338 Einstellung in andere Gewinnrücklagen
an 324 andere Gewinnrücklagen
usw.

bzw.

324 andere Gewinnrücklagen
an 337 Entnahme aus anderen Gewinnrücklagen

Darstellung des Eigenkapitals am Jahresende unter Berücksichtigung der Gewinnverwendung:

I.	Gezeichnetes Kapital	20 000 000 DM
II.	Kapitalrücklage	300 000 DM
III.	Gewinnrücklagen	
	1. gesetzliche Rücklagen	670 000 DM
	2. Rücklage für eigene Anteile	250 000 DM
	3. satzungsmäßige Rücklagen	110 000 DM
	4. andere Gewinnrücklagen	200 000 DM
IV.	Bilanzgewinn	1 250 000 DM

Gewinnverteilung Beginn des Folgejahres:

	zu verteilender Gewinn	1 250 000 DM
–	Vordividende (§ 60 Abs. 2 AktG) 4% vom gezeichneten Kapital	800 000 DM
	verbleiben	450 000 DM
–	Aufsichtsratstantieme (§ 113 AktG) 6% von 450 000 DM	27 000 DM

– Vorstandstantieme (§ 86 AktG) 8% von 1 250 000 DM	100 000 DM
– Restdividende 1,5% vom gezeichneten Kapital	300 000 DM
Gewinnvortrag	23 000 DM

Buchungen nach der Hauptversammlung zu Beginn des Folgejahres:

800 Eröffnungsbilanzkonto	1 250 000 DM	
an 330 Ergebnisverwendungskonto		1 250 000 DM
330 Ergebnisverwendungskonto	1 250 000 DM	
an 4856 Aufsichtsratstantieme		27 000 DM
4854 Vorstandstantieme		100 000 DM
4858 Dividendenverbindlichkeiten		300 000 DM
3390 Gewinnvortrag		23 000 DM

Überweisung der Dividende:

Bei der Überweisung der Dividende hält die Aktiengesellschaft 25% Kapitalertragsteuer ein.

4858 Dividendenverbindlichkeiten	1 100 000 DM	
an 280 Bank		825 000 DM
483 Sonstige Verbindlichkeiten gegenüber Finanzbehörden		275 000 DM

9.2 Sonderposten mit Rücklageanteil

1. a) Die aufgedeckte stille Reserve aus Grund und Boden beträgt (100 000 – 50 000 =) 50 000 DM, aus dem veräußerten Gebäude (700 000 – 300 000 =) 400 000 DM. Da es sich im vorliegenden Fall um Immobilien handelt, die seit mindestens 6 Jahren ununterbrochen zum Anlagevermögen der GmbH gehören, darf der Veräußerungsgewinn zu 100% übertragen werden, und zwar:

   - 50 000 DM aus dem Verkauf von Grund und Boden auf Grund und Boden, Gebäude oder abnutzbare bewegliche Wirtschaftsgüter;
   - 400 000 DM aus dem Verkauf des Gebäudes auf Gebäude oder abnutzbare bewegliche Wirtschaftsgüter.

   Die übertragenen stillen Reserven werden im Jahresabschluß als Abschreibungen ausgewiesen.

b) Wenn innerhalb von vier Jahren nach der Aufdeckung der stillen Reserve weder neue bewegliche Wirtschaftsgüter angeschafft, noch mit der Planung eines neuen Gebäudes begonnen worden ist, ist der Sonderposten in der Handels- und in der Steuerbilanz gewinnerhöhend aufzulösen. Der aufzulösende Betrag ist für jedes volle Wirtschaftsjahr, in dem er anteilig enthalten war, mit 6% zu verzinsen, bei 4 Jahren also 4 x 6% von 400 000 DM = 96 000 DM. Der der Besteuerung unterliegende Gewinn ist jetzt außerhalb der Buchführung um 96 000 DM zu erhöhen.

2. a)

Buchungen im November 1900:

Sonstige Forderungen	130 000 DM	
an Rohstoffe		100 000 DM
an Rücklage für Ersatzbeschaffung		30 000 DM

Buchungen in 1901:

Bank	130 000 DM	an Sonstige Forderungen	130 000 DM
Rohstoffe	140 000 DM	an Bank	140 000 DM

Rücklage für Ersatzbeschaffung	20 000 DM	
an Rohstoffe		20 000 DM

»Erträge aus der Auflösung des Sonderpostens mit Rücklageanteil« sind in dem Posten »sonstige betriebliche Erträge«, »Einstellungen in den Sonderposten mit Rücklageanteil« sind in dem Posten »sonstige betriebliche Aufwendungen« der Gewinn- und Verlustrechnung gesondert auszuweisen oder im Anhang anzugeben (§ 281 Abs. 2 Satz 2 HGB). Diese Vorschrift innerhalb der ergänzenden Vorschriften für Kapitalgesellschaften führt zu folgenden Buchungen:

Buchungen im Schadensjahr:

Verluste aus Schadensfällen	100 000 DM	
an Rohstoffe		100 000 DM
Sonstige Forderungen	130 000 DM	
an sonstige betriebliche Erträge		130 000 DM
Einstellungen in den Sonderposten mit Rücklageanteil	30 000 DM	
an Rücklage für Ersatzbeschaffung		30 000 DM

b)

Findet die Übertragung auf ein Ersatzwirtschaftsgut nicht statt oder wird der Betrag nicht voll in Anspruch genommen, kommt es zu Erträgen aus der Auflösung des Sonderpostens mit Rücklageanteil.

Buchung:

Rücklage für Ersatzbeschaffung
an Erträge aus der Auflösung des Sonderpostens mit Rücklageanteil.

3. Buchung im Jahr der Anschaffung und in den folgenden 4 Jahren:

Abschreibungen auf Anlagen	25 000 DM	
an Maschinen		25 000 DM
Einstellung in den Sonderposten mit Rücklageanteil	50 000 DM	
an Sonderposten mit Rücklageanteil		50 000 DM

Nach 5 Jahren sind 375 000 DM erfolgswirksam verrechnet worden. Bei direkter Abschreibung wäre noch ein Restbuchwert von 125 000 DM vorhanden. In den folgenden 15 Jahren wird der Sonderposten mit Rücklageanteil von 250 000 DM mit jährlich 16 667 DM aufgelöst und die Maschine weiterhin mit 25 000 DM jährlich abgeschrieben. Das führt zu einer Erfolgsminderung von jährlich 8 333 DM.

Buchungen im 6. bis 15. Jahr:

Abschreibungen auf Anlagen	25 000 DM	
an Maschinen		25 000 DM
Sonderposten mit Rücklageanteil	16 667 DM	
an Erträge aus der Auflösung des Sonderpostens mit Rücklageanteil		16 667 DM

4. Da die Maschine infolge höherer Gewalt ausgeschieden ist, die Entschädigung allein für die Maschine selbst und nicht etwa für Folgeschäden, wie Aufräumungskosten, entgangenen Gewinn u. ä. gezahlt wurde und die Absicht besteht, eine gleichartige Ersatzmaschine zu beschaffen, kann die GmbH eine Rücklage für Ersatzbeschaffung gemäß Abschn. 35 EStR bilden.

Buchungen im Zusammenhang mit der ausgeschiedenen Maschine:

Buchwert 1.1.1901	24 000 DM
– AfA für Jan. bis Juni 1901	6 000 DM
Buchwert 30.6.1901	18 000 DM
– Erstattung der Versicherung	40 000 DM
Sonderposten/stille Reserve	22 000 DM

Die Abschreibung im Jahr des Ausscheidens eines Vermögensgegenstandes erfolgt auf den Monat genau (pro rata temporis).

Buchung bei Eingang des Erstattungsbetrages:

280 Bank	40 000 DM	
653 Abschreibungen	6 000 DM	
an 070 Maschinen		24 000 DM
an 350 Sonderposten gem. Abschn. 35 EStR		22 000 DM

Buchungen bei Anschaffung der Ersatzmaschine in 1902:

070 Maschinen	150 000 DM	
260 Vorsteuer	21 000 DM	
an 440 Verbindlichkeiten		171 000 DM
350 Sonderposten gem. Abschn. 35 EStR	22 000 DM	
an 540 Sonstige betriebliche Erträge		22 000 DM
653 Abschreibungen	22 000 DM	
an 070 Maschinen		22 000 DM

Abschreibung der Ersatzmaschine am Ende des Anschaffungsjahres:

Anschaffungswert		150 000 DM
– übertragene Reserve		22 000 DM
Basiswert für die Abschreibung		128 000 DM
– 10% lineare Abschreibung für 6 Monate		6 400 DM
Buchwert am 31.12.1902		121 600 DM
653 Abschreibungen	6 400 DM	
an 070 Maschinen		6 400 DM

Gemäß Abschn. 43 Abs. 8 EStR kann für die in der ersten Jahreshälfte angeschafften beweglichen Wirtschaftsgüter des Anlagevermögens anstelle der zeitanteiligen Abschreibung die volle Jahresabschreibung, für die in der zweiten Jahreshälfte angeschafften Wirtschaftsgüter die halbe Jahresabschreibung verrechnet werden.

10 Rückstellungen

1. 677 Rechts- und Beratungskosten	6 000 DM	
an 390 sonstige Rückstellungen		6 000 DM
390 sonstige Rückstellungen	6 000 DM	
an 801 Schlußbilanzkonto		6 000 DM

2. 390 sonstige Rückstellungen 6 000 DM
   an 280 Bank 6 000 DM

3. 390 sonstige Rückstellungen 6 000 DM
   an 548 Erträge aus der Auflösung von Rückstellungen 6 000 DM

4. Handelsrechtlich besteht insofern ein Wahlrecht, als jeder Betrag von 1 151 300 DM bis 1 229 926 DM passiviert werden kann, denn eine Pflicht zur nachträglichen Passivierung der in früheren Jahren begründeten Verpflichtungen gibt es nicht.

   Steuerrechtlich besteht hinsichtlich der in den Vorjahren bewußt unterlassenen Zuführung ein Nachholverbot (§ 6 a EStG).

Rückstellung Ende des Vorjahres		1 151 300 DM
Differenz zwischen den Gutachten		
Betrag Ende 1901	1 229 926 DM	
Betrag Ende 1900	1 180 350 DM	49 576 DM
Rückstellungsbetrag zum 31.12.1901		1 200 876 DM

   645 Aufwendungen für Altersversorgung 49 576 DM
   an 370 Pensionsrückstellungen 49 576 DM

5. Die GmbH muß eine Rückstellung für drohende Verluste aus schwebenden Einkaufsgeschäften bilden (§ 249 Abs. 1 HGB, Abschn. 31 c Abs. 9 EStR 1987).

   Ermittlung des Rückstellungsbetrages:

   100 × (400–350) = 5 000 DM

   Buchung:

   698 Sonstige betriebliche Aufwendungen 5 000 DM
   an 390 sonstige Rückstellungen 5 000 DM

6. a) Die GmbH muß eine Rückstellung für drohende Verluste aus schwebenden Verkaufsgeschäften bilden.

   Ermittlung des Verlustes:

Herstellungskosten bisher	250 000 DM
zusätzliche Herstellungskosten	75 000 DM
neue Herstellungskosten	325 000 DM
10% Verwaltungsgemeinkosten	32 500 DM
15% Vertriebsgemeinkosten	48 750 DM
	406 250 DM
– vereinbarter Verkaufspreis	295 000 DM
Verlust	111 250 DM

Buchung:

698 Sonstige betriebliche Aufwendungen	111 250 DM	
an 390 sonstige Rückstellungen		111 250 DM

b) Die Verwaltungs- und Vertriebsgemeinkosten auf die in 1901 angefallenen Herstellungskosten können bei der Bildung der Rückstellung nicht berücksichtigt werden, da sie bereits das Ergebnis für 1901 belasten.

Herstellungskosten in 1901	70 000 DM
Herstellungskosten in 1902	255 000 DM
10% Verwaltungsgemeinkosten	25 500 DM
15% Vertriebsgemeinkosten	38 250 DM
	388 750 DM
– vereinbarter Verkaufspreis	295 000 DM
erforderliche Rückstellung	93 750 DM

Buchung:

698 Sonstige betriebliche Aufwendungen	93 750 DM	
an 390 sonstige Rückstellungen		93 750 DM

7. Im vorliegenden Fall handelt es sich um unterlassene Instandhaltungsaufwendungen im Sinne von § 249 Abs. 1 Satz 2 u. 3 HGB. Bei den im Februar 1902 nachgeholten Aufwendungen in Höhe von 20 000 DM besteht gemäß § 249 Abs. 1 Satz 2 HGB und Abschn. 31 c Abs. 12 Satz 1 EStR in der Handelsbilanz und in der Steuerbilanz Rückstellungspflicht:

616 Fremdinstandhaltung	20 000 DM	
an 390 Sonstige Rückstellungen		20 000 DM

Für die im Mai 1902 nachgeholten Instandhaltungsaufwendungen in Höhe von 10 000 DM besteht gemäß § 249 Abs. 1 Satz 3 HGB ein Passivierungswahlrecht. Handelsrechtliche Passivierungswahlrechte führen zu einem Passivierungsverbot in der Steuerbilanz (Abschn. 31 c Abs. 12 Satz 6 EStR). Wird in der Handelsbilanz von dem Wahlrecht Gebrauch gemacht, kann eine aktive Steuerabgrenzung nach § 274 Abs. 2 HGB vorgenommen werden. (siehe Teil II, 12. Steuerabgrenzung (latente Steuern))

Die GmbH darf buchen:

616 Fremdinstandhaltung	10 000 DM	
an 390 Sonstige Rückstellungen		10 000 DM

Die GmbH darf bei einem Ertragsteuersatz von 60% zusätzlich buchen:

295 aktive Steuerabgrenzung	6 000 DM	
an 775 latente Steuern		6 000 DM

11 Verbindlichkeiten

1. Die Währungsverbindlichkeit ist in DM umzurechnen (§ 244 HGB). Für die Umrechnung von Währungsverbindlichkeiten ist nur der Briefkurs zulässig, in keinem Fall der Geldkurs. Nach dem Imparitätsprinzip bzw. dem (umgekehrten) Niederstwertprinzip (= strenges Höchstwertprinzip in bezug auf die Verbindlichkeiten) ist die Verbindlichkeit im Falle eines gestiegenen Kurswertes mit diesem höheren Wert zu passivieren (§ 252 Abs. 1 Nr. 4 und 5, § 263 Abs. 1 Satz 2 HGB, Abschn. 37 Abs. 1 Satz 1 EStR). Steuerpflichtige, die ihren Gewinn nach § 5 EStG ermitteln, müssen in diesem Fall den höheren Teilwert der Schuld ansetzen (Abschn. 37 Abs. 2 Satz 3 EStR).

   Die Grundlagen für die im Jahresabschluß vorgenommene Währungsumrechnung sind gem. § 284 Abs. 2 Nr. 2 HGB im Anhang anzugeben. Die Verbindlichkeit wurde am 3.12.01 gebucht:

228 Waren	19 000 DM	
an 445 Verbindl. aus. L. u. L. (Ausland)		19 000 DM

   a) Die Währungsverbindlichkeit darf nicht mit dem niedrigeren Wert von 18 700 DM ausgewiesen werden, da sonst ein Gewinn von 300 DM bilanziert würde. Dieser Gewinn ist noch nicht realisiert, da der Kurs am Tag der Zahlung noch nicht feststeht. Es erfolgt keine Buchung.

   b) Da der Tageskurs am Bilanzstichtag dem Anschaffungskurs entspricht, ist keine Buchung erforderlich.

   c) Nach dem strengen Niederst-/Höchstwertprinzip müssen die Verbindlichkeiten mit ihrem höheren Rückzahlungsbetrag von 19 800 DM passiviert werden (s. auch § 250 Abs. 3 HGB).

   Buchung:

693 andere sonstige betriebliche Aufwendungen	800 DM	
an 445 Verbindl. aus L. u. L. (Ausland)		800 DM

2. Die Abschreibung kann linear oder degressiv vorgenommen werden und wegen des Wahlrechts auch auf einen kürzeren Zeitraum als die Laufzeit verteilt werden, z. B. auf die Zeit bis zum frühestmöglichen Kündigungstermin des Darlehens. »Planmäßig« heißt, die Gesellschaft muß sich bei der Aktivierung des Darlehens entscheiden, über welche Zeit abgeschrieben werden soll. Das einmal gewählte Verfahren muß in den Folgejahren beibehalten werden.

   Außerplanmäßige Abschreibungen sind zulässig, wenn es Gründe dafür gibt, wie außerplanmäßige Tilgung, Umschuldung, Verkürzung der Laufzeit (BFH, BStBl 1974, S. 359). Handelsrechtlich ist auch die Verbesserung der

Kreditbedingungen ein Abschreibungsgrund. Der Abschreibungsbetrag auf das Disagio muß in der Bilanz oder im Anhang gesondert ausgewiesen werden (§ 268 Abs. 6 HGB):

	31.12.1901	**31.12.1900**
C. Rechnungsabgrenzungsposten	100 000 DM	95 000 DM
– davon Disagio 10 800 DM		
(31.12.1900: 0 DM)		

Bei einem Ausweis im Anhang könnte der Hinweis lauten:

»Der aktive Rechnungsabgrenzungsposten enthält das restliche Disagio von 10 800 DM, das bei der Aufnahme einer Grundschuld in Abzug gebracht wurde. Dieser Unterschiedsbetrag wird über die Laufzeit der Grundschuld durch planmäßige Abschreibung getilgt.«

In der Steuerbilanz müssen Darlehensschulden mit ihrem höheren Rückzahlungsbetrag angesetzt werden. Das Damnum oder Disagio und das Agio, Abschluß-, Bearbeitungs- und Verwaltungsgebühren sind als Rechnungsabgrenzungsposten zu aktivieren und über die Laufzeit des Darelehens zu verteilen (Abschn. 37 Abs. 3 Satz 1 EStR, BFH, BStBl II, S. 679).

Macht die GmbH in der Handelsbilanz von dem Ansatzwahlrecht des Disagios Gebrauch, so tritt ein vorübergehender Unterschied zur Steuerbilanz auf, weil steuerlich das Disagio aktiviert werden muß. Über die Laufzeit des Darlehens gleicht sich dieser Unterschied wieder aus. In diesem Fall **darf** die Kapitalgesellschaft eine aktive Steuerabgrenzung vornehmen (§ 274 Abs. 2 HGB).

Je nach handelsbilanzpolitischer Zielsetzung wird die GmbH in der Handelsbilanz das Damnum im Jahr der Kreditaufnahme

- sofort als Aufwand absetzen,
- aktivieren und auf die Laufzeit des Kredites verteilt abschreiben,
- aktivieren und planmäßig innerhalb eines kürzeren Zeitraums als die Laufzeit des Kredites abschreiben,
- von der Bildung eines aktiven Steuerabgrenzungspostens Gebrauch machen.

Fall 1: Die GmbH aktiviert das Disagio in der Handelsbilanz und in der Steuerbilanz und schreibt den Betrag über die Laufzeit des Darlehens ab.

Buchung bei der Aufnahme:

280 Bank	288 000 DM	
290 Disagio	12 000 DM	
an 420 Verbindl. gegenüber Kreditinst.		300 000 DM

Abschreibung am Jahresende 1901:

754 Abschreibung auf Disagio (Zinsaufw.) 1 200 DM

an 290 Disagio (Zinsaufw.) 1 200 DM

Fall 2: Die GmbH bucht das Disagio als Aufwand im Jahr der Aufnahme der Grundschuld.

Buchung bei Aufnahme:

280 Bank 288 000 DM

759 sonst. Zinsen u. ähnl. Aufwendungen 12 000 DM

an 420 Verbindl. gegenüber Kreditinst. 300 000 DM

Jetzt wird in der Handelsbilanz ein niedrigeres Ergebnis ausgewiesen als in der Steuerbilanz. Die GmbH **kann** deshalb in 1901 eine aktive Steuerabgrenzung vornehmen.

Aktive Steuerabgrenzung in 1901

Ermittlung des Abgrenzungsbetrages bei einem Ertragsteuersatz von 60%:

	Handelsbilanz	**Steuerbilanz**	**Differenz**
Gewinn (angenommen zunächst)	100 000 DM	100 000 DM	
– Aufwand aus Disagio	12 000 DM	1 200 DM	
Gewinn vor Steuern	88 000 DM	98 800 DM	10 800 DM
60% Steuern vom Eink. u. Ertr.	(52 800 DM)	59 280 DM	6 480 DM

Da die tatsächlichen Steuern lt. Steuerbilanz in die Handelsbilanz übernommen werden, wird in Relation zum Gewinn in der Handelsbilanz ein um 6480 DM zu hoher Steuerbetrag ausgewiesen. Die Steuer in der Handelsbilanz **darf** deshalb korrigiert werden mit der Buchung:

295 aktive Steuerabgrenzung 6840 DM

an 779 Steuern vom Einkommen und Ertrag 6480 DM

Auflösung der Steuerabgrenzung in den Folgejahren

Ermittlung des Betrages der Auflösung in 1902:

	Handelsbilanz	**Steuerbilanz**	**Differenz**
Gewinn (angenommen zunächst)	100 000 DM	100 000 DM	
– Aufwand aus Disagio	0 DM	1 200 DM	
Gewinn vor Steuern	100 000 DM	98 800 DM	1 200 DM

60% Steuern			
vom Eink. u. Ertr.	(60 000 DM)	59 280 DM	720 DM

Da jetzt mit der tatsächlich gezahlten Steuer in der Handelsbilanz im Verhältnis zum Handelsbilanzergebnis ein zu niedriger Steuerbetrag berücksichtigt wird, erfolgt in den Jahren 1902 bis 1910 (insgesamt 9 x) eine Korrekturbuchung:

779 Steuern vom Einkommen und Ertrag	720 DM	
an 295 aktive Steuerabgrenzung		720 DM

3. Da im Falle einer Anzahlung keine Lieferung oder Leistung gegen Entgelt vorliegt, ist diese grundsätzlich **nicht umsatzsteuerpflichtig.** Das gilt nicht, wenn das in Rechnung gestellte Entgelt (netto) 10 000 DM und mehr beträgt (§ 13 Abs. 1 UStG). Damit will der Gesetzgeber die Umsatzsteuereinnahmen aus langfristigen Verträgen sichern. Da der Gesetzgeber auf das gezahlte Entgelt oder Teilentgelt abstellt, ist die gesetzliche Definition des Entgelt-Begriffs in § 10 Abs. 1 UStG zu beachten. Danach gehört die Umsatzsteuer selbst nicht zum Entgelt. Das bedeutet, daß geleistete Anzahlungen auch bei mehr als 11 399 DM mit ihrem Nettowert (ohne Vorsteuer) aktiviert werden. Anzahlungen und Vorauszahlungen können deshalb unversteuert bleiben, wenn sie bei einem Steuersatz von 14 v. H. weniger als 11 400 DM betragen. Maßgeblich ist jeweils die einzelne Zahlung. Mehrere Anzahlungen für die gleiche Leistung werden nicht zusammengerechnet.

   Erhaltene Anzahlungen sind bis zur Erfüllung des Kaufvertrages **Verbindlichkeiten** und deshalb mit ihrem **Rückzahlungsbetrag** zu passivieren (§ 6 Abs. 1 Nr. 3 EStG, § 5 Abs. 1 EStG i. V. m. § 253 Abs. 1 Satz 2 HGB). Enthält die Anzahlung einen offen ausgewiesenen Umsatzsteuerbetrag, so wirkt sich dieser bei einem Betriebsvermögensvergleich gewinnmindernd aus. Die Gewinnminderung wird durch eine aktive Rechnungsabgrenzung neutralisiert. Die Umsatzsteuer wird als Aufwand aus den am Abschlußstichtag auszuweisenden Anzahlungen unter den aktiven Rechnungsabgrenzungsposten bilanziert (§ 250 Abs. 1 Satz 2 Nr. 2 HGB).

   Die Walzwerk AG bucht

   am 14.12.1901

280 Bank	57 000 DM	
an 430 Erhaltene Anzahlungen		57 000 DM
292 Umsatzsteuer auf Anzahlungen	7 000 DM	
an 480 Umsatzsteuer		7 000 DM

oder zur Erleichterung der Abstimmung der Umsatzsteuer:

280 Bank 57 000 DM	an 430 Erhaltene Anzahlungenm	50 000 DM
	480 Umsatzsteuer	7 000 DM

292 Umsatzsteuer auf Anzahlungen	7 000 DM	
an 430 Erhaltene Anzahlungen		7 000 DM

am 31.12.1901

430 Erhaltene Anzahlungen	57 000 DM	
an 801 Schlußbilanzkonto		57 000 DM
801 Schlußbilanzkonto	7 000 DM	
an 292 Umsatzsteuer auf Anzahlungen		7 000 DM

am 22.02.1902

240 Forderungen	57 000 DM	
430 Erhaltene Anzahlungen	57 000 DM	
an 500 Umsatzerlöse		100 000 DM
480 Umsatzsteuer		7 000 DM
292 Umsatzsteuer auf Anzahlungen		7 000 DM

Stichwortverzeichnis